SHIBUYA GOLDFISH

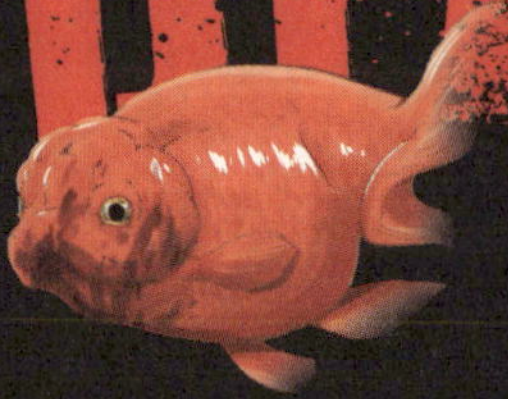

1

INHALT

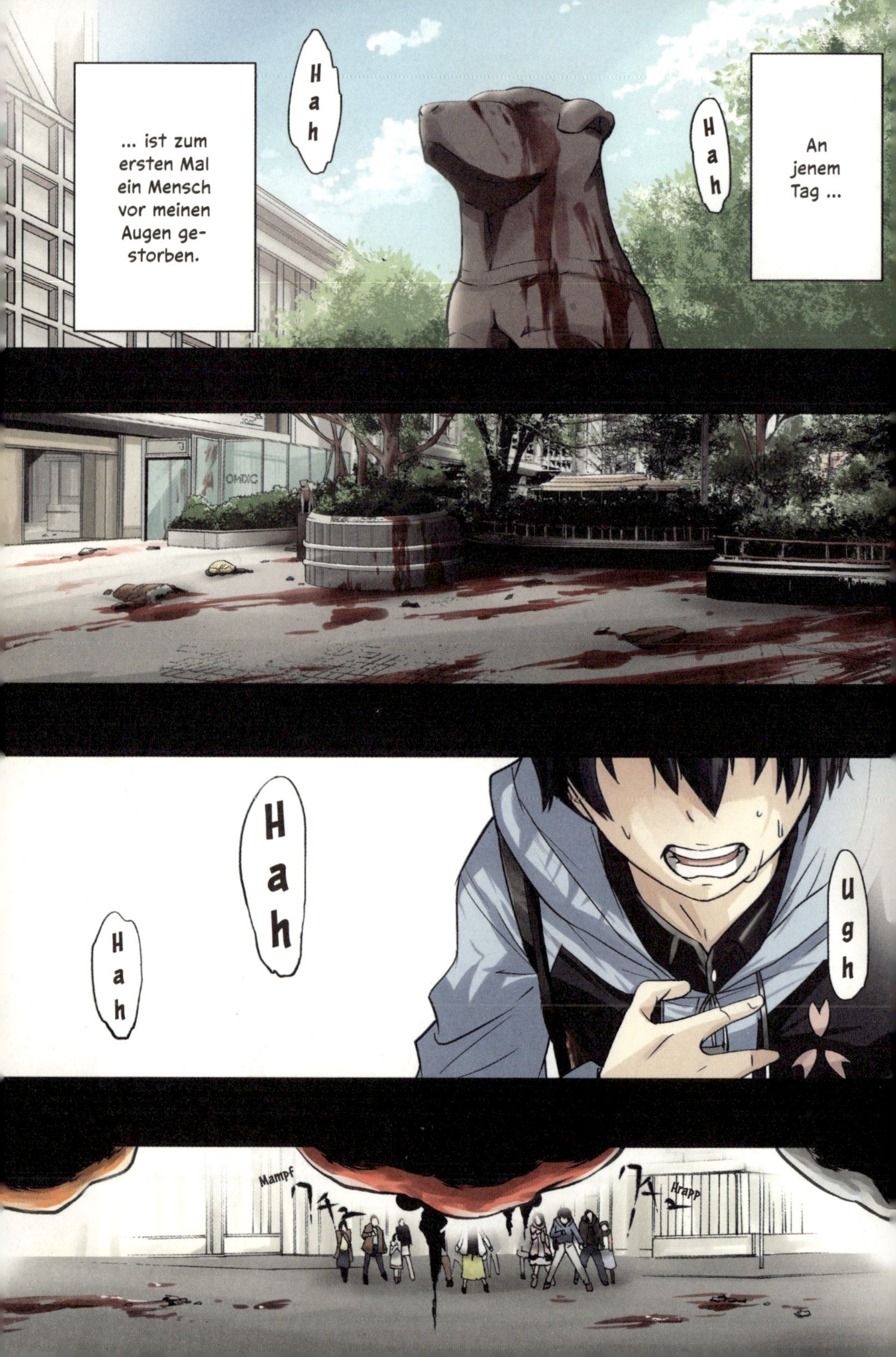
An jenem Tag ...
Hah
Hah
... ist zum ersten Mal ein Mensch vor meinen Augen gestorben.
ugh
Hah
Hah
Hrapp
Mampf

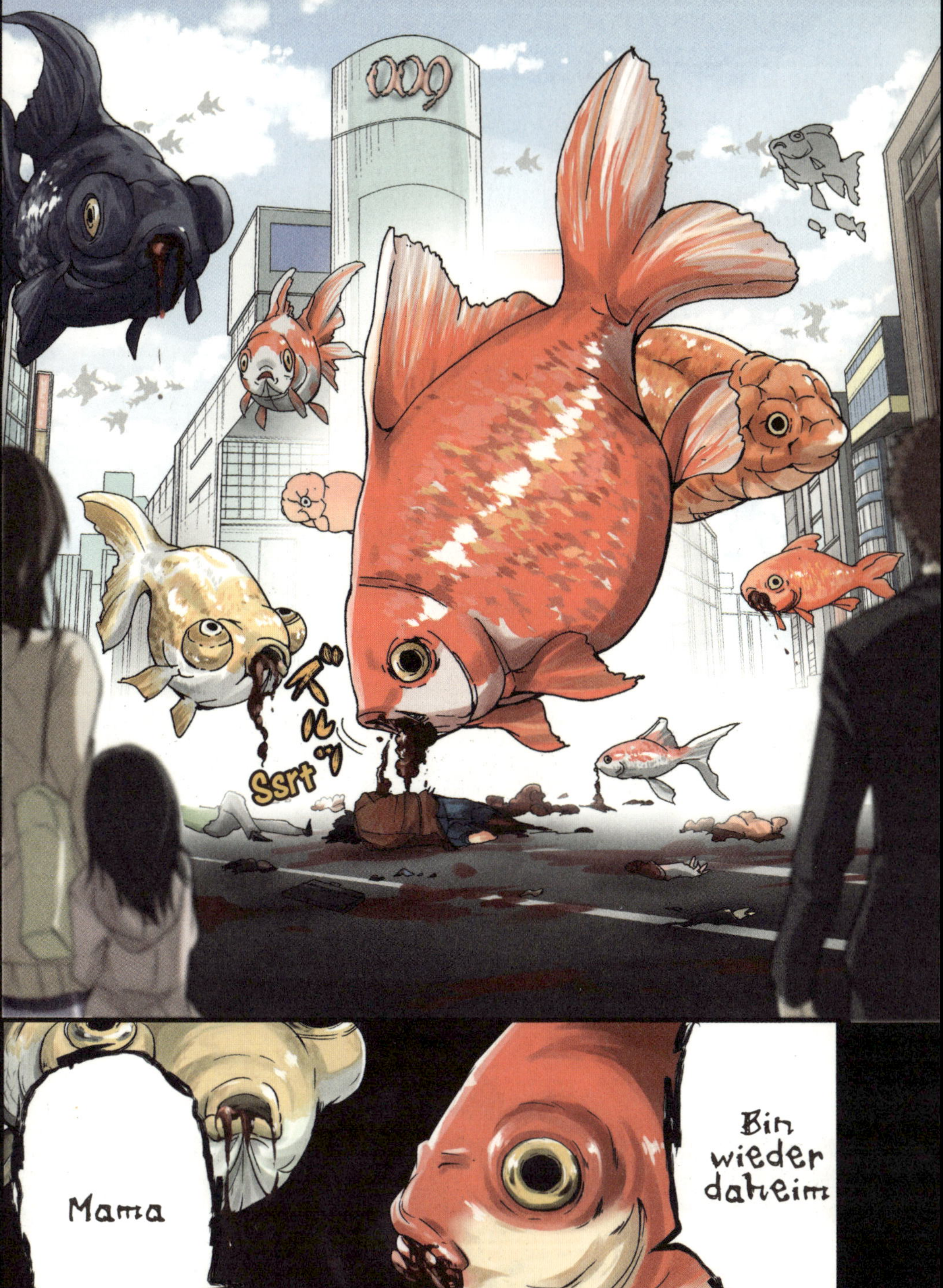
ズルッ
Ssrt
Bin wieder daheim
Mama

»Das Leben ist eine Tragödie, wenn man es aus der Nähe betrachtet. Von Ferne gesehen ist es eine Komödie.«
– Charlie Chaplin, Komiker

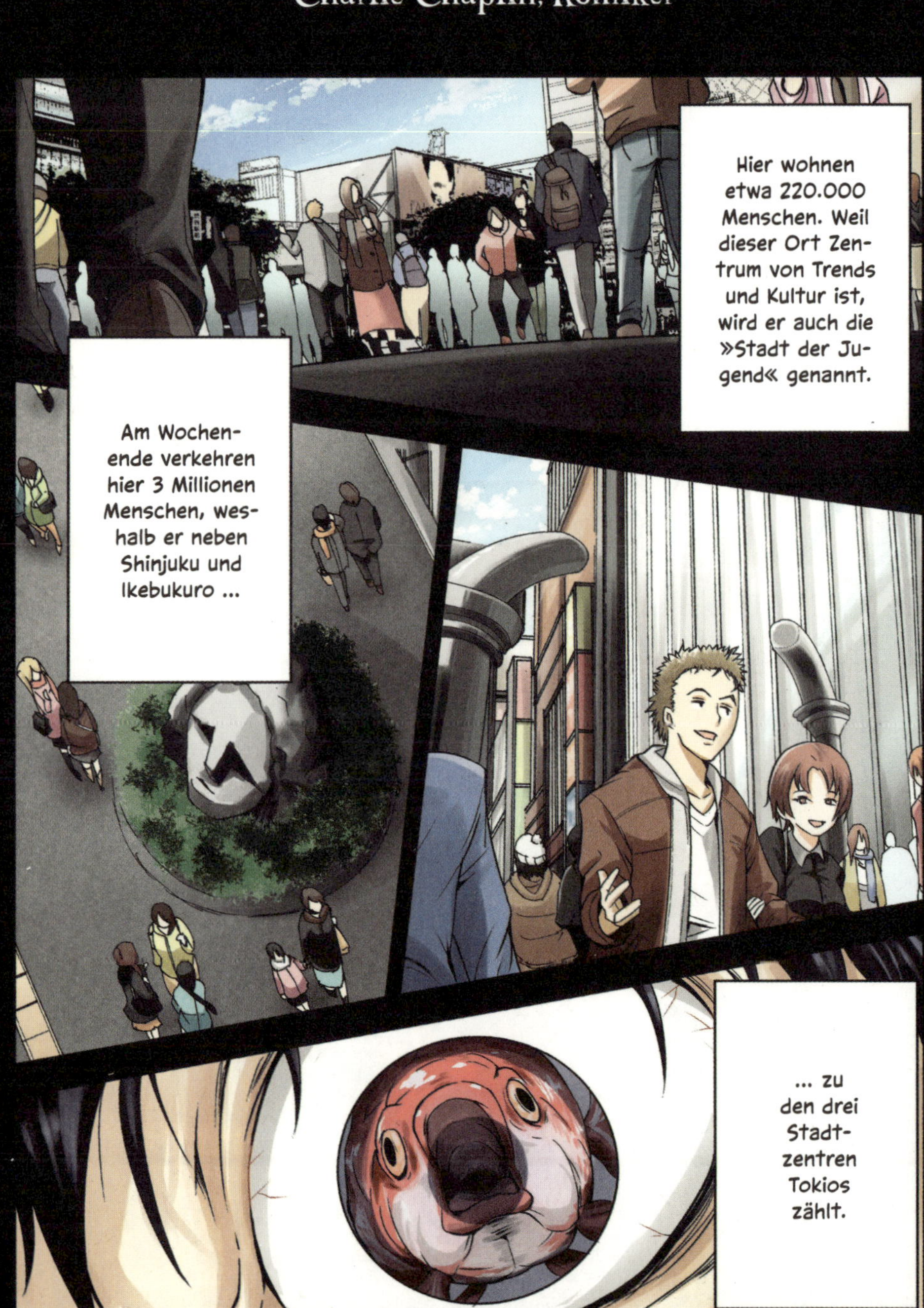

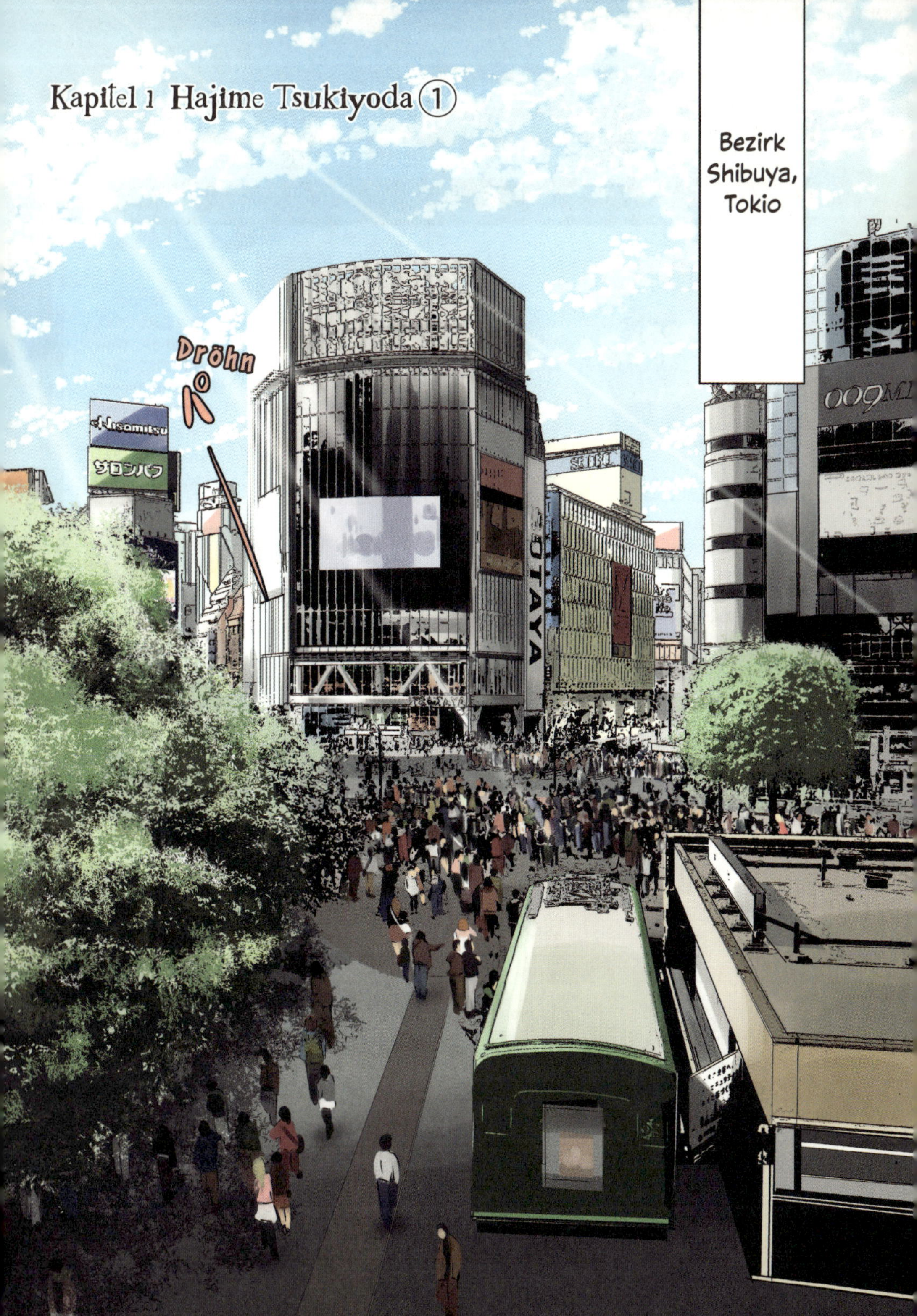
Kapitel 1 Hajime Tsukiyoda ①
Bezirk Shibuya, Tokio
Dröhn
パ

3. März, 12:50 Uhr
(zwei Stunden zuvor)

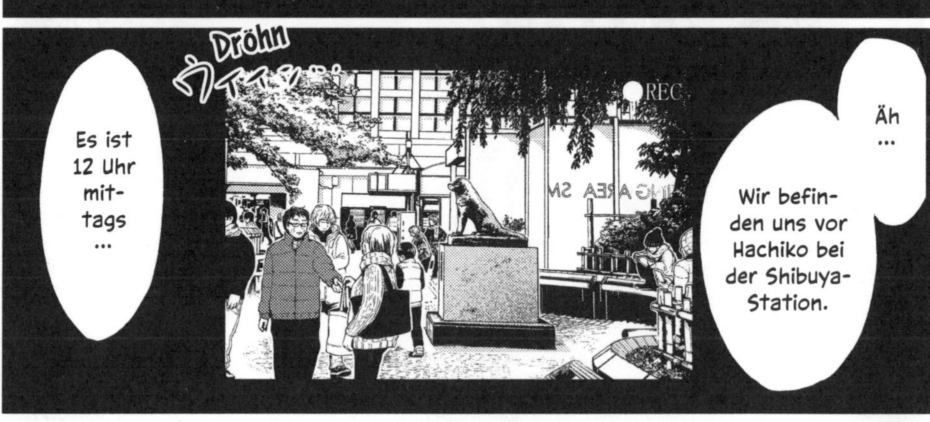

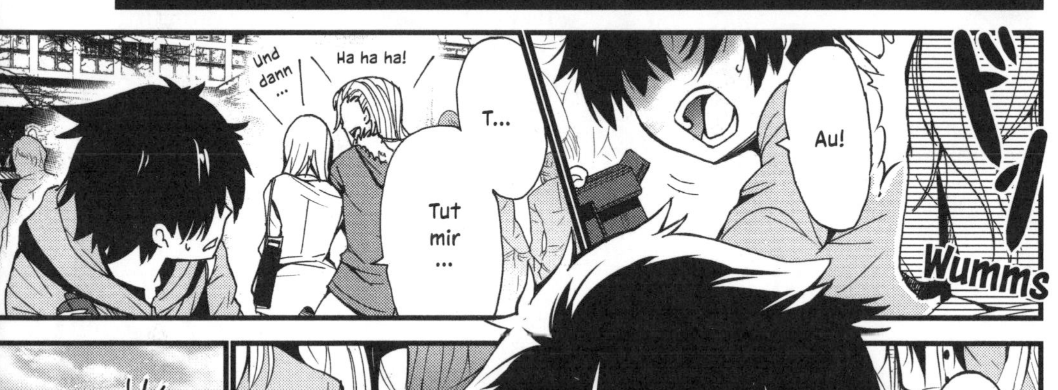

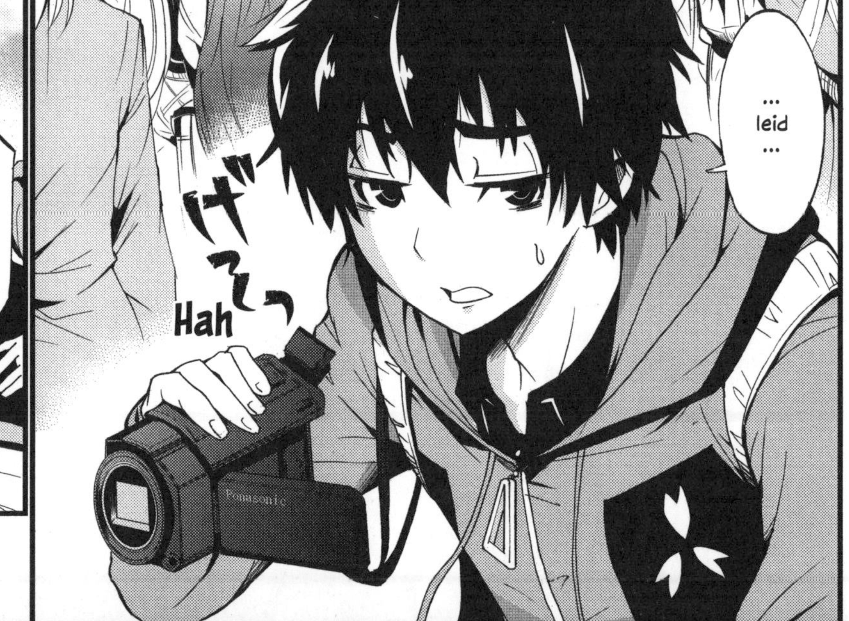

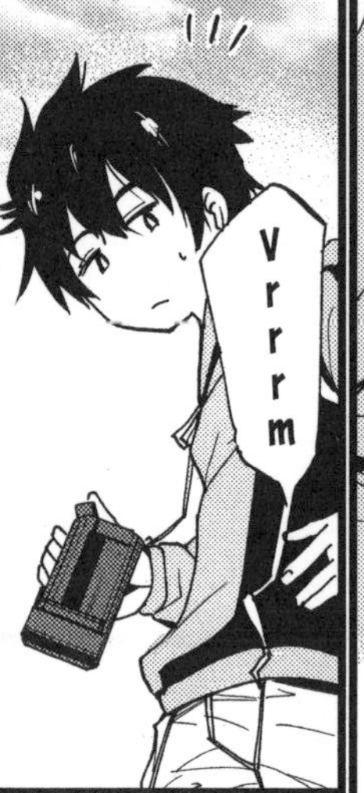

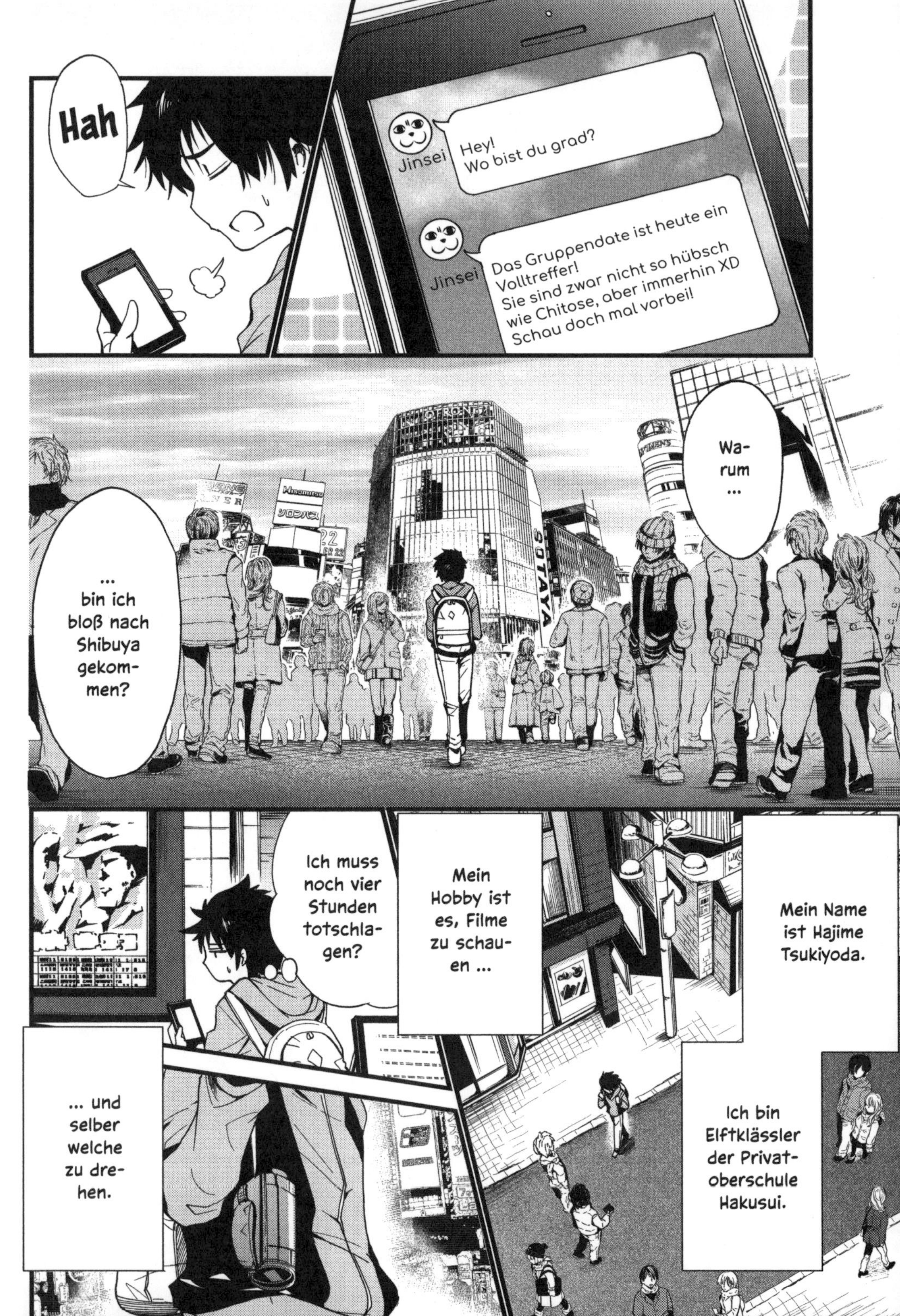
Jinsei
Hey!
Wo bist du grad?
Jinsei
Das Gruppendate ist heute ein Volltreffer!
Sie sind zwar nicht so hübsch wie Chitose, aber immerhin XD
Schau doch mal vorbei!
Hah
Wa-rum …
… bin ich bloß nach Shibuya gekommen?
Mein Name ist Hajime Tsukiyoda.
Mein Hobby ist es, Filme zu schauen …
Ich muss noch vier Stunden totschlagen?
Ich bin Elftklässler der Privatoberschule Hakusui.
… und selber welche zu drehen.

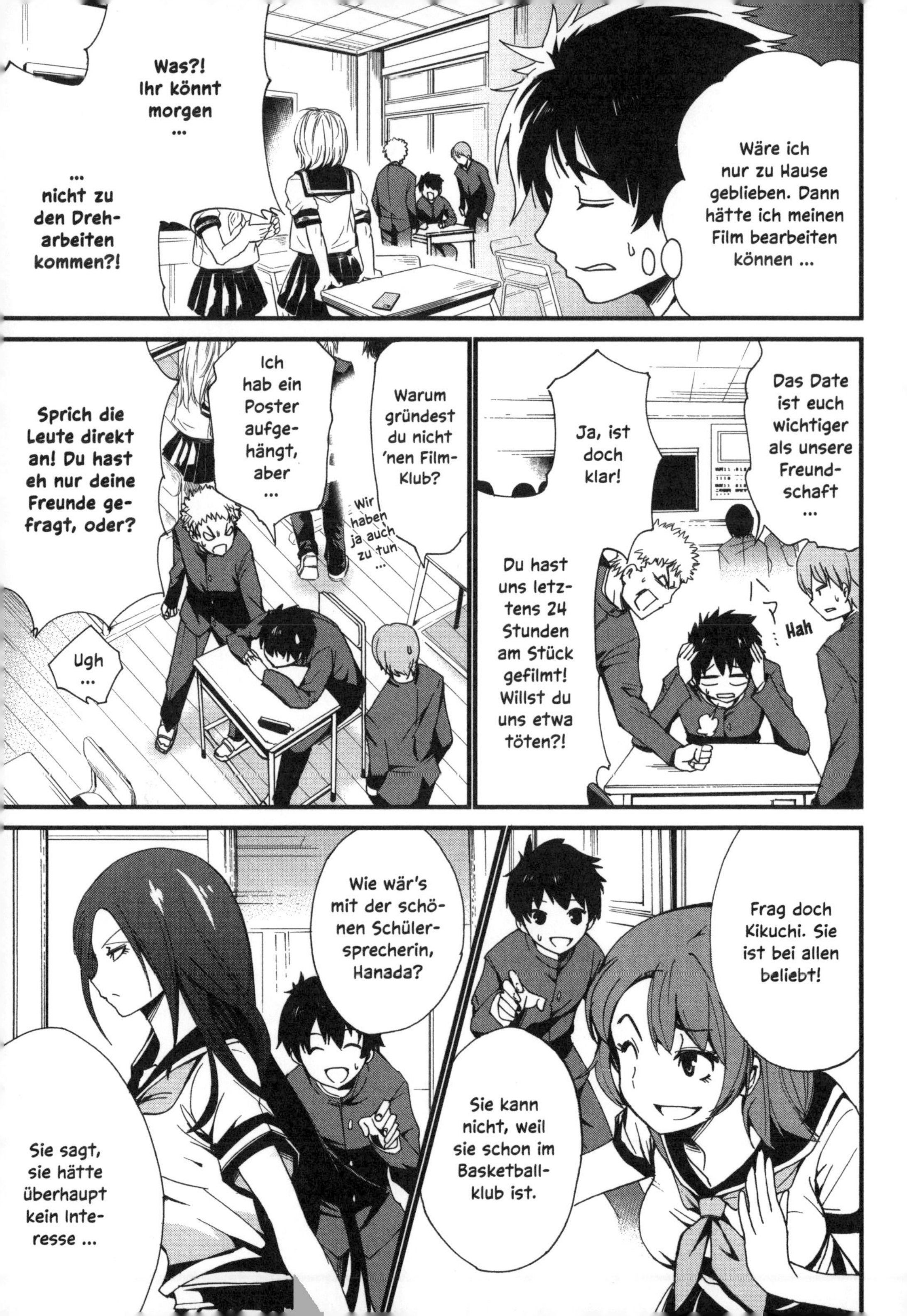

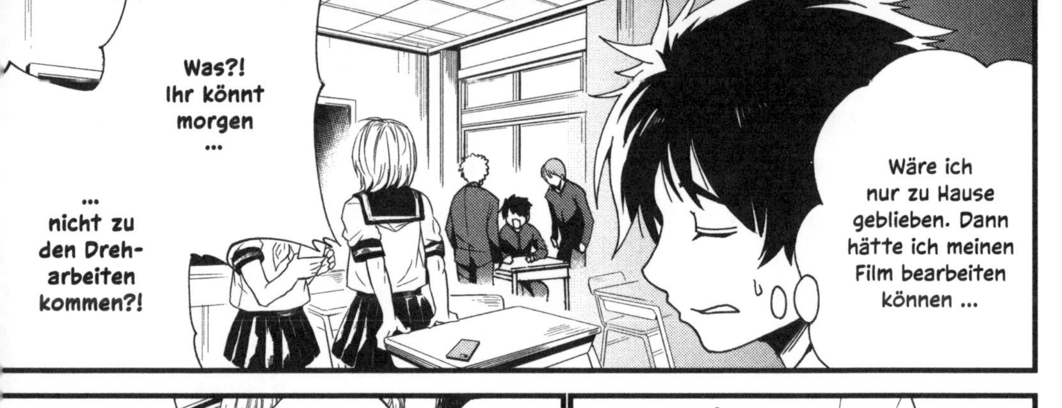
Wäre ich nur zu Hause geblieben. Dann hätte ich meinen Film bearbeiten können ...
Was?! Ihr könnt morgen ...
... nicht zu den Dreharbeiten kommen?!
Das Date ist euch wichtiger als unsere Freundschaft ...
Ja, ist doch klar!
Du hast uns letztens 24 Stunden am Stück gefilmt! Willst du uns etwa töten?!
Hah
Warum gründest du nicht 'nen Film-Klub?
Wir haben ja auch zu tun ...
Ich hab ein Poster aufgehängt, aber ...
Sprich die Leute direkt an! Du hast eh nur deine Freunde gefragt, oder?
Ugh ...
Frag doch Kikuchi. Sie ist bei allen beliebt!
Sie kann nicht, weil sie schon im Basketballklub ist.
Wie wär's mit der schönen Schülersprecherin, Hanada?
Sie sagt, sie hätte überhaupt kein Interesse ...

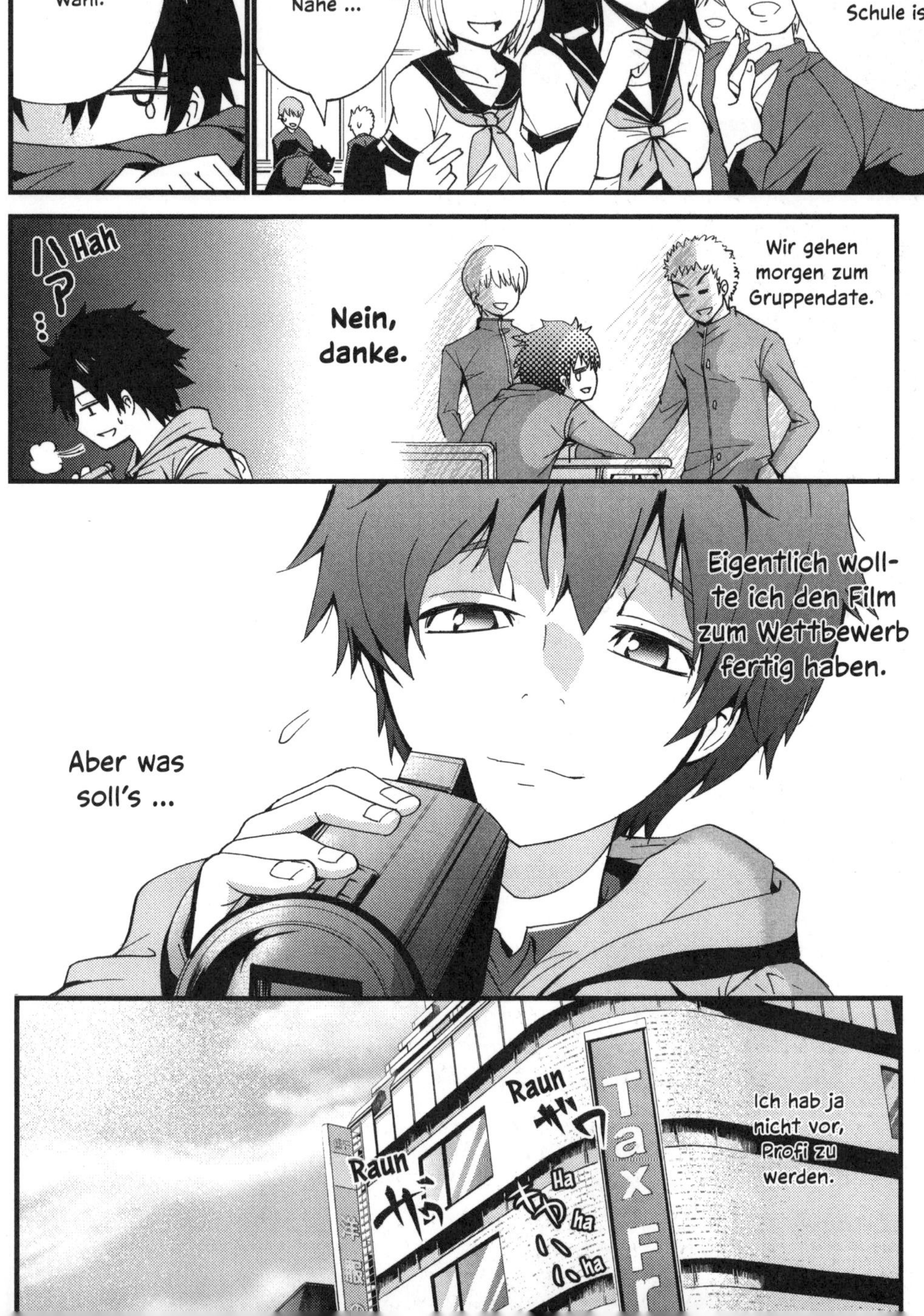
Vielleicht hast du ja bei Chitose Glück? Auch, wenn sie das hübscheste Mädchen der Schule ist ...
Ich trau mich nicht mal in ihre Nähe ...
Dann bleibt dir keine andere Wahl.
Wir gehen morgen zum Gruppendate.
Nein, danke.
Hah
Eigentlich wollte ich den Film zum Wettbewerb fertig haben.
Aber was soll's ...
Ich hab ja nicht vor, Profi zu werden.
Raun
Raun
Ha ha ha
Tax Fr

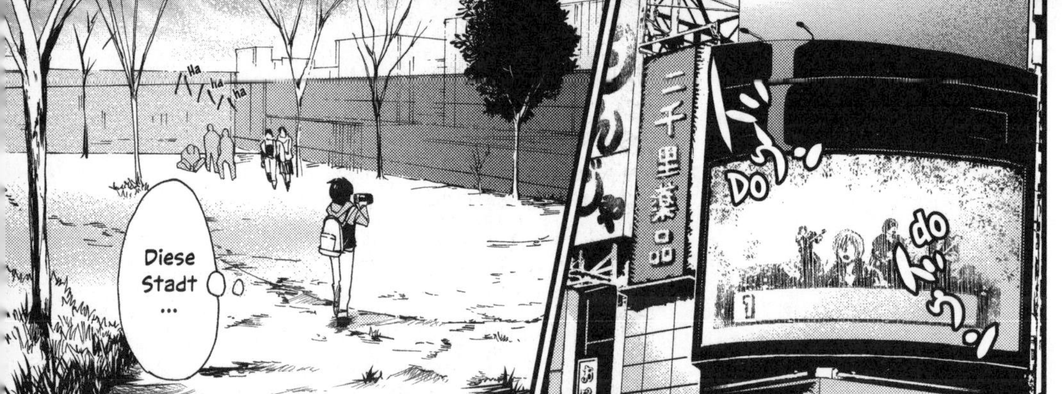
Ha
ha
ha
Diese Stadt ...
Do
do

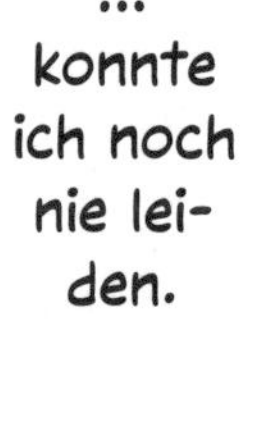
... konnte ich noch nie leiden.

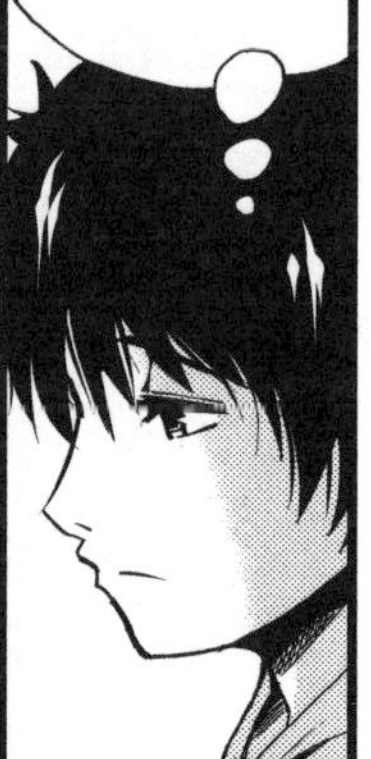

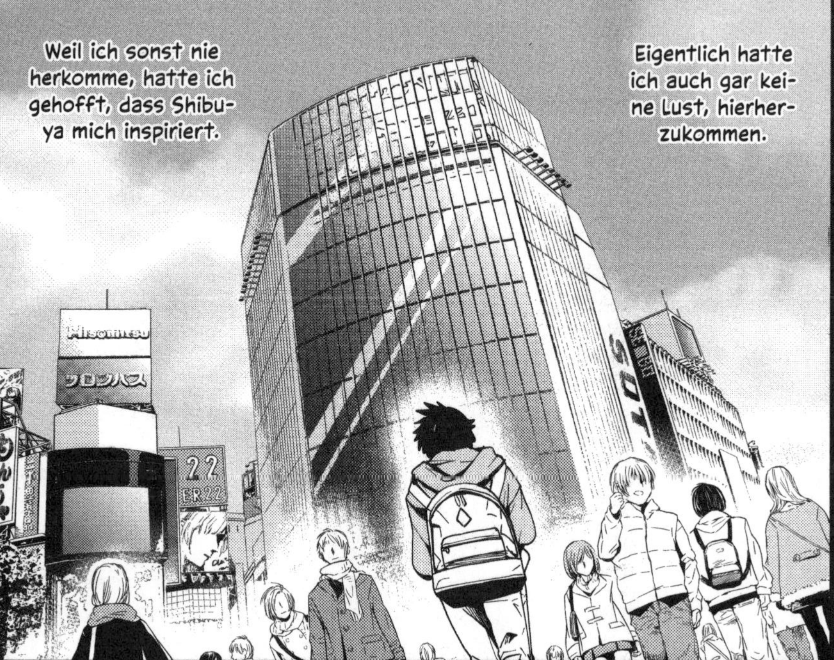
Eigentlich hatte ich auch gar keine Lust, hierherzukommen.
Weil ich sonst nie herkomme, hatte ich gehofft, dass Shibuya mich inspiriert.
22
ER22

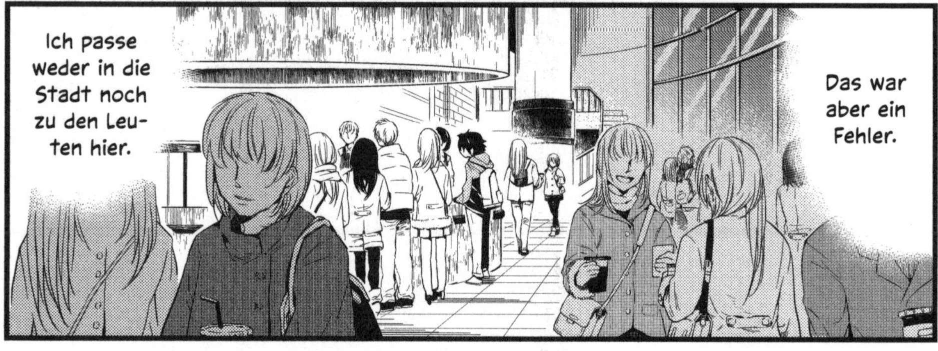
Das war aber ein Fehler.
Ich passe weder in die Stadt noch zu den Leuten hier.

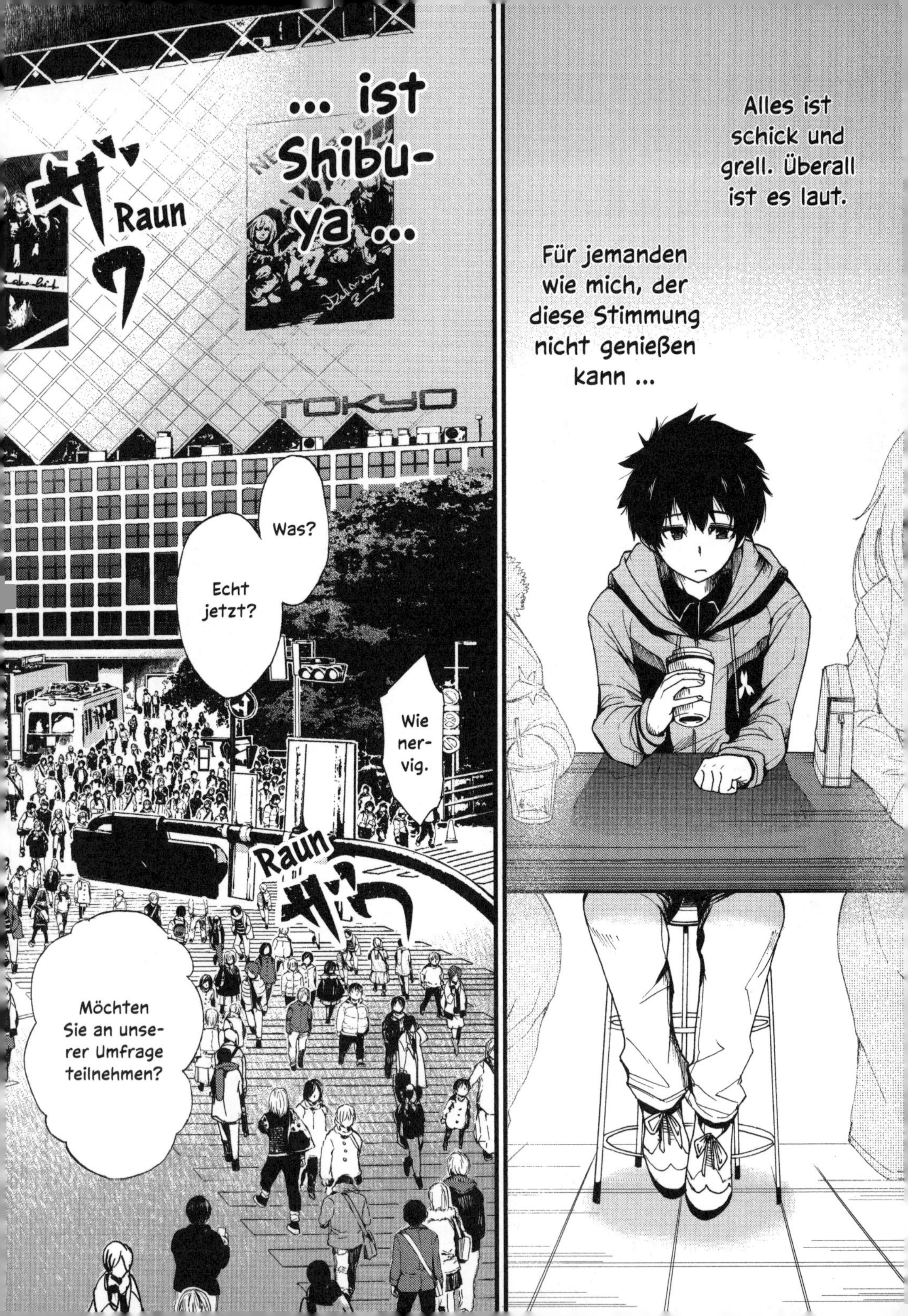

Alles ist schick und grell. Überall ist es laut.

Für jemanden wie mich, der diese Stimmung nicht genießen kann ...

... ist Shibu-ya ...

Raun

TOKYO

Was?

Echt jetzt?

Wie ner-vig.

Raun

Möchten Sie an unse-rer Umfrage teilnehmen?

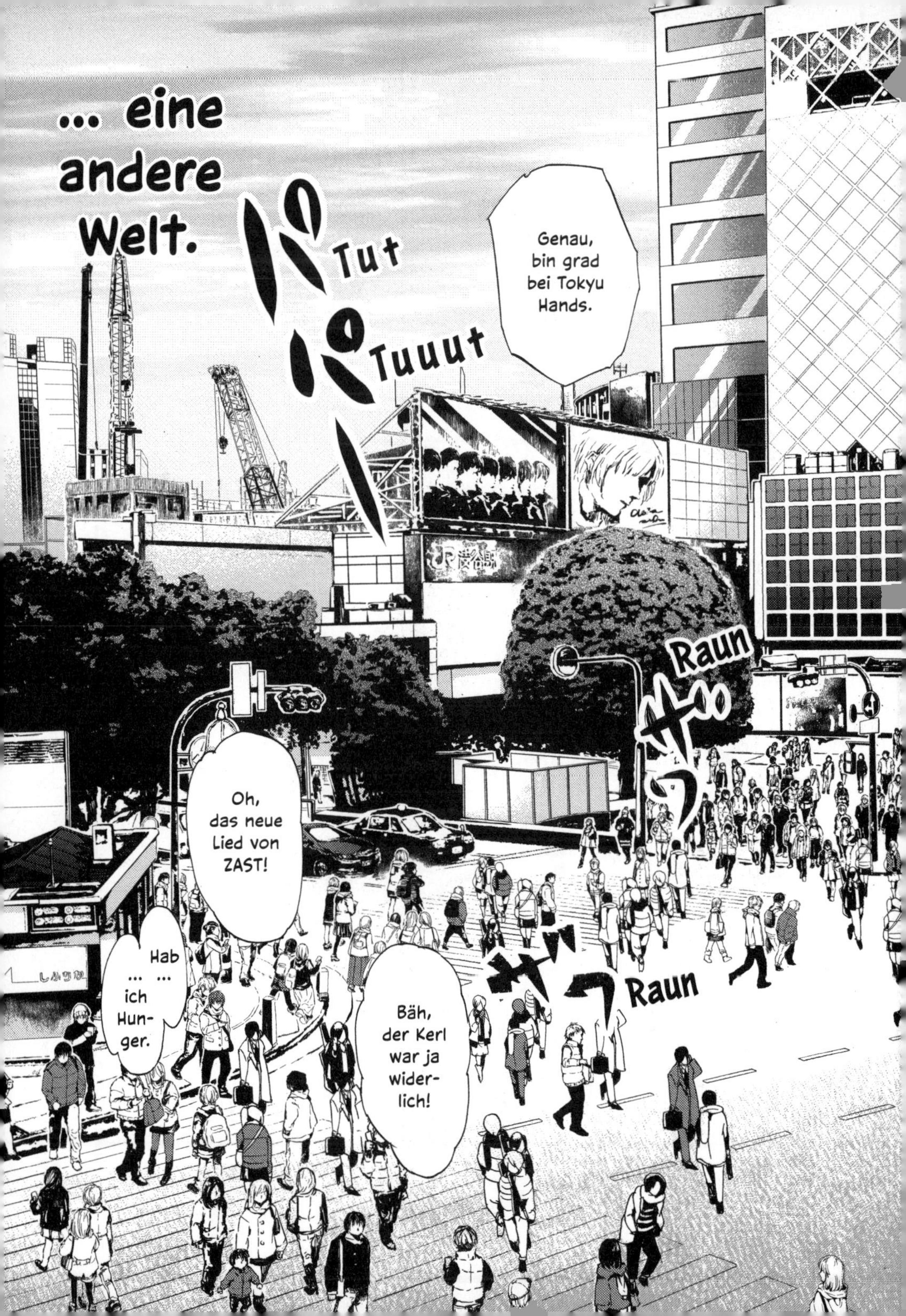

... eine andere Welt.
Genau, bin grad bei Tokyu Hands.
Tut
Tuuut
Raun
Raun
Oh, das neue Lied von ZAST!
Hab ... ... ich Hunger.
Bäh, der Kerl war ja wider-lich!

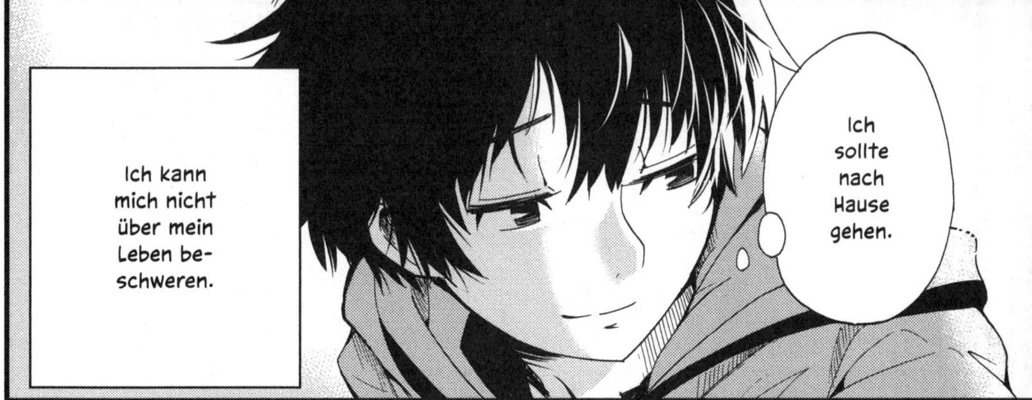
Ich sollte nach Hause gehen.
Ich kann mich nicht über mein Leben beschweren.

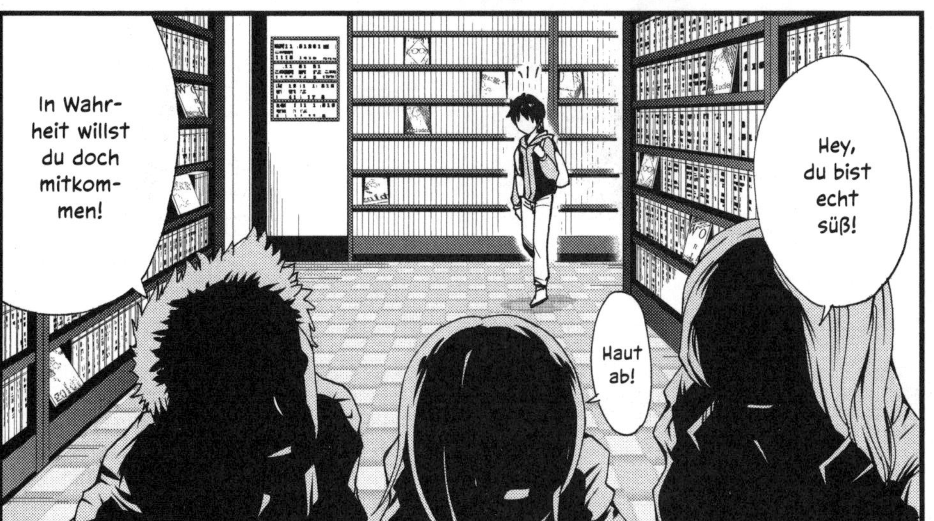
Hey, du bist echt süß!
Haut ab!
In Wahrheit willst du doch mitkommen!

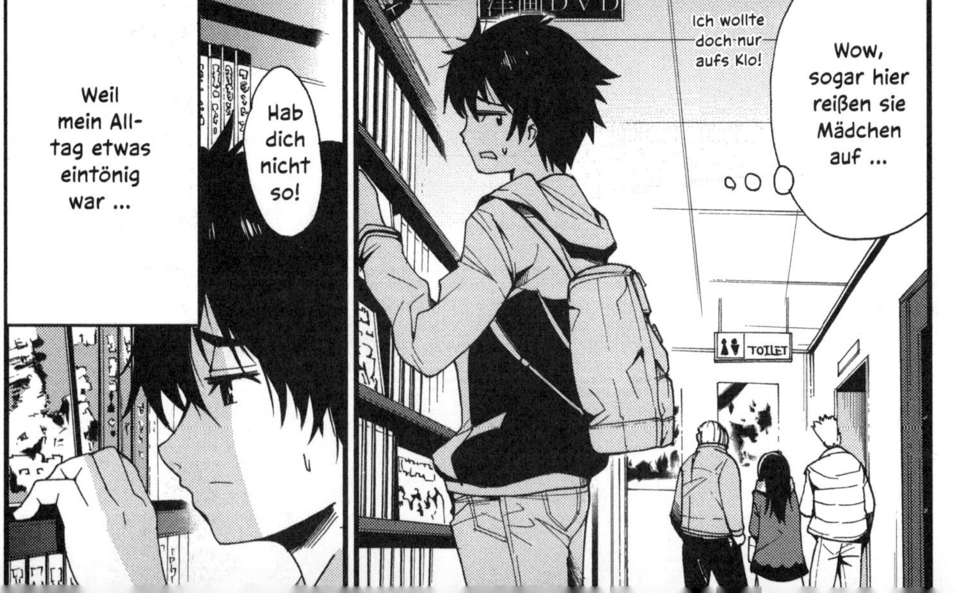
Wow, sogar hier reißen sie Mädchen auf ...
Ich wollte doch nur aufs Klo!
洋画DVD
TOILET
Hab dich nicht so!
Weil mein Alltag etwas eintönig war ...

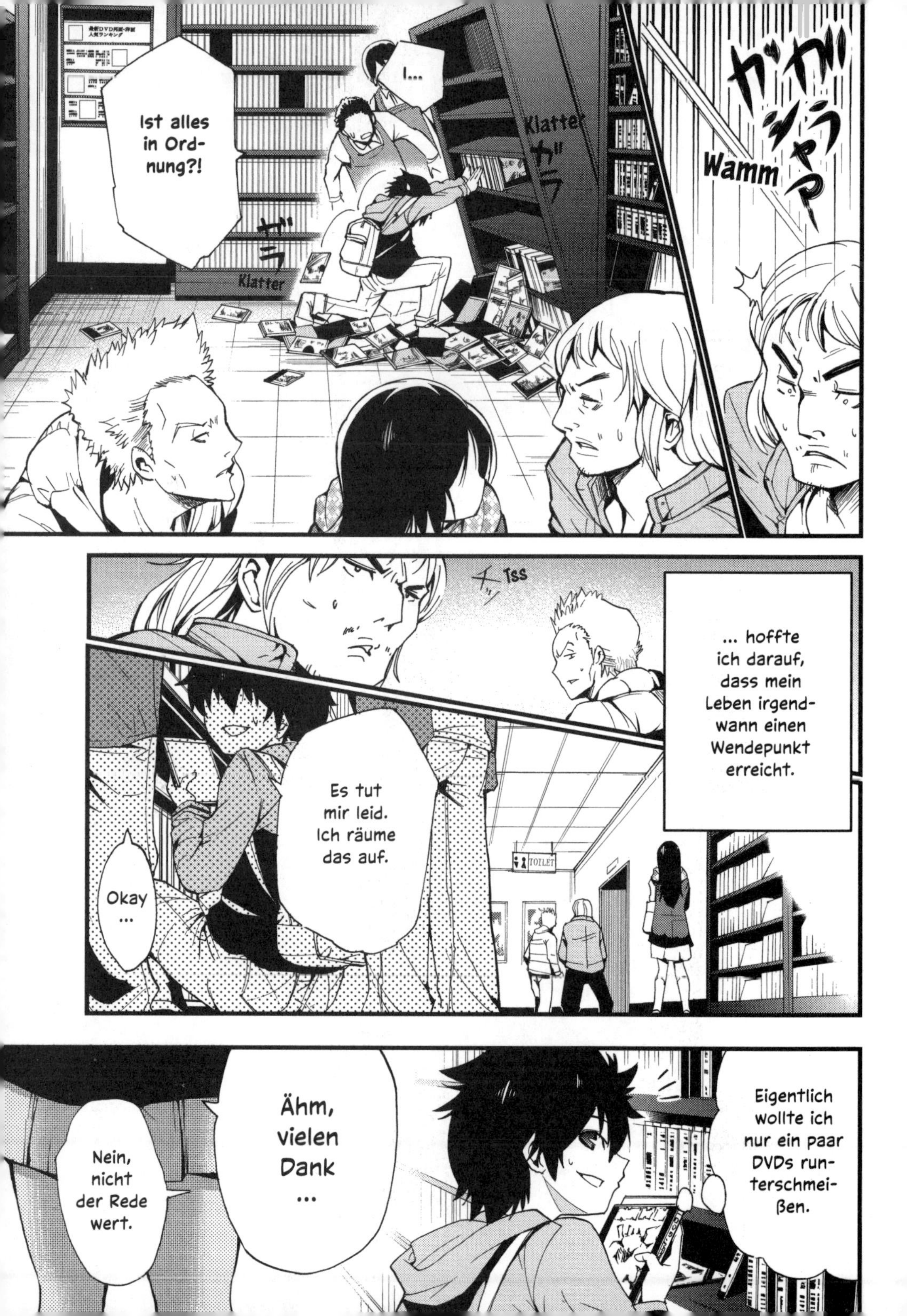

Wamm
Klatter
Klatter
I…
Ist alles in Ord-nung?!

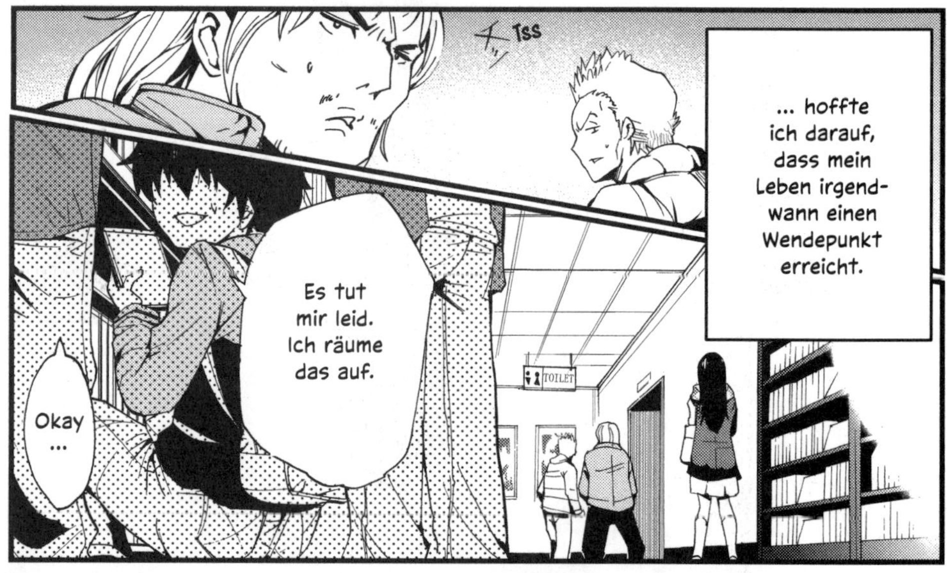
… hoffte ich darauf, dass mein Leben irgend-wann einen Wendepunkt erreicht.
Tss
Es tut mir leid. Ich räume das auf.
Okay …

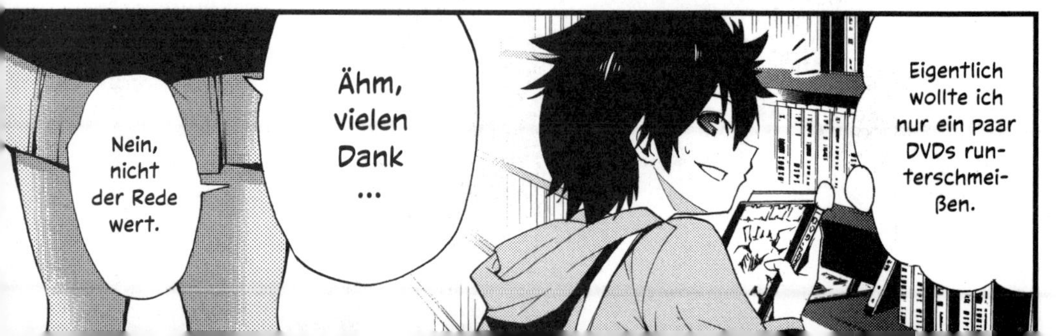
Eigentlich wollte ich nur ein paar DVDs run-terschmei-ßen.
Ähm, vielen Dank …
Nein, nicht der Rede wert.

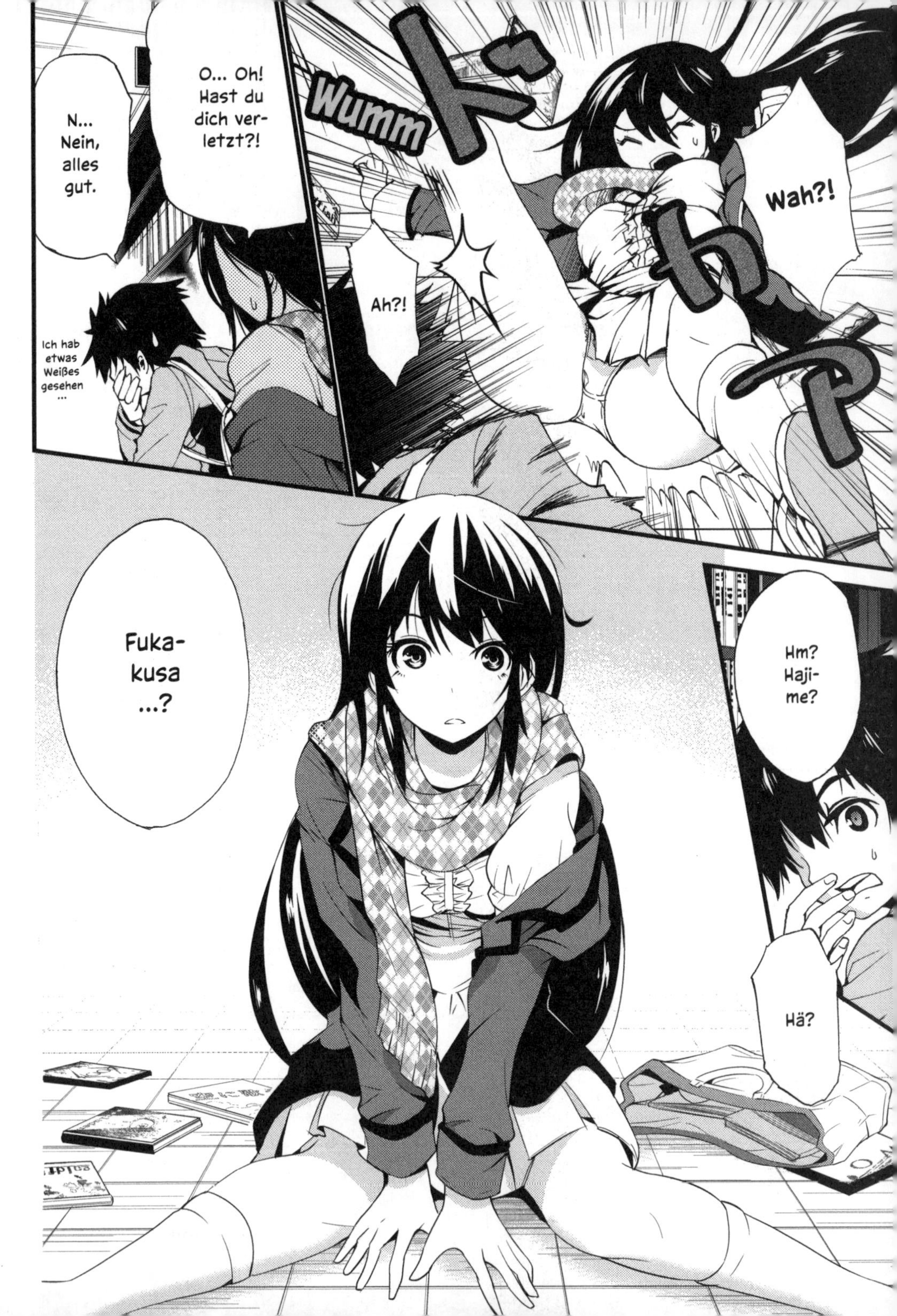
Wah?!
Wumm
Ah?!
O... Oh! Hast du dich ver-letzt?!
N... Nein, alles gut.
Ich hab etwas Weißes gesehen ...
Hm? Haji-me?
Hä?
Fuka-kusa ...?

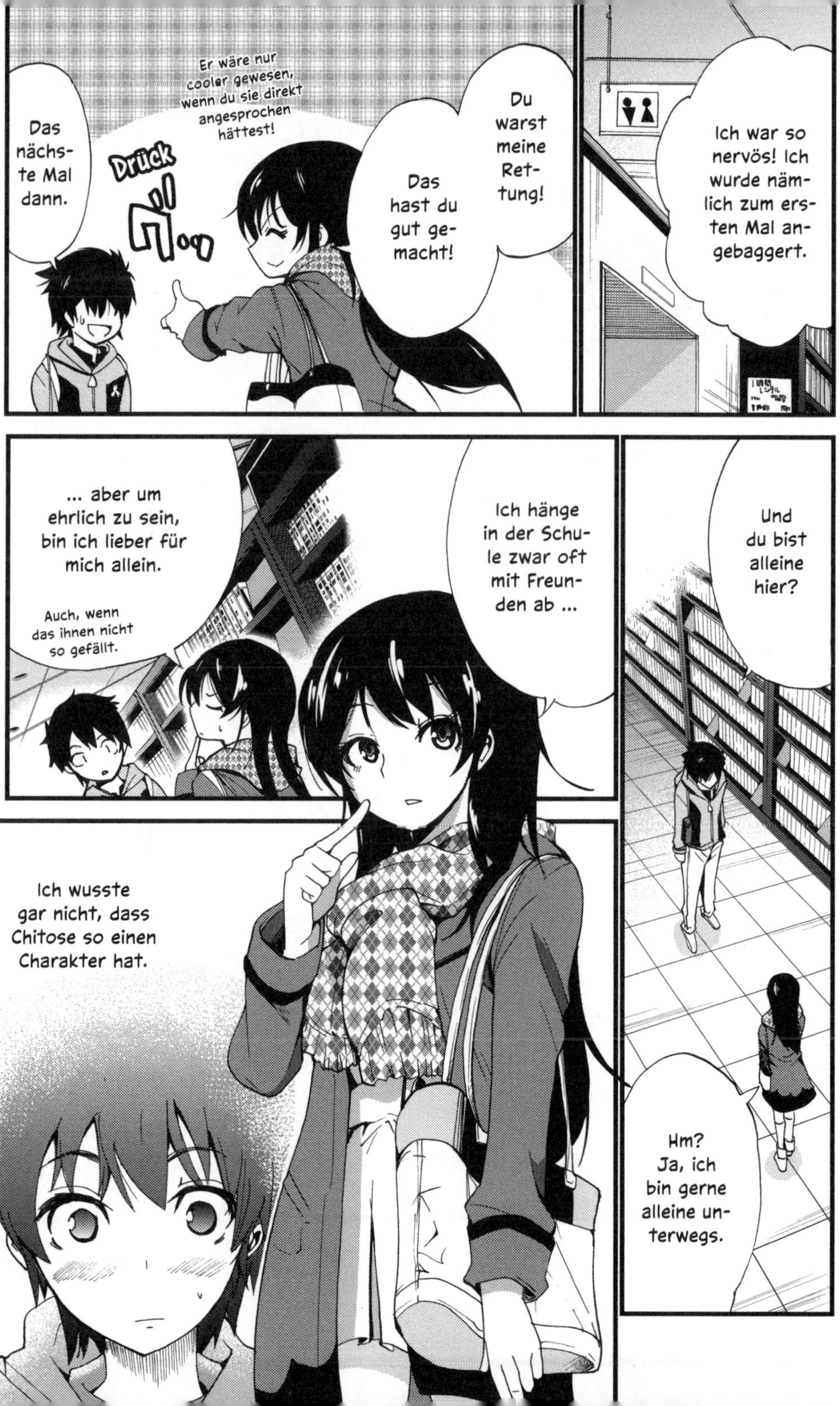

Ich war so nervös! Ich wurde nämlich zum ersten Mal angebaggert.

Du warst meine Rettung!

Das hast du gut gemacht!

Drück

Das nächste Mal dann.

Er wäre nur cooler gewesen, wenn du sie direkt angesprochen hättest!

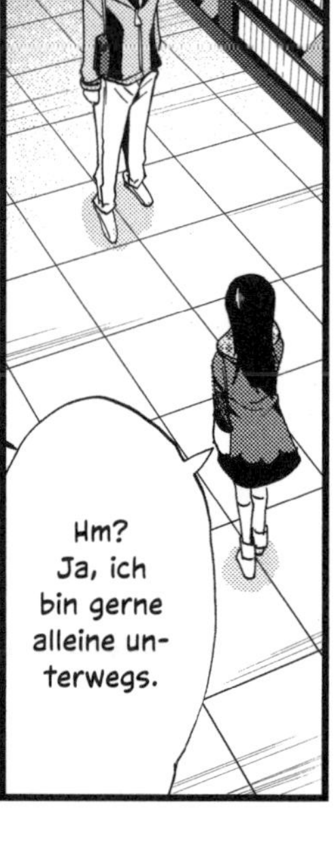

Ich hänge in der Schule zwar oft mit Freunden ab ...

... aber um ehrlich zu sein, bin ich lieber für mich allein.

Auch, wenn das ihnen nicht so gefällt.

Ich wusste gar nicht, dass Chitose so einen Charakter hat.

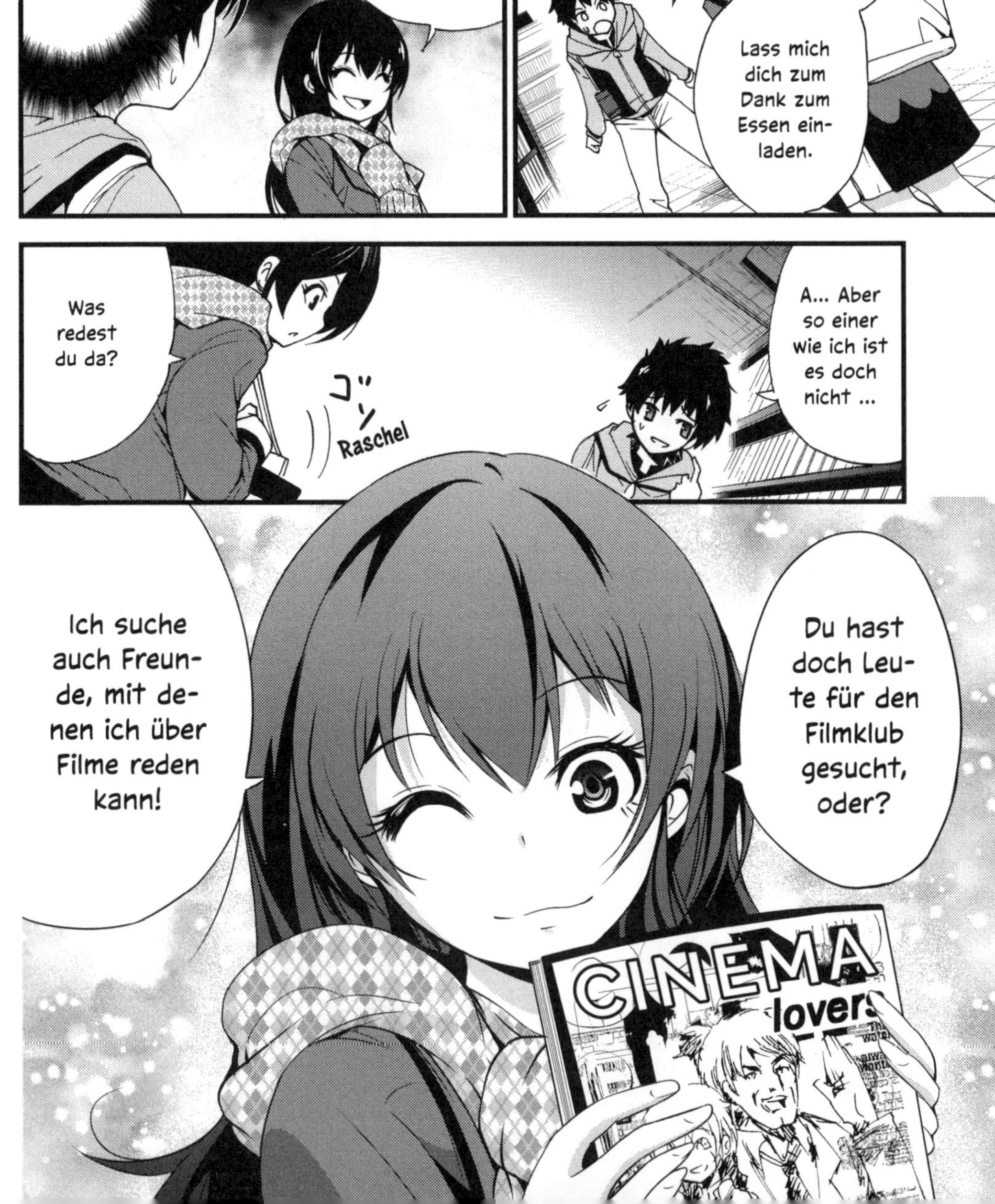

Das ist echt unerwartet.
Okay, gehen wir.
Was? Mich?!
Schreck
Lass mich dich zum Dank zum Essen einladen.
Oder hat dir etwa gereicht, meine Unterhose zu sehen?
Groh
Groh
Sie weiß davon!
A... Aber so einer wie ich ist es doch nicht ...
Raschel
Was redest du da?
Du hast doch Leute für den Filmklub gesucht, oder?
Ich suche auch Freunde, mit denen ich über Filme reden kann!
CINEMA lovers

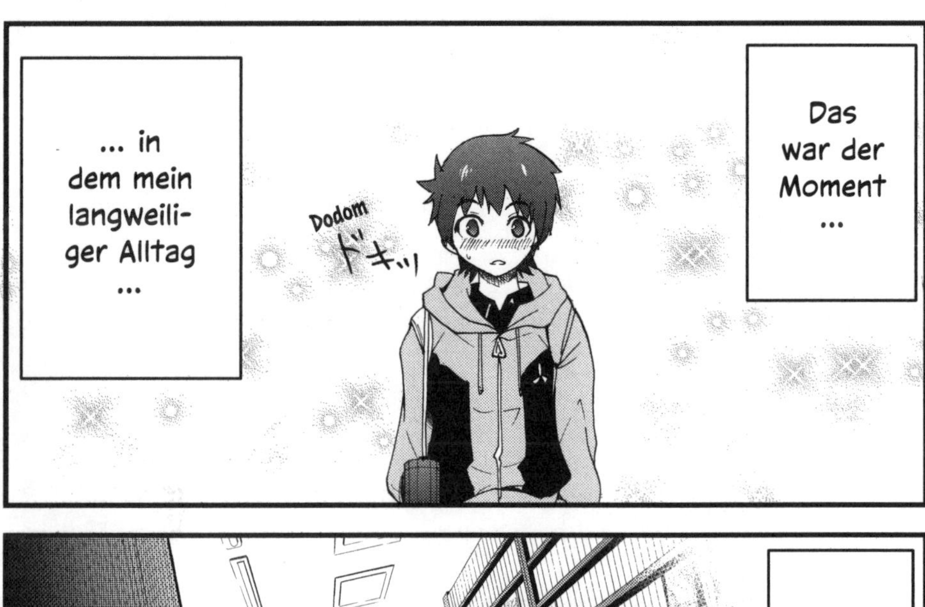
Das war der Moment ...
Dodom
ドキッ
... in dem mein langweiliger Alltag ...

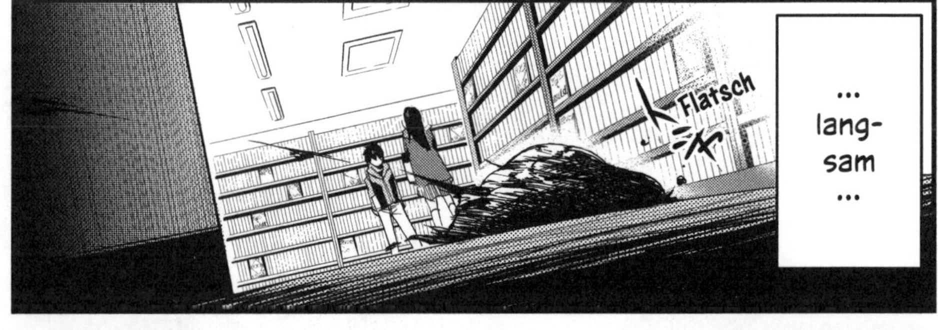
... lang-sam ...
Flatsch
ドシャ

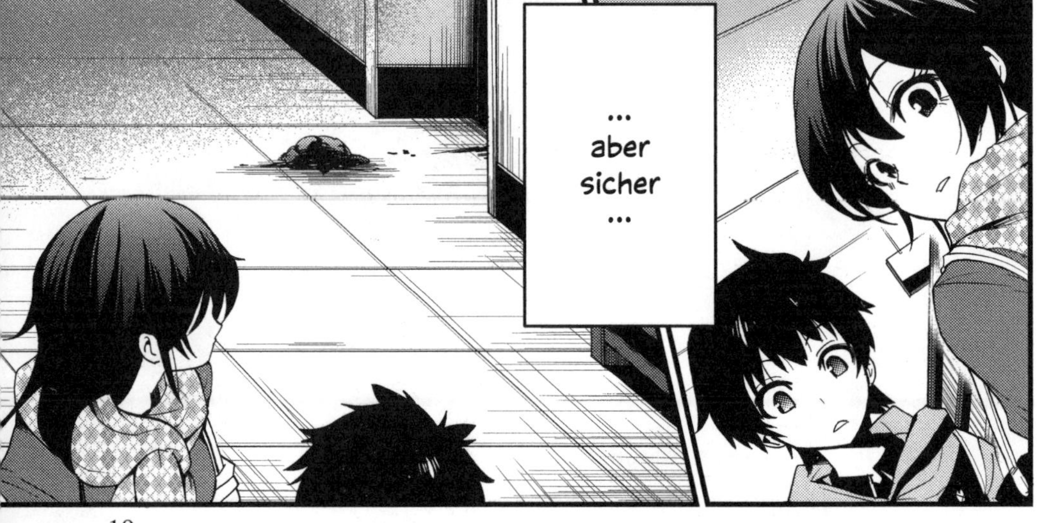
... aber sicher ...

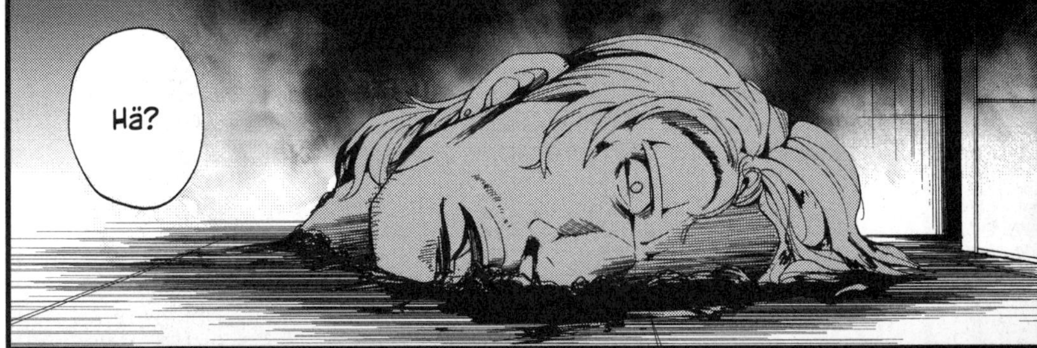

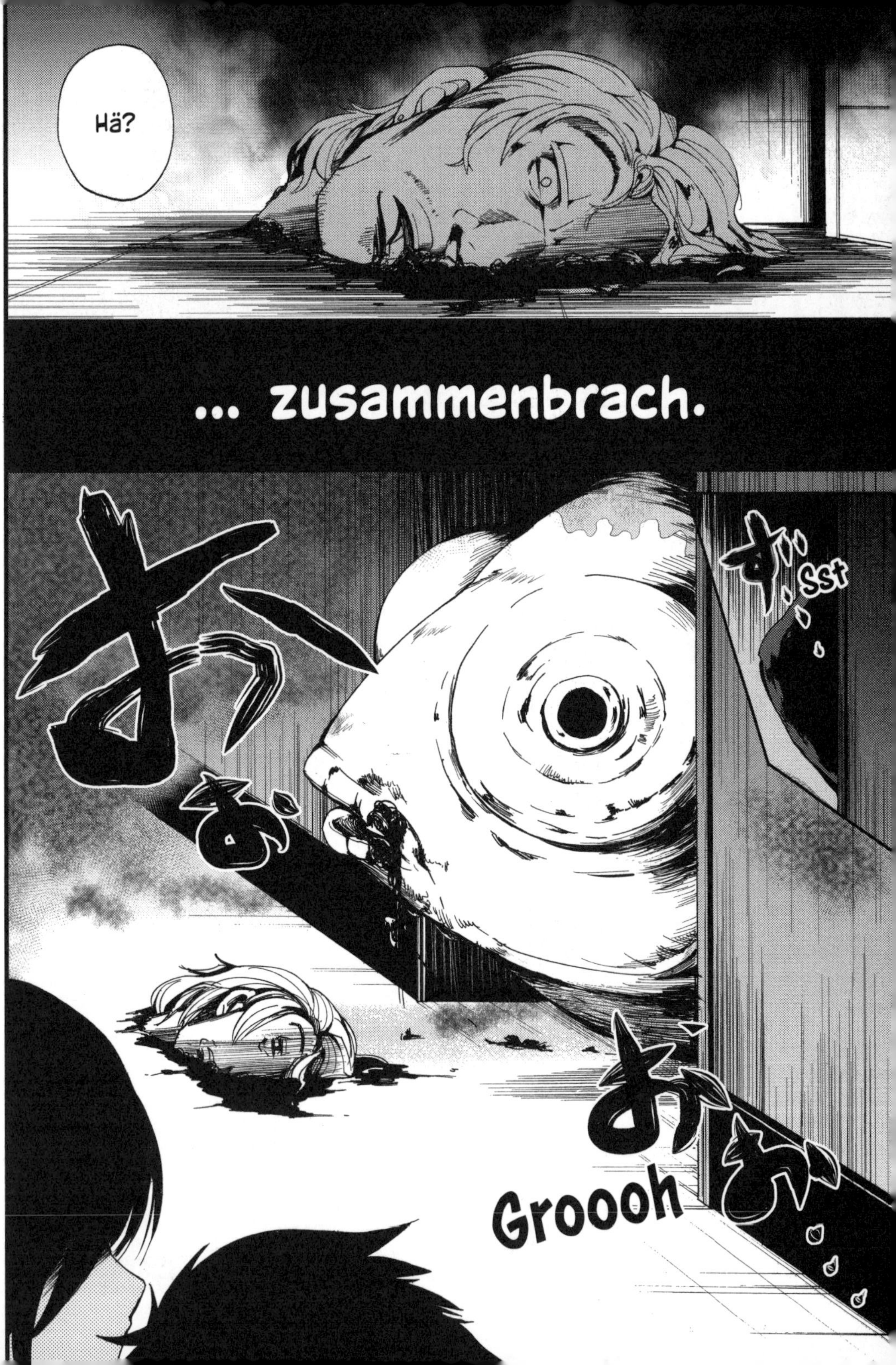

... zusammenbrach.

Sst

Groooh

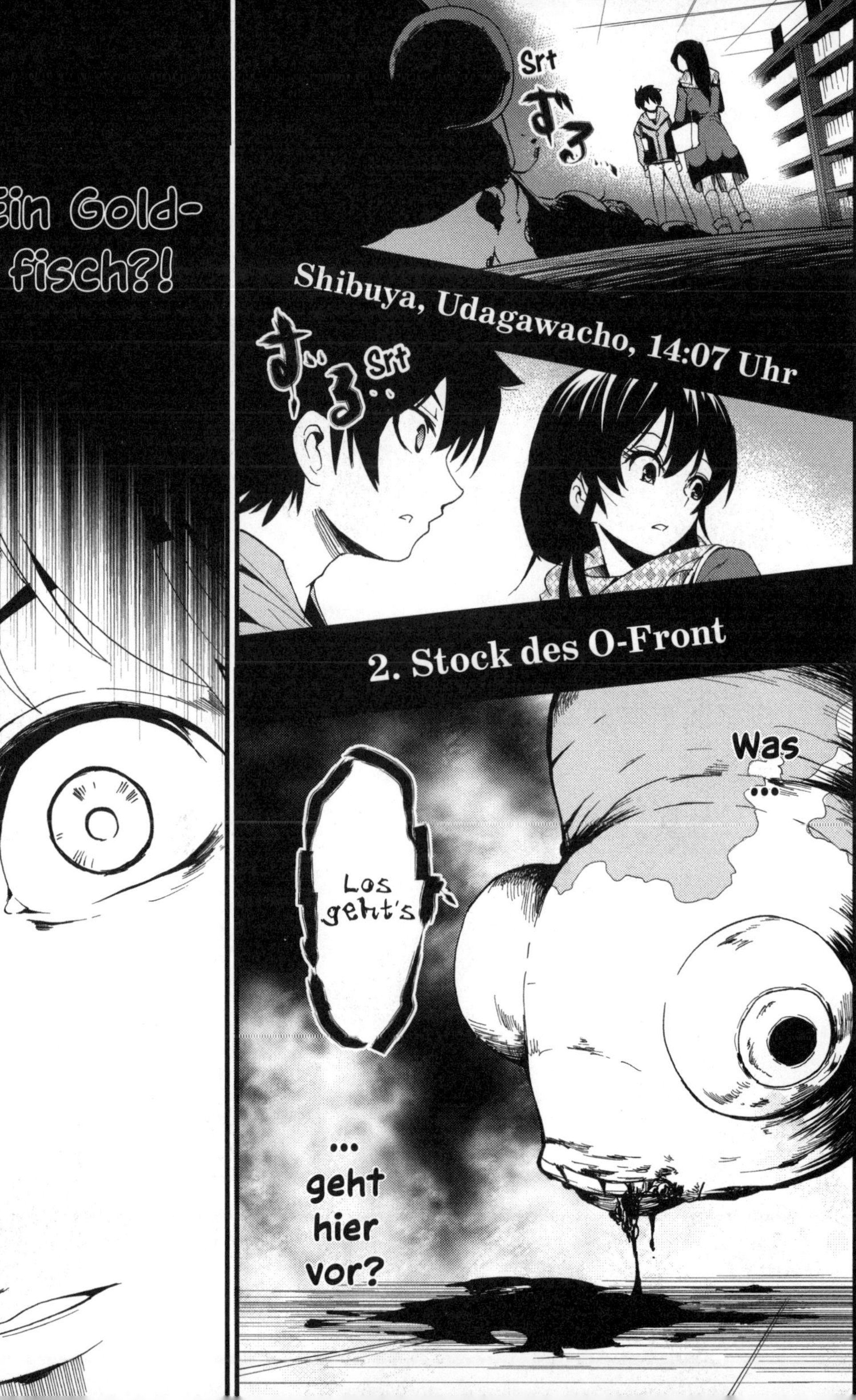
Srt
する…
Shibuya, Udagawacho, 14:07 Uhr
Srt
す‥る‥
2. Stock des O-Front
Was …
Los geht's
… geht hier vor?
Ein Goldfisch?!

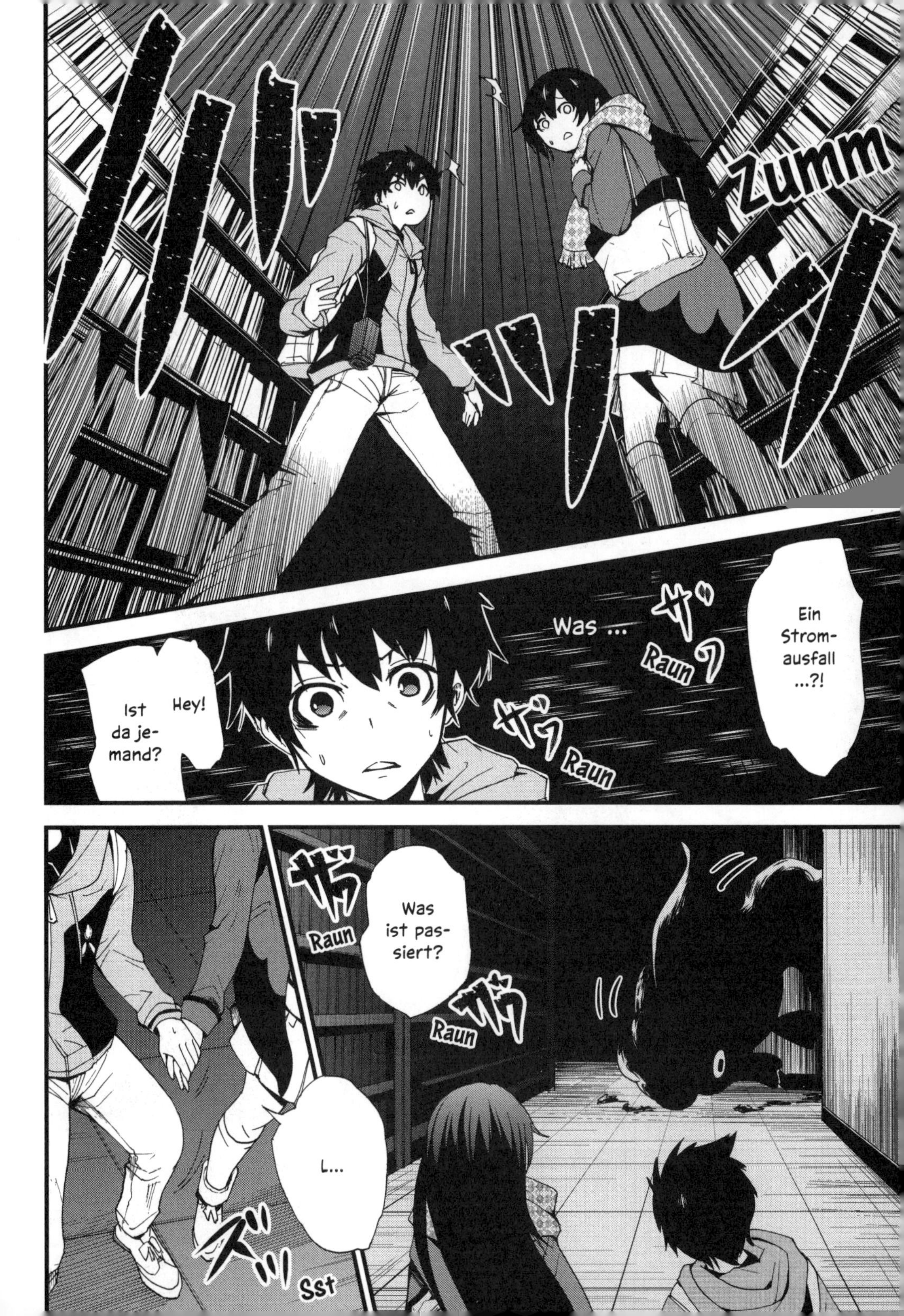

Zumm

Ein Strom-
ausfall
...?!

Raun

Was ...

Raun

Hey!
Ist
da je-
mand?

Was
ist pas-
siert?

Raun

Raun

L...

Sst

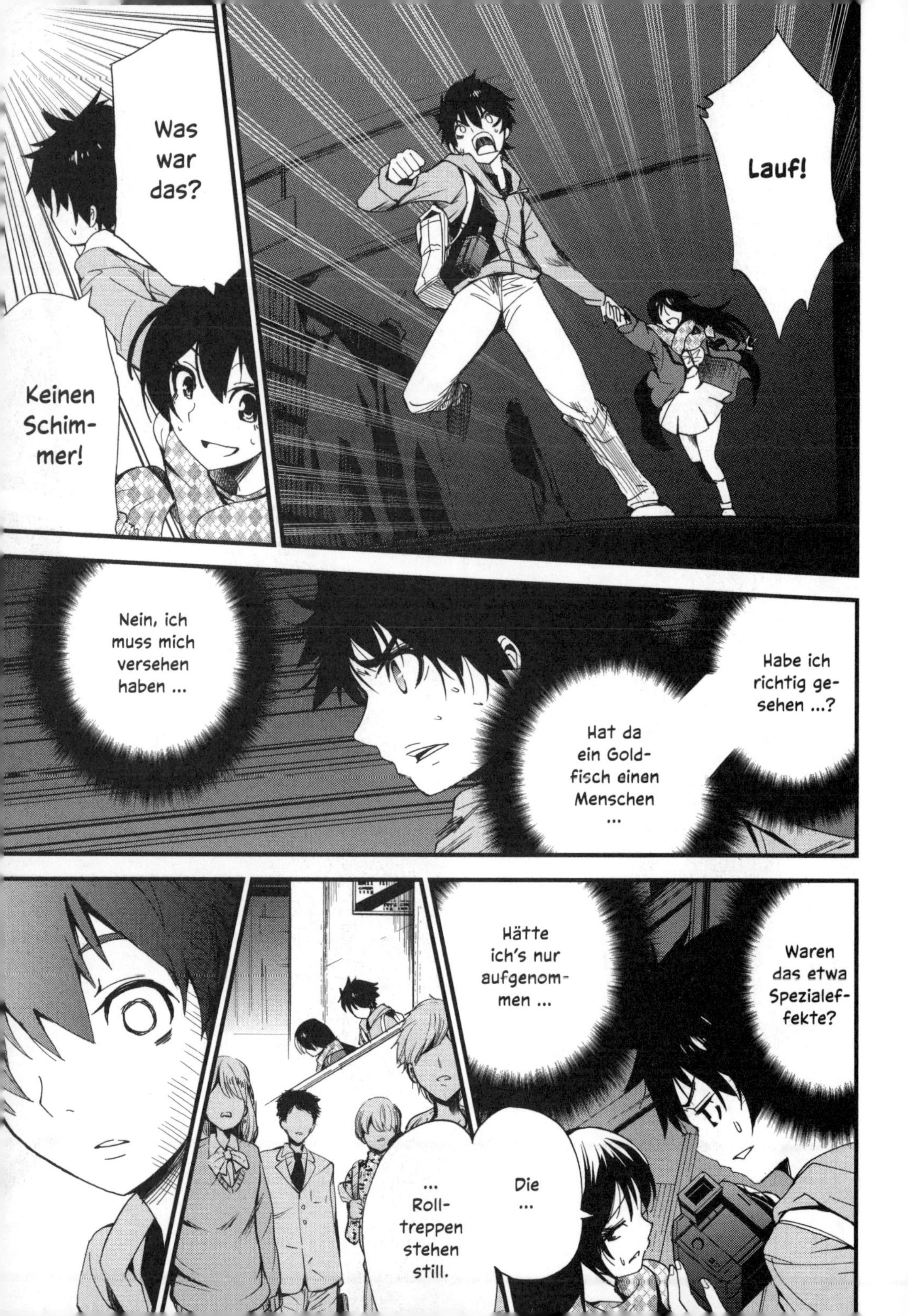

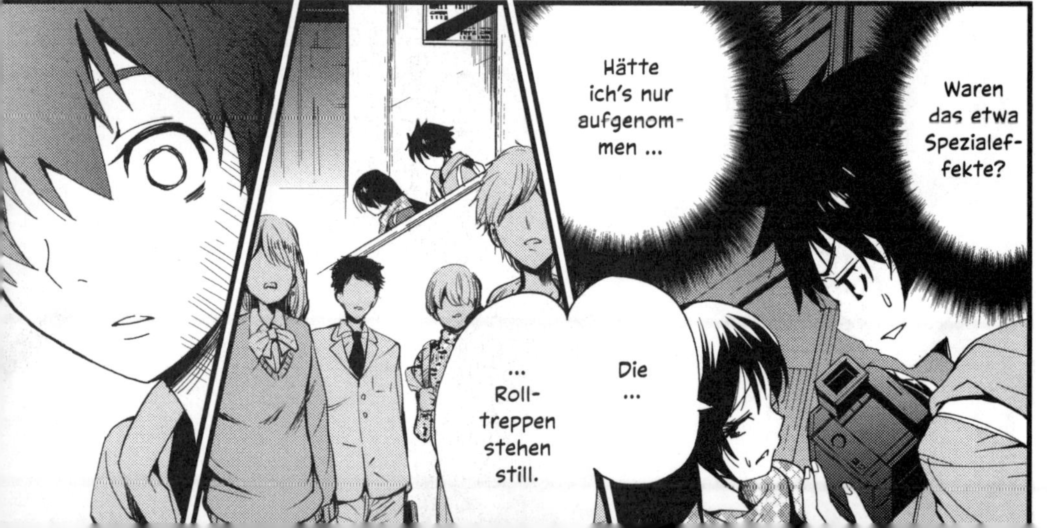
Lauf!
Was war das?
Keinen Schimmer!
Habe ich richtig gesehen ...?
Hat da ein Goldfisch einen Menschen ...
Nein, ich muss mich versehen haben ...
Waren das etwa Spezialeffekte?
Hätte ich's nur aufgenommen ...
Die ...
... Rolltreppen stehen still.

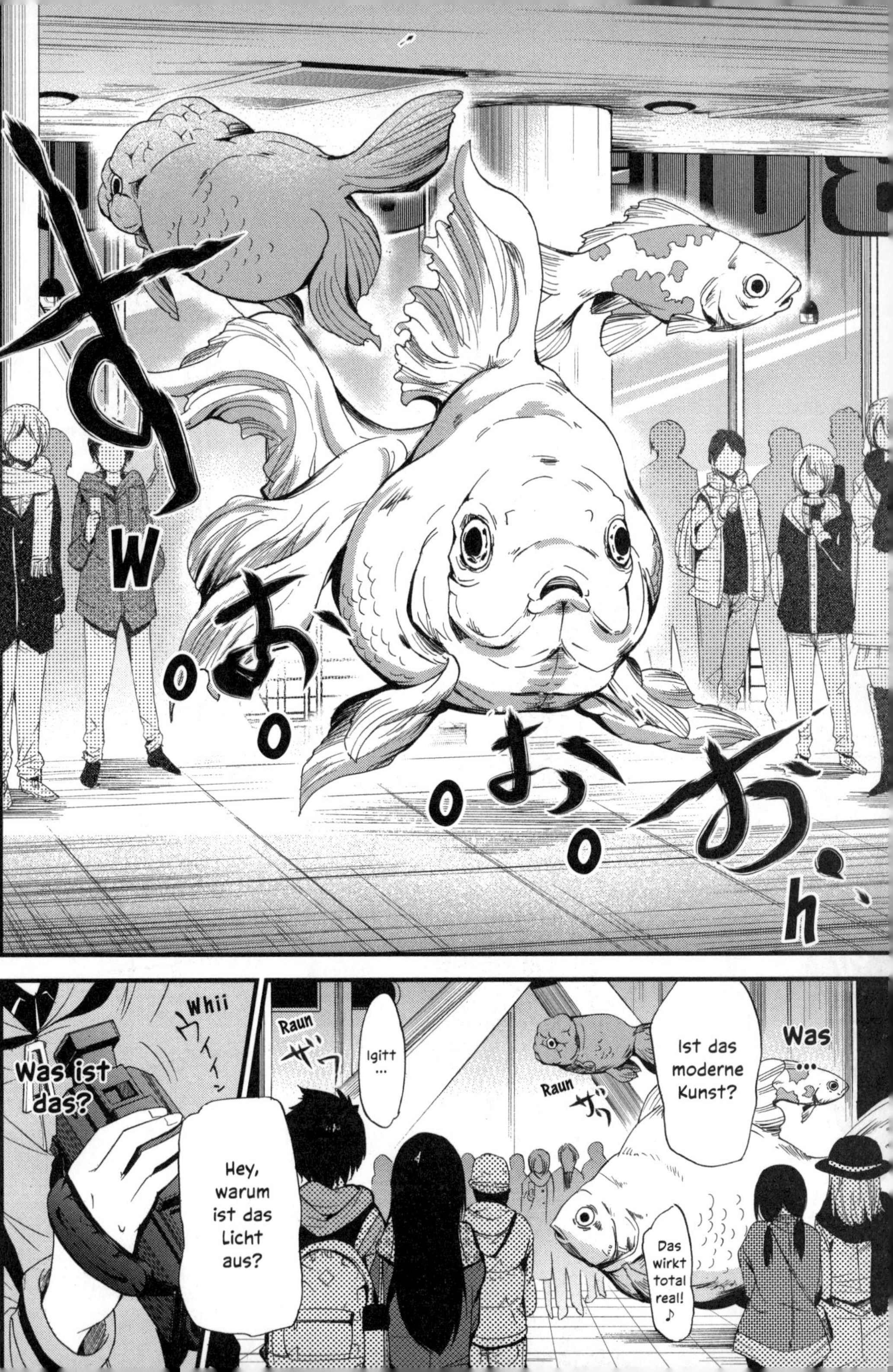

W
h

Was ...
Ist das moderne Kunst?
Raun ザワ
Das wirkt total real! ♪
Igitt ...
Raun ザワ
Whii ウイィーン
Hey, warum ist das Licht aus?
Was ist das?

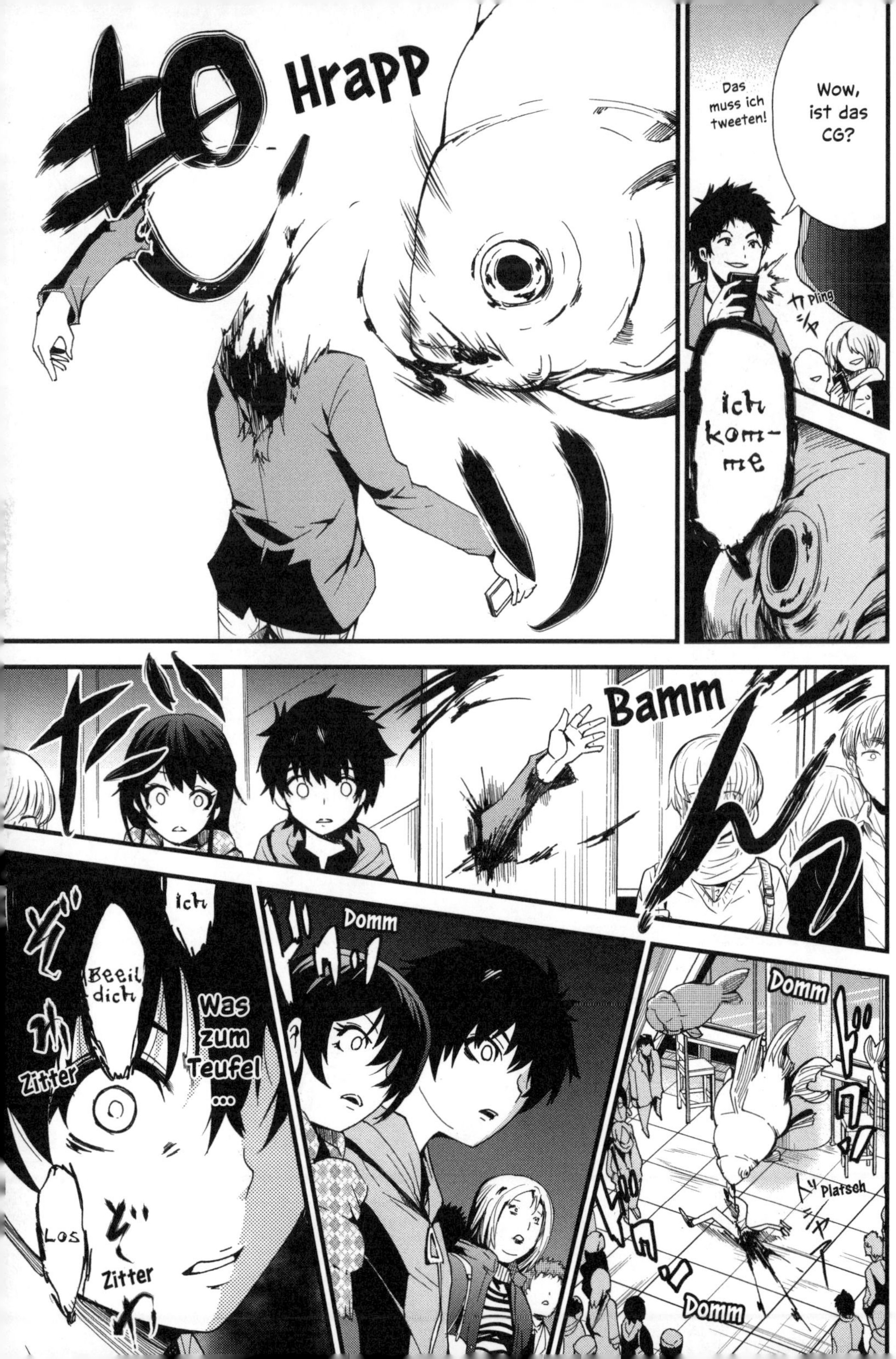

Wow, ist das CG?
Das muss ich tweeten!
Pling
ich kom-me
Hrapp
Bamm
Domm
Platsch
Domm
Domm
ich
Beeil dich
Was zum Teufel ...
Zitter
Los
Zitter

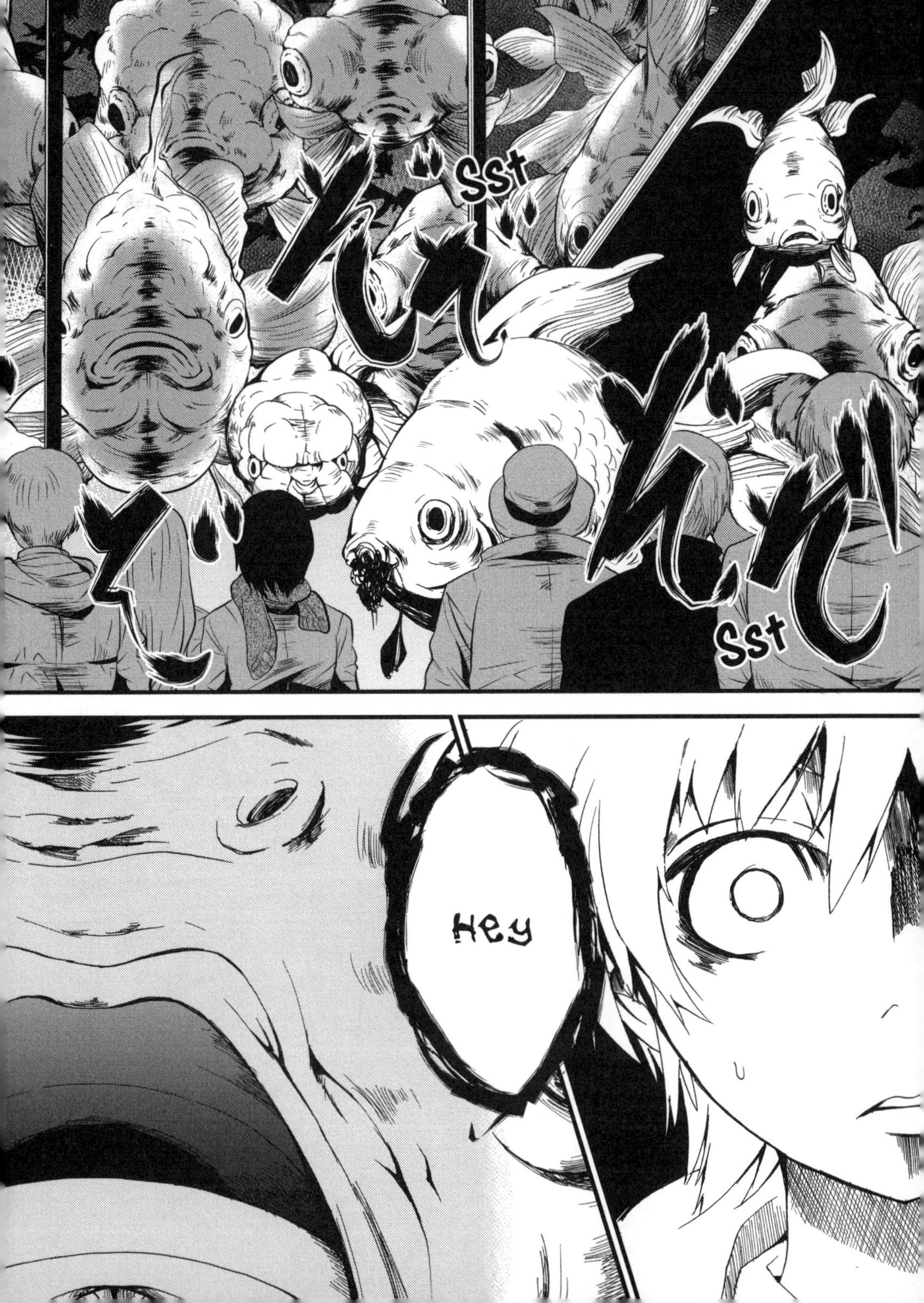
Sst
Sst
Hey

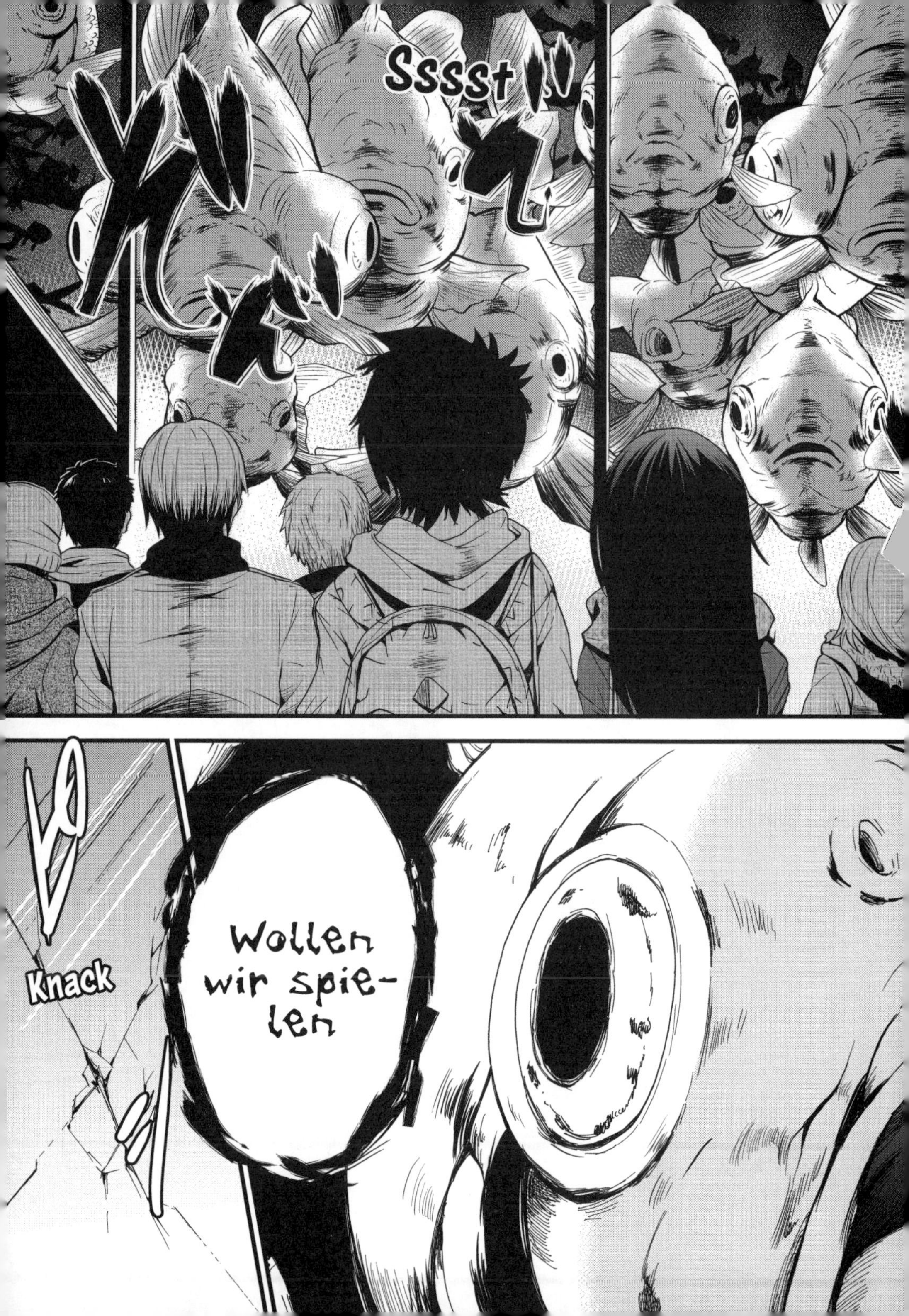

Sssst
Wollen wir spie-len
Knack

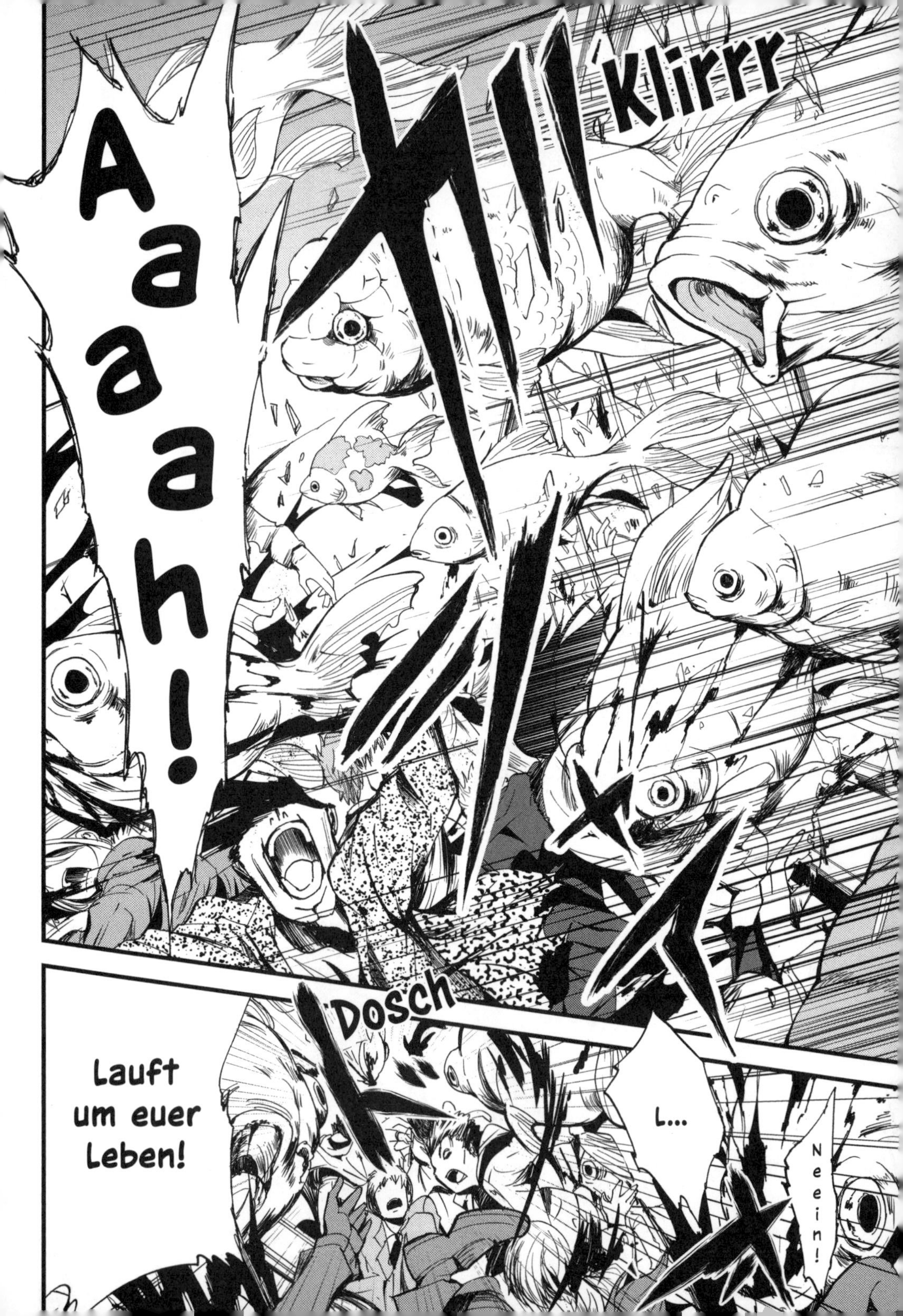
Klirrr
Aaaah!
Neein!
L...
Dosch
Lauft um euer Leben!

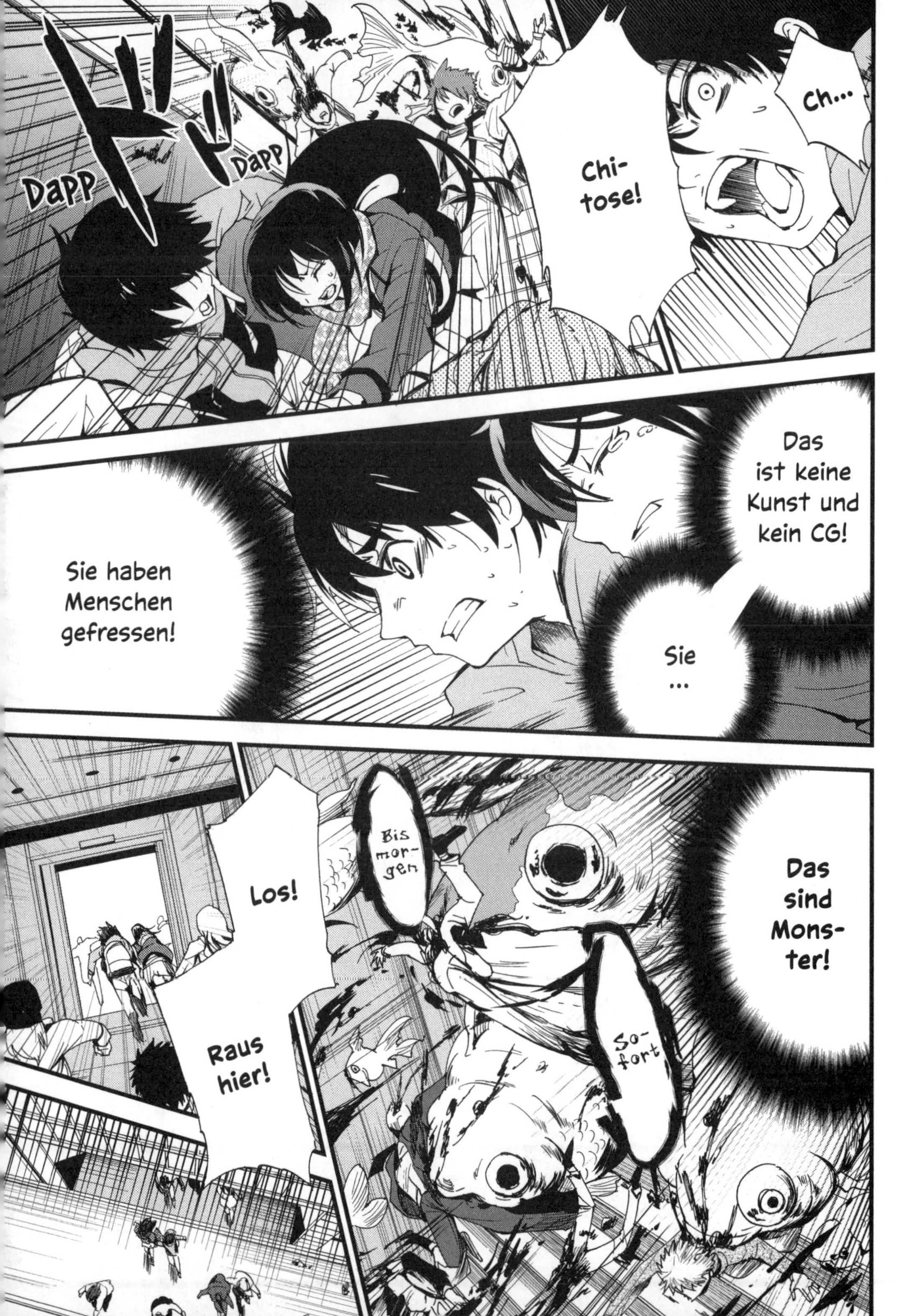
Ch...
Chi-tose!
Dapp
Dapp
Das ist keine Kunst und kein CG!
Sie ...
Sie haben Menschen gefressen!
Das sind Mons-ter!
So-fort
Bis mor-gen
Los!
Raus hier!

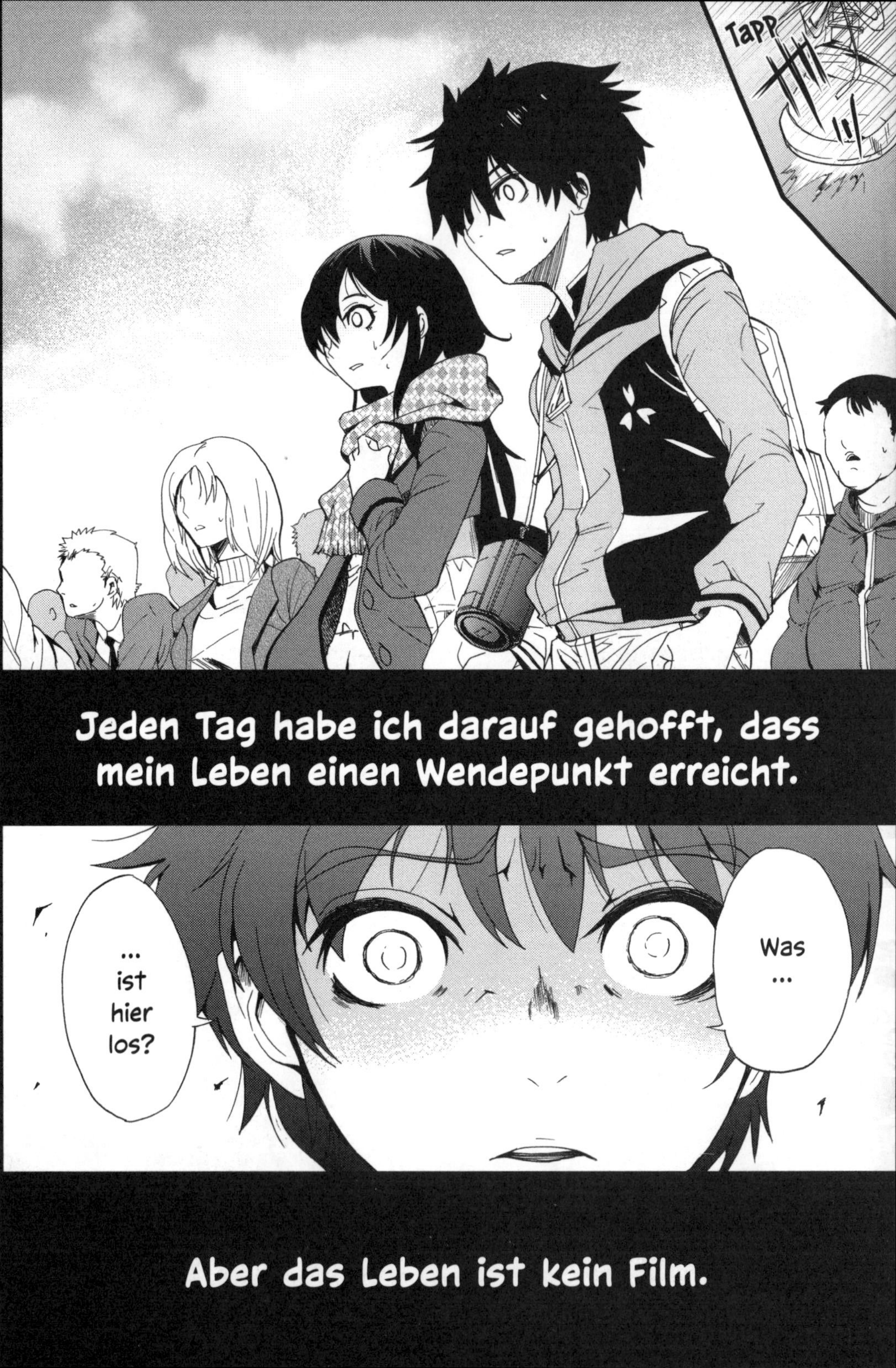

Tapp

Jeden Tag habe ich darauf gehofft, dass mein Leben einen Wendepunkt erreicht.

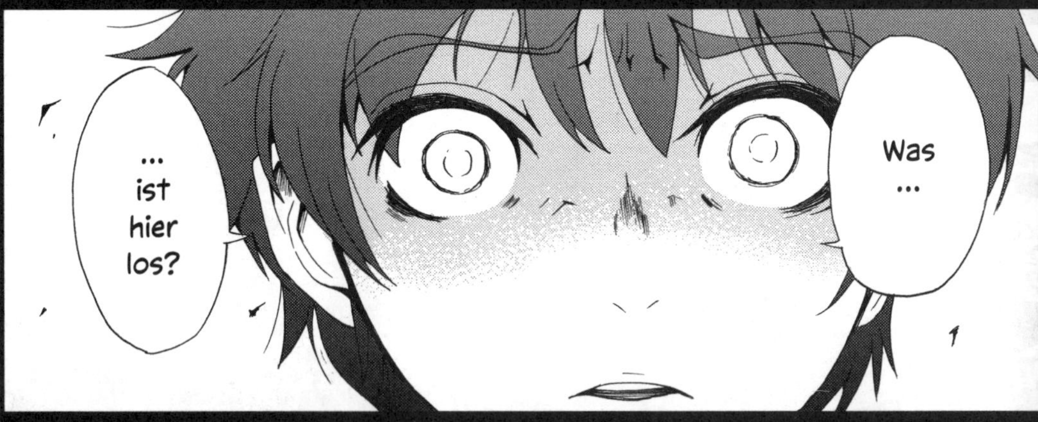

Aber das Leben ist kein Film.

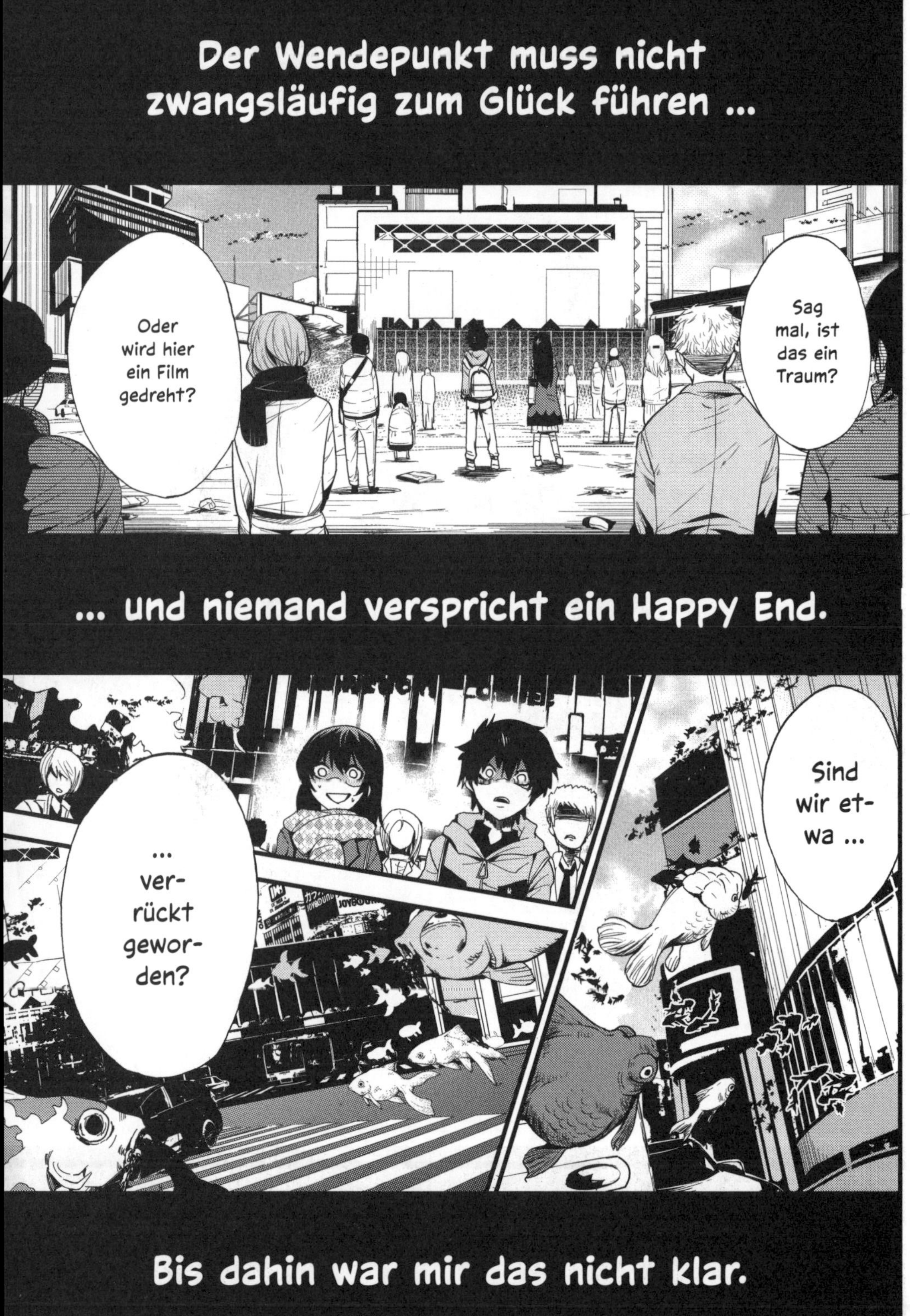

Der Wendepunkt muss nicht zwangsläufig zum Glück führen ...

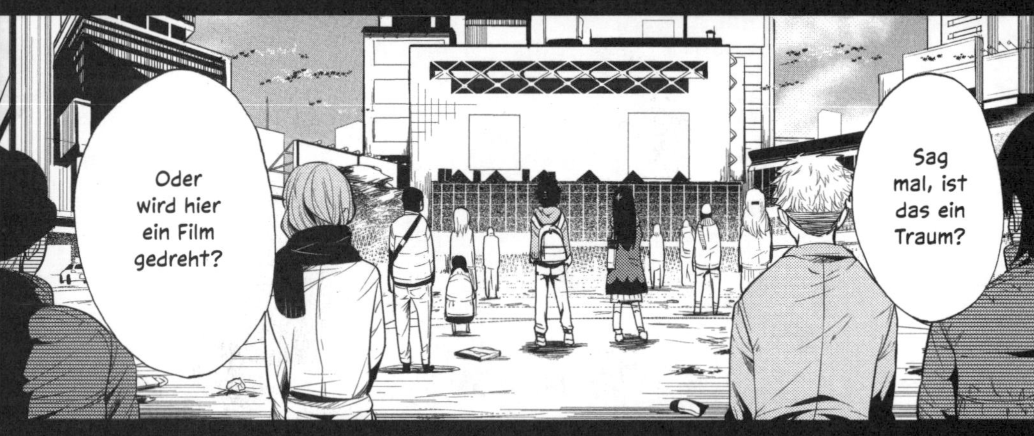

... und niemand verspricht ein Happy End.

Sind wir et-wa ...

... ver-rückt gewor-den?

Bis dahin war mir das nicht klar.

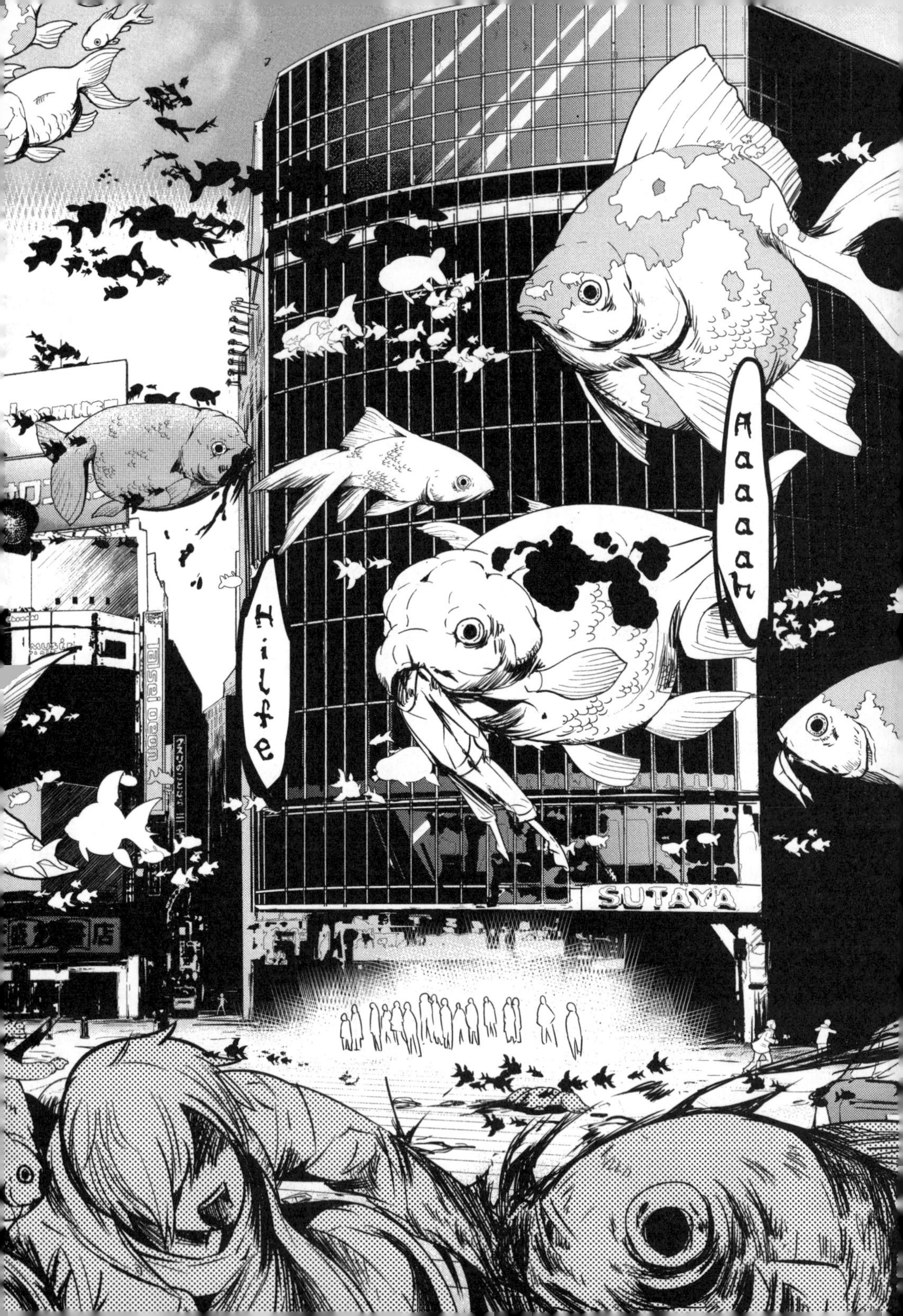
Aaaaaah
Hilfe
SUTAYA
Taisei ogon

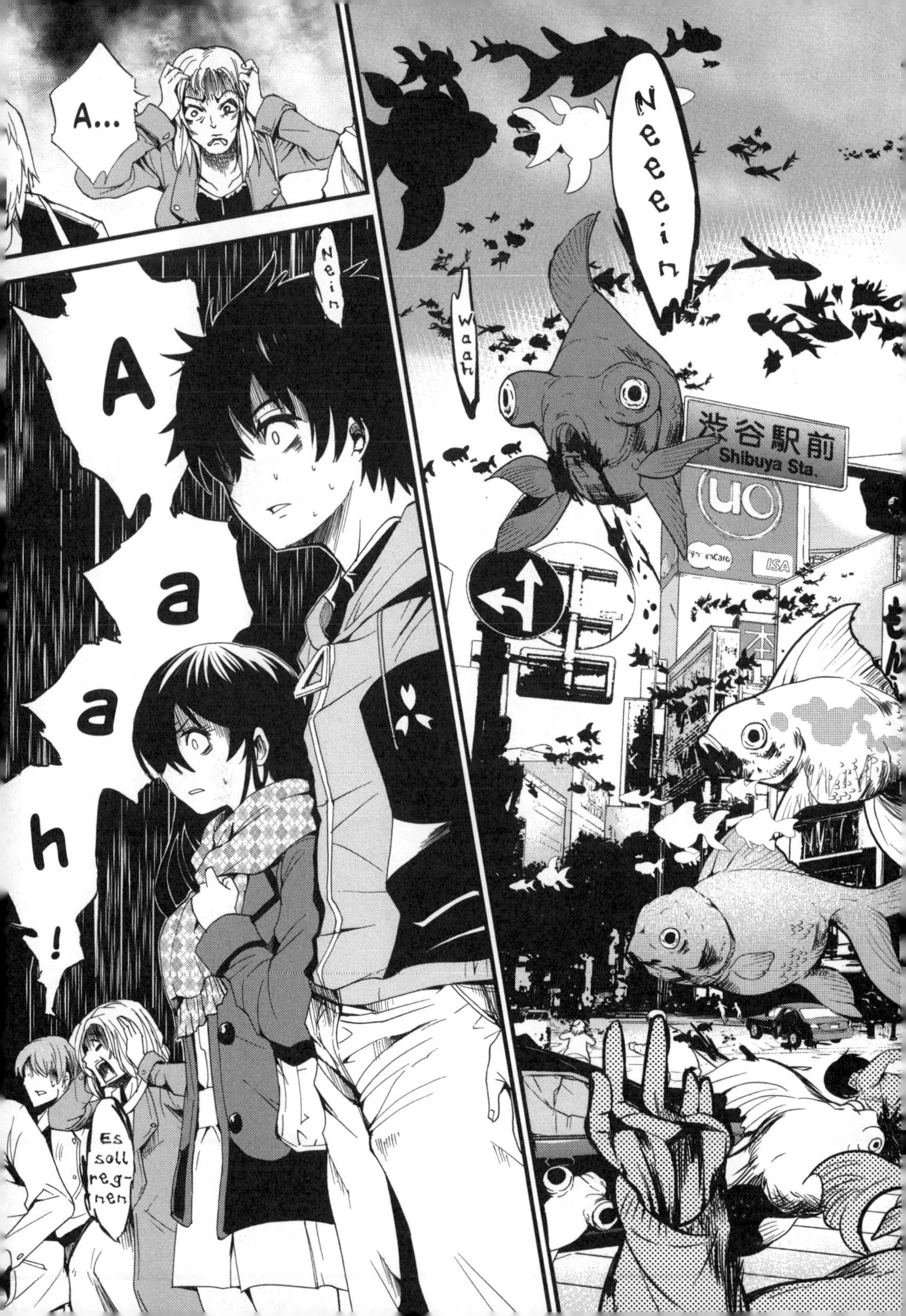
Neeein
Waah
渋谷駅前
Shibuya Sta.
A...
Nein
Aaaah!
Es soll reg-nen

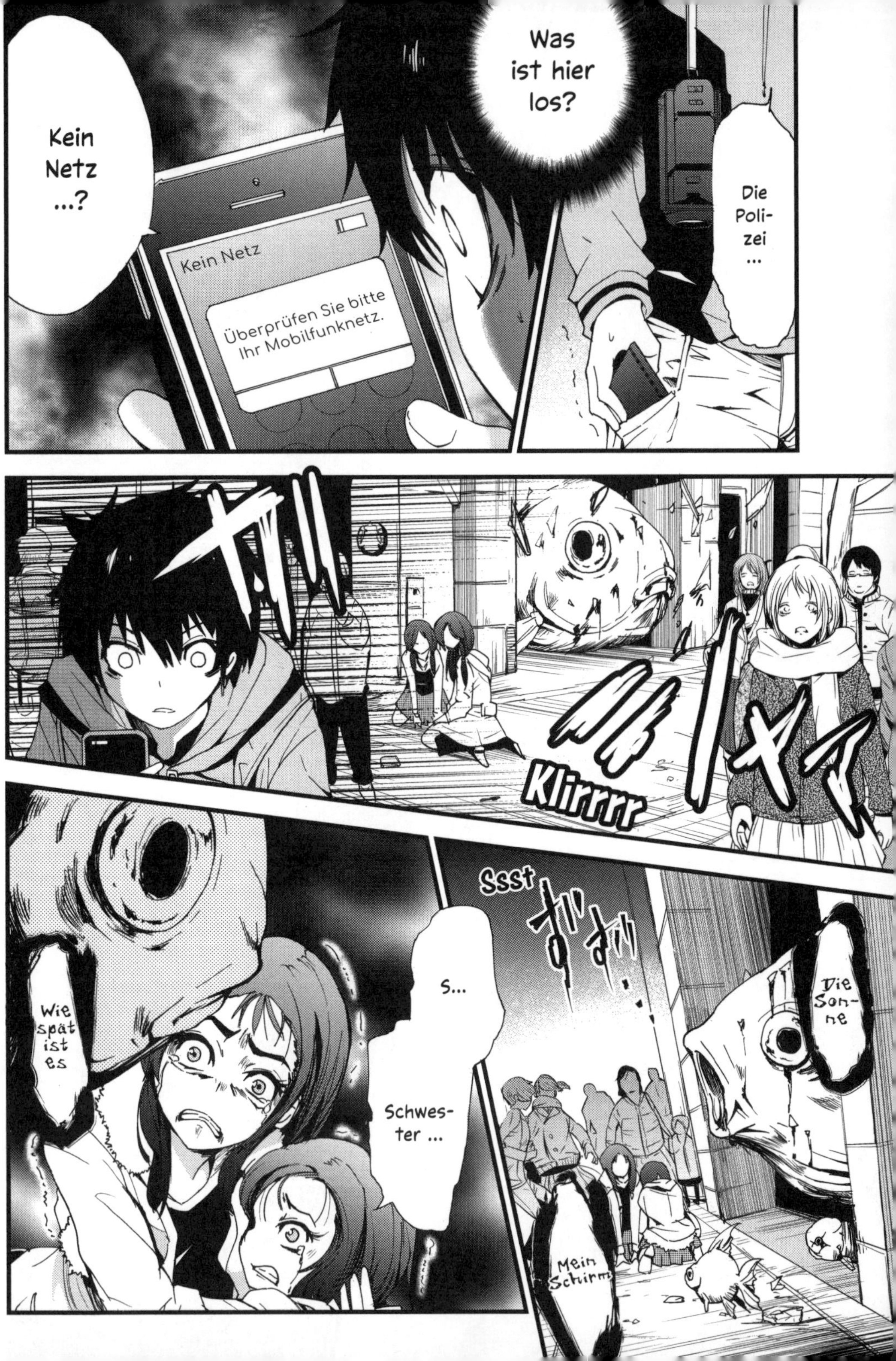

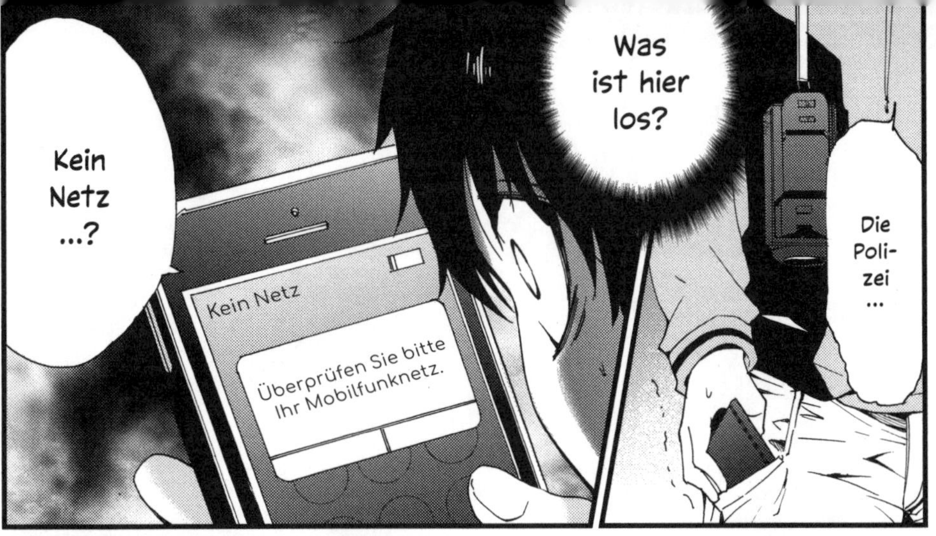

Die Poli-zei ...
Was ist hier los?
Kein Netz ...?
Kein Netz
Überprüfen Sie bitte Ihr Mobilfunknetz.
Klirrrrr
Ssst
Die Son-ne
Mein Schirm
S...
Schwes-ter ...
Wie spät ist es

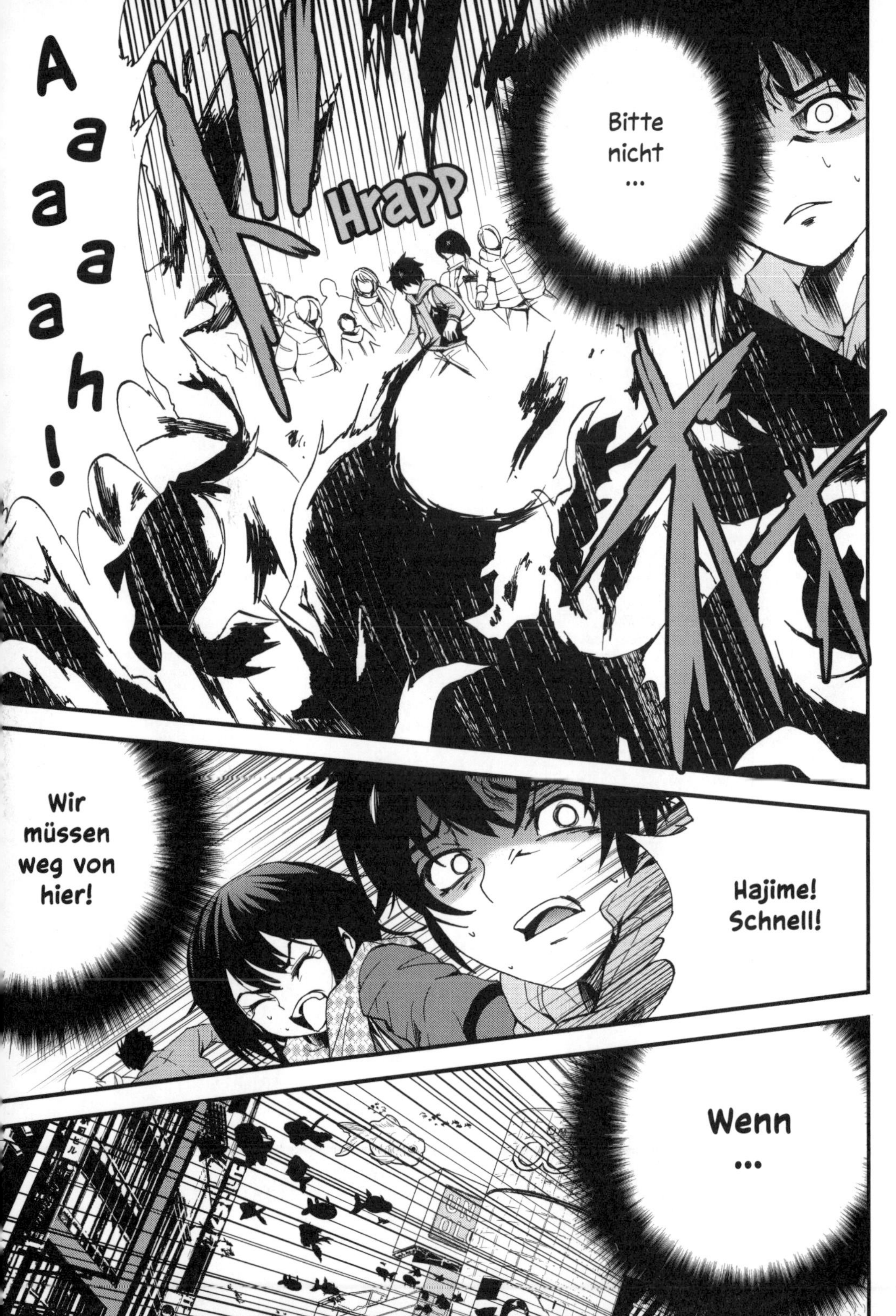
Bitte nicht ...
Hrapp
Aaaaah!
Hajime! Schnell!
Wir müssen weg von hier!
Wenn ...

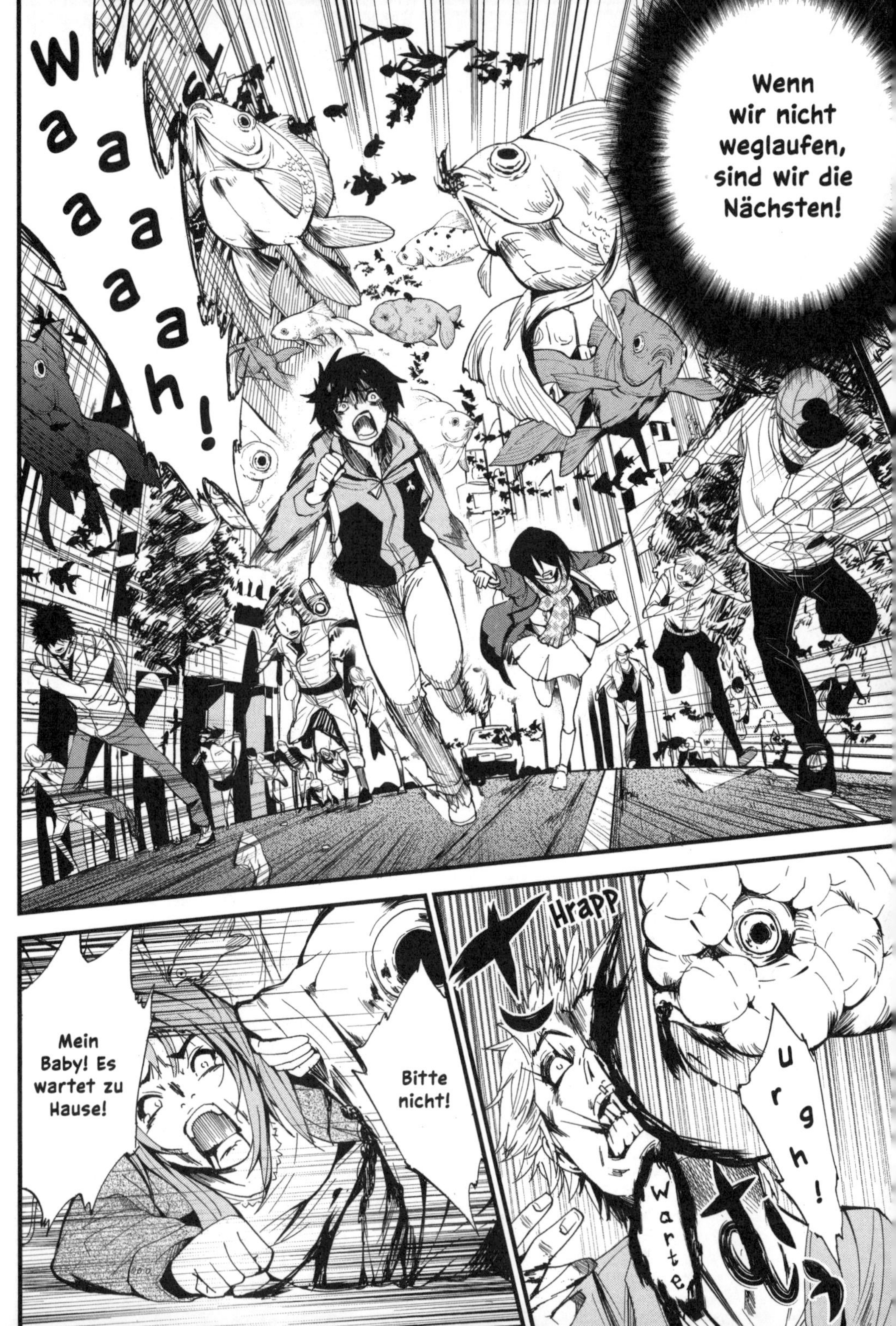
Wenn wir nicht weglaufen, sind wir die Nächsten!
Waaaaaah!
Hrapp
Urgh!
Warte
Bitte nicht!
Mein Baby! Es wartet zu Hause!

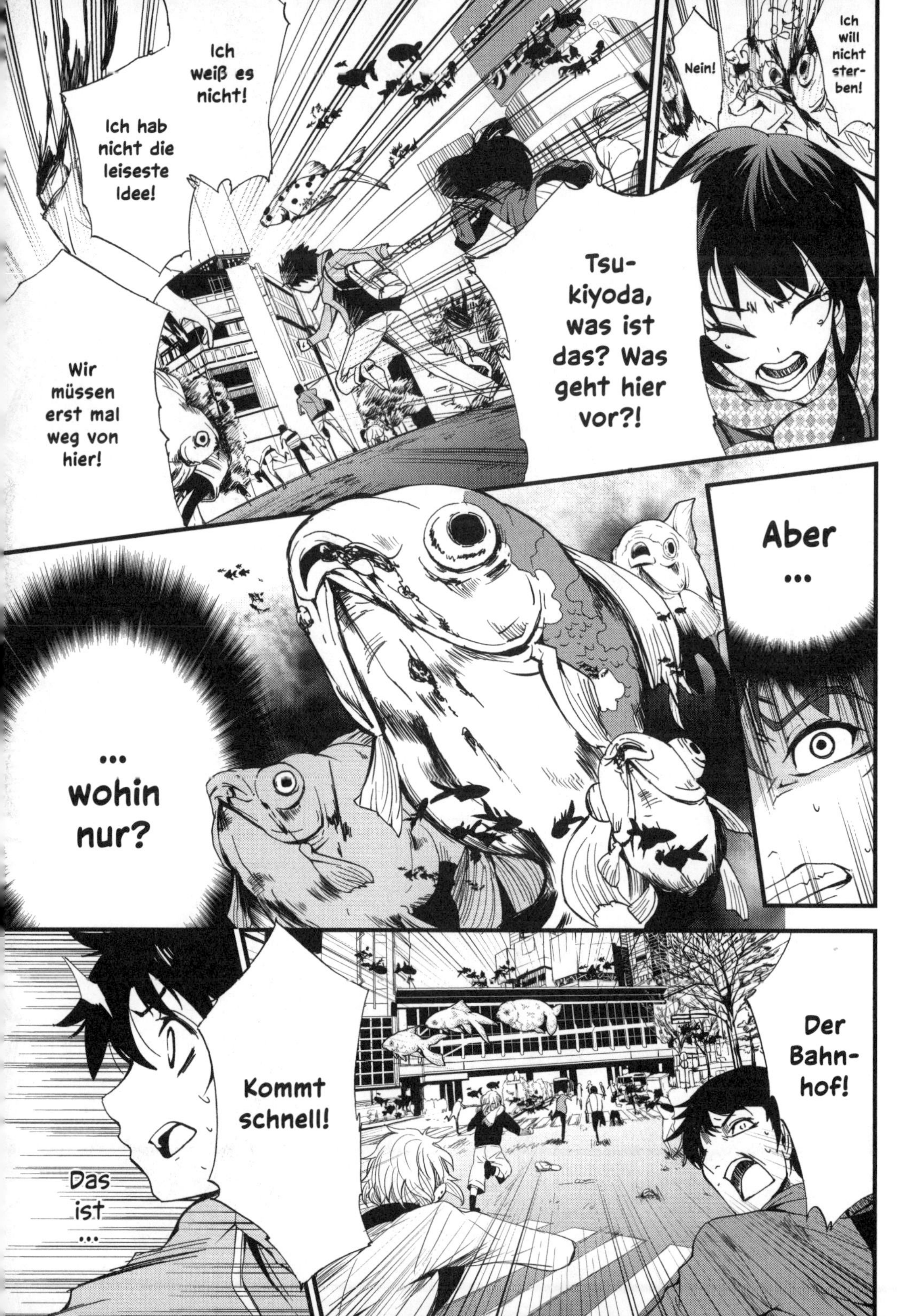
Ich will nicht sterben!
Nein!
Ich weiß es nicht!
Ich hab nicht die leiseste Idee!
Tsu-kiyoda, was ist das? Was geht hier vor?!
Wir müssen erst mal weg von hier!
Aber ...
... wohin nur?
Der Bahn-hof!
Kommt schnell!
Das ist ...

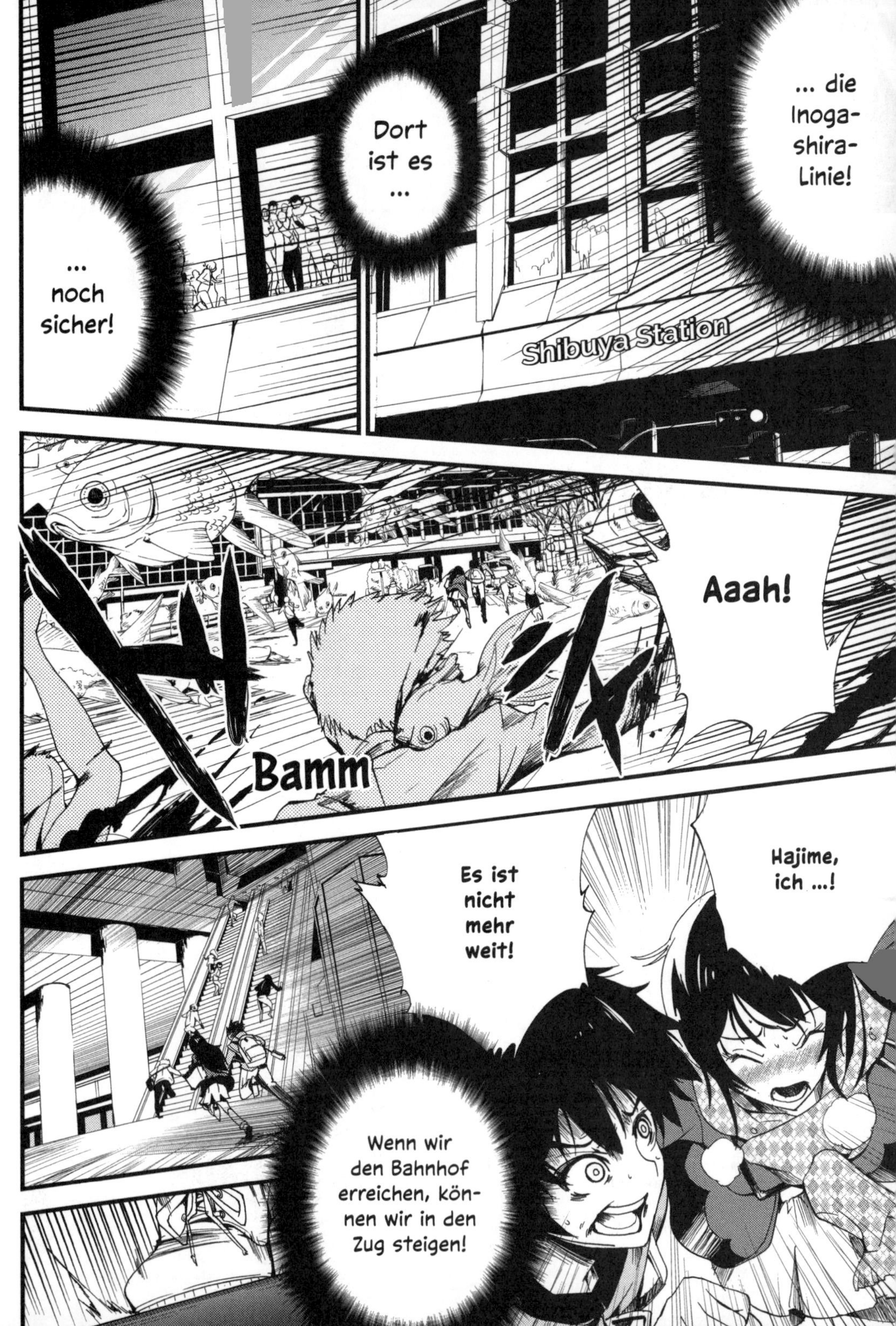
... die Inoga-shira-Linie!
Dort ist es ...
... noch sicher!
Shibuya Station
Aaah!
Bamm
Hajime, ich ...!
Es ist nicht mehr weit!
Wenn wir den Bahnhof erreichen, kön-nen wir in den Zug steigen!

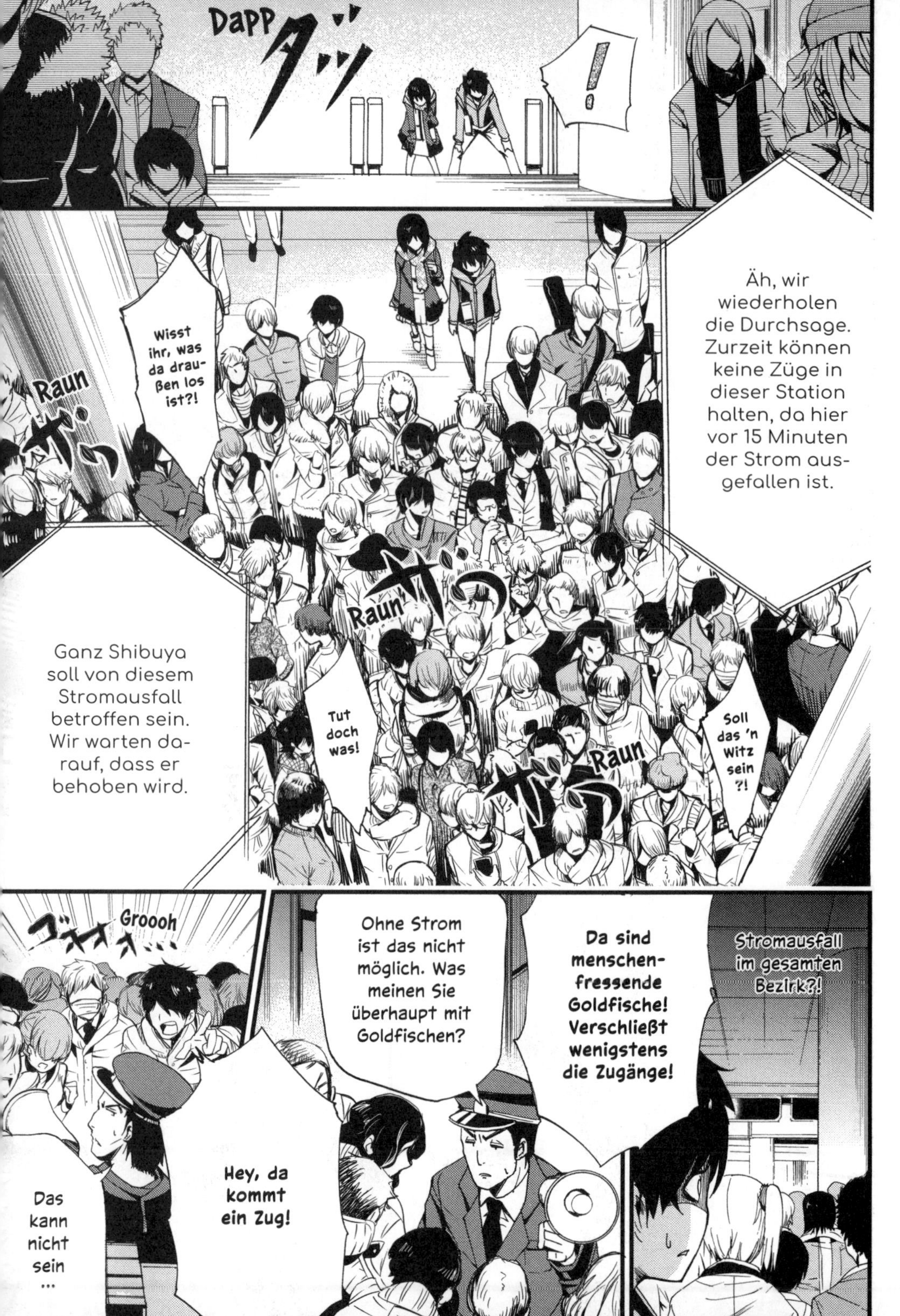

Dapp
!
Äh, wir wiederholen die Durchsage. Zurzeit können keine Züge in dieser Station halten, da hier vor 15 Minuten der Strom ausgefallen ist.
Wisst ihr, was da draußen los ist?!
Raun
Raun
Ganz Shibuya soll von diesem Stromausfall betroffen sein. Wir warten darauf, dass er behoben wird.
Soll das 'n Witz sein ?!
Raun
Tut doch was!
Stromausfall im gesamten Bezirk?!
Da sind menschenfressende Goldfische! Verschließt wenigstens die Zugänge!
Ohne Strom ist das nicht möglich. Was meinen Sie überhaupt mit Goldfischen?
Groooh
Hey, da kommt ein Zug!
Das kann nicht sein …

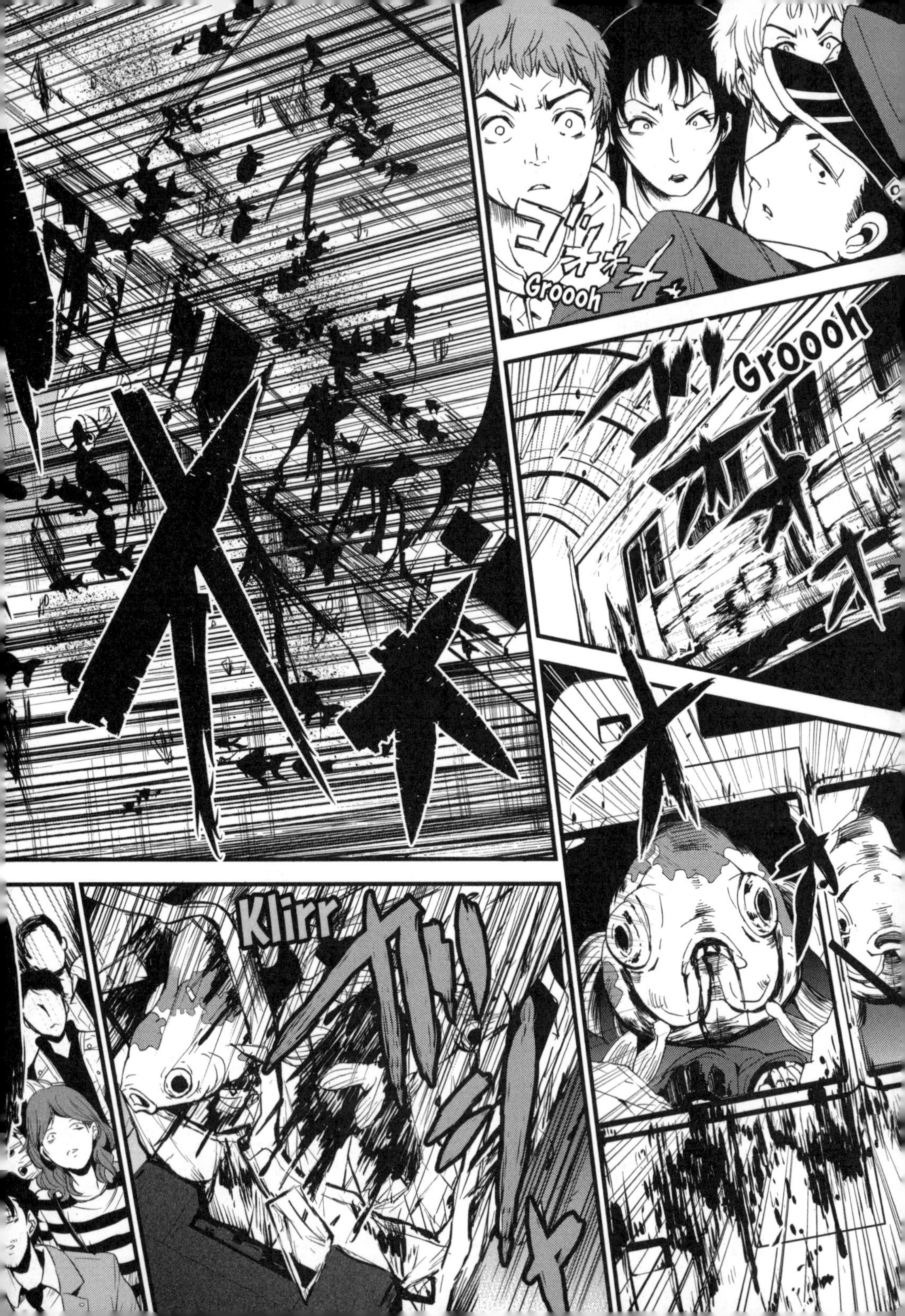
Groooh
Groooh
Klirr

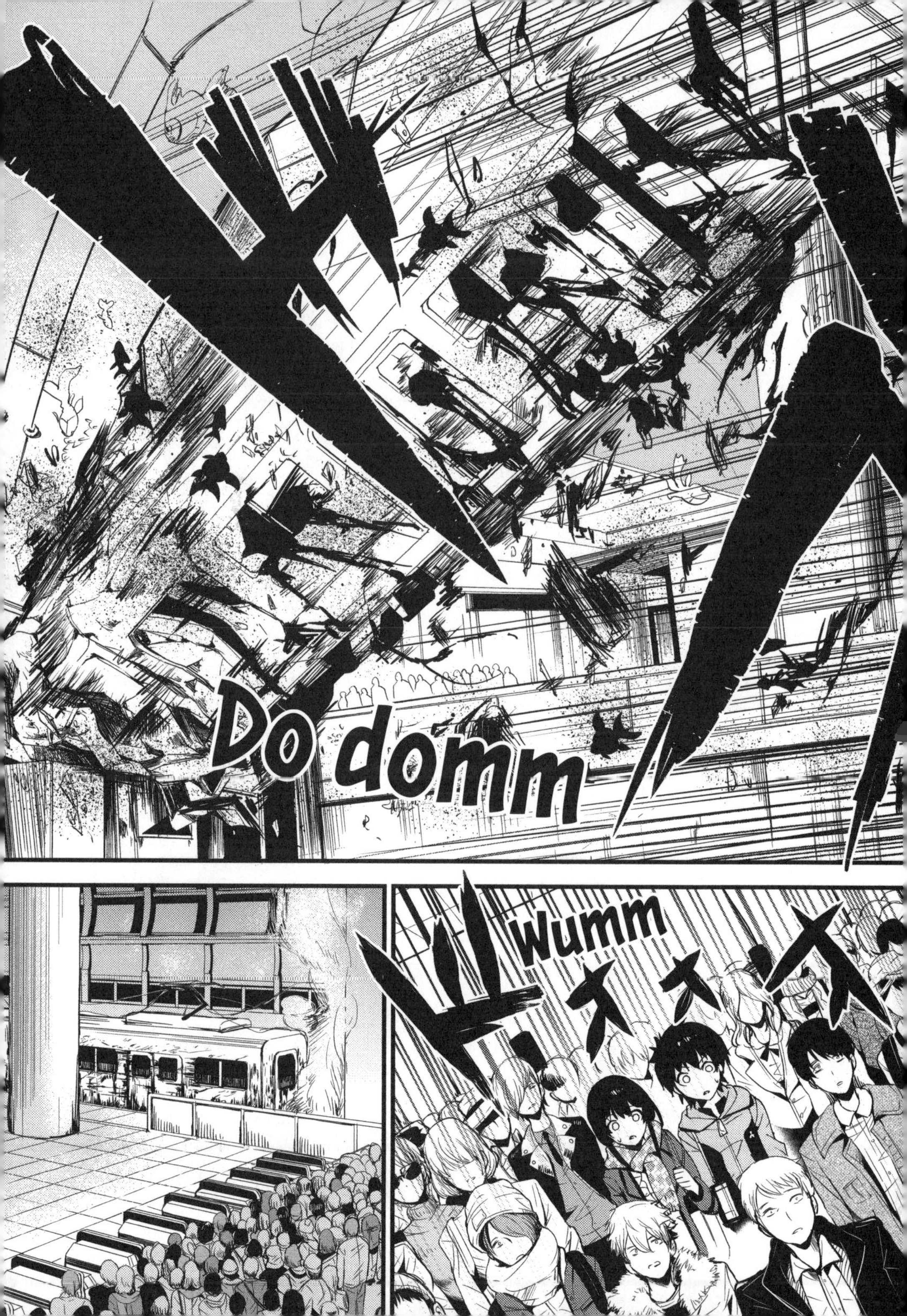
Do domm
wumm

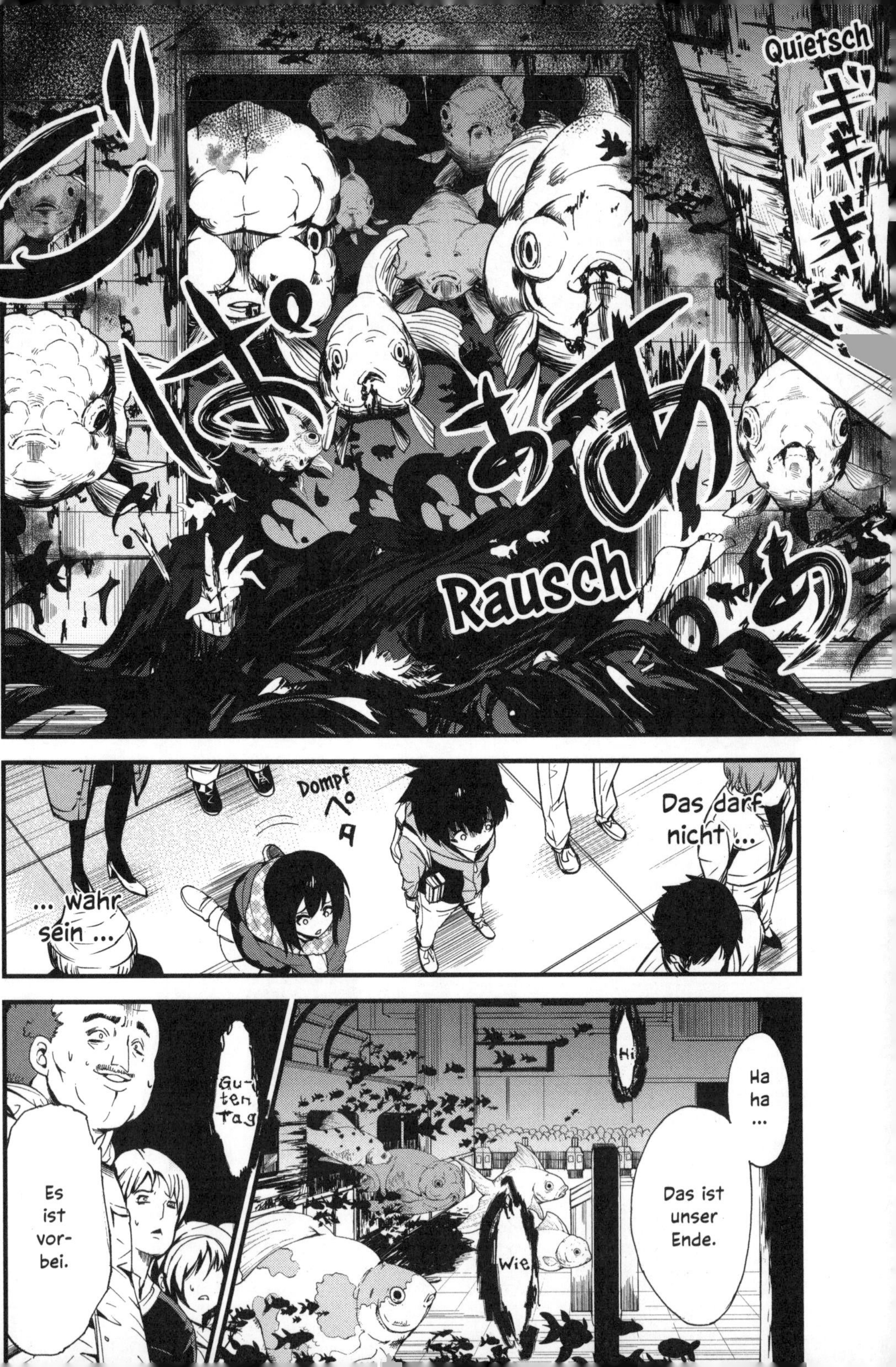

Quietsch

Rausch

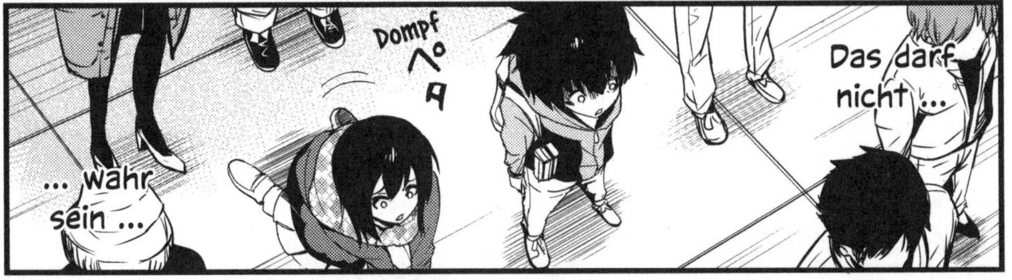

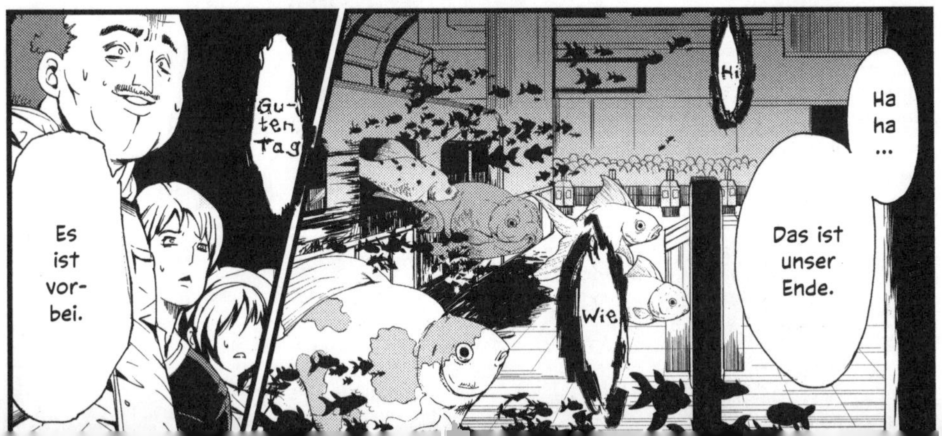

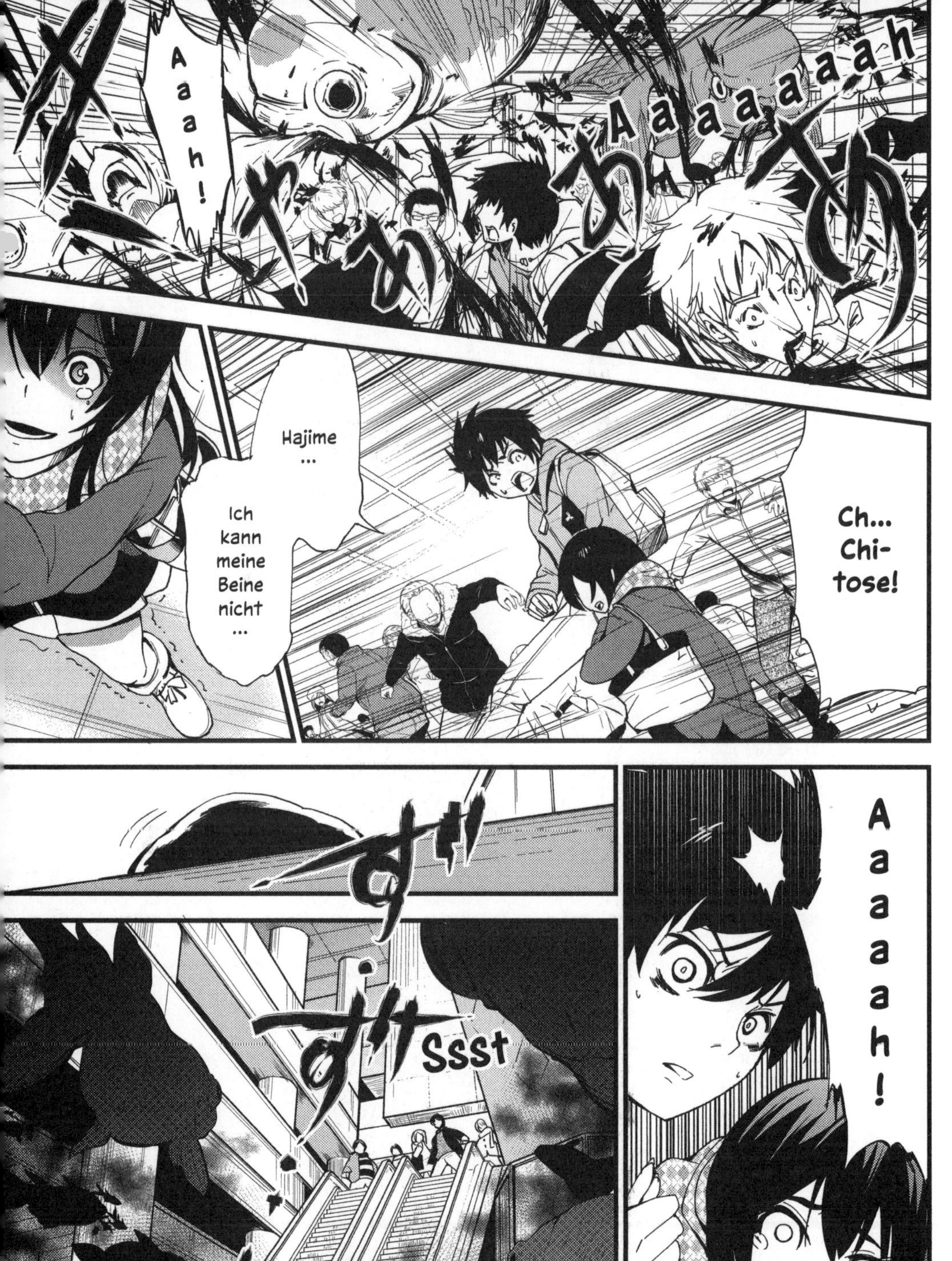
Aaaaaaaah
Aaah!
Ch... Chi-tose!
Hajime ...
Ich kann meine Beine nicht ...
Aaaaaah!
Ssst

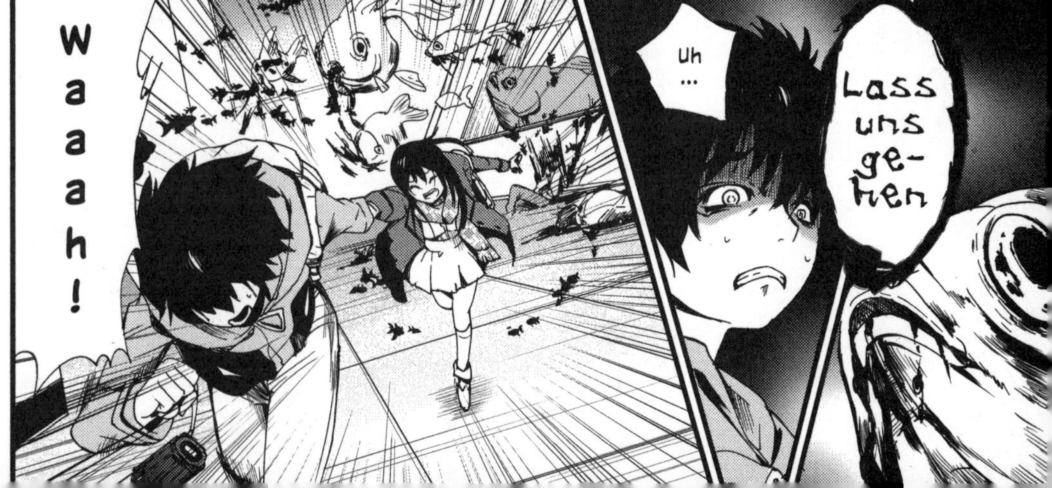
Was sollen wir ma-chen?
Shibuya Station
Gyaaah
Es ist doch ...
... voll-kommen aussichts-los ...
Lass uns ge-hen
Uh ...
Waaaah!

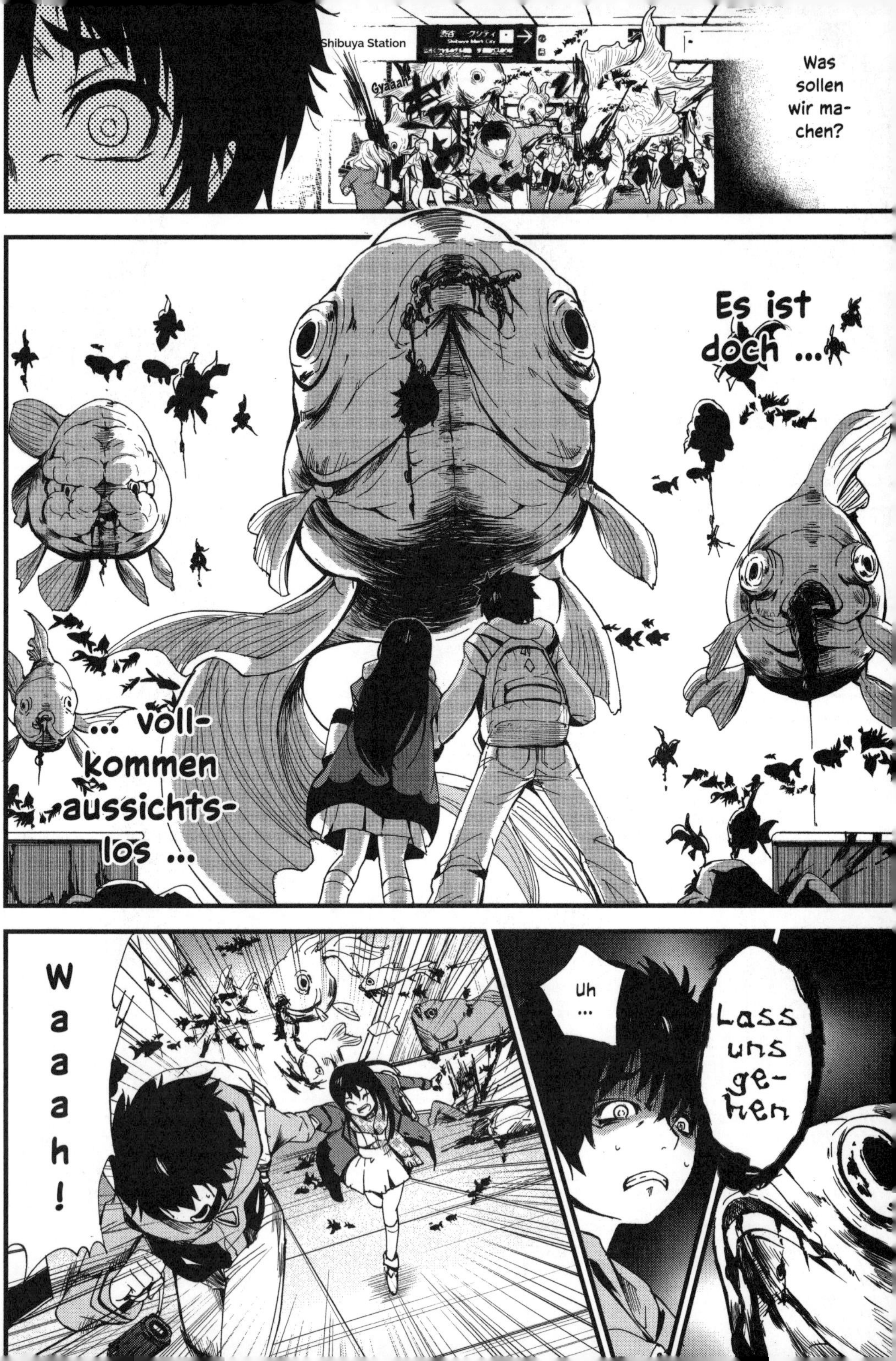

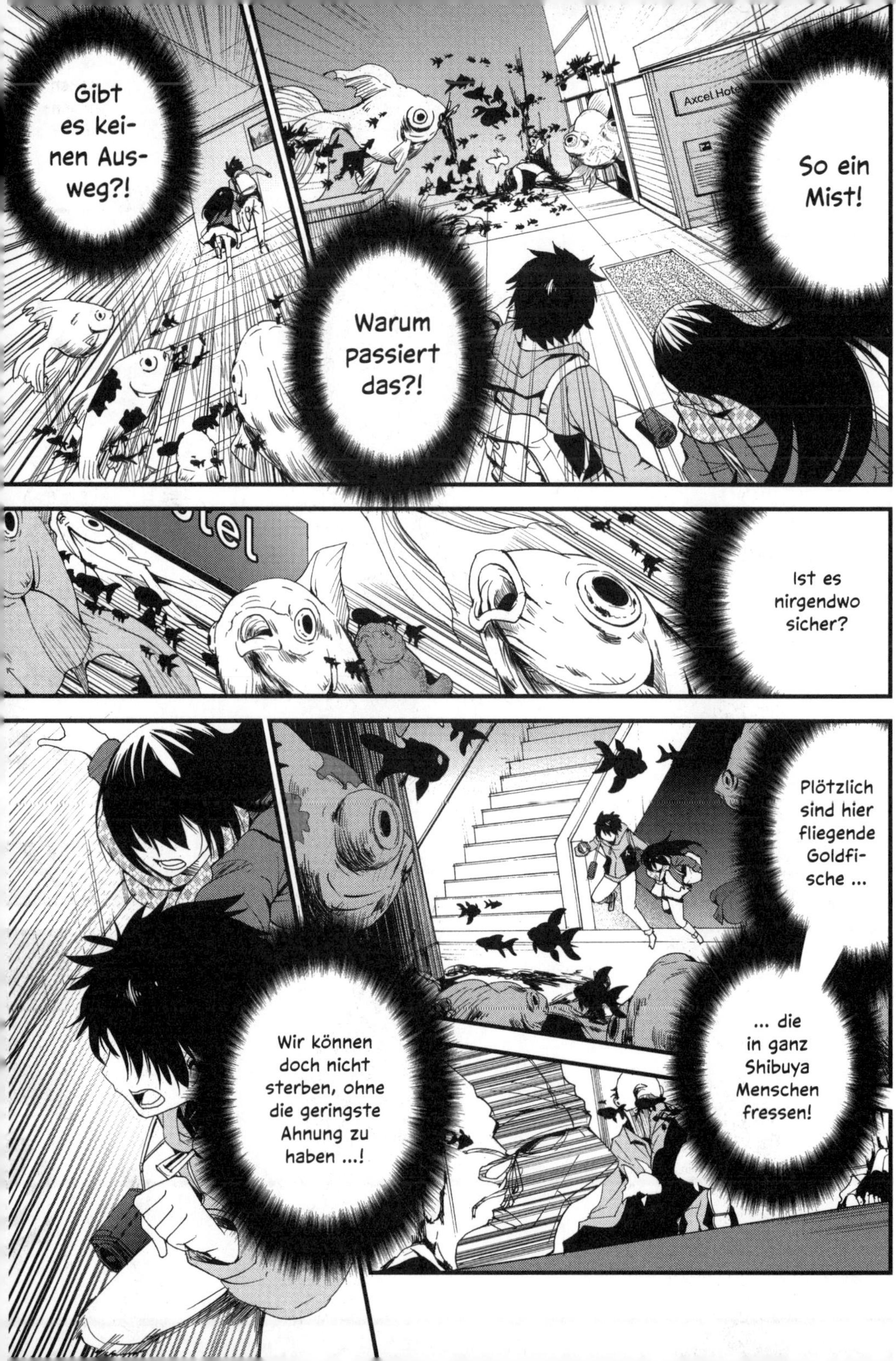

So ein Mist!
Warum passiert das?!
Gibt es keinen Ausweg?!
Axcel Hotel
Ist es nirgendwo sicher?
Plötzlich sind hier fliegende Goldfische ...
... die in ganz Shibuya Menschen fressen!
Wir können doch nicht sterben, ohne die geringste Ahnung zu haben ...!

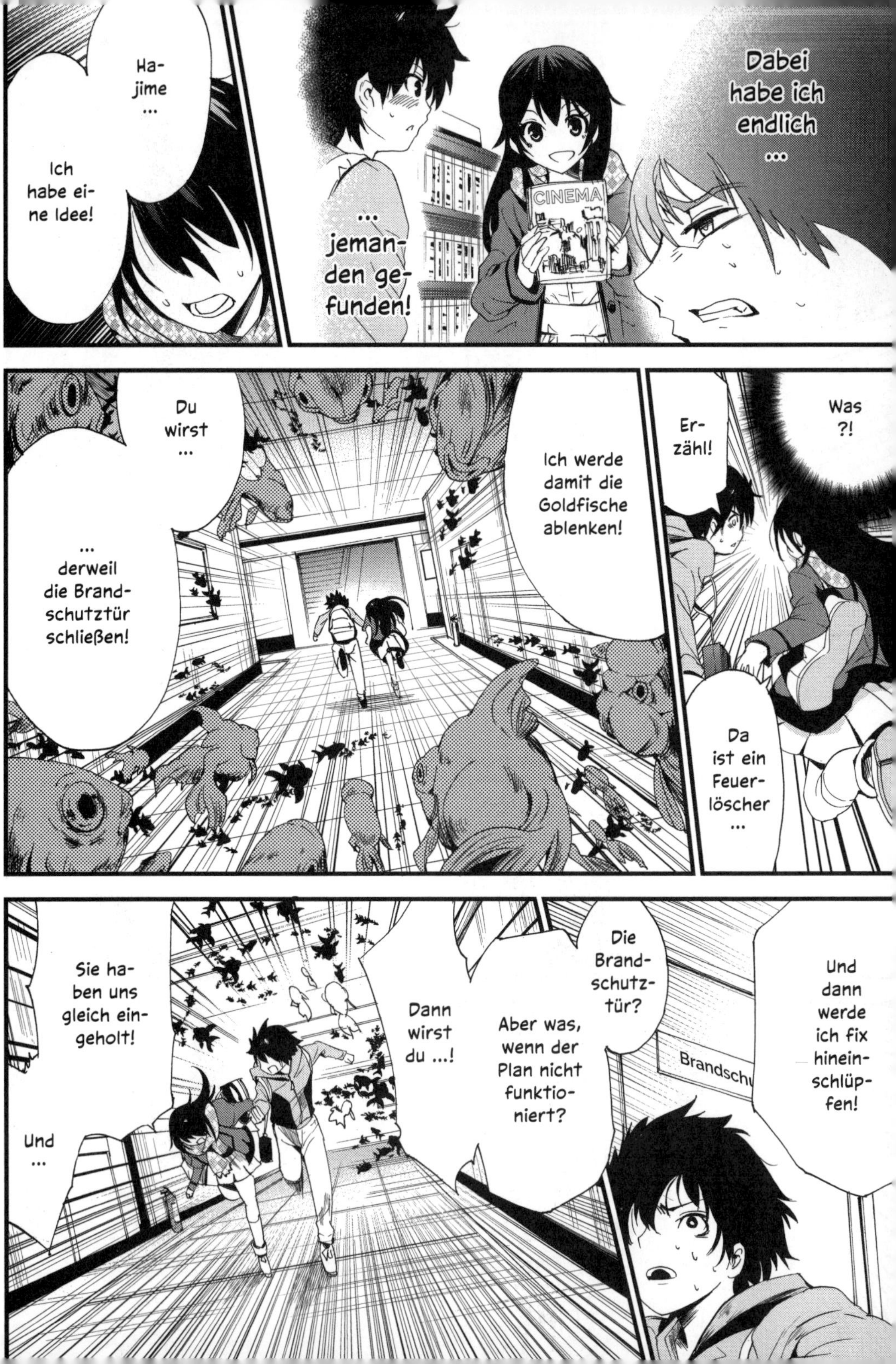

Dabei habe ich endlich ...
... jemanden gefunden!
CINEMA
Hajime ...
Ich habe eine Idee!
Was ?!
Erzähl!
Da ist ein Feuerlöscher ...
Ich werde damit die Goldfische ablenken!
Du wirst ...
... derweil die Brandschutztür schließen!
Und dann werde ich fix hineinschlüpfen!
Brandschu
Die Brandschutztür?
Aber was, wenn der Plan nicht funktioniert?
Dann wirst du ...!
Sie haben uns gleich eingeholt!
Und ...

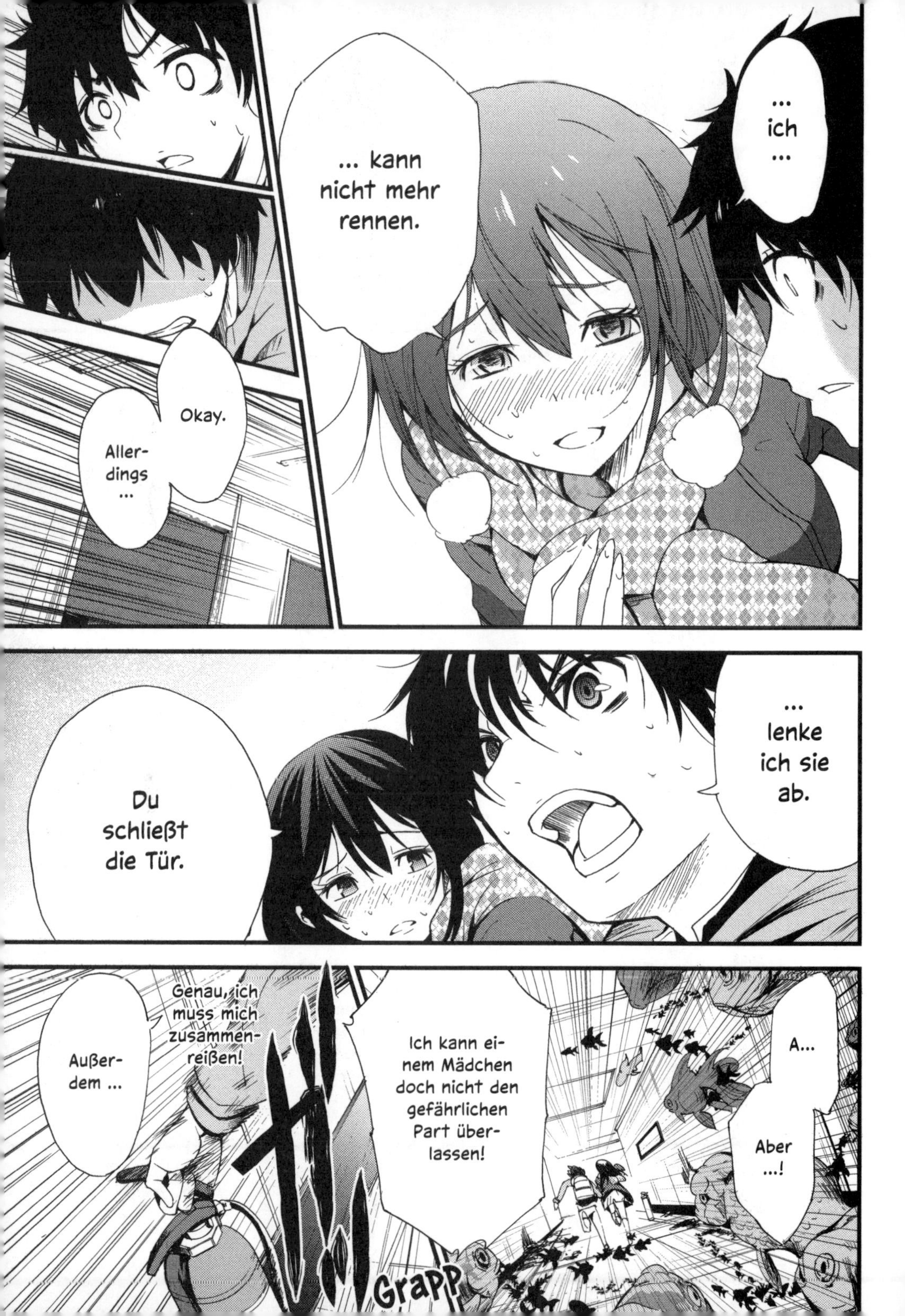

... ich ...
... kann nicht mehr rennen.
Okay.
Allerdings ...

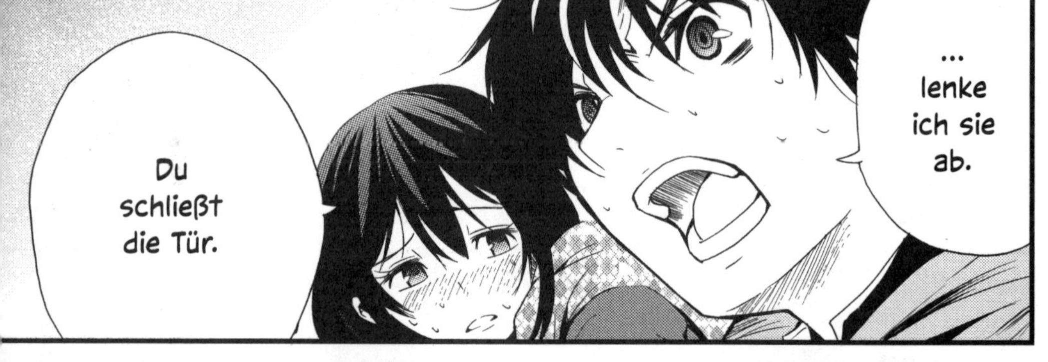

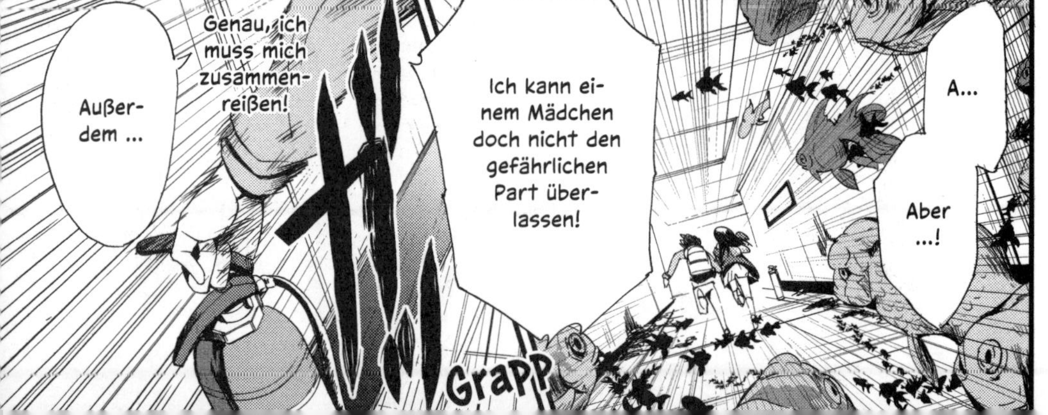

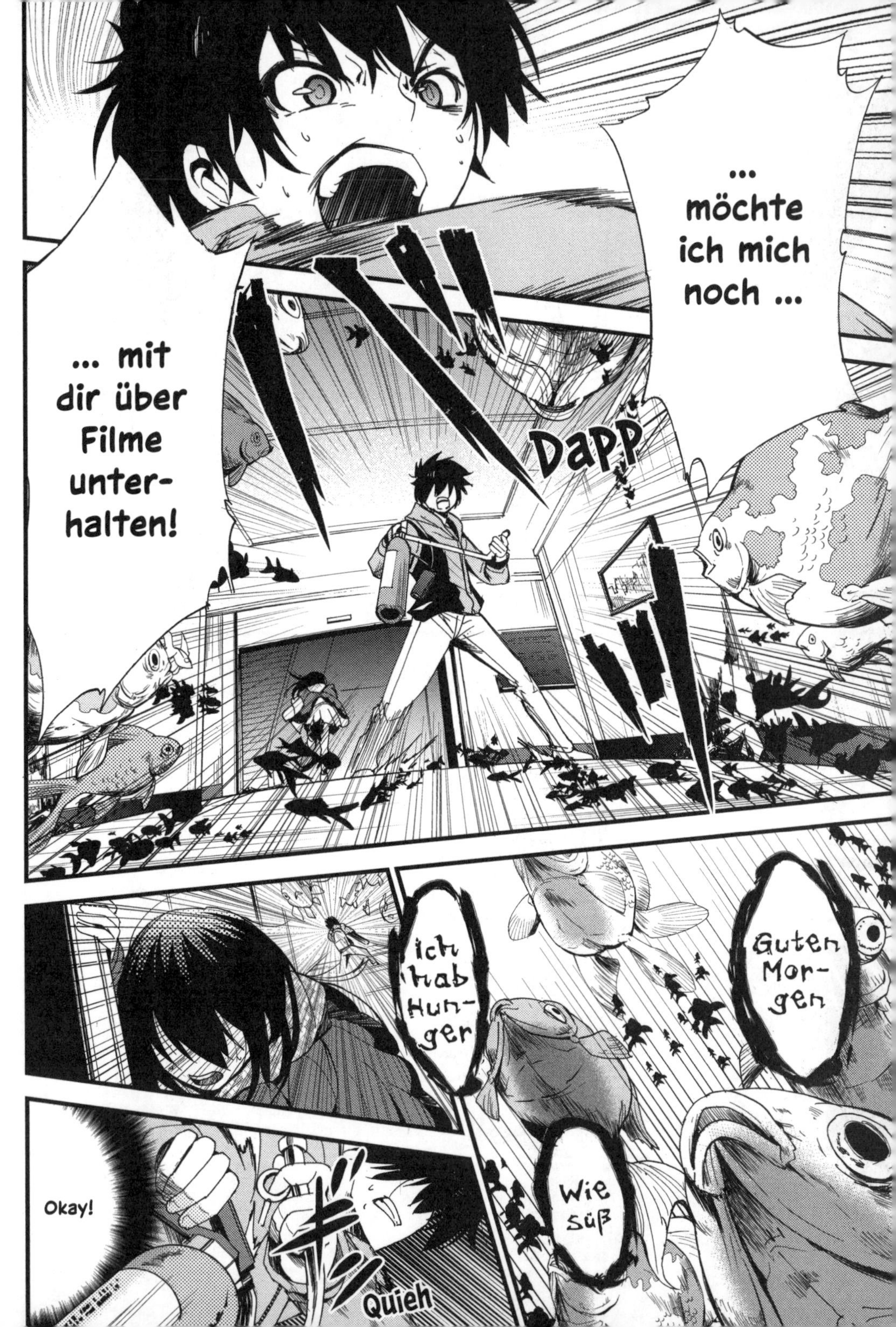
… möchte ich mich noch …
… mit dir über Filme unter-halten!
Dapp
Guten Mor-gen
Ich hab Hun-ger
Wie süß
Okay!
Quieh

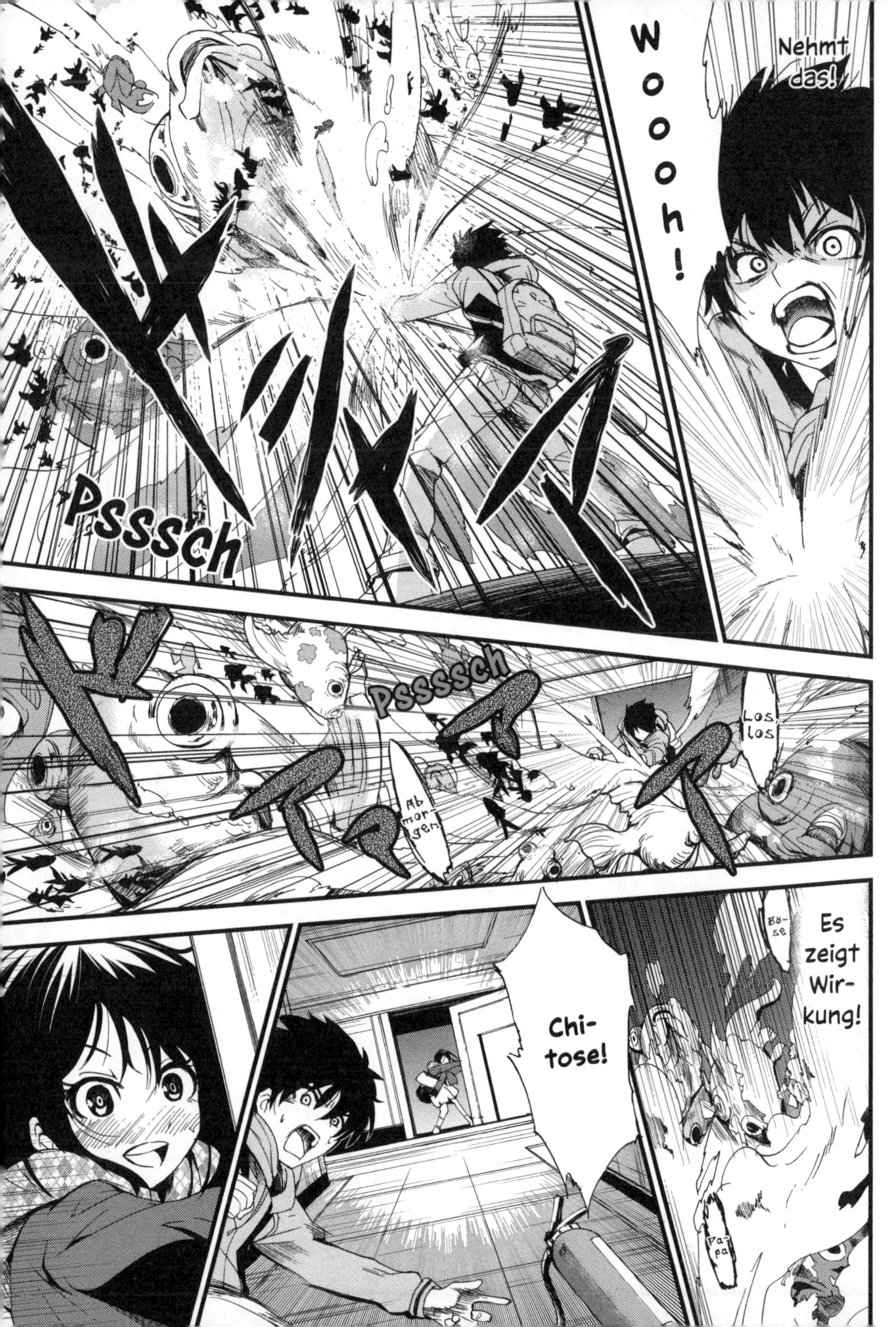
Nehmt das!
Woooh!
Psssch
Los, los
Psssssch
Ab morgen
Es zeigt Wirkung!
Böse
Chitose!
Papa

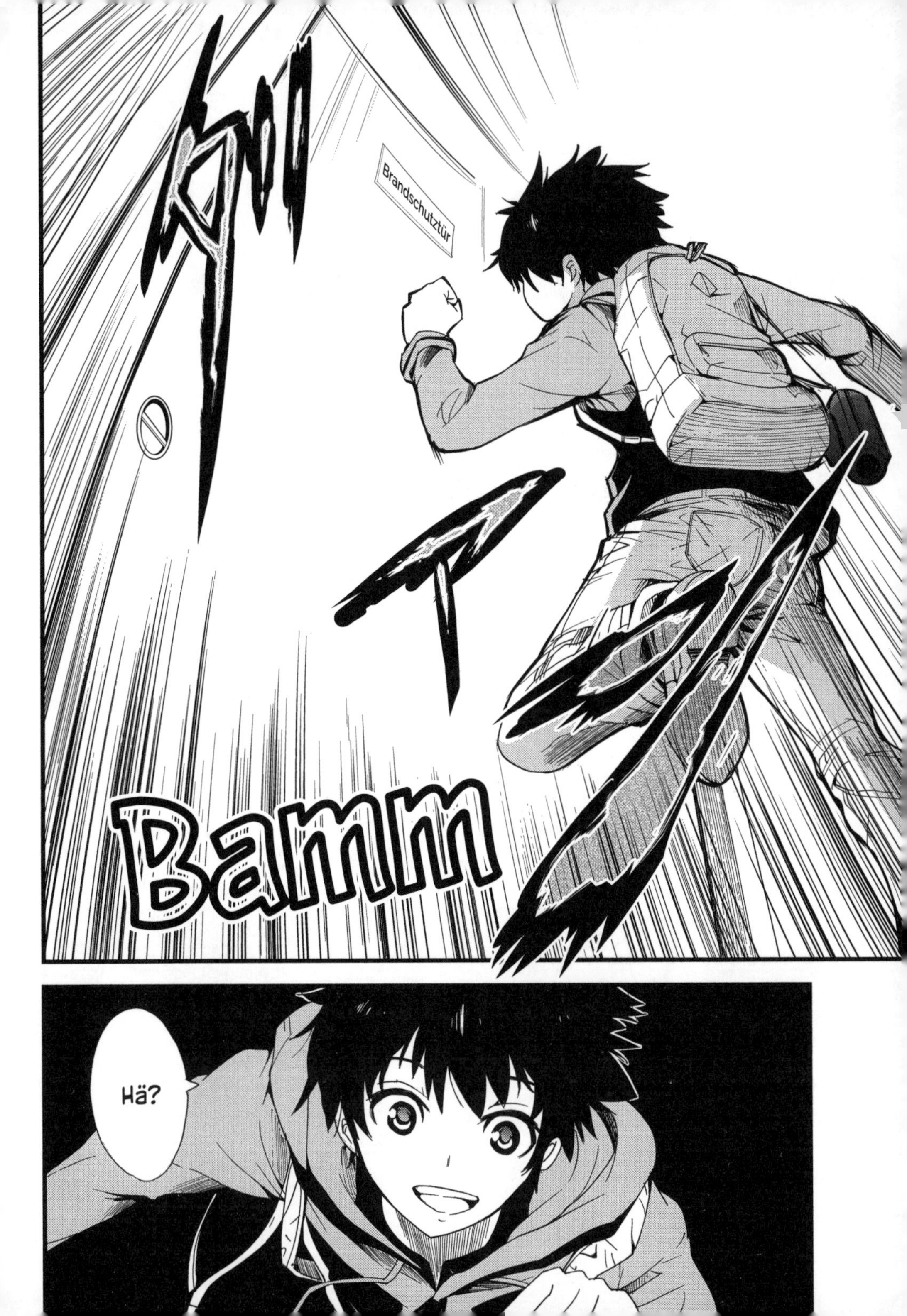

Brandschutztür
Bamm

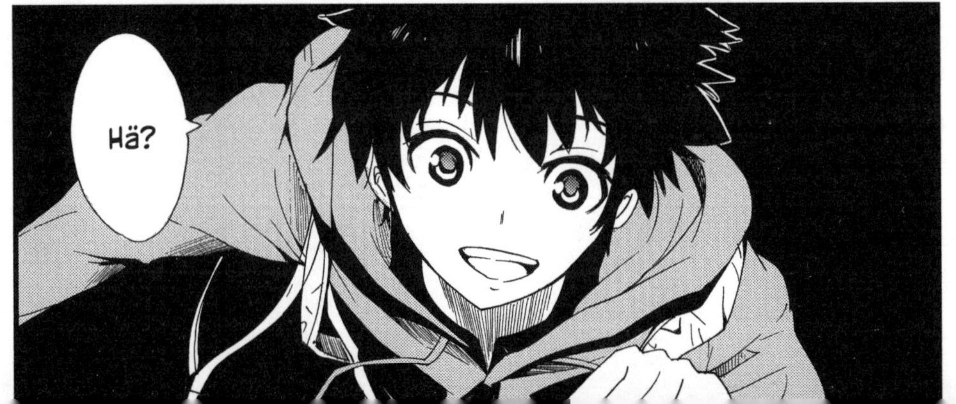
Hä?

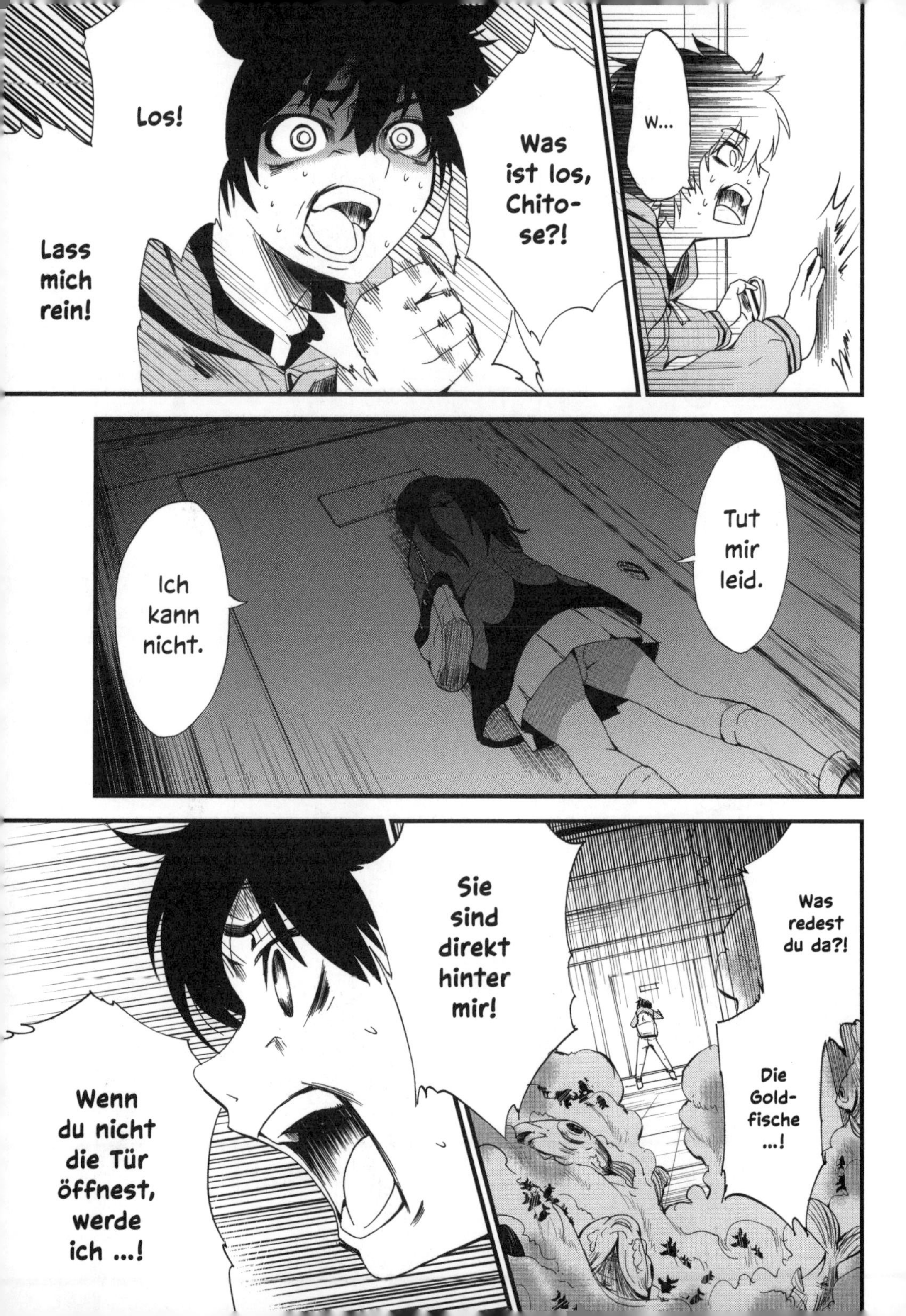

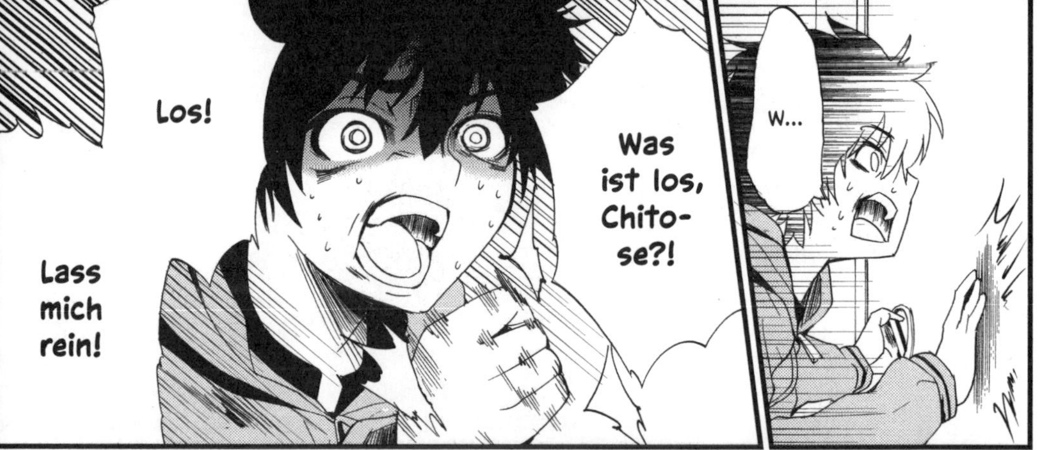
W...
Was ist los, Chito-se?!
Los!
Lass mich rein!

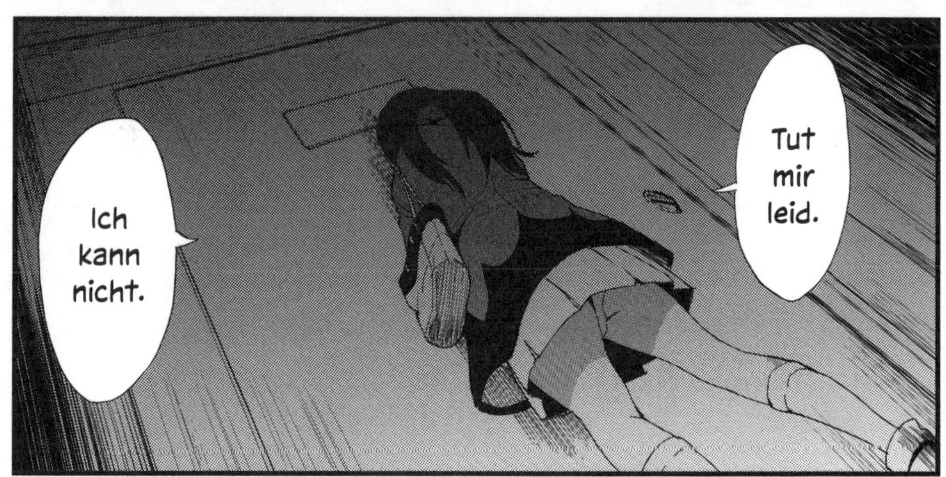
Tut mir leid.
Ich kann nicht.

Was redest du da?!
Sie sind direkt hinter mir!
Die Gold-fische ...!
Wenn du nicht die Tür öffnest, werde ich ...!

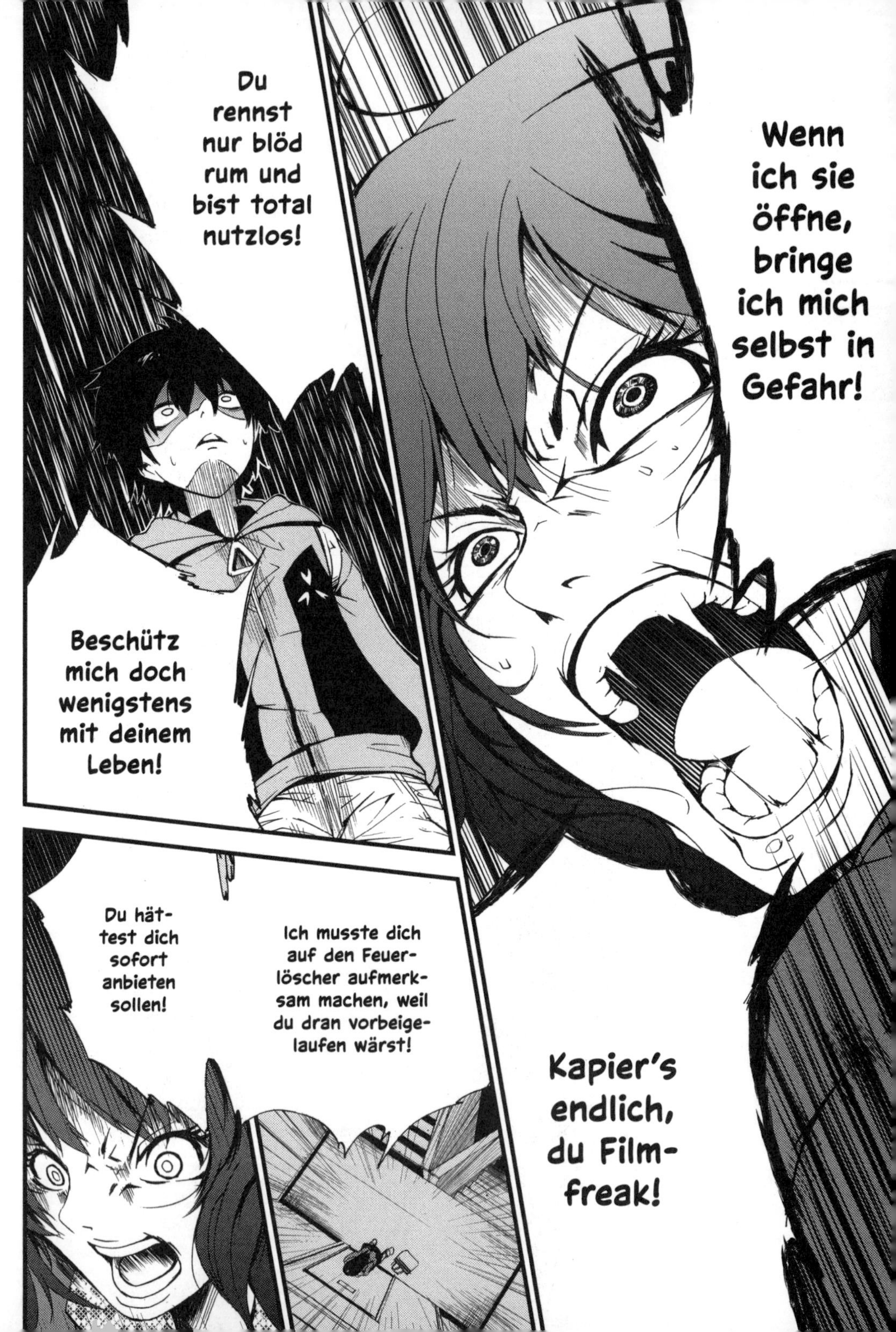
Wenn ich sie öffne, bringe ich mich selbst in Gefahr!
Du rennst nur blöd rum und bist total nutzlos!
Beschütz mich doch wenigstens mit deinem Leben!
Ich musste dich auf den Feuerlöscher aufmerksam machen, weil du dran vorbeigelaufen wärst!
Du hättest dich sofort anbieten sollen!
Kapier's endlich, du Film-freak!

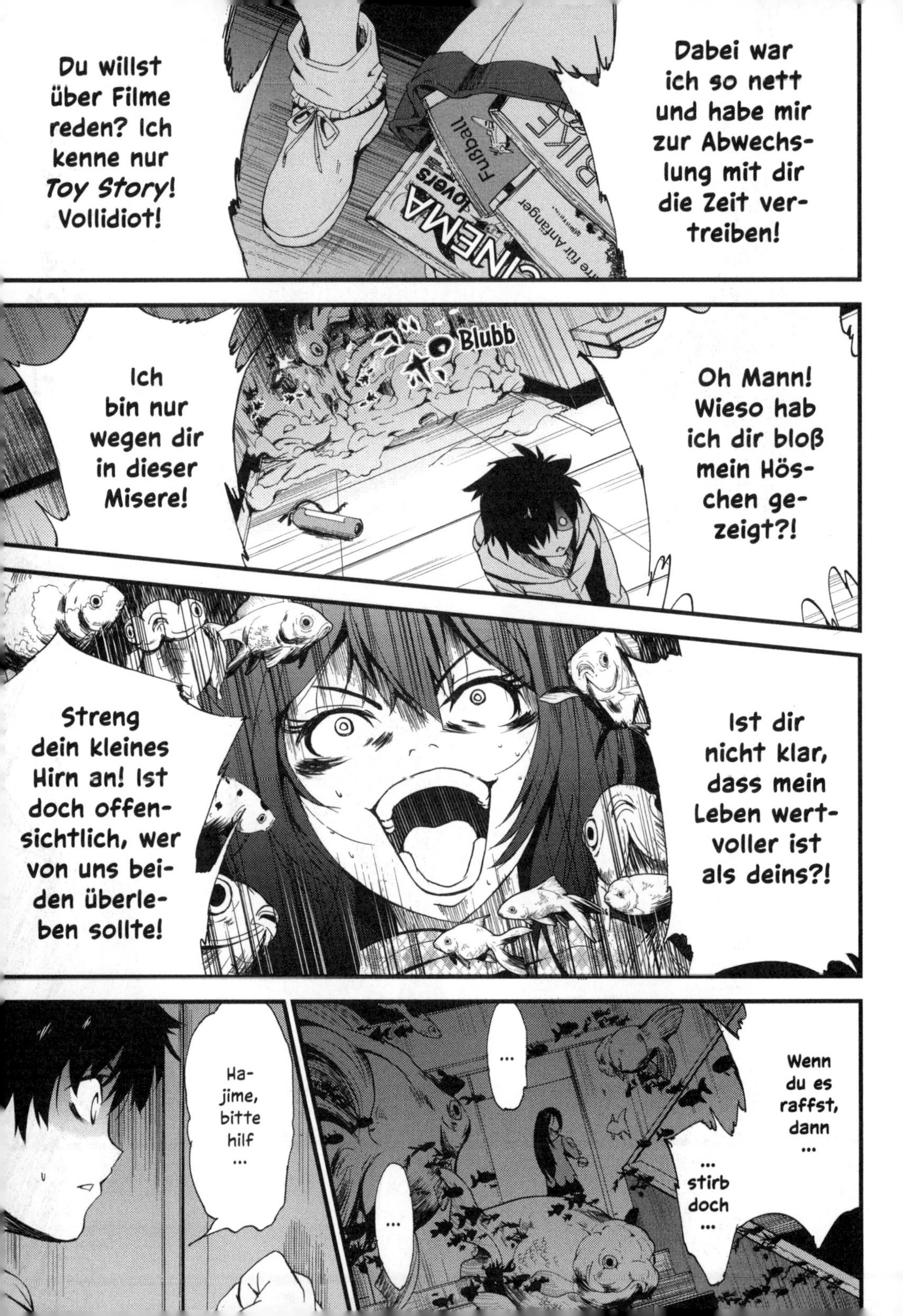

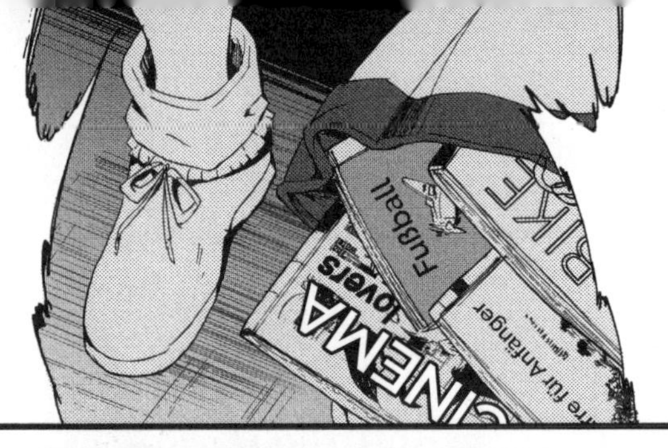
Dabei war ich so nett und habe mir zur Abwechslung mit dir die Zeit vertreiben!
Du willst über Filme reden? Ich kenne nur *Toy Story*! Vollidiot!
CINEMA lovers
Fußball
BIKE
…re für Anfänger

Blubb
Oh Mann! Wieso hab ich dir bloß mein Höschen gezeigt?!
Ich bin nur wegen dir in dieser Misere!
Ist dir nicht klar, dass mein Leben wertvoller ist als deins?!
Streng dein kleines Hirn an! Ist doch offensichtlich, wer von uns beiden überleben sollte!

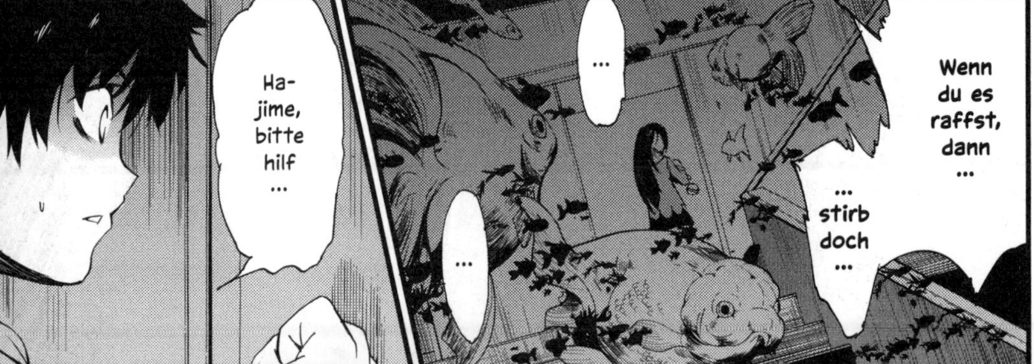
Wenn du es raffst, dann …
… stirb doch …
…
…
Hajime, bitte hilf …

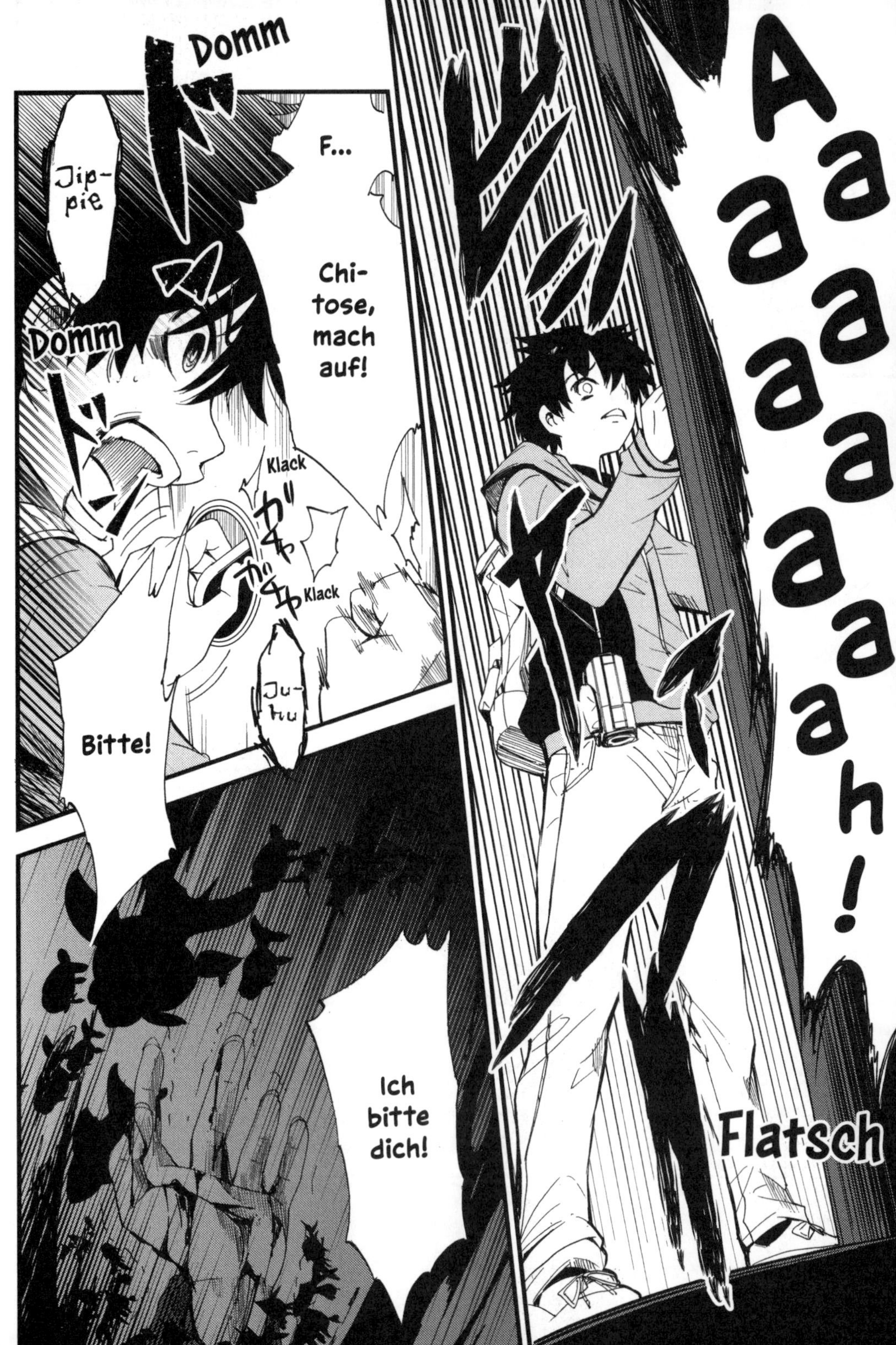
Aaaaaaaaaah!
Flatsch
Domm
F...
Jip-
pie
Chi-
tose,
mach
auf!
Domm
Klack
Klack
Ju-
hu
Bitte!
Ich
bitte
dich!

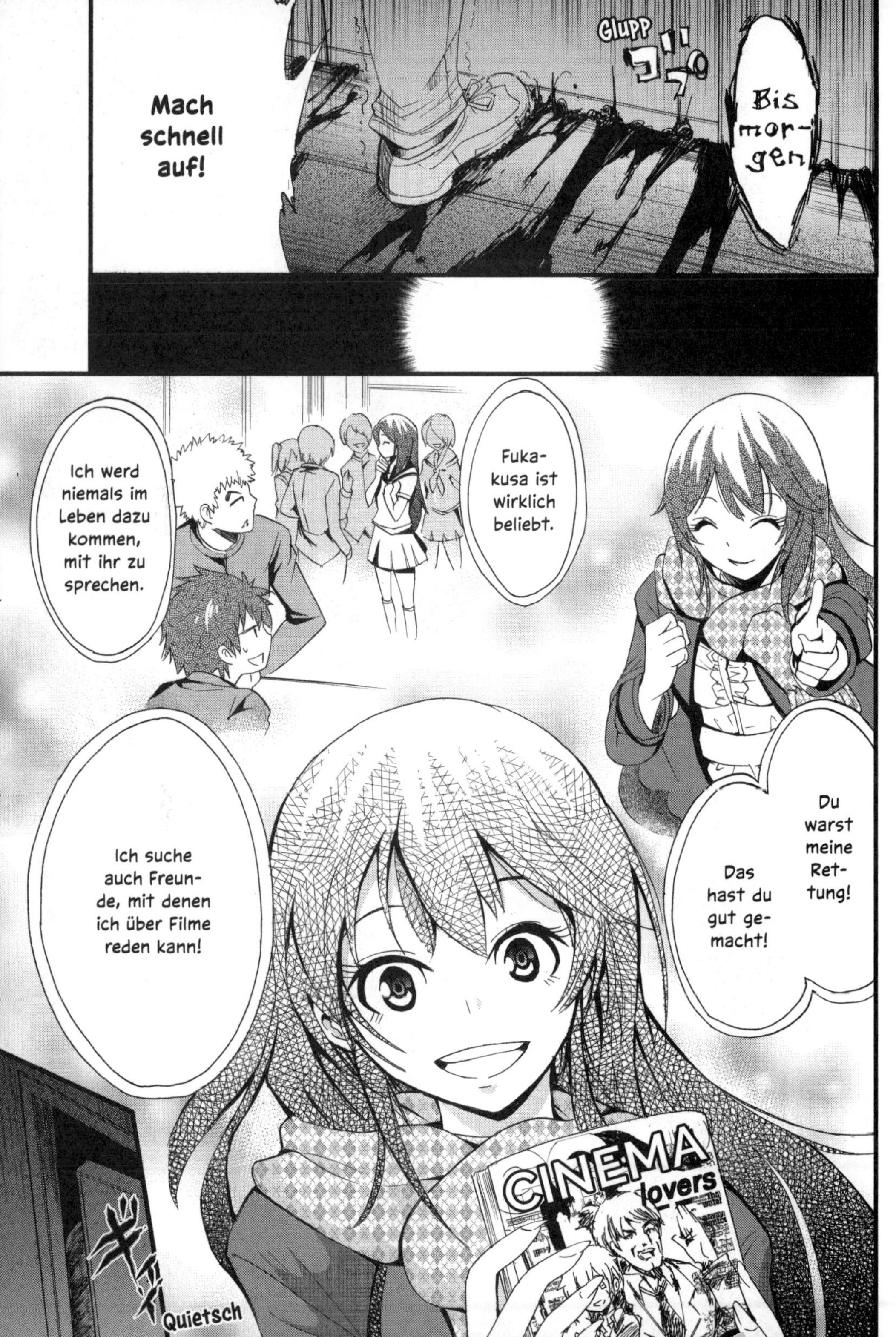

Bis mor-gen
Glupp
Mach schnell auf!
Fuka-kusa ist wirklich beliebt.
Ich werd niemals im Leben dazu kommen, mit ihr zu sprechen.
Du warst meine Ret-tung!
Das hast du gut ge-macht!
Ich suche auch Freun-de, mit denen ich über Filme reden kann!
CINEMA lovers
Quietsch

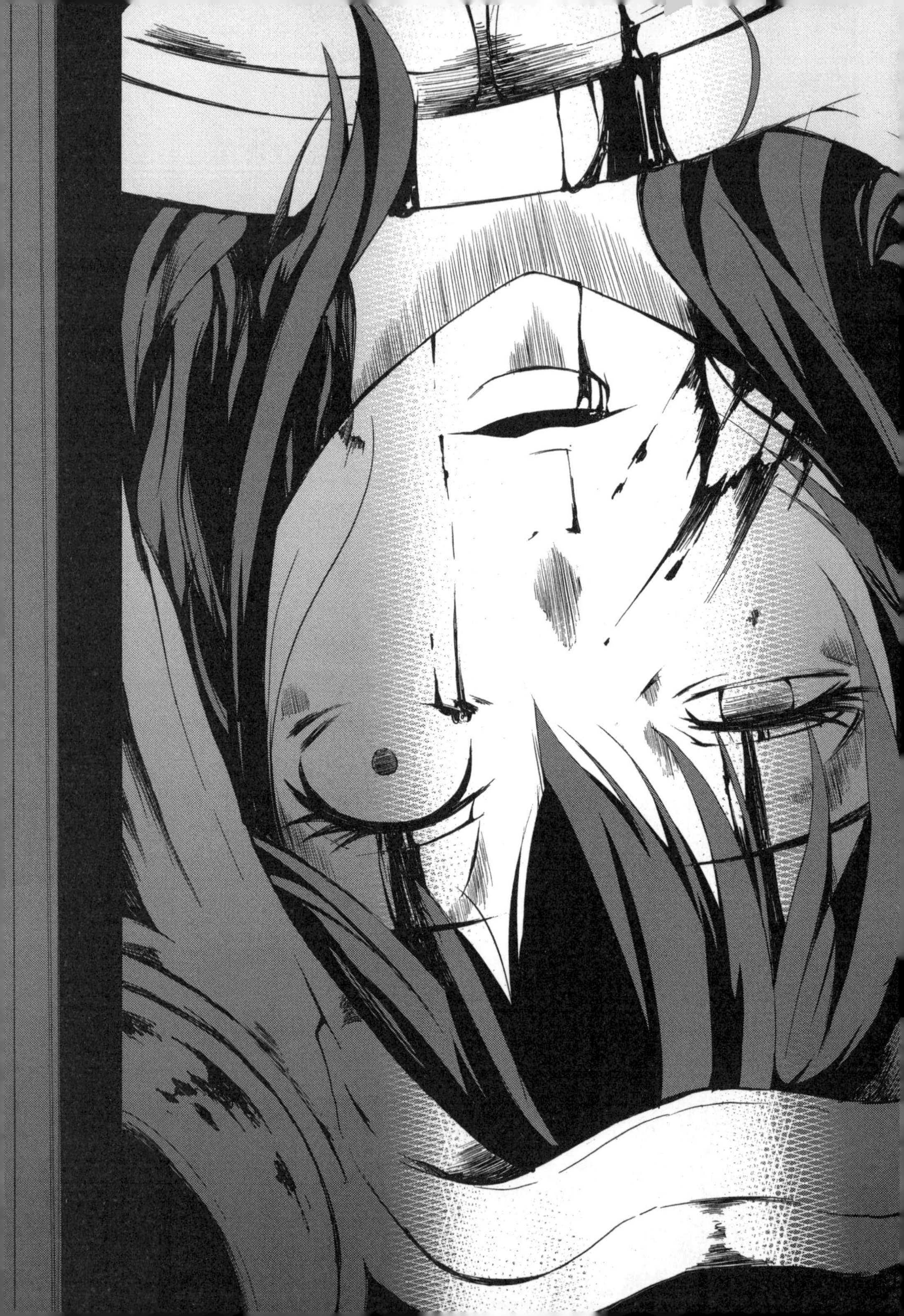

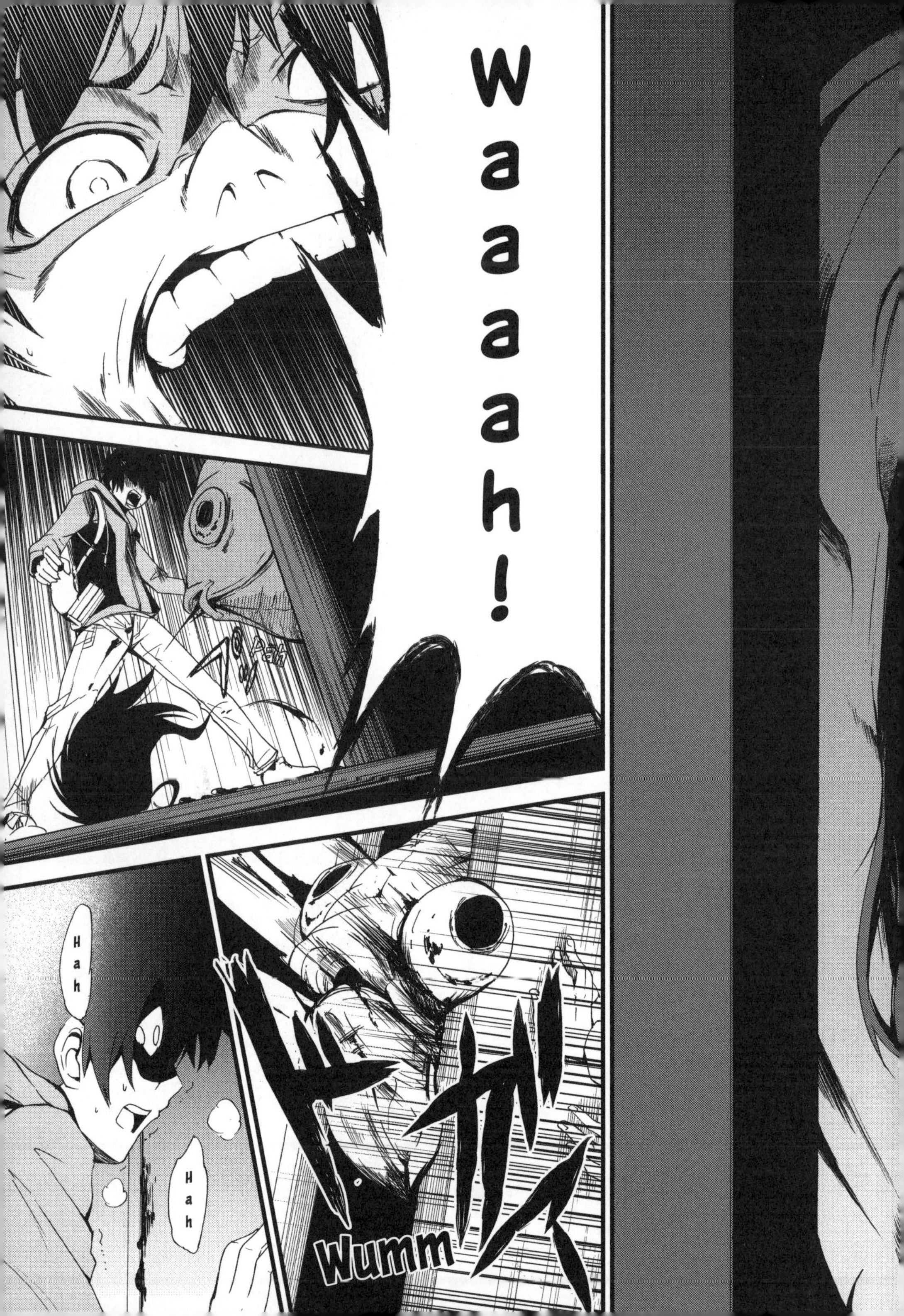
Waaaah!
Pah
Hah
Hah
Wumm

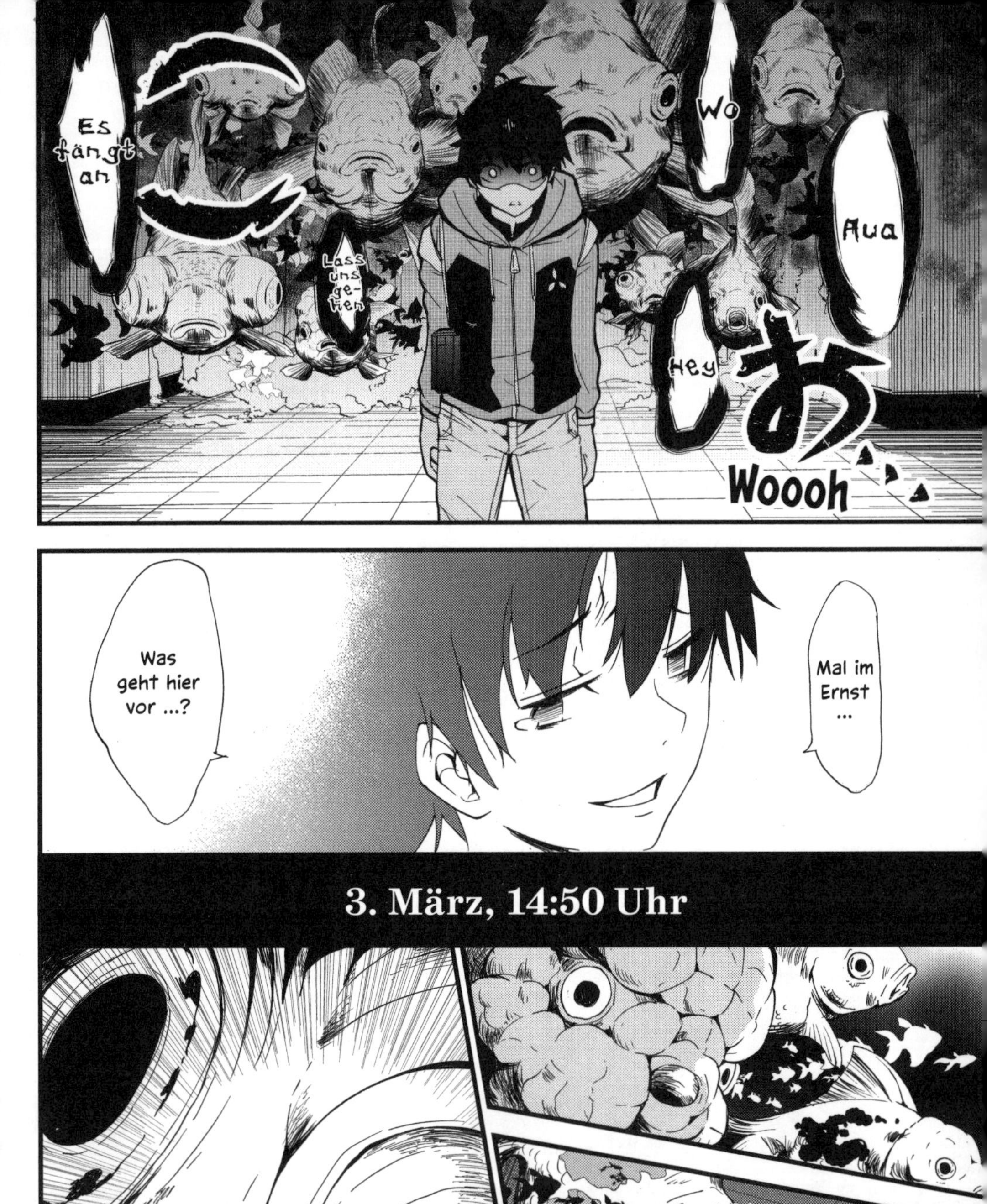
Wo
Aua
Hey
あ
Woooh
Lass uns ge- hen
Es fängt an
Mal im Ernst ...
Was geht hier vor ...?
3. März, 14:50 Uhr

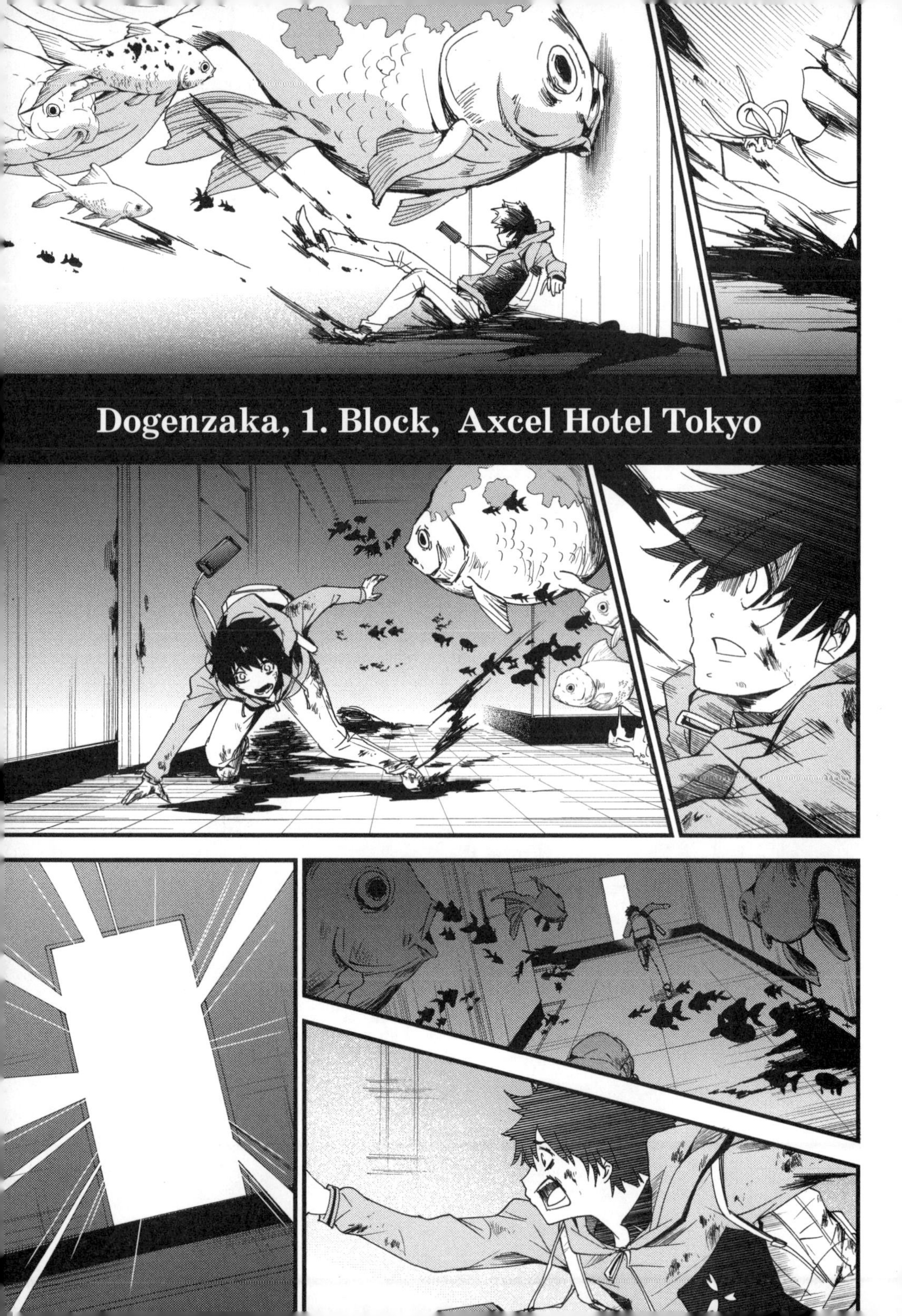

Dogenzaka, 1. Block, Axcel Hotel Tokyo

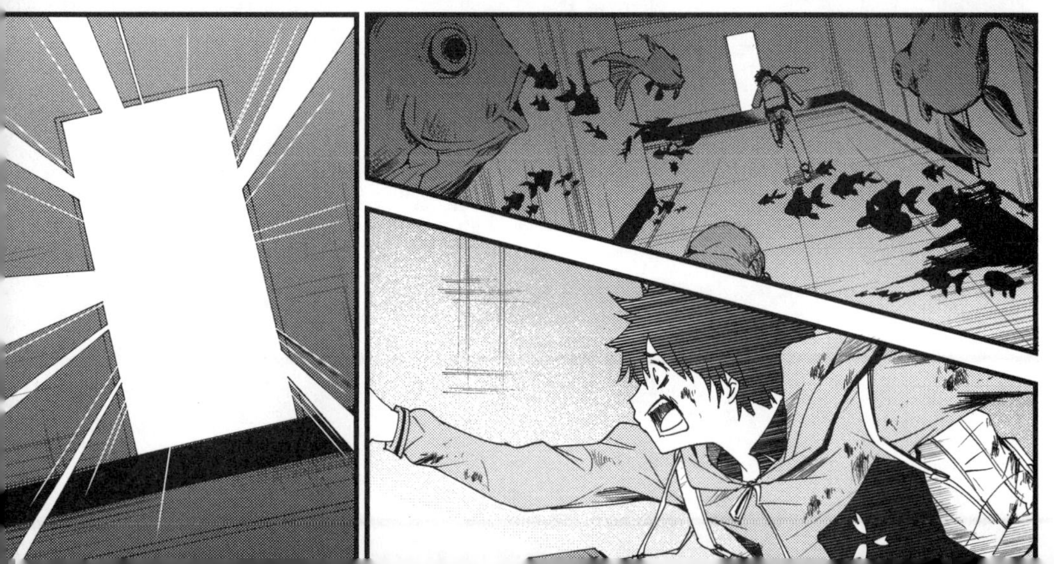

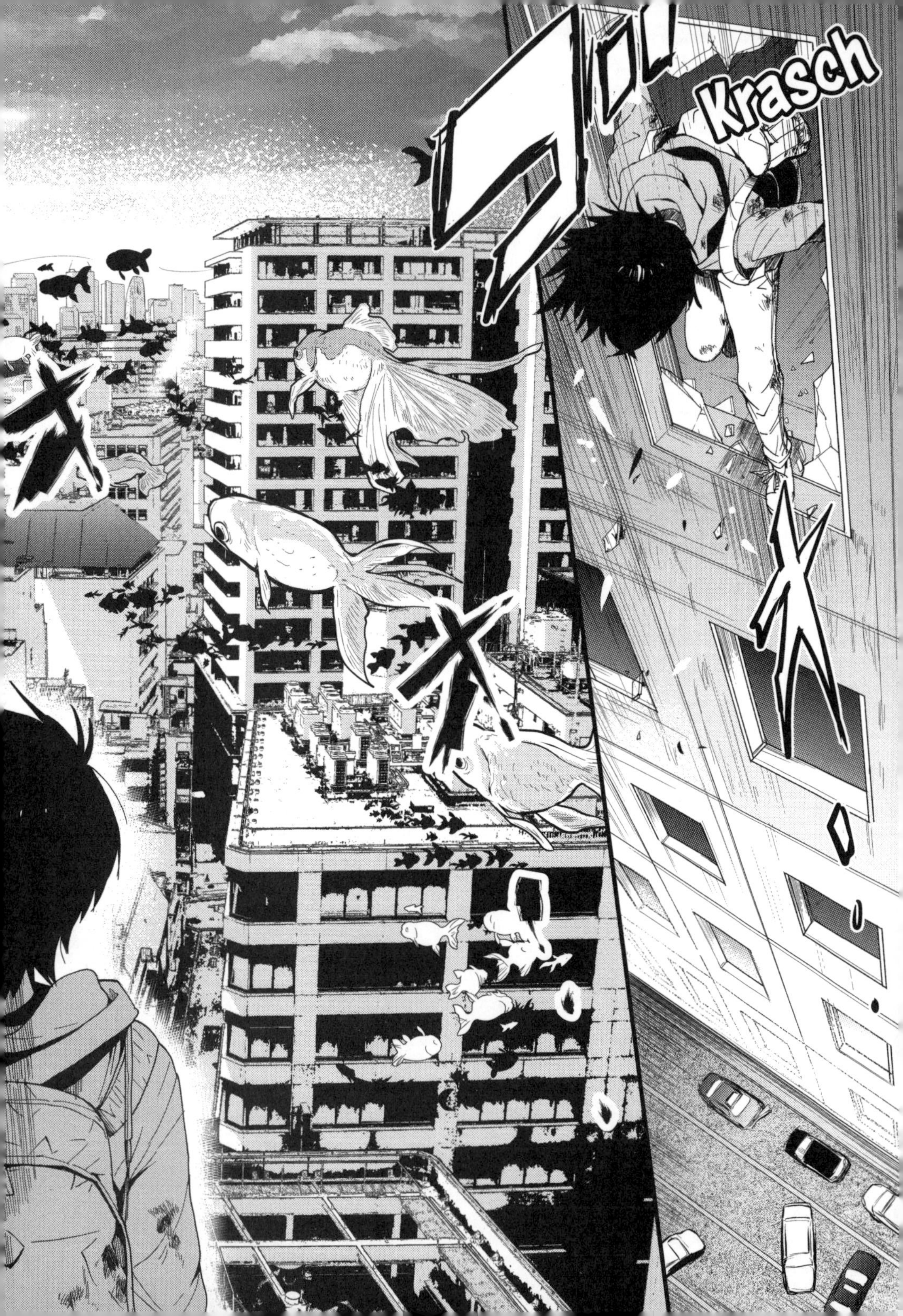
Krasch

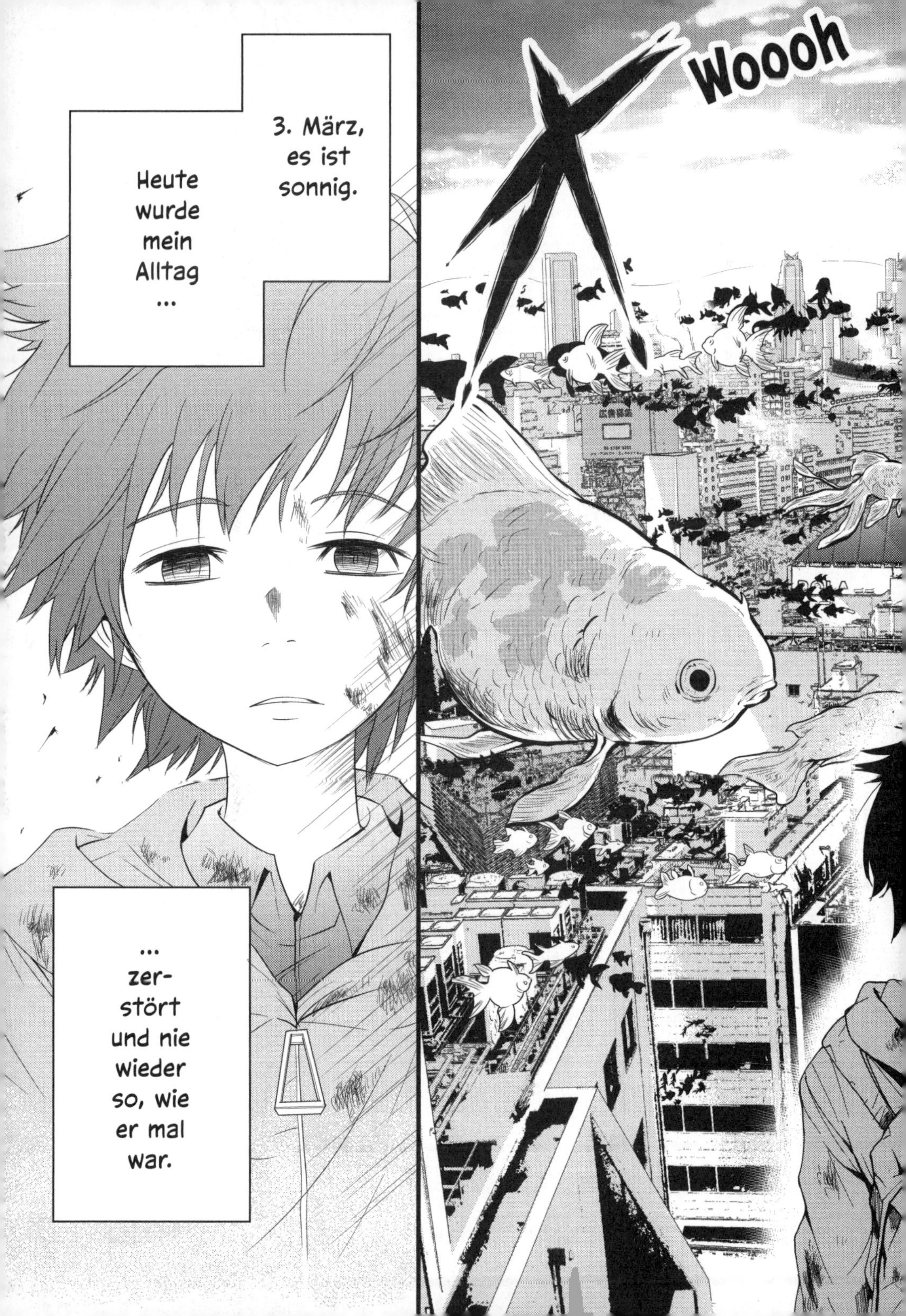
Woooh
3. März, es ist sonnig.
Heute wurde mein Alltag ...
... zer-stört und nie wieder so, wie er mal war.

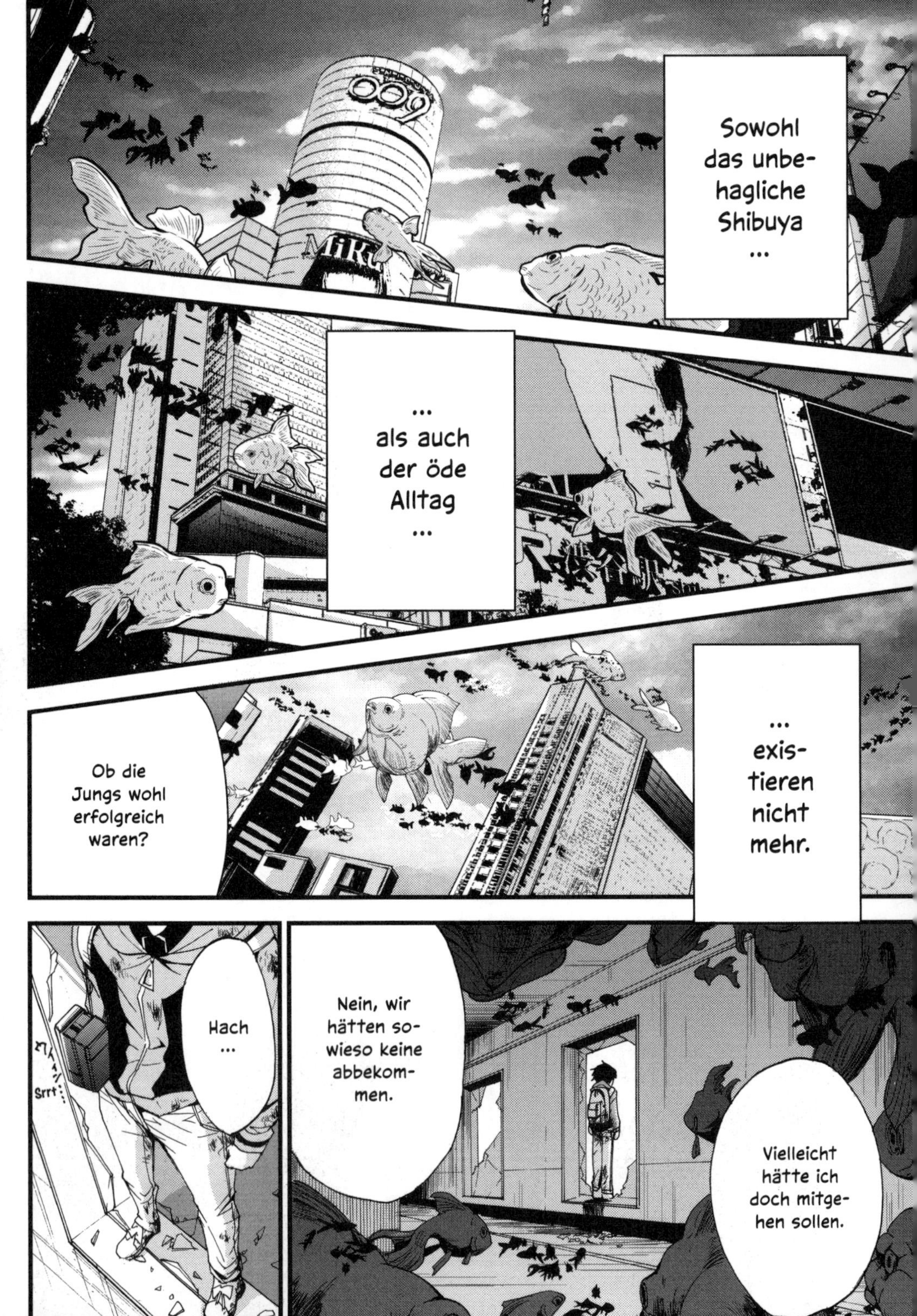
Sowohl das unbehagliche Shibuya ...
109
... als auch der öde Alltag ...
... existieren nicht mehr.
Ob die Jungs wohl erfolgreich waren?
Vielleicht hätte ich doch mitgehen sollen.
Nein, wir hätten sowieso keine abbekommen.
Hach ...
Srrt ...

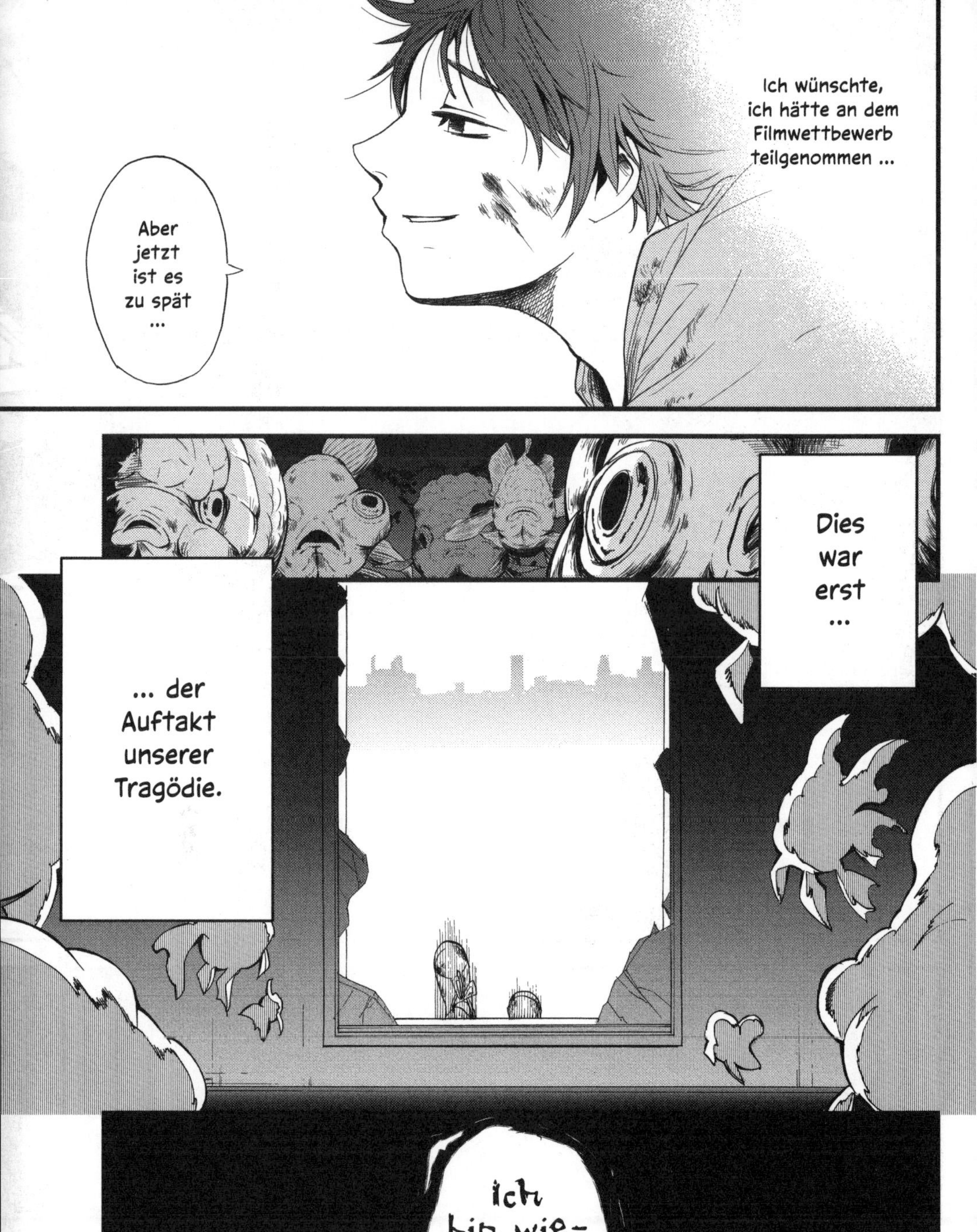
Ich wünschte, ich hätte an dem Filmwettbewerb teilgenommen ...
Aber jetzt ist es zu spät ...
Dies war erst ...
... der Auftakt unserer Tragödie.
Ich bin wieder da, Mama

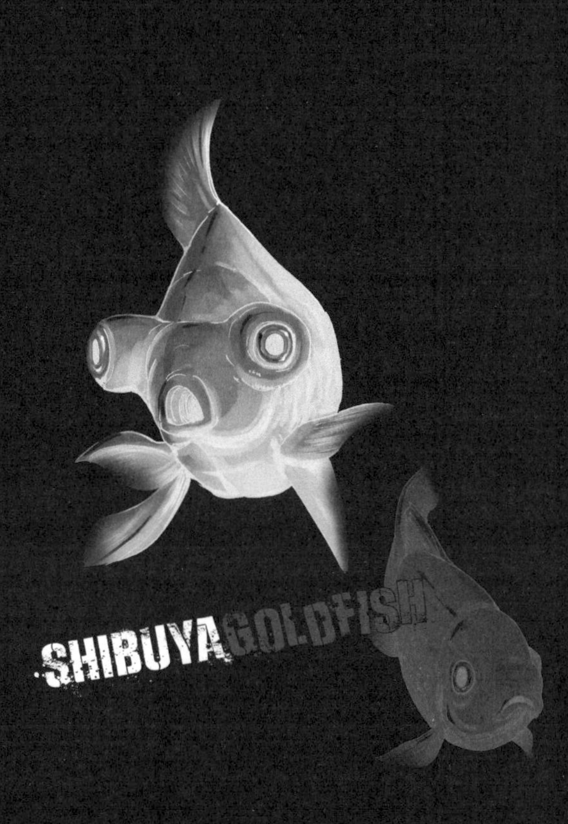
SHIBUYA GOLDFISH

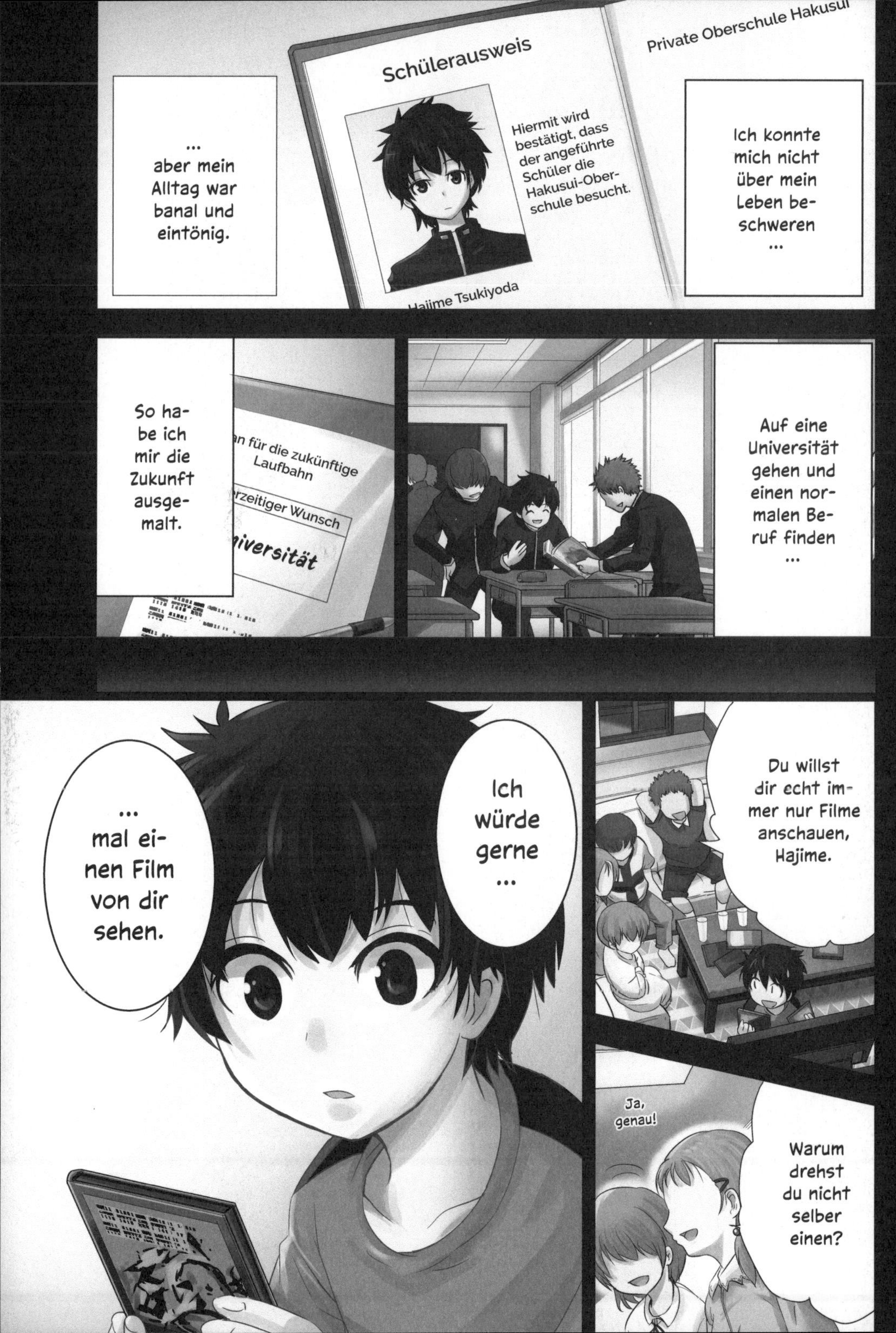

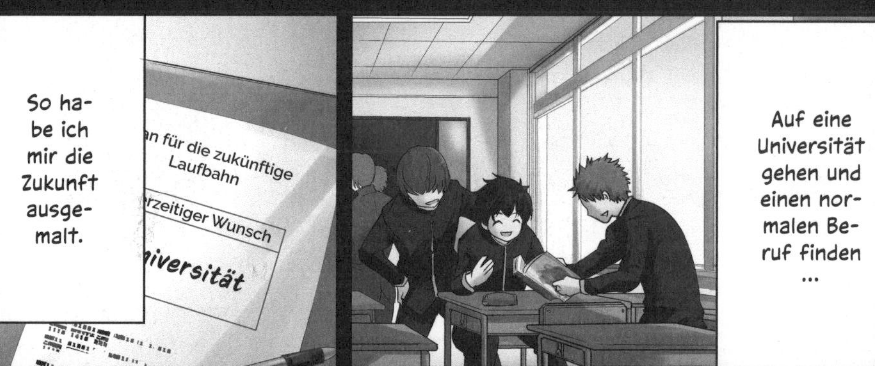
Ich konnte mich nicht über mein Leben beschweren ...
Private Oberschule Hakusui
Schülerausweis
Hiermit wird bestätigt, dass der angeführte Schüler die Hakusui-Oberschule besucht.
Hajime Tsukiyoda
... aber mein Alltag war banal und eintönig.
Auf eine Universität gehen und einen normalen Beruf finden ...
an für die zukünftige Laufbahn
rzeitiger Wunsch
niversität
So habe ich mir die Zukunft ausgemalt.
Du willst dir echt immer nur Filme anschauen, Hajime.
Warum drehst du nicht selber einen?
Ja, genau!
Ich würde gerne ...
... mal einen Film von dir sehen.

Kapitel 2 Hajime Tsukiyoda ②

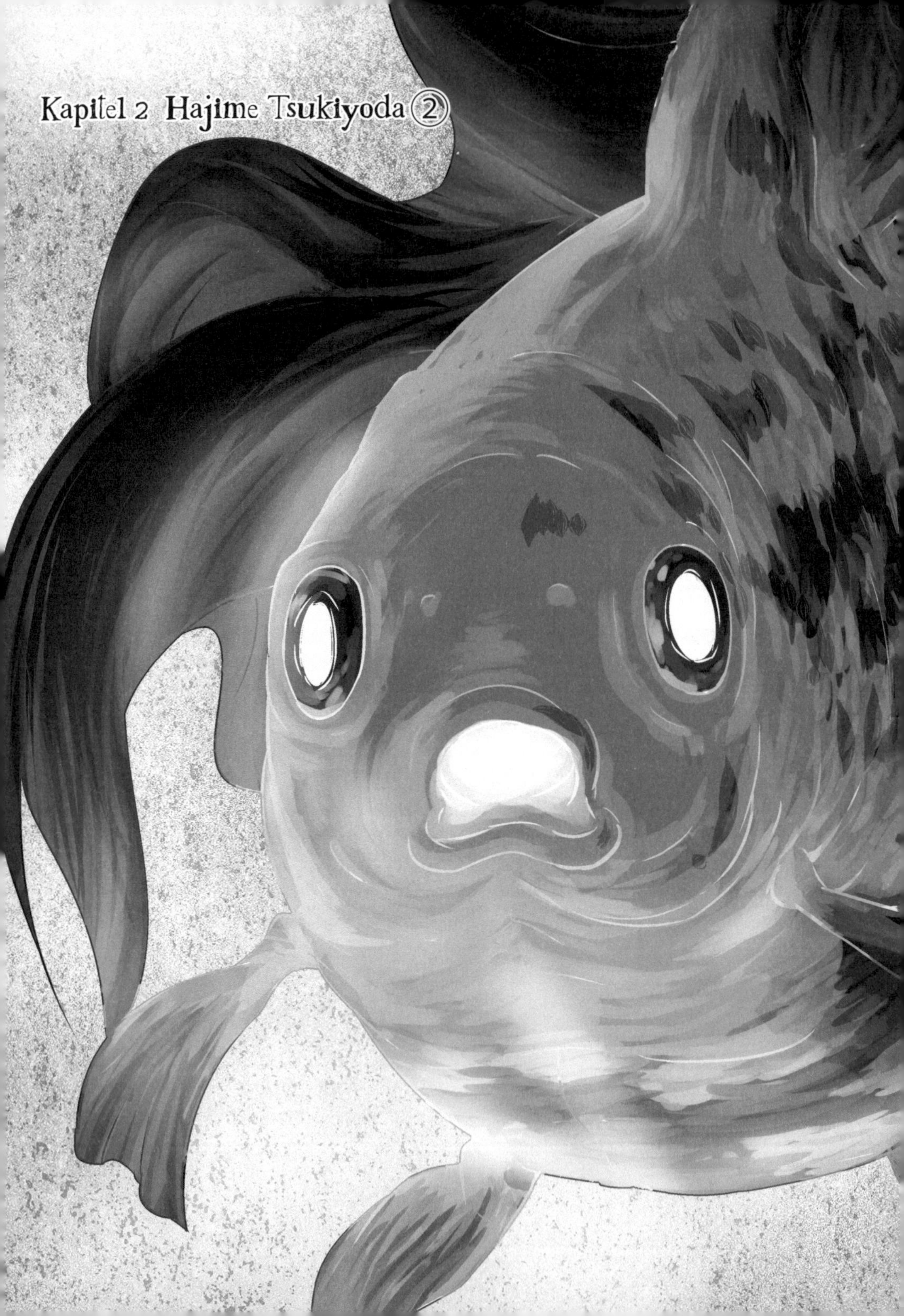

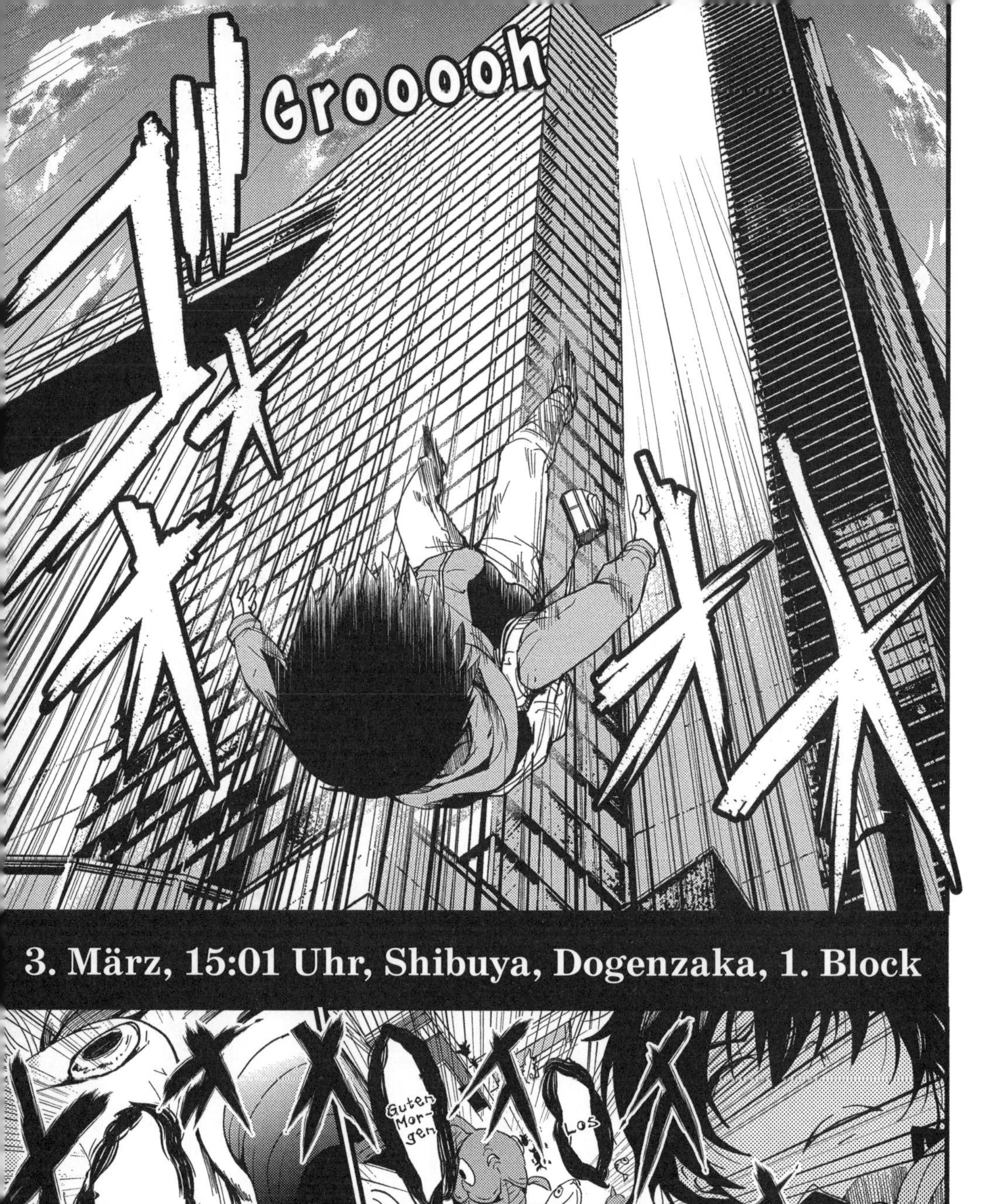
Grooooh
3. März, 15:01 Uhr, Shibuya, Dogenzaka, 1. Block
Los
Guten Mor-gen
Wach auf
Wooooooh

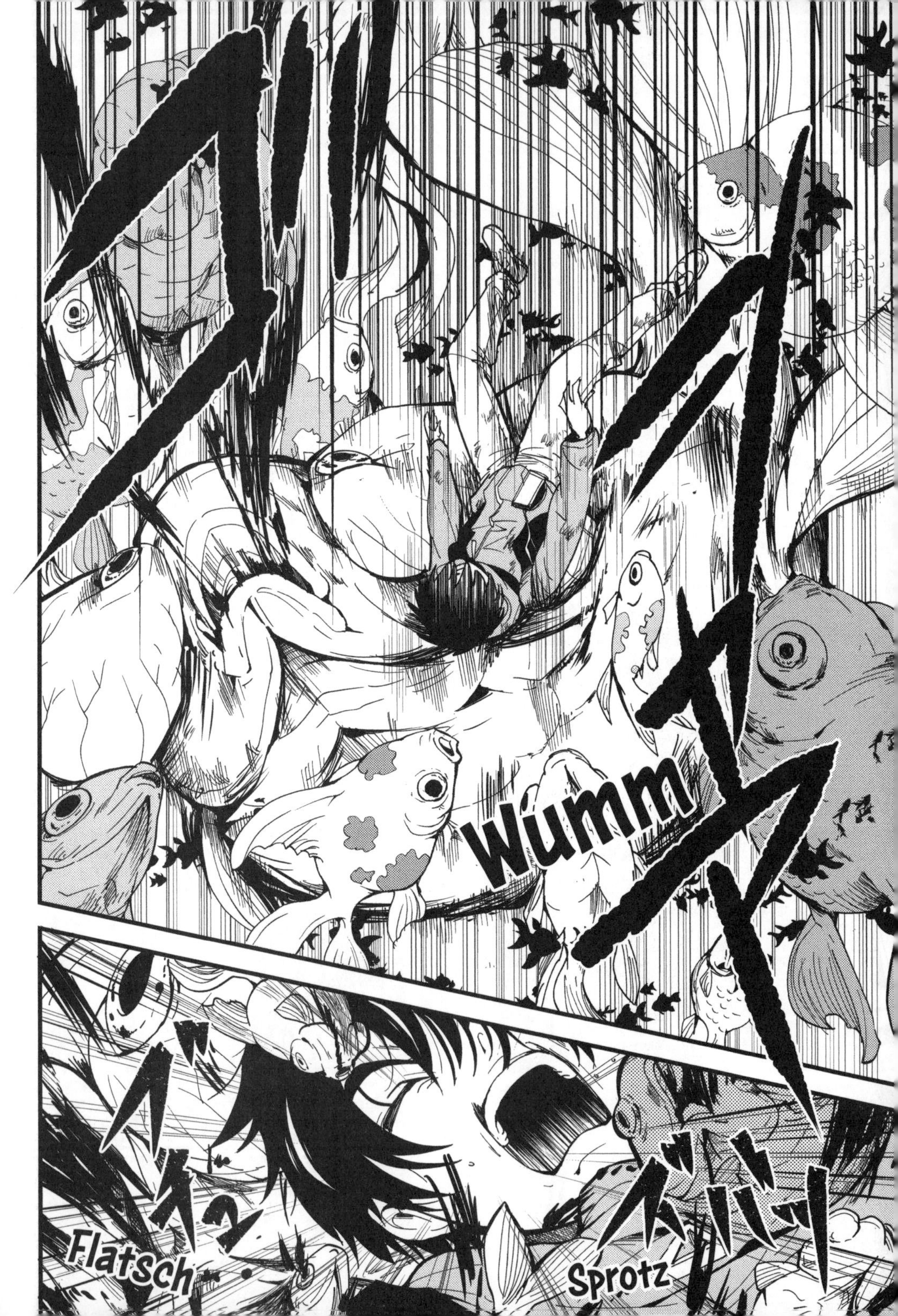

Wumm
Sprotz
Flatsch

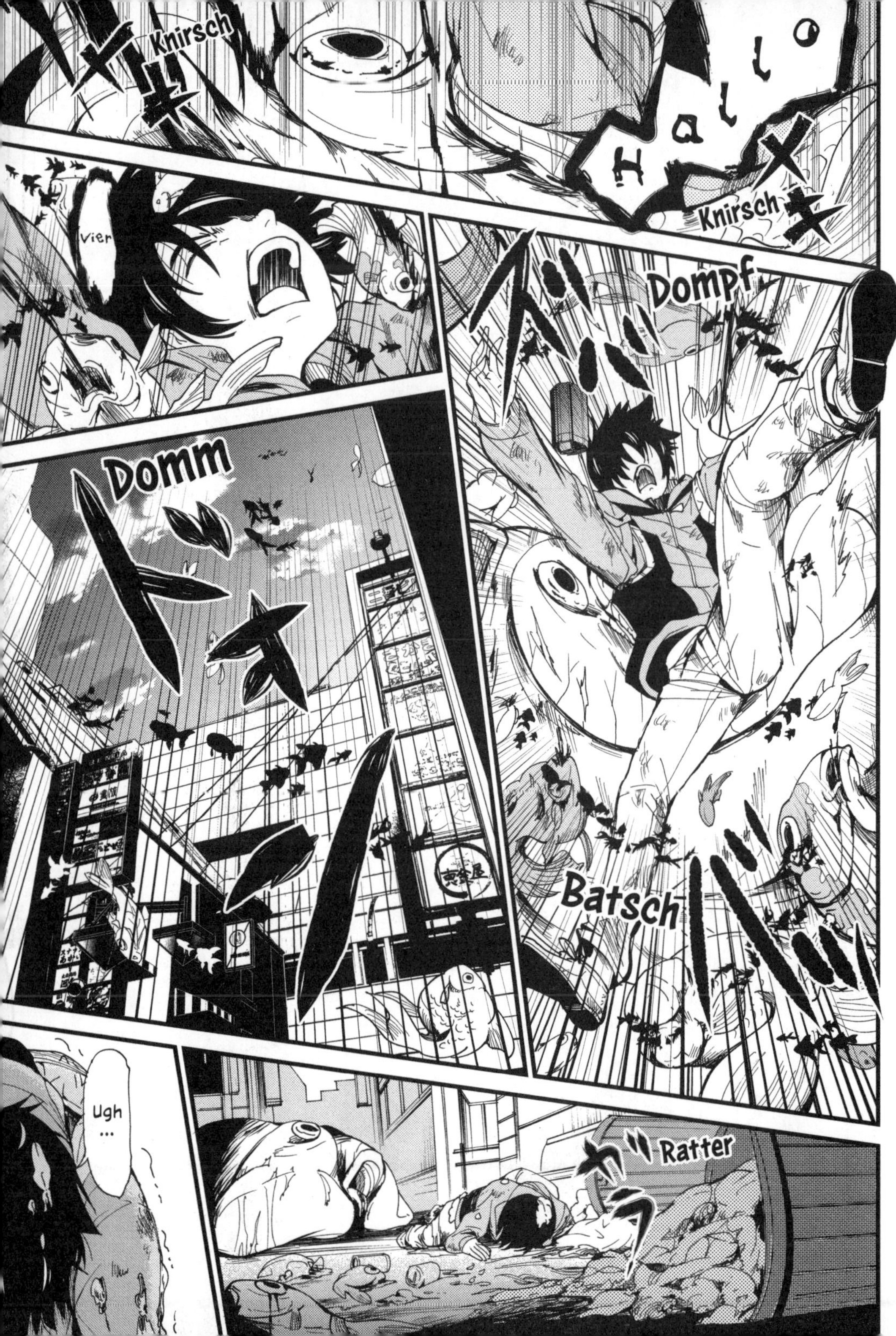
Hallo
Knirsch
Knirsch
Dompf
Vier
Batsch
Domm
Ratter
Ugh ...

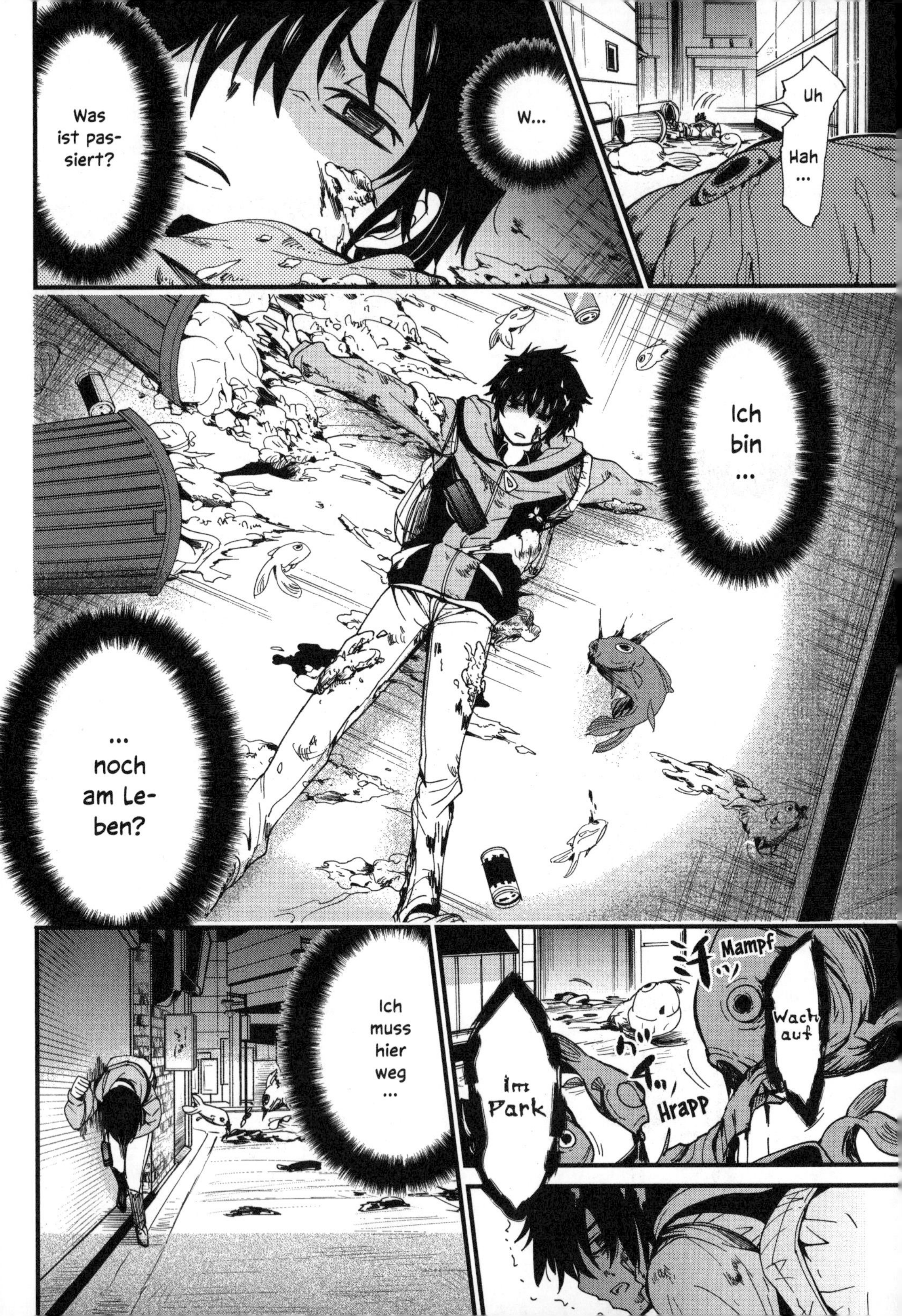
Uh
Hah ...
W...
Was ist pas-siert?
Ich bin ...
... noch am Le-ben?
Mampf
Wach auf
Hrapp
Im Park
Ich muss hier weg ...

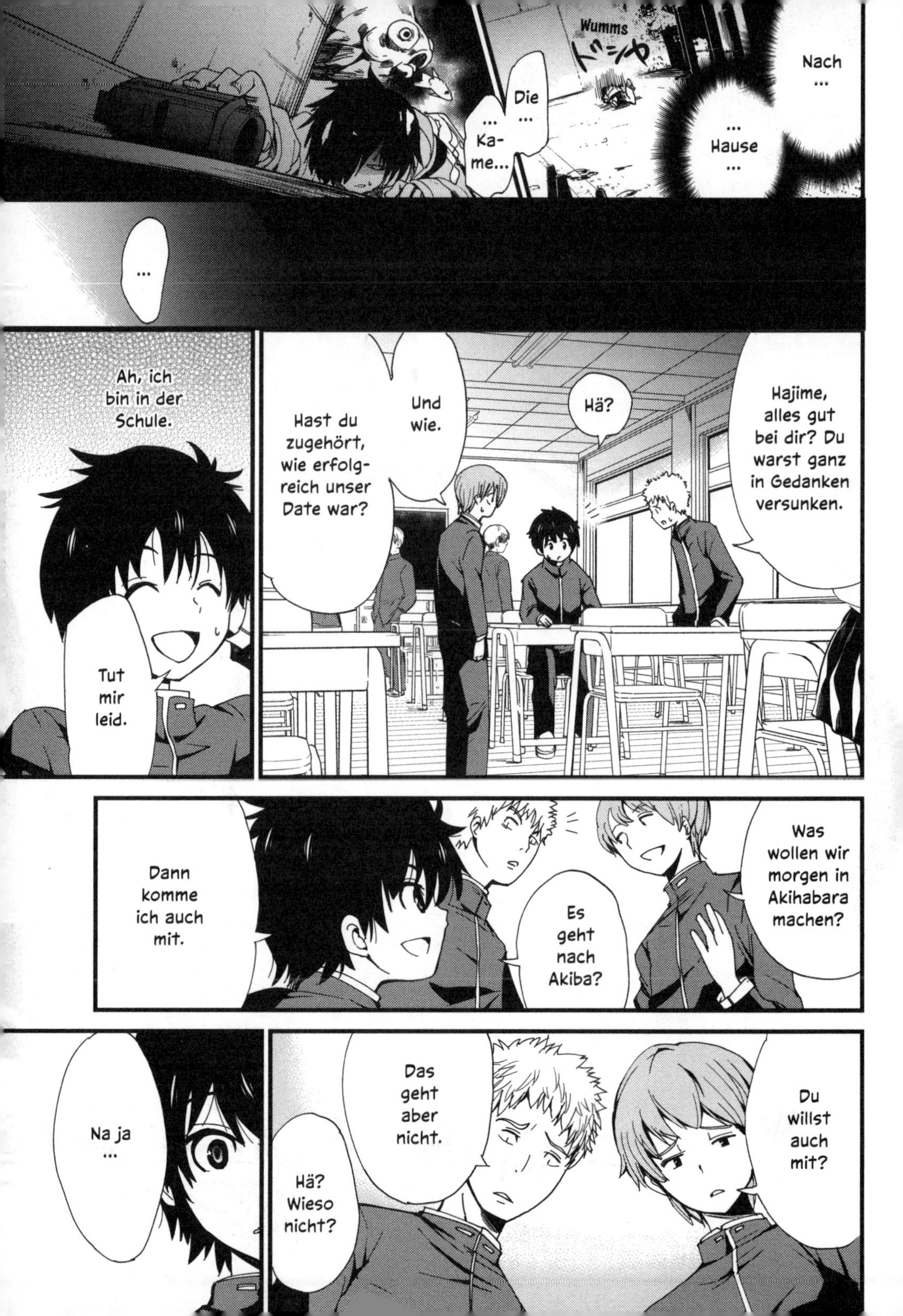

Nach …

… Hause …

Wumms

Die …

… Ka-me…

…

Hajime, alles gut bei dir? Du warst ganz in Gedanken versunken.

Hä?

Und wie.

Hast du zugehört, wie erfolgreich unser Date war?

Ah, ich bin in der Schule.

Tut mir leid.

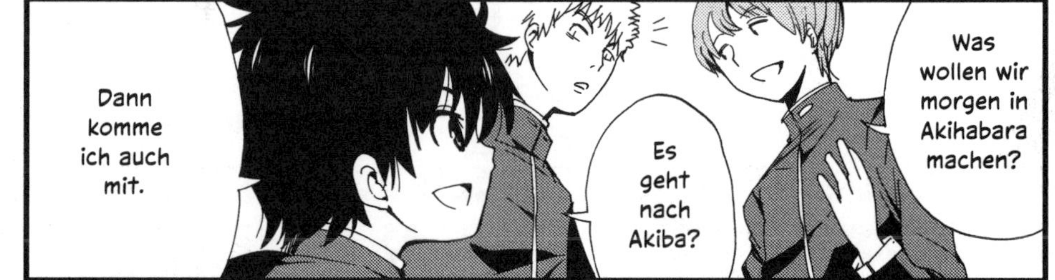

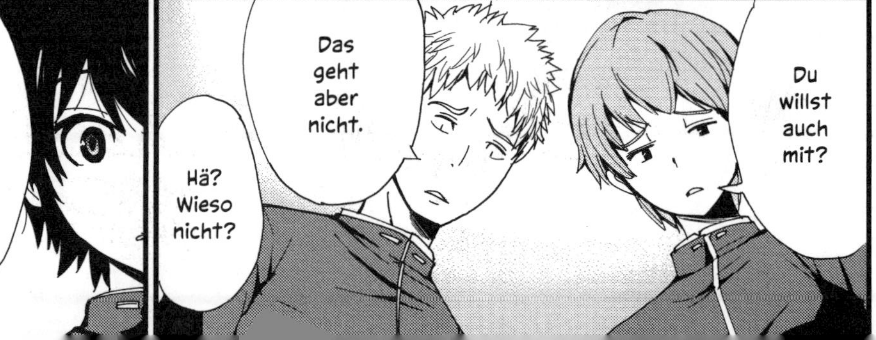

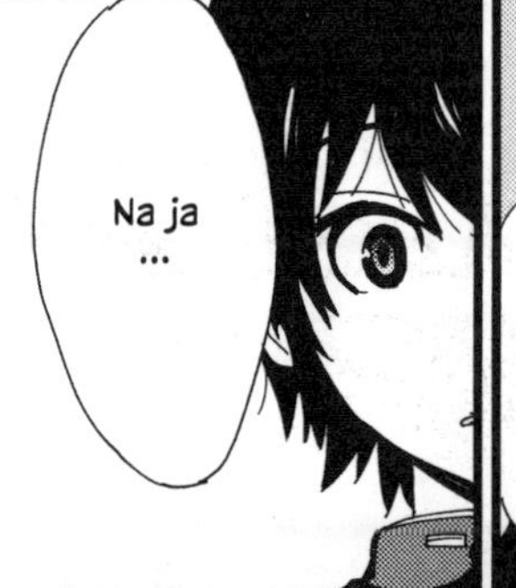

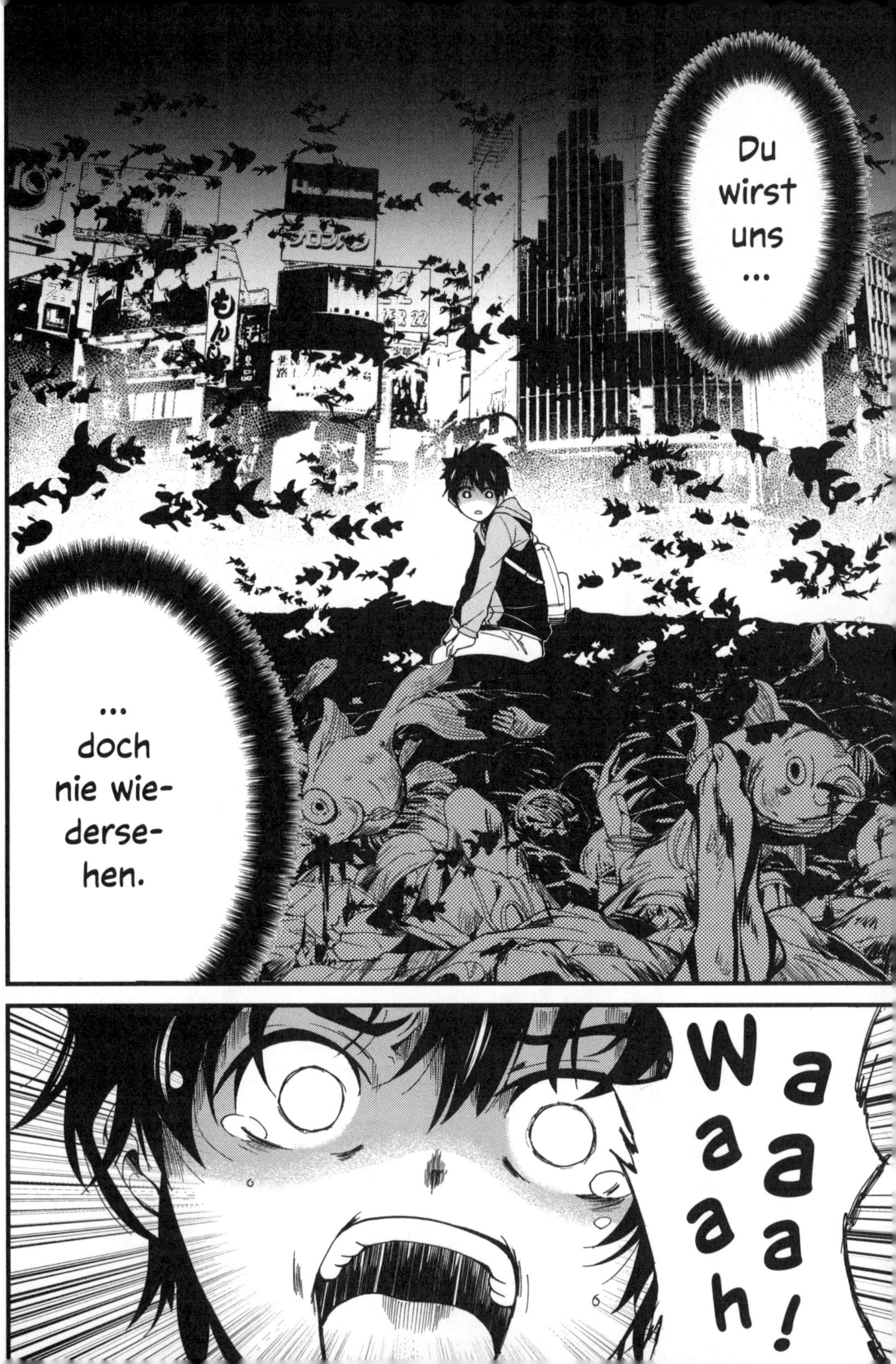

Du wirst uns ...

... doch nie wiedersehen.

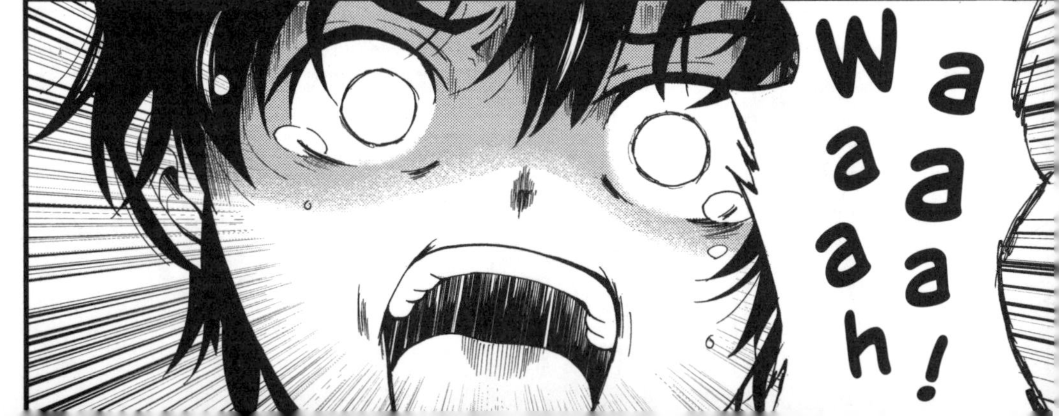

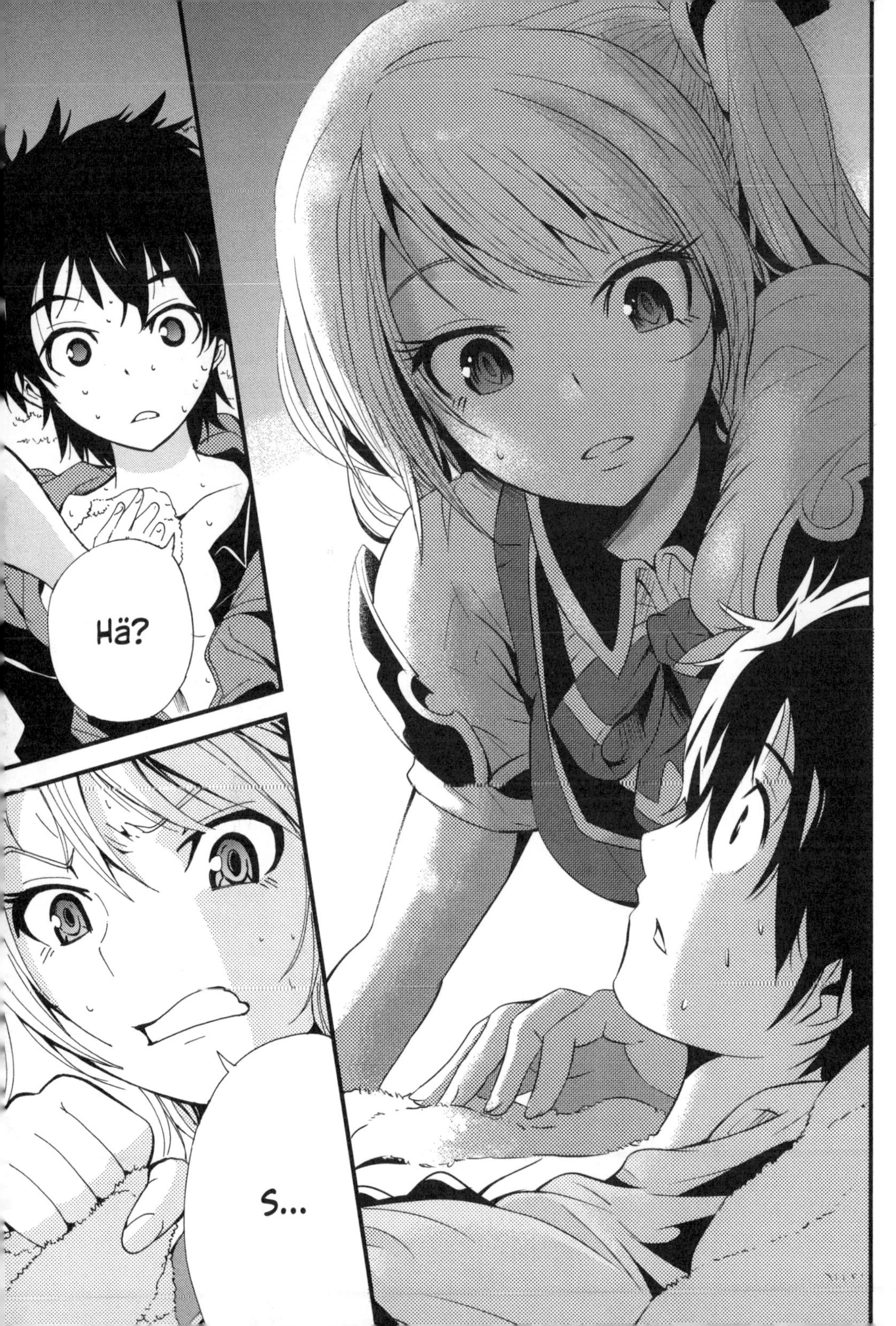
Hä?
S...

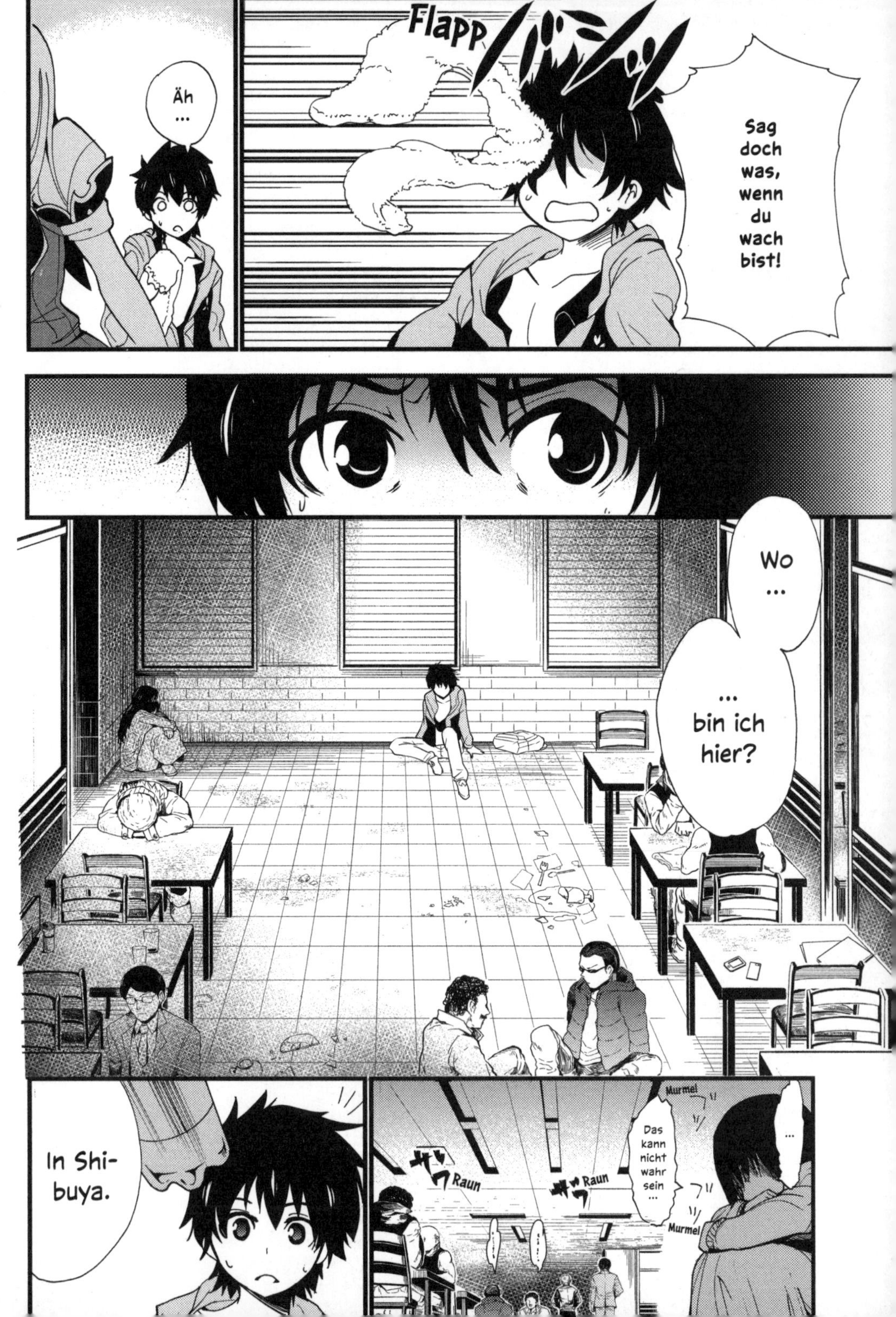
Flapp
Sag doch was, wenn du wach bist!
Äh …
Wo …
… bin ich hier?
…
Murmel
Das kann nicht wahr sein …
Murmel
Raun
Raun
In Shi-buya.

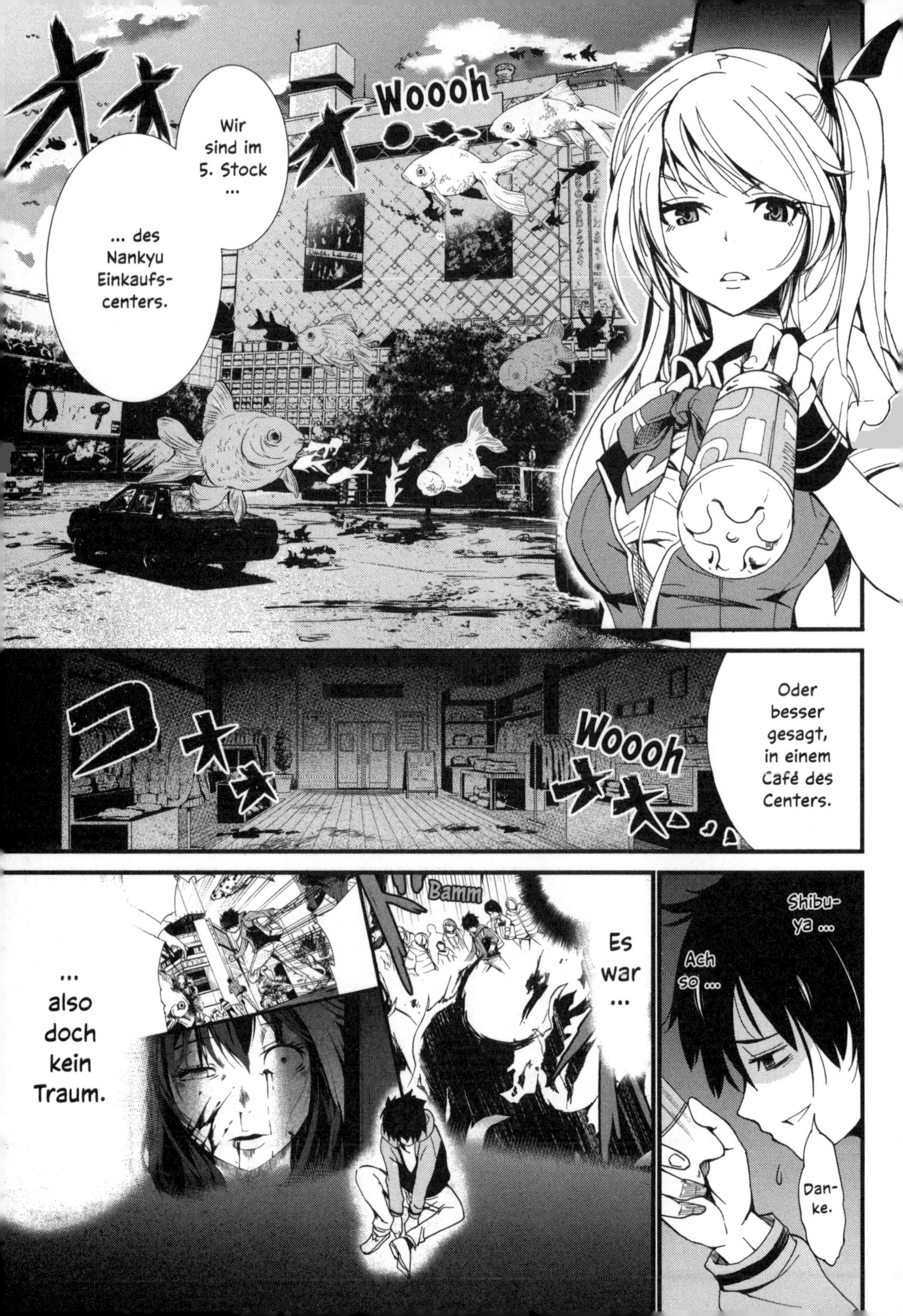

Woooh
Wir sind im 5. Stock ...
... des Nankyu Einkaufs-centers.
Oder besser gesagt, in einem Café des Centers.
Woooh
Shibu-ya ...
Ach so ...
Danke.
Bamm
Es war ...
... also doch kein Traum.

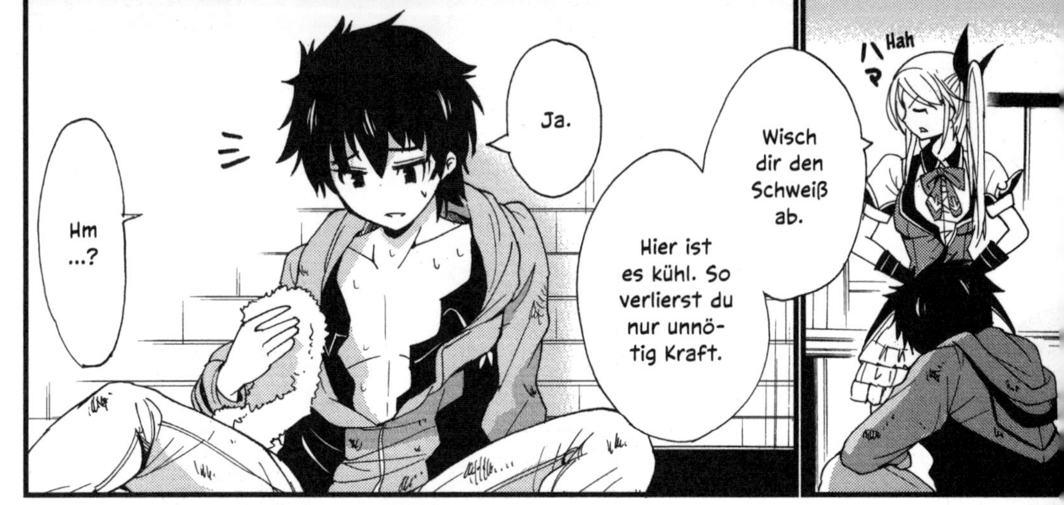

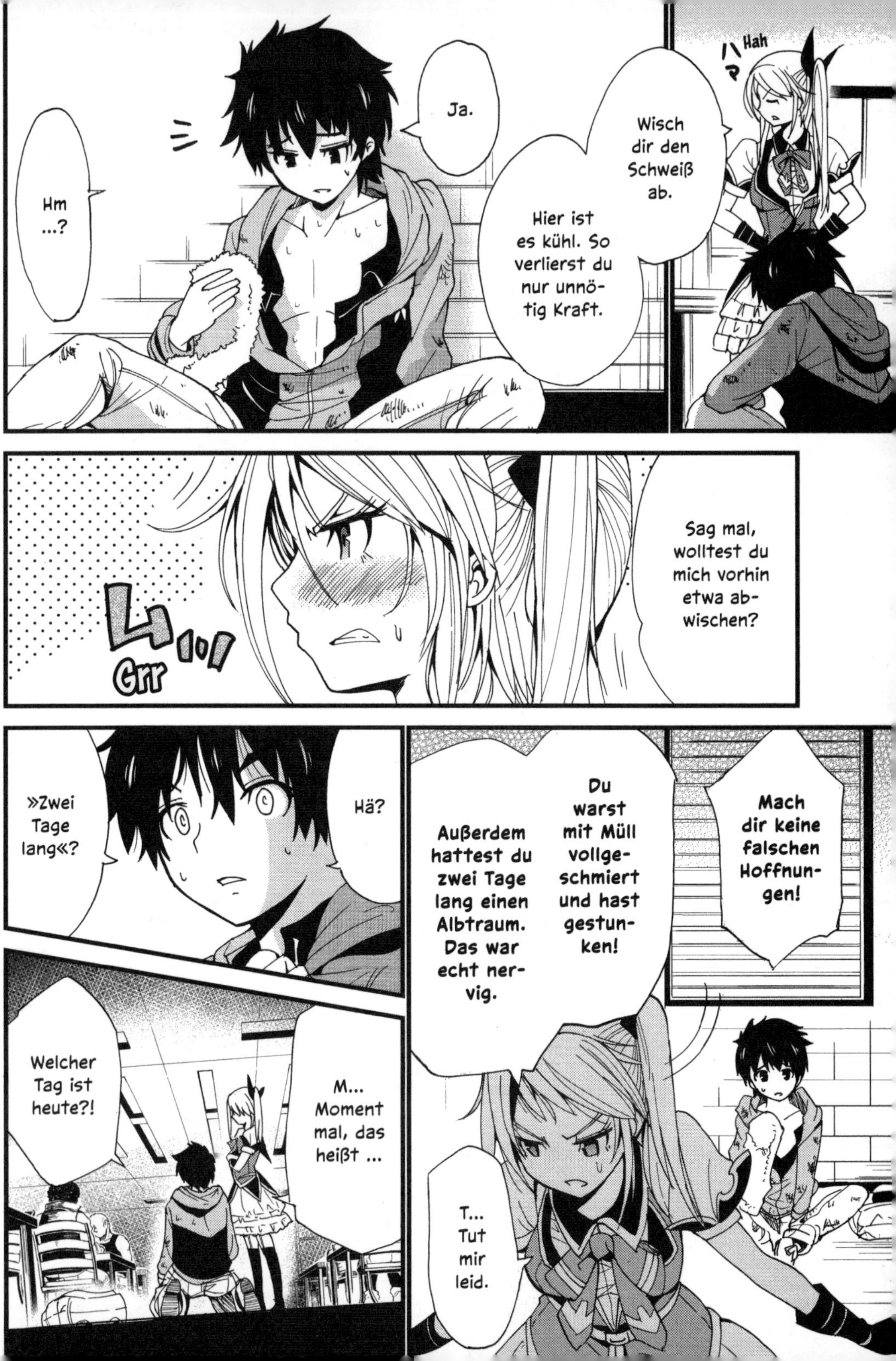

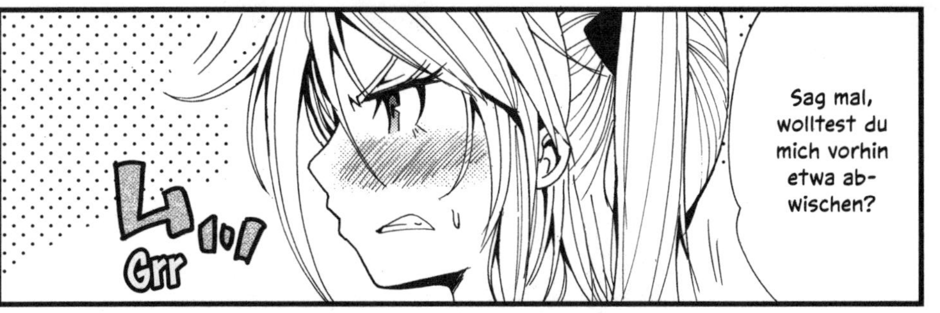

Mach dir keine falschen Hoffnungen!

Du warst mit Müll vollgeschmiert und hast gestunken!

Außerdem hattest du zwei Tage lang einen Albtraum. Das war echt nervig.

Hä?

»Zwei Tage lang«?

T... Tut mir leid.

M... Moment mal, das heißt ...

Welcher Tag ist heute?!

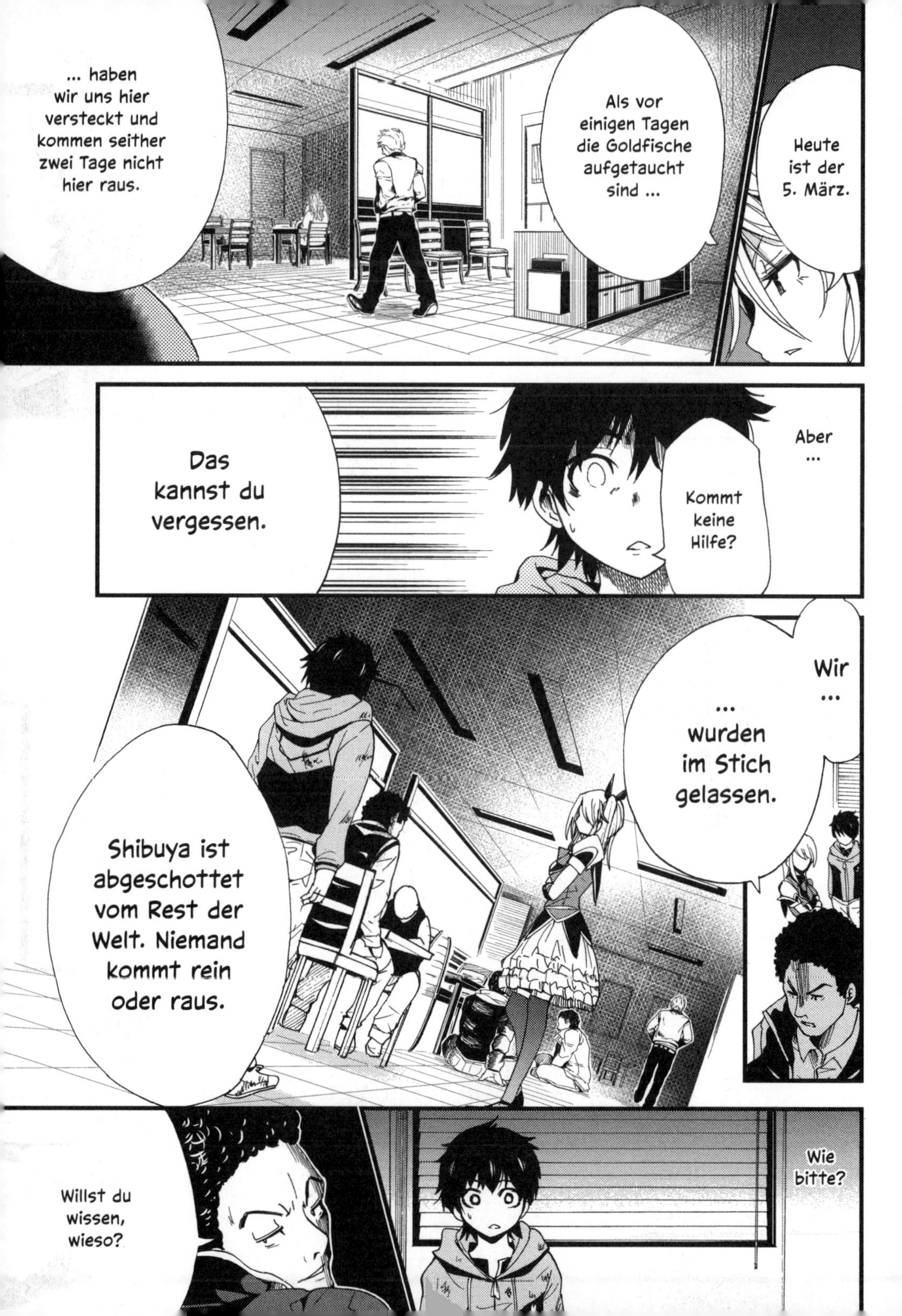

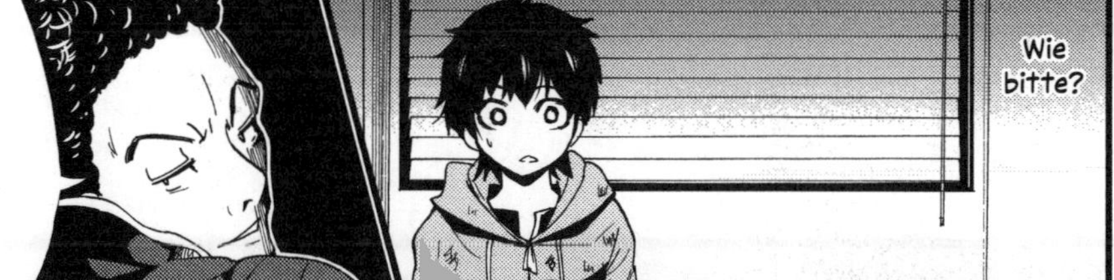
Heute ist der 5. März.
Als vor einigen Tagen die Goldfische aufgetaucht sind ...
... haben wir uns hier versteckt und kommen seither zwei Tage nicht hier raus.
Aber ...
Kommt keine Hilfe?
Das kannst du vergessen.
Wir ...
... wurden im Stich gelassen.
Shibuya ist abgeschottet vom Rest der Welt. Niemand kommt rein oder raus.
Wie bitte?
Willst du wissen, wieso?

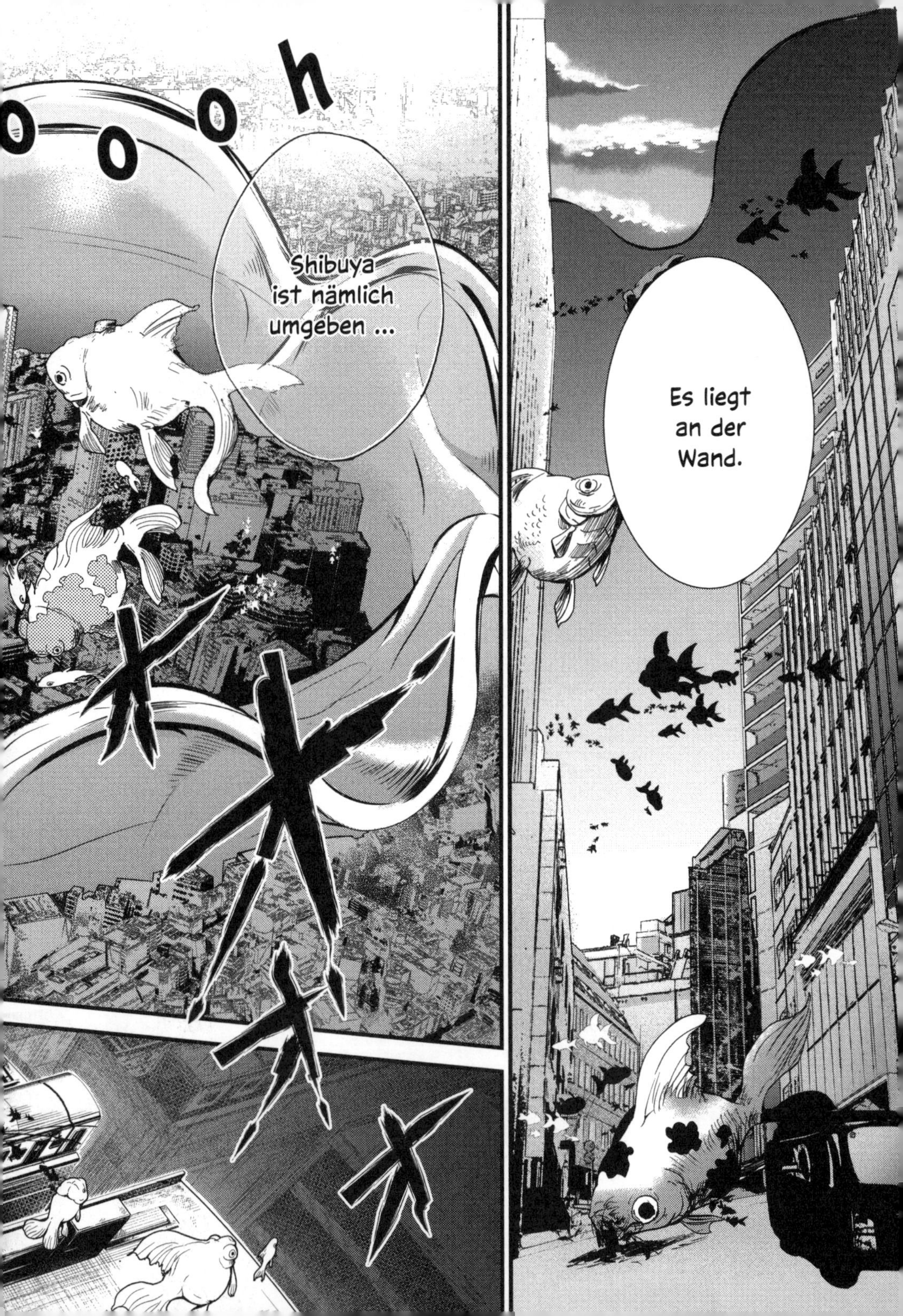
Es liegt an der Wand.
Shibuya ist nämlich umgeben ...
oooh

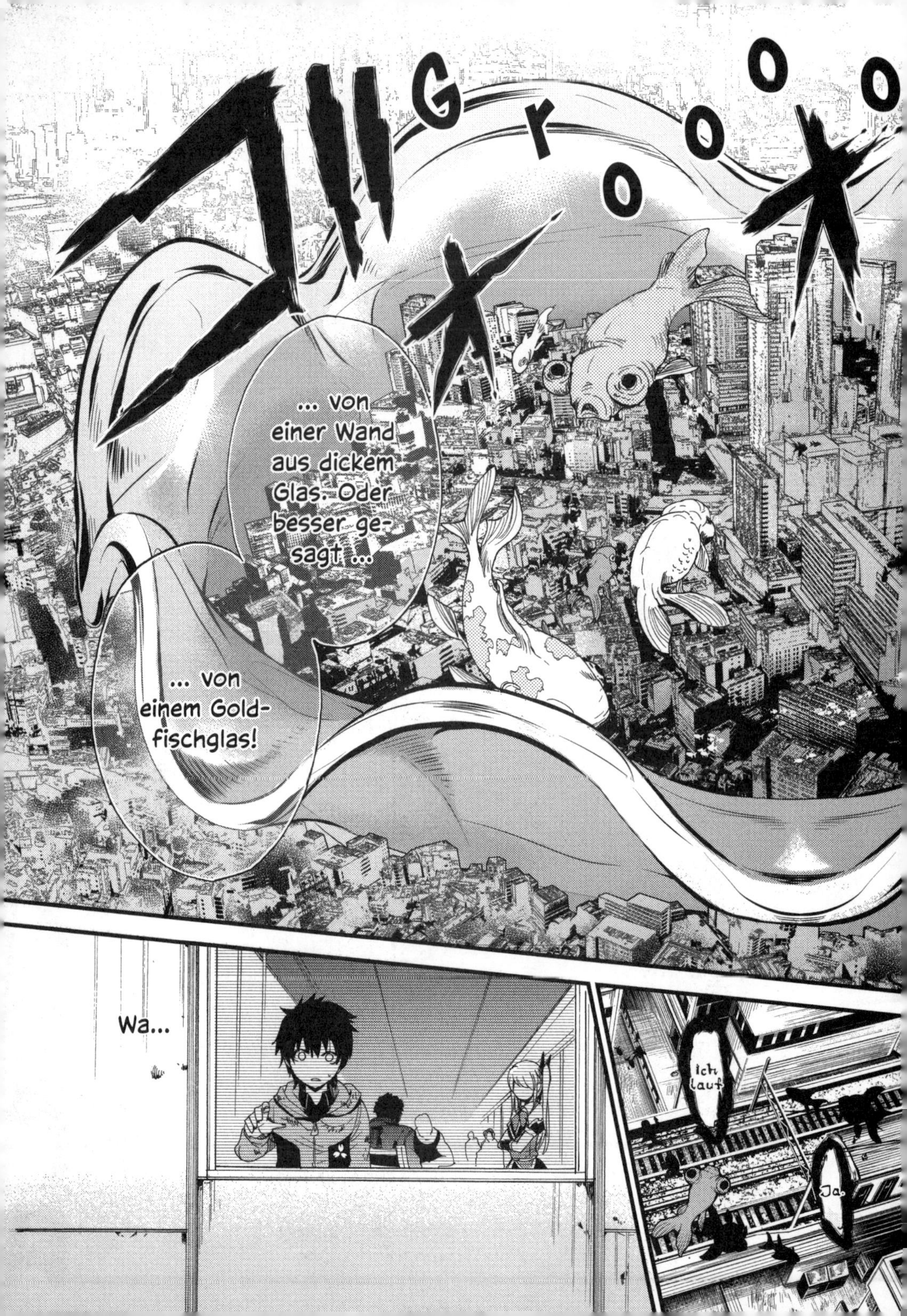
Groooo
... von einer Wand aus dickem Glas. Oder besser gesagt ...
... von einem Goldfischglas!
Ich lauf
Ja.
Wa...

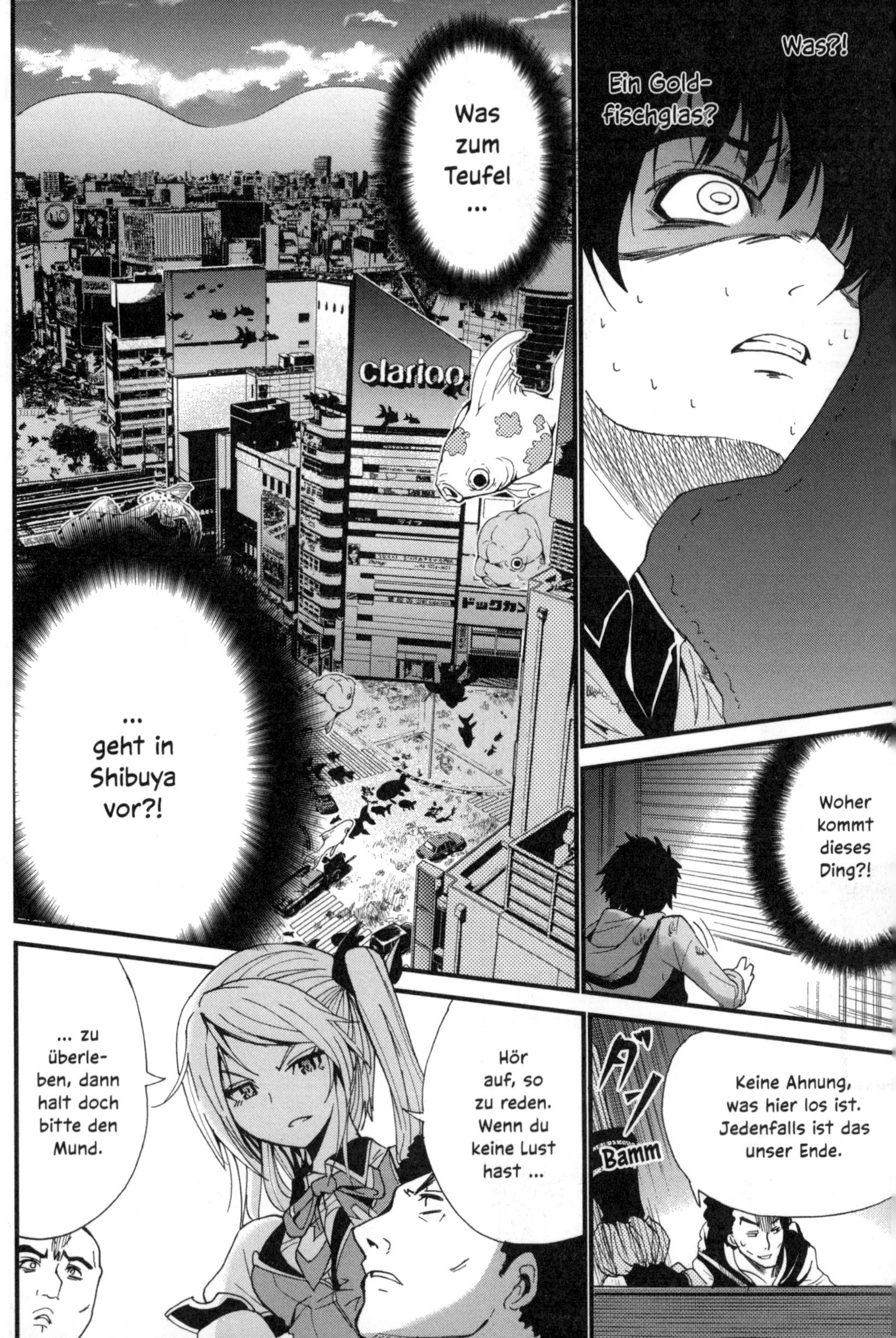
Was?!
Ein Goldfischglas?
Was zum Teufel ...
clarioo
... geht in Shibuya vor?!
Woher kommt dieses Ding?!
Bamm
Keine Ahnung, was hier los ist. Jedenfalls ist das unser Ende.
Hör auf, so zu reden. Wenn du keine Lust hast ...
... zu überleben, dann halt doch bitte den Mund.

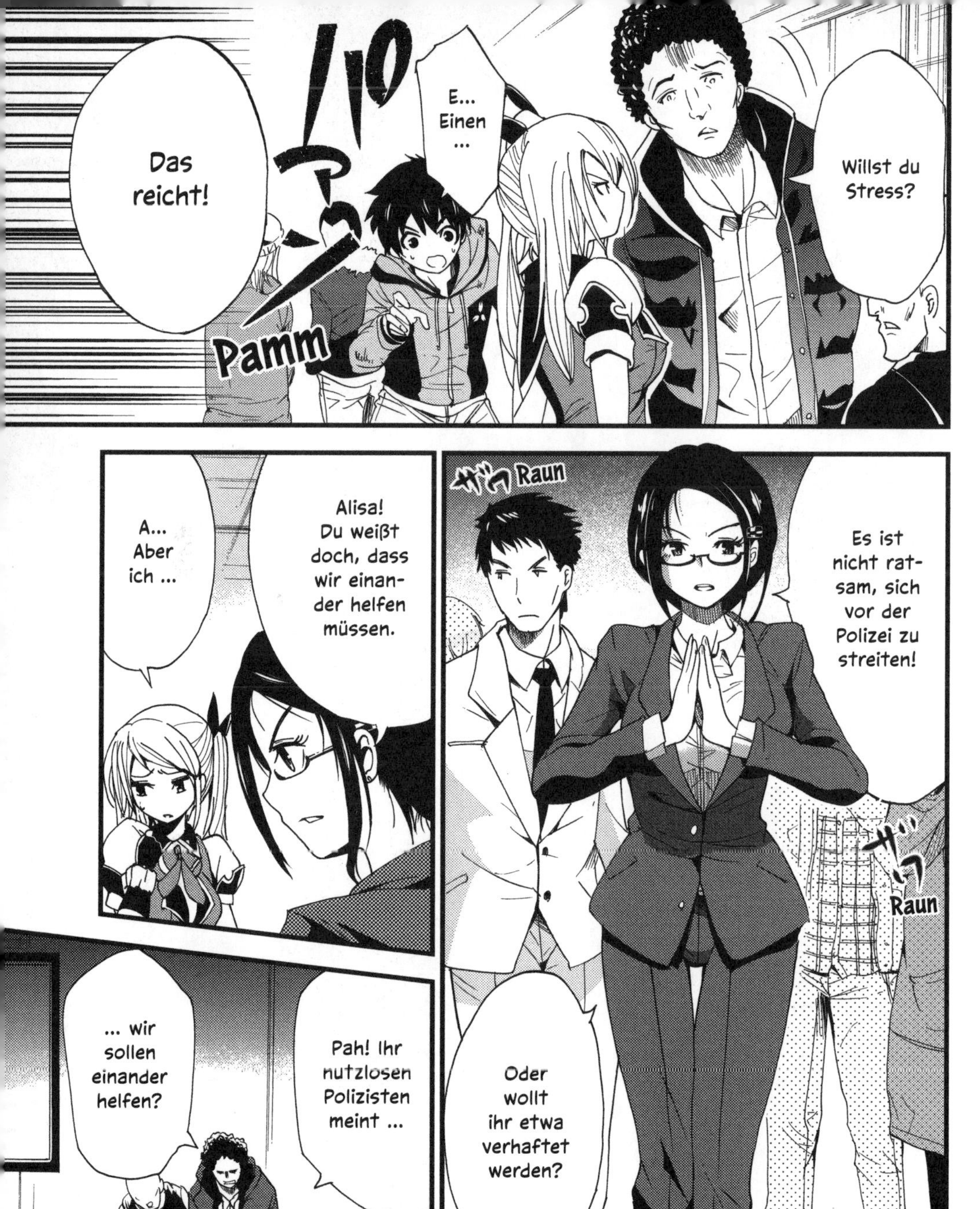
Willst du Stress?
E... Einen ...
Das reicht!
Pamm
Raun
Es ist nicht ratsam, sich vor der Polizei zu streiten!
Raun
Alisa! Du weißt doch, dass wir einander helfen müssen.
A... Aber ich ...
Oder wollt ihr etwa verhaftet werden?
Pah! Ihr nutzlosen Polizisten meint ...
... wir sollen einander helfen?

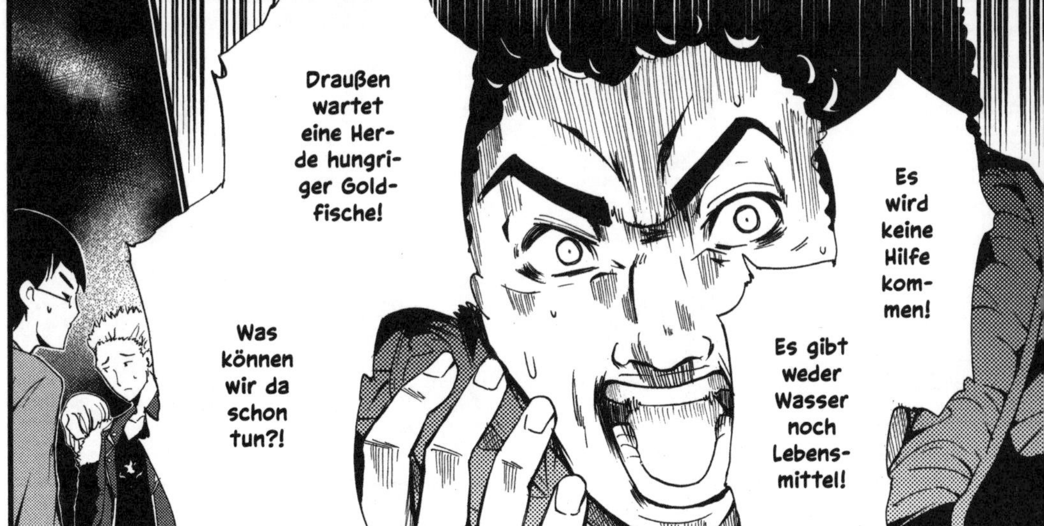
Es wird keine Hilfe kommen!
Es gibt weder Wasser noch Lebensmittel!
Draußen wartet eine Herde hungriger Goldfische!
Was können wir da schon tun?!

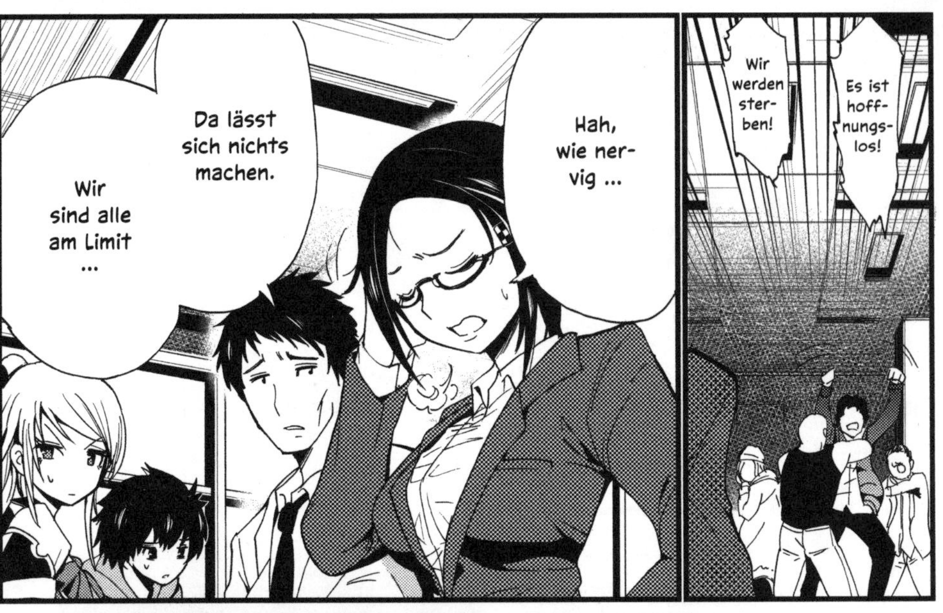
Es ist hoffnungslos!
Wir werden sterben!
Hah, wie nervig ...
Da lässt sich nichts machen.
Wir sind alle am Limit ...

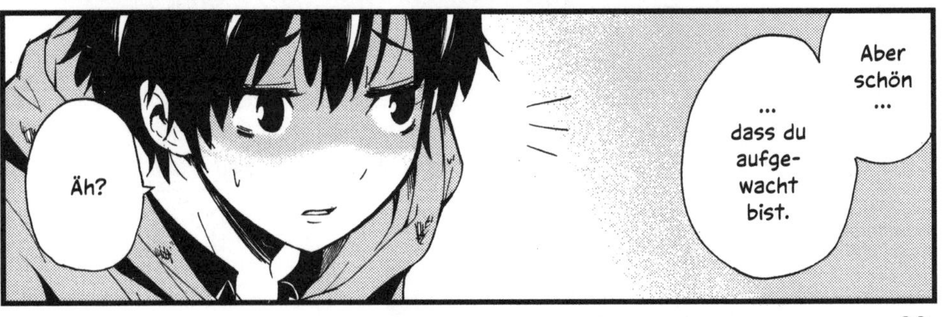
Aber schön ...
... dass du aufgewacht bist.
Äh?

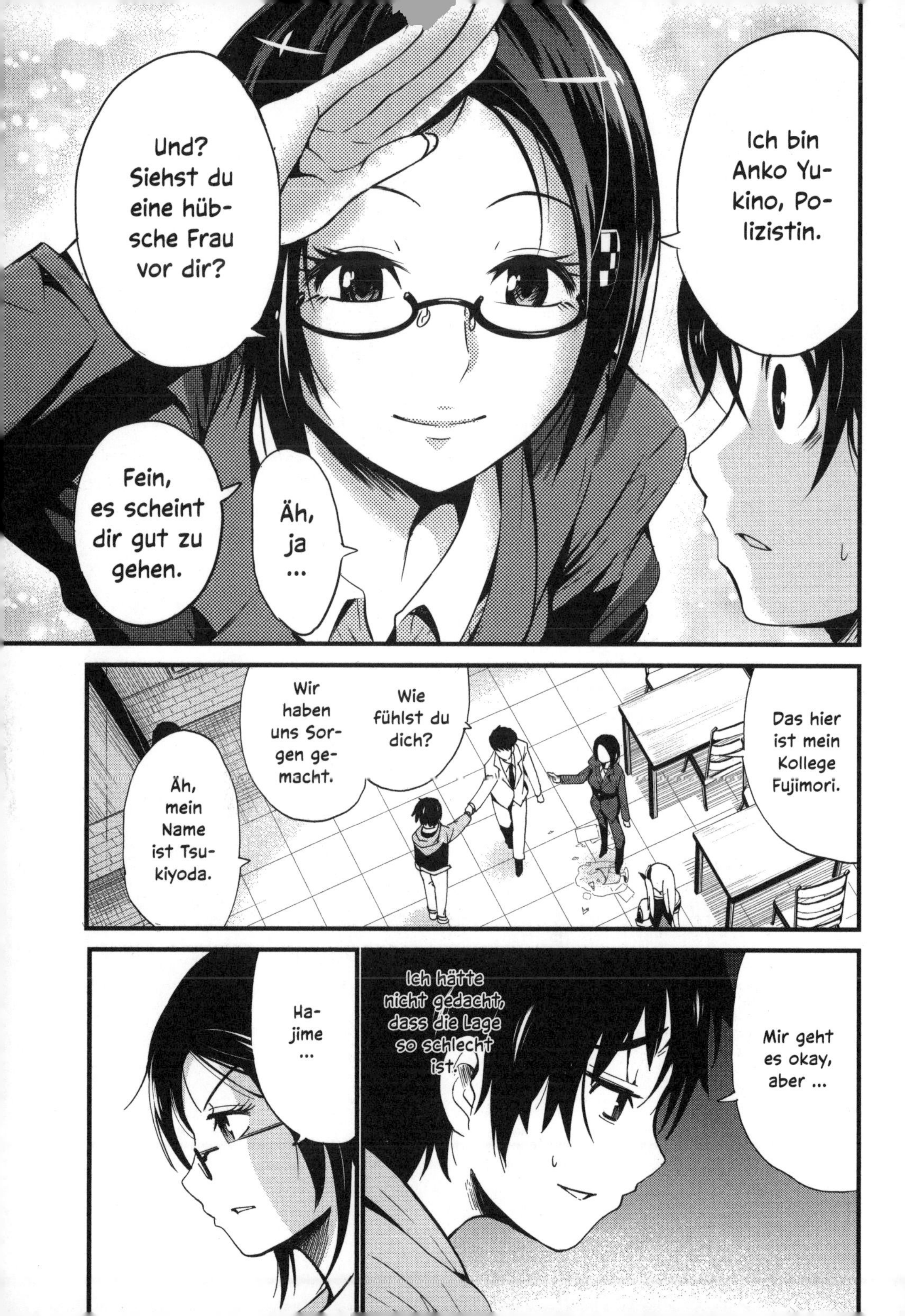

Ich bin Anko Yukino, Polizistin.
Und? Siehst du eine hübsche Frau vor dir?
Äh, ja ...
Fein, es scheint dir gut zu gehen.

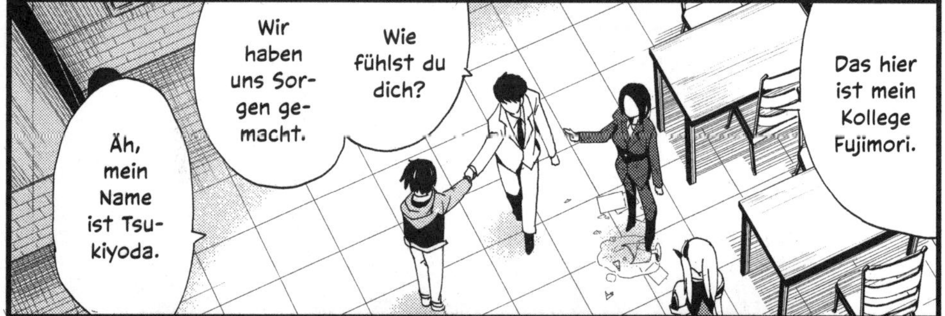

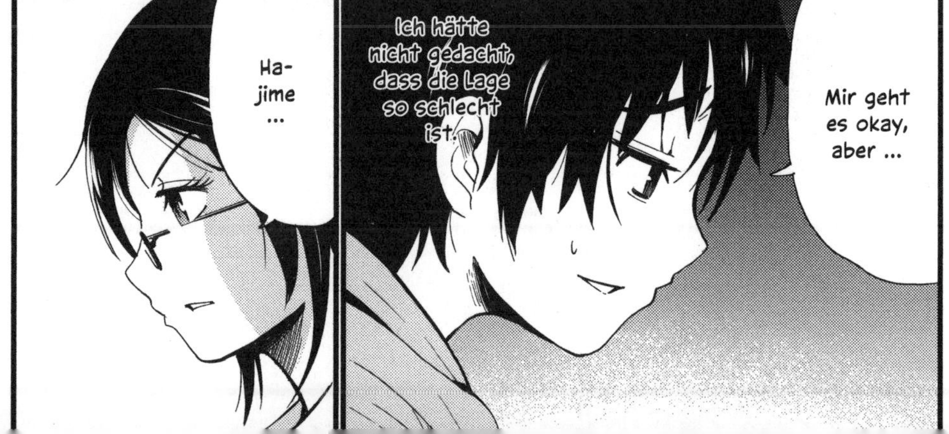

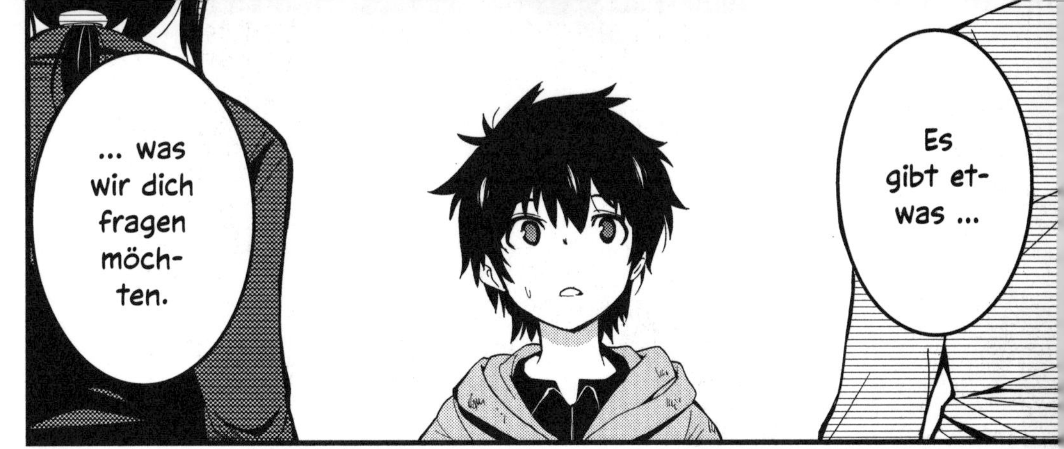
Es gibt et-
was ...
... was
wir dich
fragen
möch-
ten.

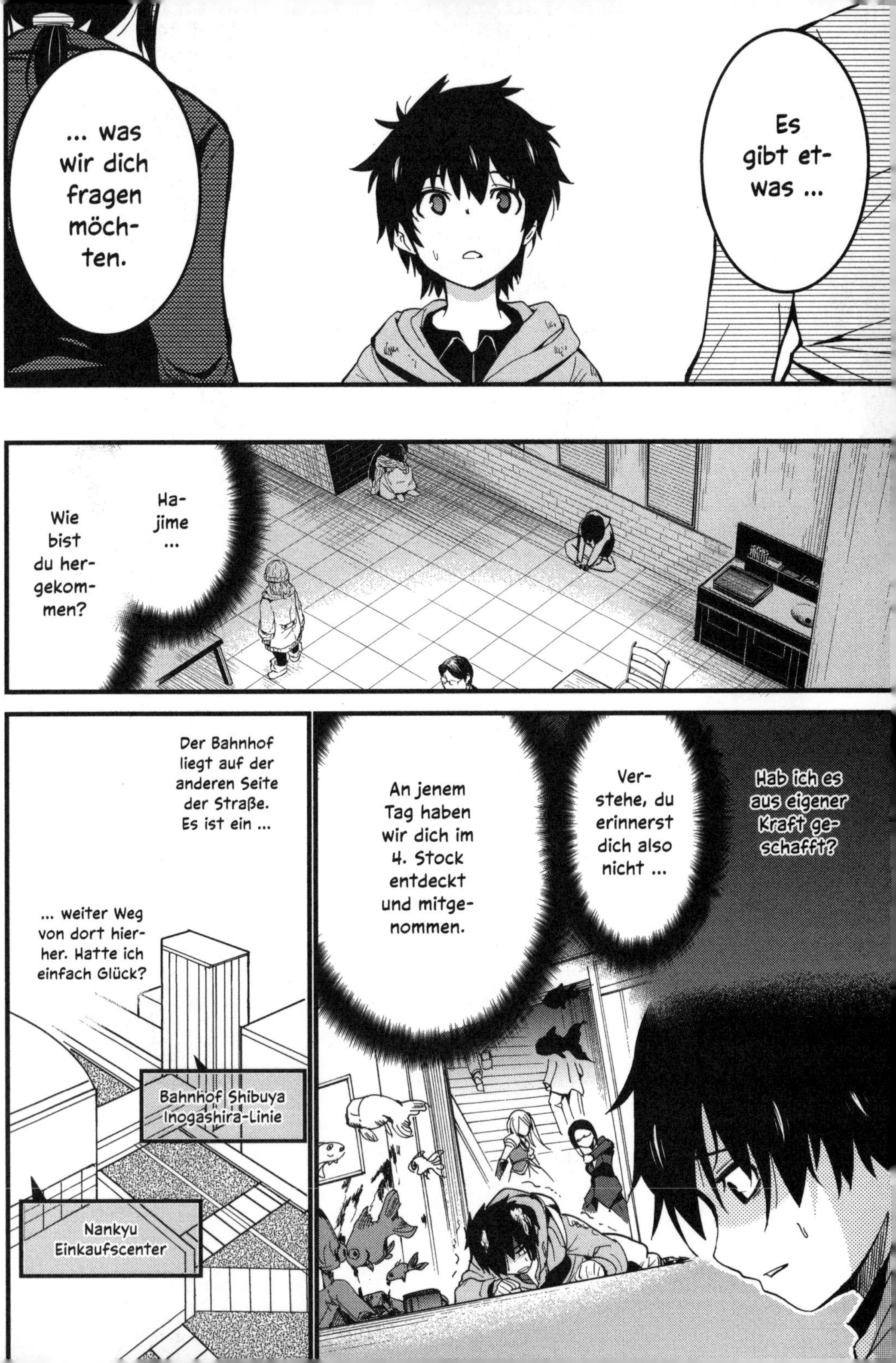

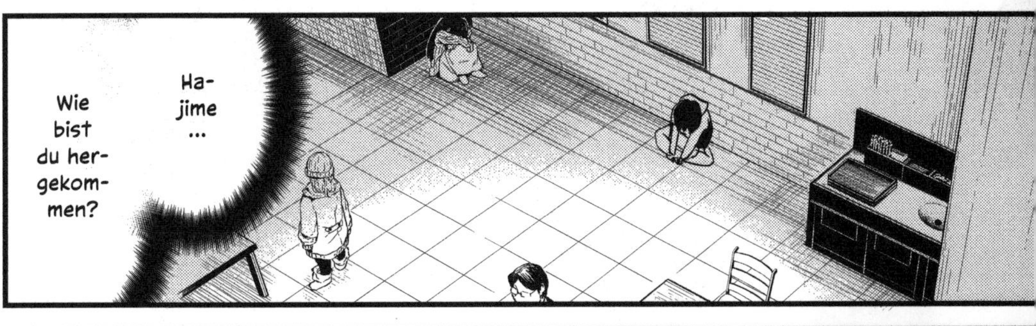
Ha-
jime
...
Wie
bist
du her-
gekom-
men?

Hab ich es
aus eigener
Kraft ge-
schafft?
Ver-
stehe, du
erinnerst
dich also
nicht ...
An jenem
Tag haben
wir dich im
4. Stock
entdeckt
und mitge-
nommen.
Der Bahnhof
liegt auf der
anderen Seite
der Straße.
Es ist ein ...
... weiter Weg
von dort hier-
her. Hatte ich
einfach Glück?
Bahnhof Shibuya
Inogashira-Linie
Nankyu
Einkaufscenter

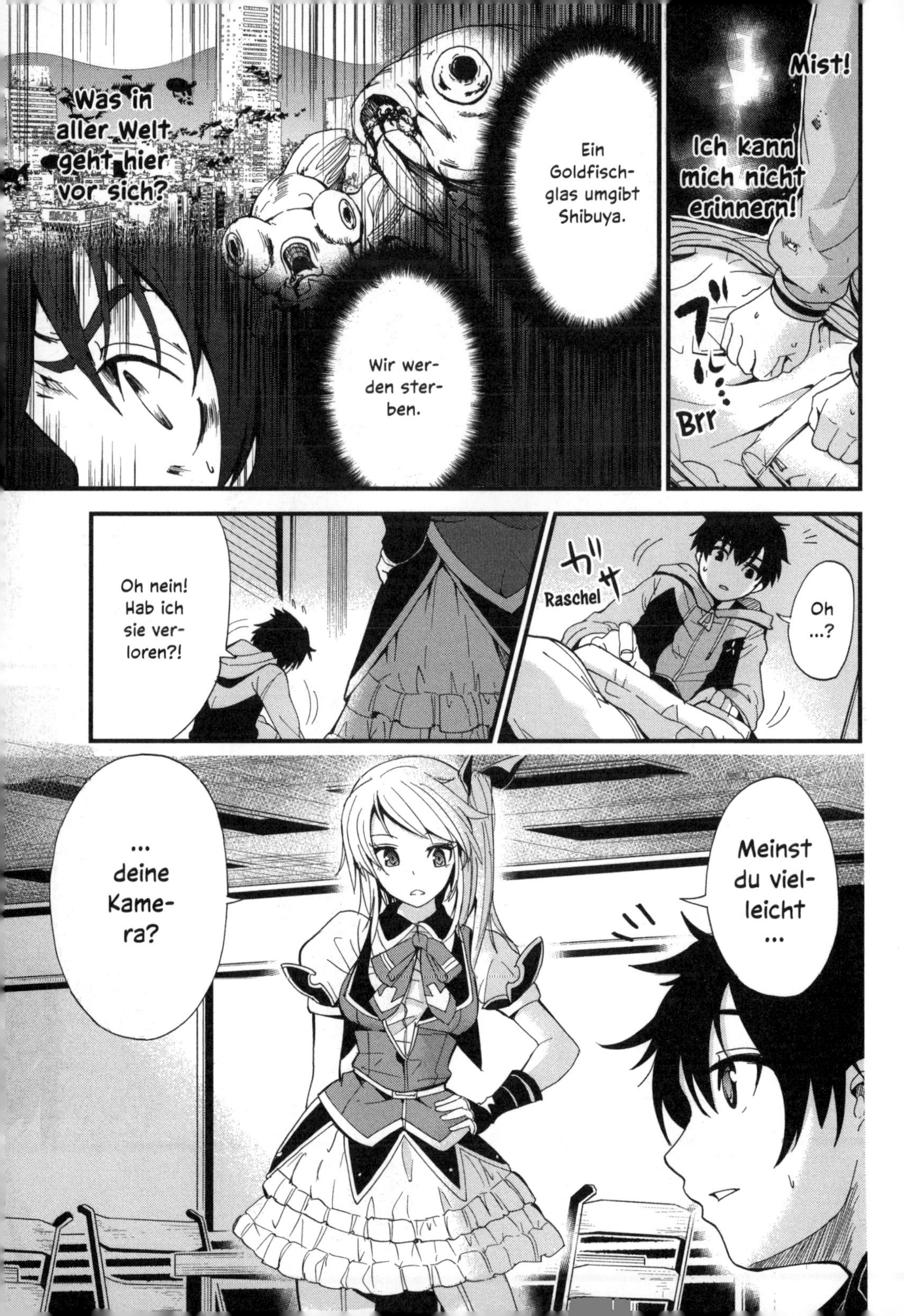

Mist!
Ich kann mich nicht erinnern!
Brr
Ein Goldfischglas umgibt Shibuya.
Wir werden sterben.
Was in aller Welt geht hier vor sich?

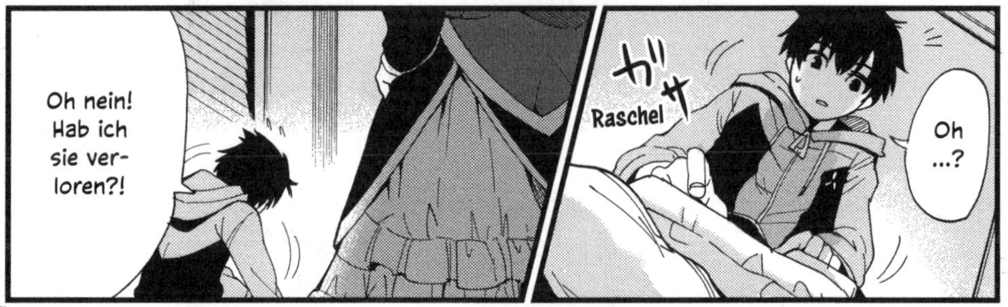

Meinst du vielleicht ...
... deine Kamera?

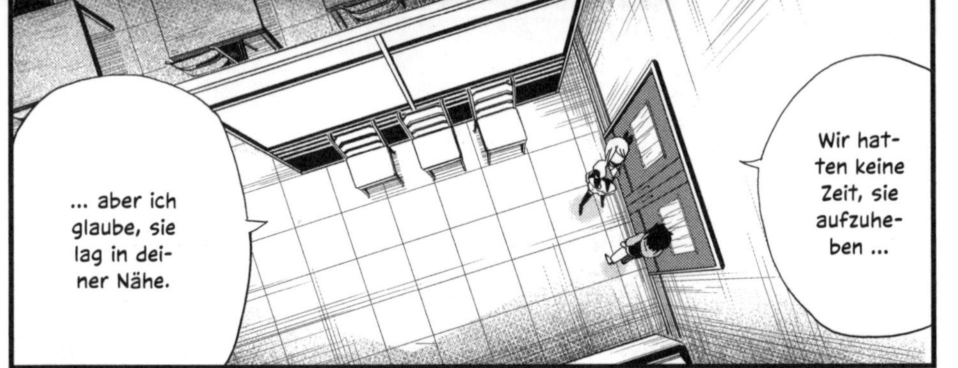
Wir hat-
ten keine
Zeit, sie
aufzuhe-
ben ...
... aber ich
glaube, sie
lag in dei-
ner Nähe.

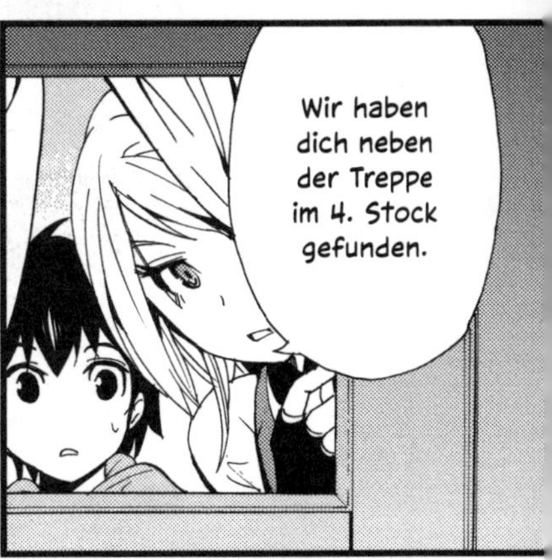
Wir haben
dich neben
der Treppe
im 4. Stock
gefunden.

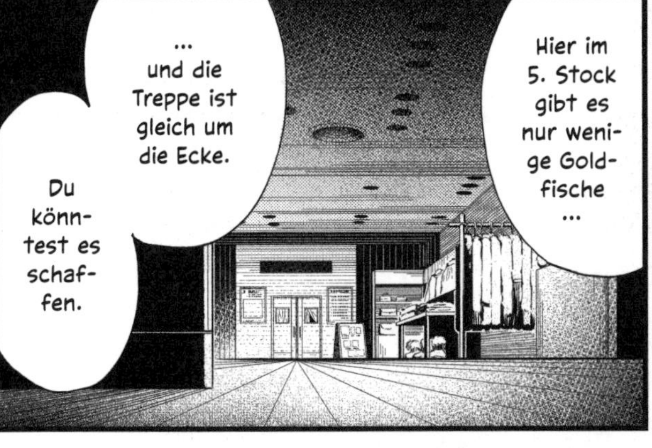
Hier im
5. Stock
gibt es
nur weni-
ge Gold-
fische
...
...
und die
Treppe ist
gleich um
die Ecke.
Du
könn-
test es
schaf-
fen.

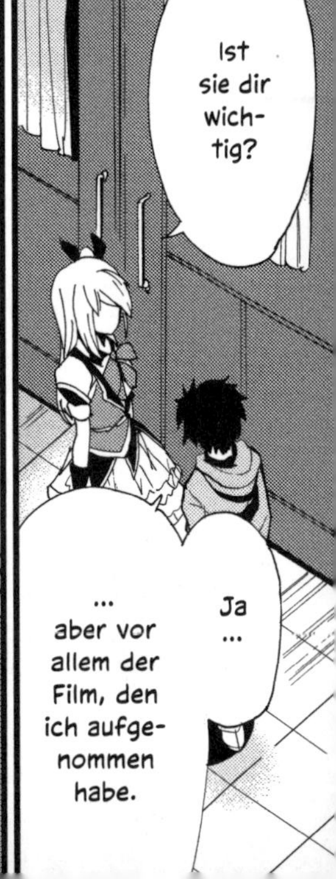
Ist
sie dir
wich-
tig?
Ja
...
...
aber vor
allem der
Film, den
ich aufge-
nommen
habe.

Dann
solltest
du sie
lieber
holen.
Ich komme
mit dir. Das
müsste immer
noch besser
sein, als es
alleine zu
wagen.
Was?!

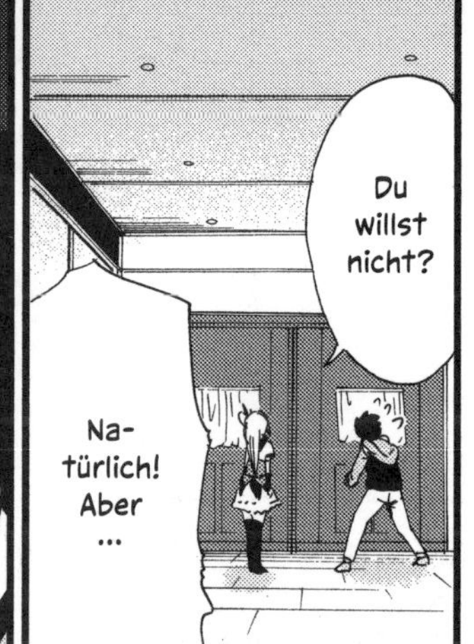
Du willst nicht?
Na- türlich! Aber ...

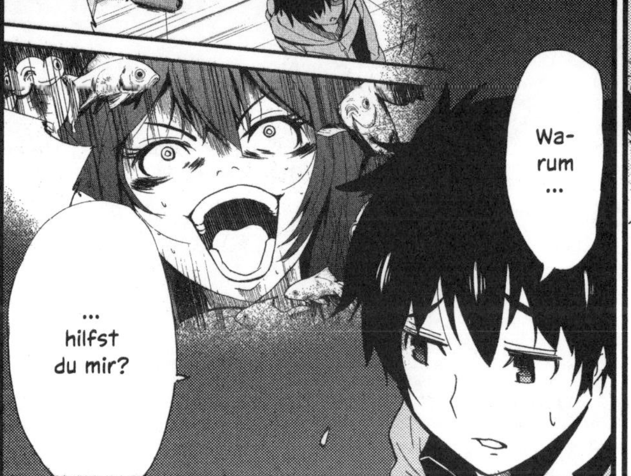
Wa- rum ...
... hilfst du mir?

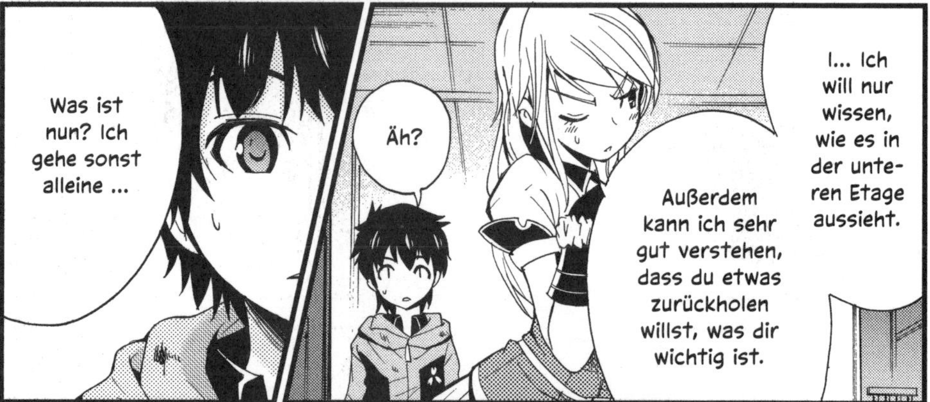
I... Ich will nur wissen, wie es in der unte- ren Etage aussieht.
Außerdem kann ich sehr gut verstehen, dass du etwas zurückholen willst, was dir wichtig ist.
Äh?
Was ist nun? Ich gehe sonst alleine ...

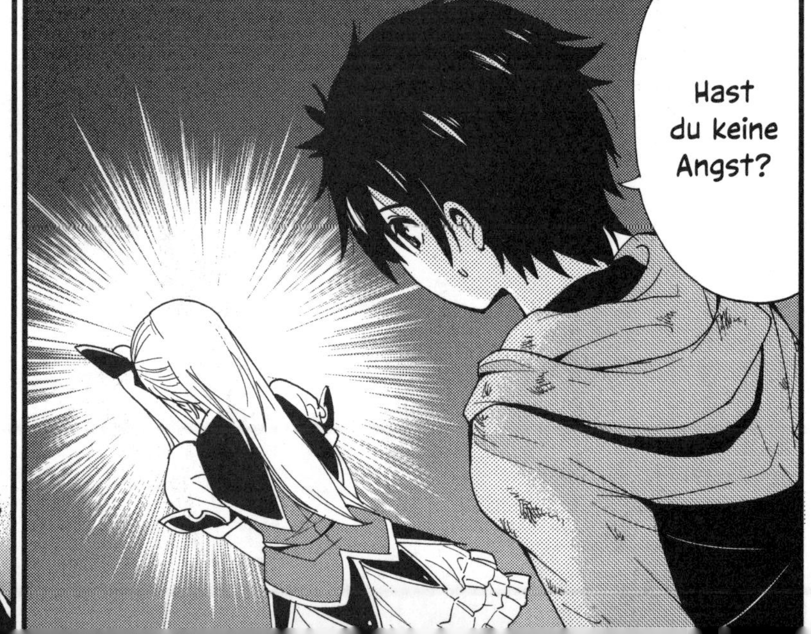
Hast du keine Angst?

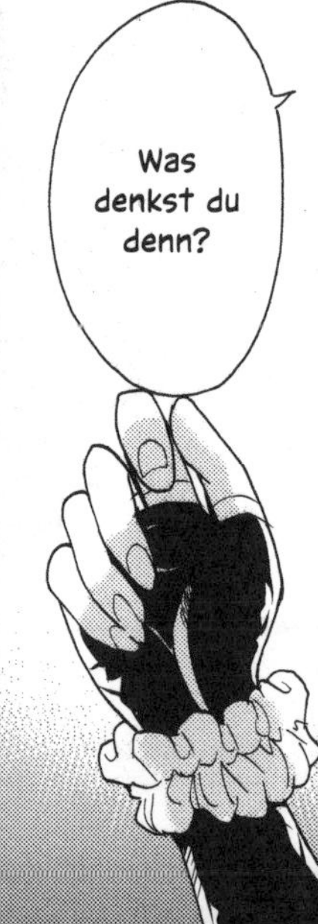
Was denkst du denn?

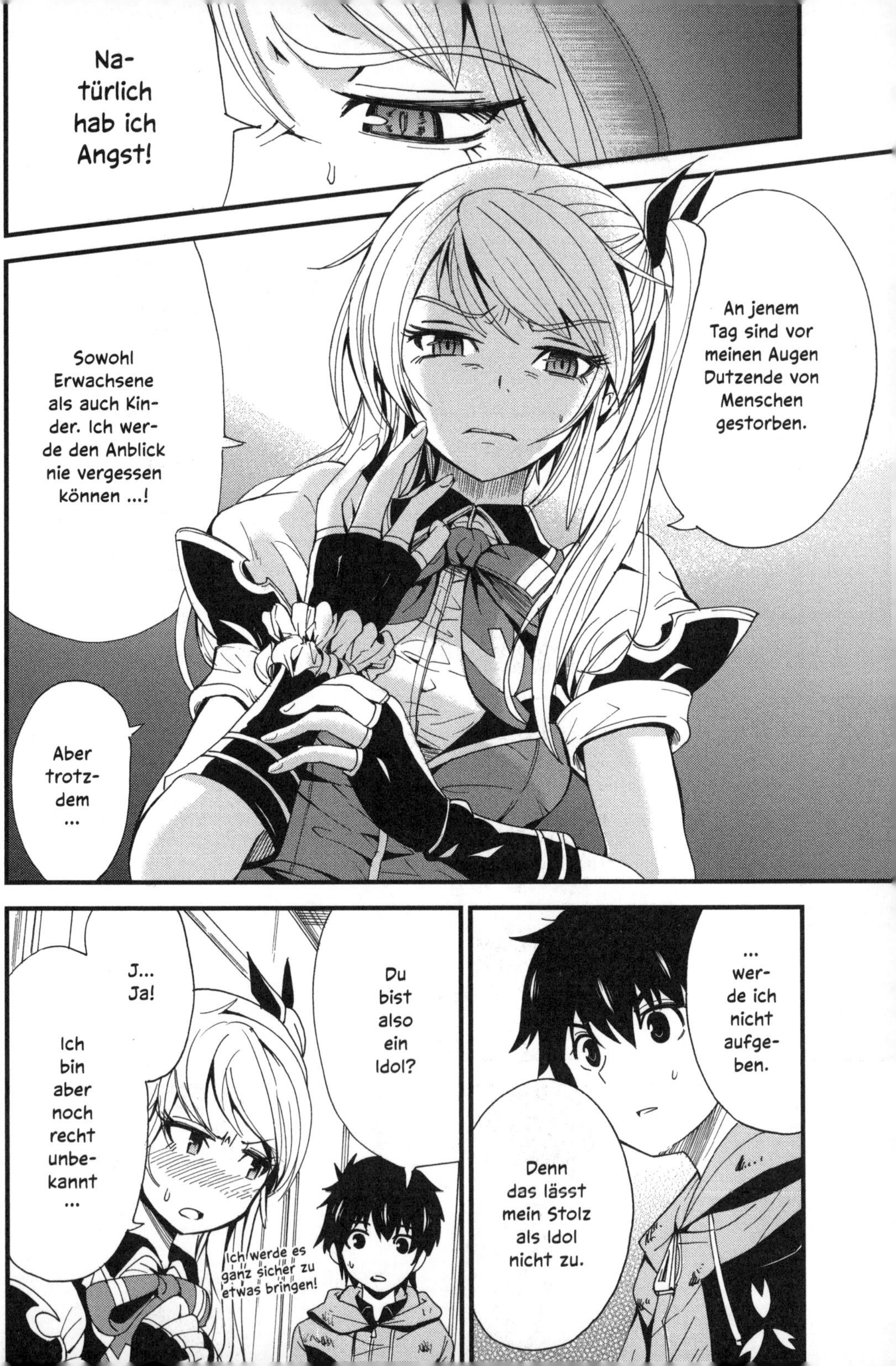

Na-
türlich
hab ich
Angst!

An jenem Tag sind vor meinen Augen Dutzende von Menschen gestorben.

Sowohl Erwachsene als auch Kinder. Ich werde den Anblick nie vergessen können ...!

Aber trotzdem ...

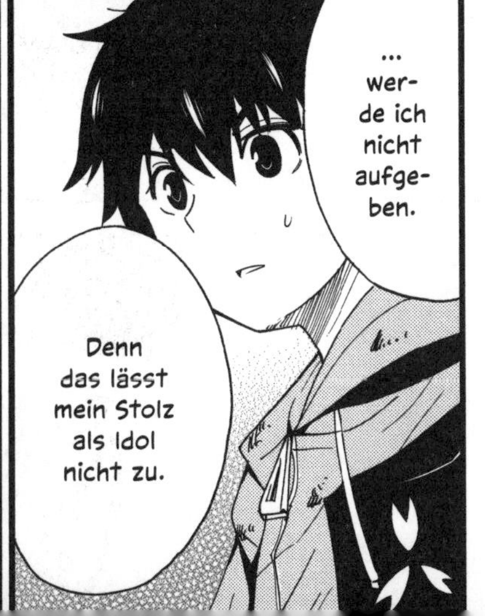

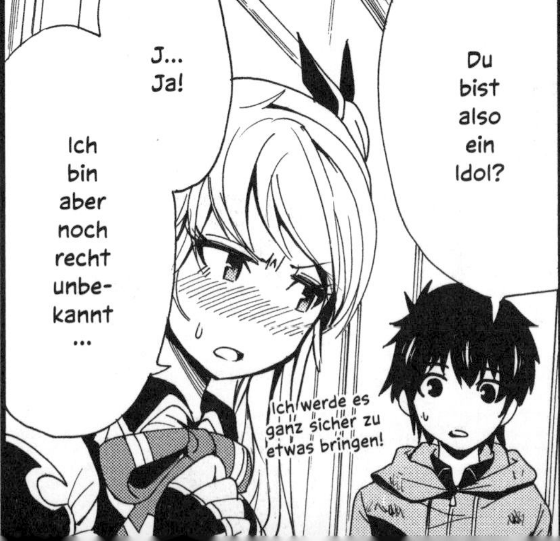

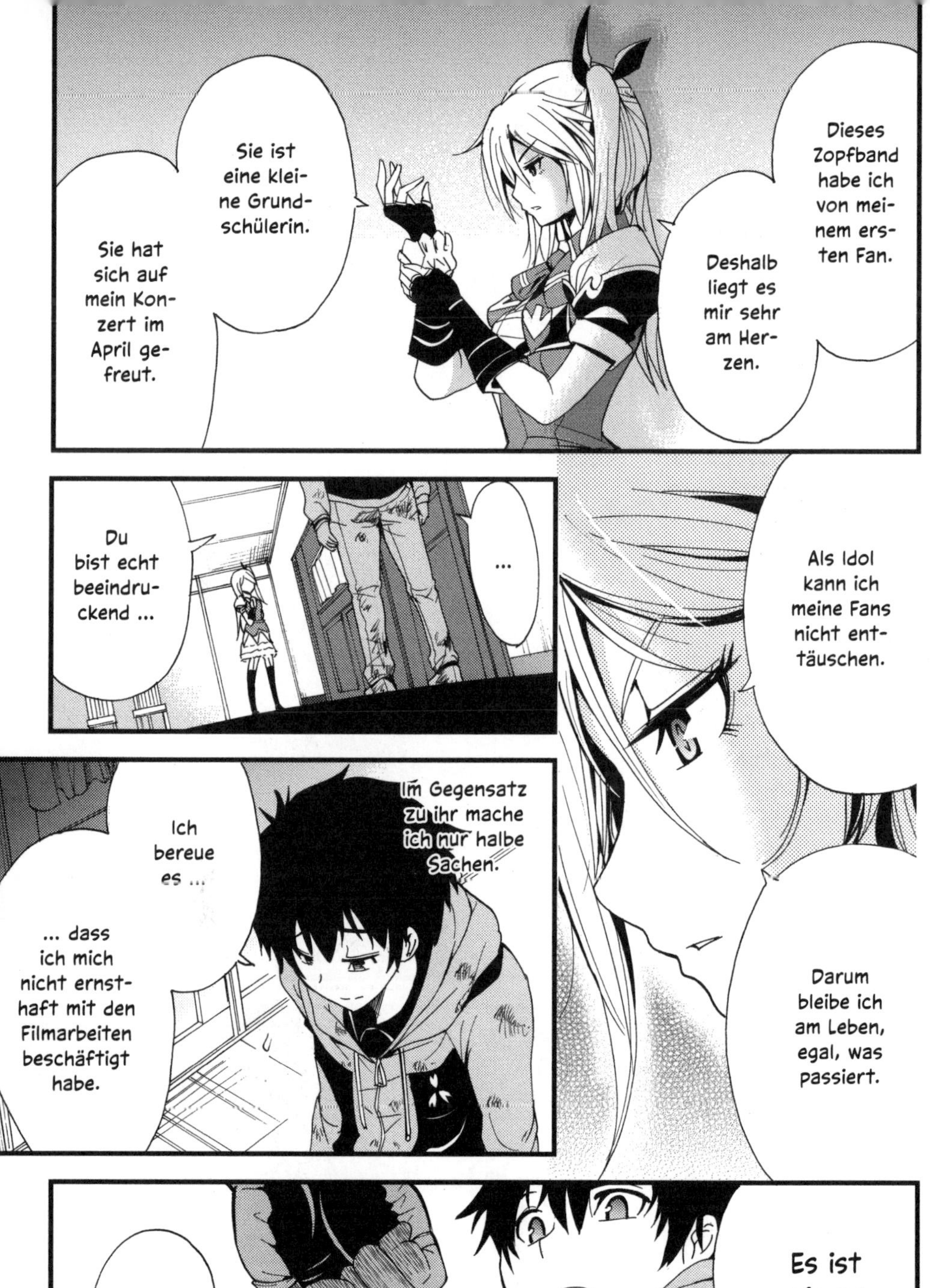
Dieses Zopfband habe ich von meinem ersten Fan.
Deshalb liegt es mir sehr am Herzen.
Sie ist eine kleine Grundschülerin.
Sie hat sich auf mein Konzert im April gefreut.
Als Idol kann ich meine Fans nicht enttäuschen.
...
Du bist echt beeindruckend ...
Darum bleibe ich am Leben, egal, was passiert.
Im Gegensatz zu ihr mache ich nur halbe Sachen.
Ich bereue es ...
... dass ich mich nicht ernsthaft mit den Filmarbeiten beschäftigt habe.
Es ist nie zu spät.
Hä?
Tapp

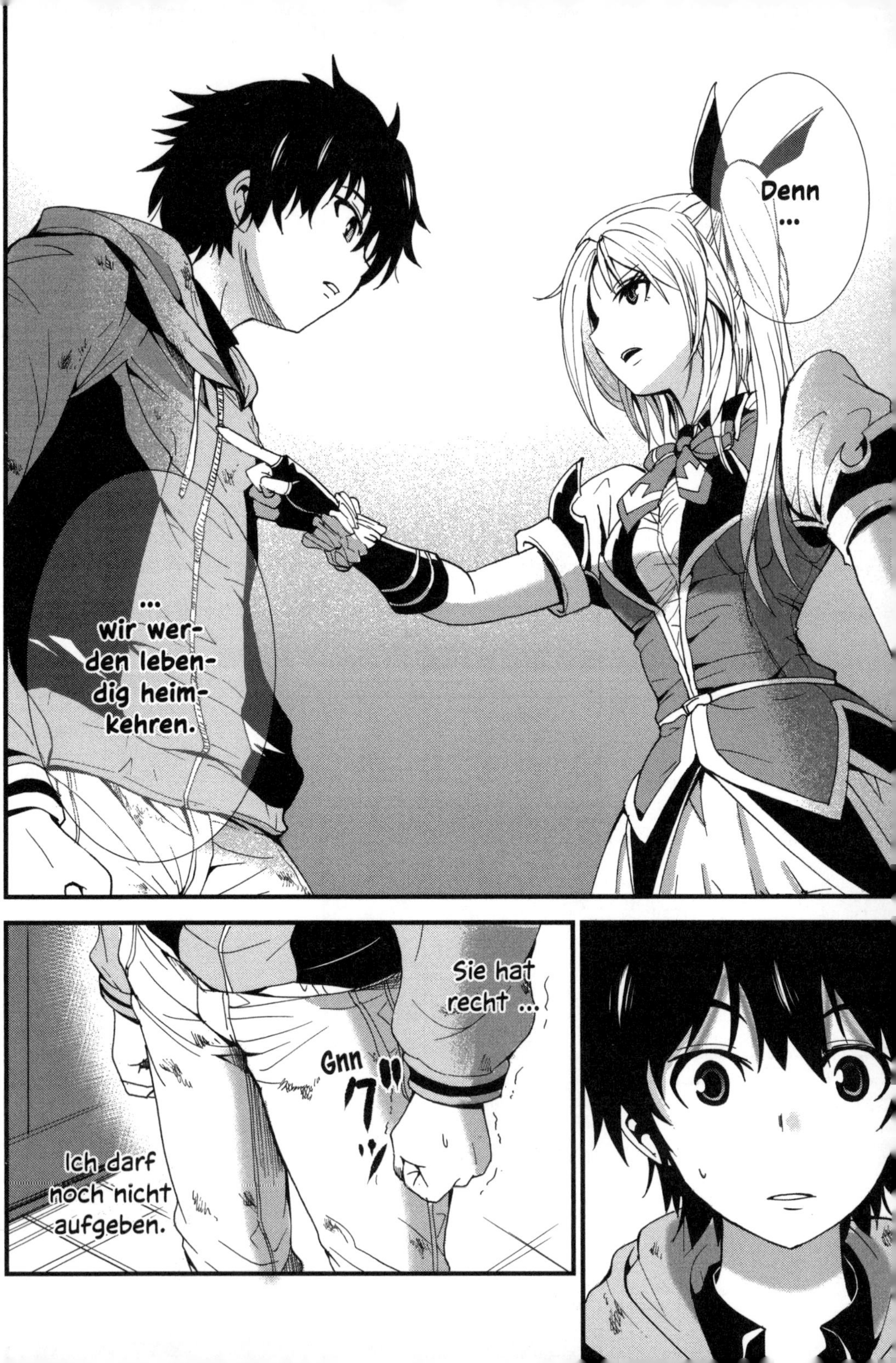

Denn ...
... wir werden lebendig heimkehren.

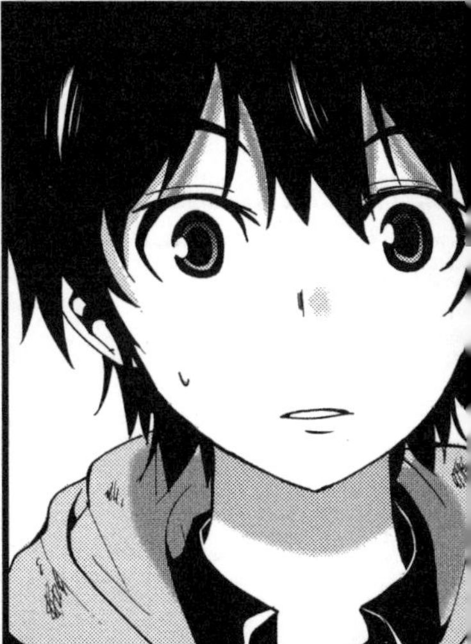

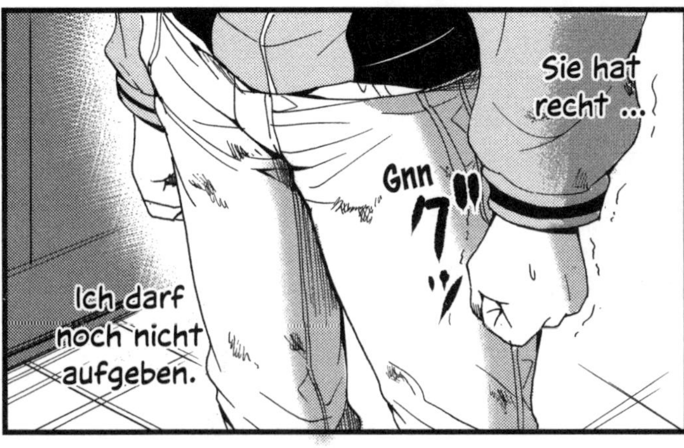

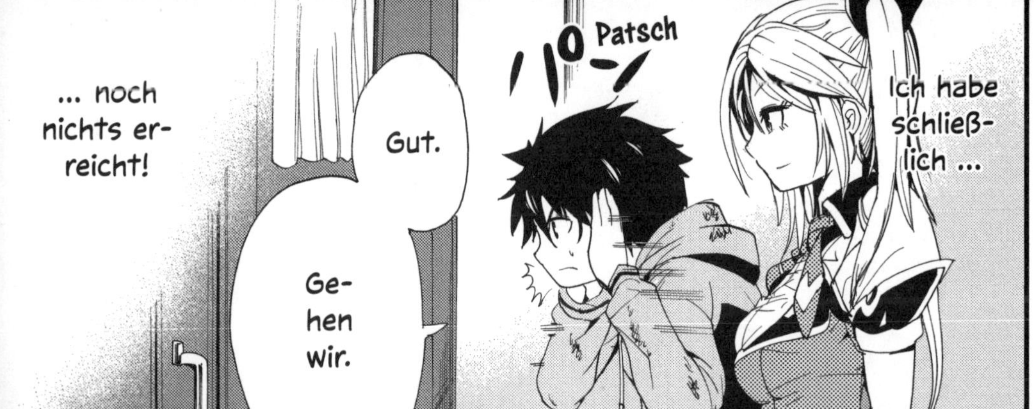
Ich habe schließ-lich ...
Patsch
Gut.
Ge-hen wir.
... noch nichts er-reicht!

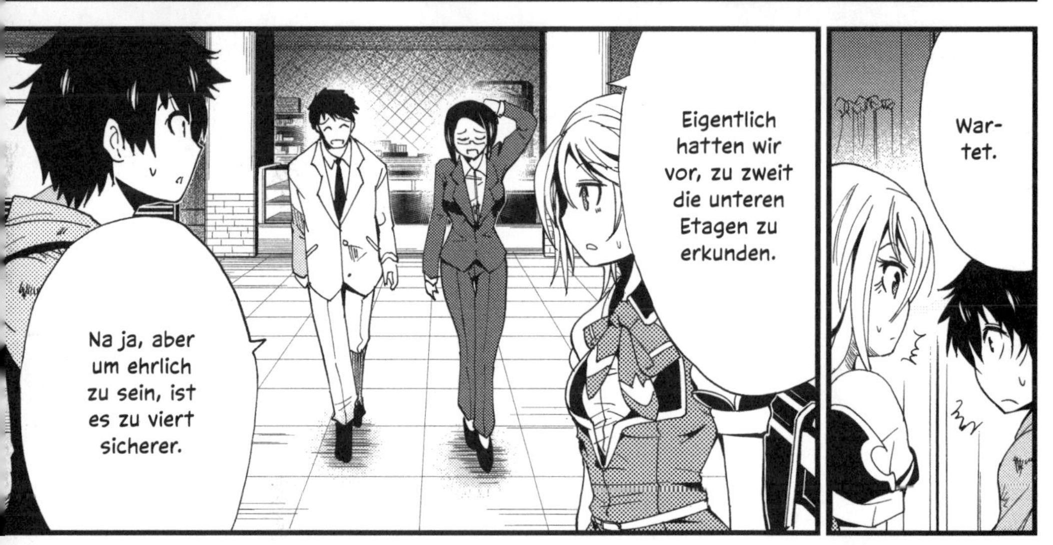
War-tet.
Eigentlich hatten wir vor, zu zweit die unteren Etagen zu erkunden.
Na ja, aber um ehrlich zu sein, ist es zu viert sicherer.

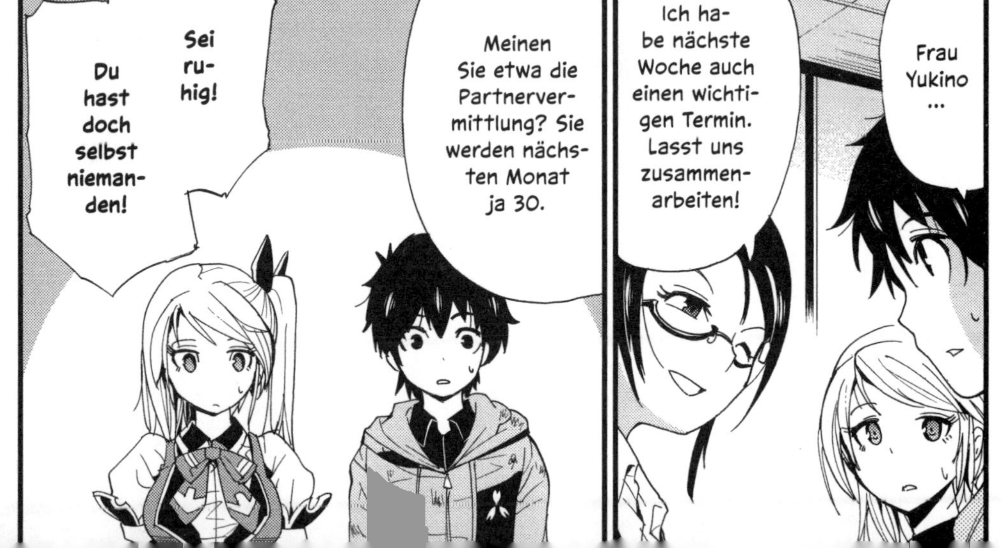
Frau Yukino ...
Ich ha-be nächste Woche auch einen wichti-gen Termin. Lasst uns zusammen-arbeiten!
Meinen Sie etwa die Partnerver-mittlung? Sie werden nächs-ten Monat ja 30.
Sei ru-hig!
Du hast doch selbst nieman-den!

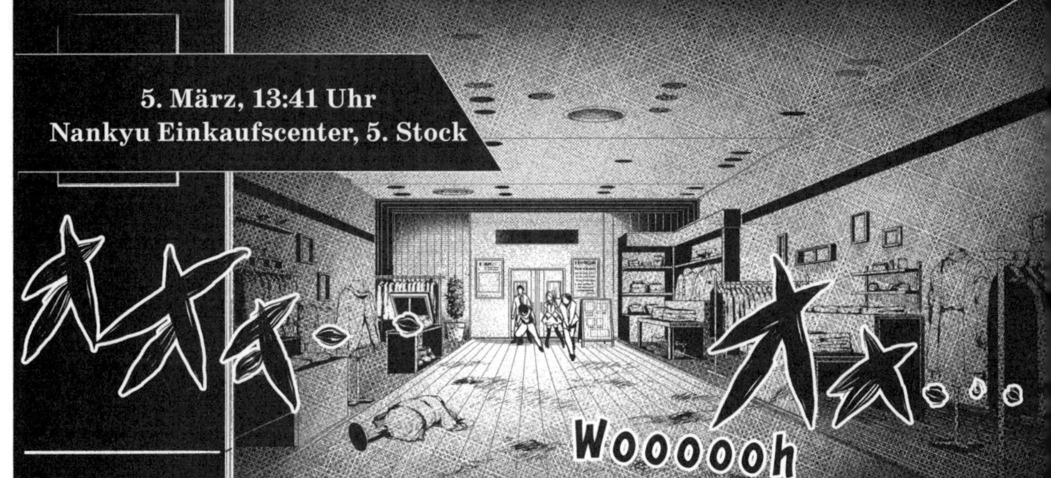
5. März, 13:41 Uhr
Nankyu Einkaufscenter, 5. Stock
Woooooh

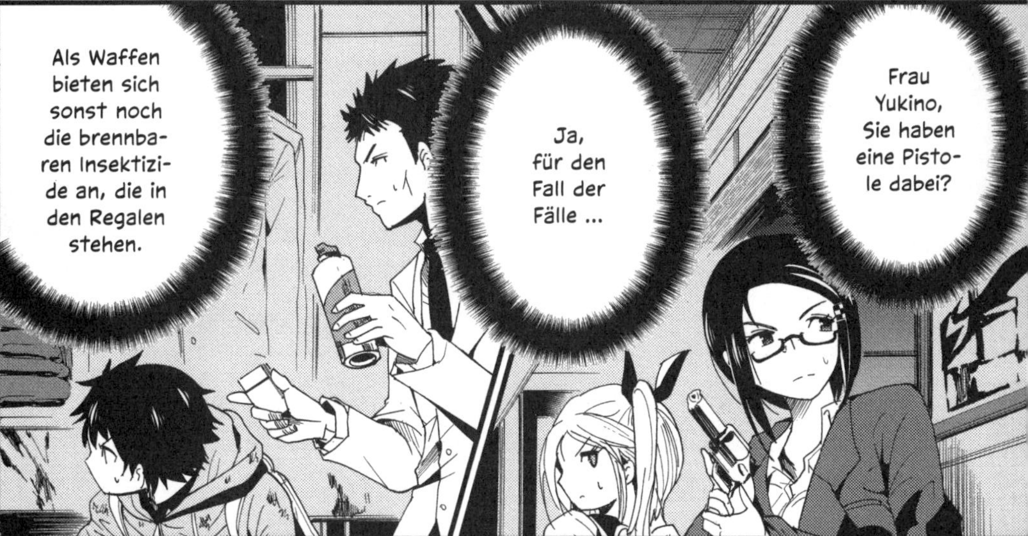
Frau Yukino, Sie haben eine Pistole dabei?
Ja, für den Fall der Fälle ...
Als Waffen bieten sich sonst noch die brennbaren Insektizide an, die in den Regalen stehen.

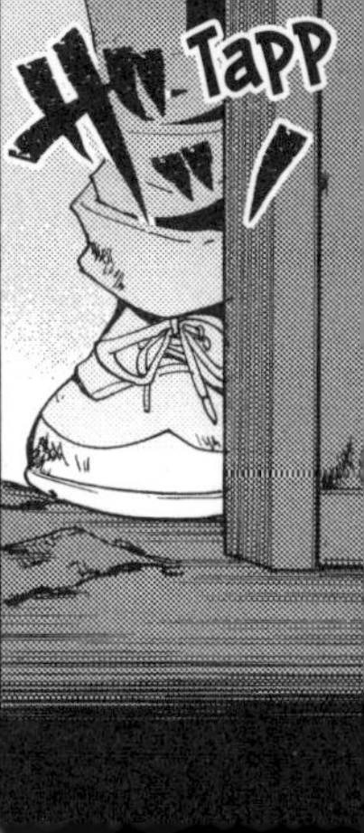
Tapp

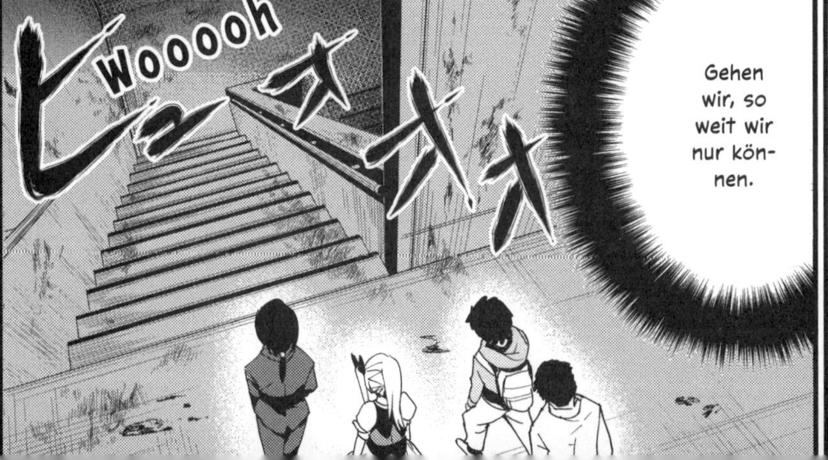
Gehen wir, so weit wir nur können.
Wooooh

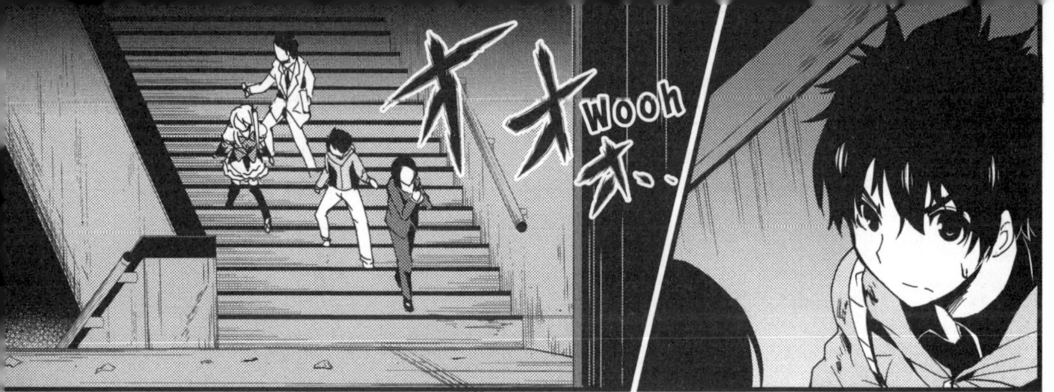
Wooh

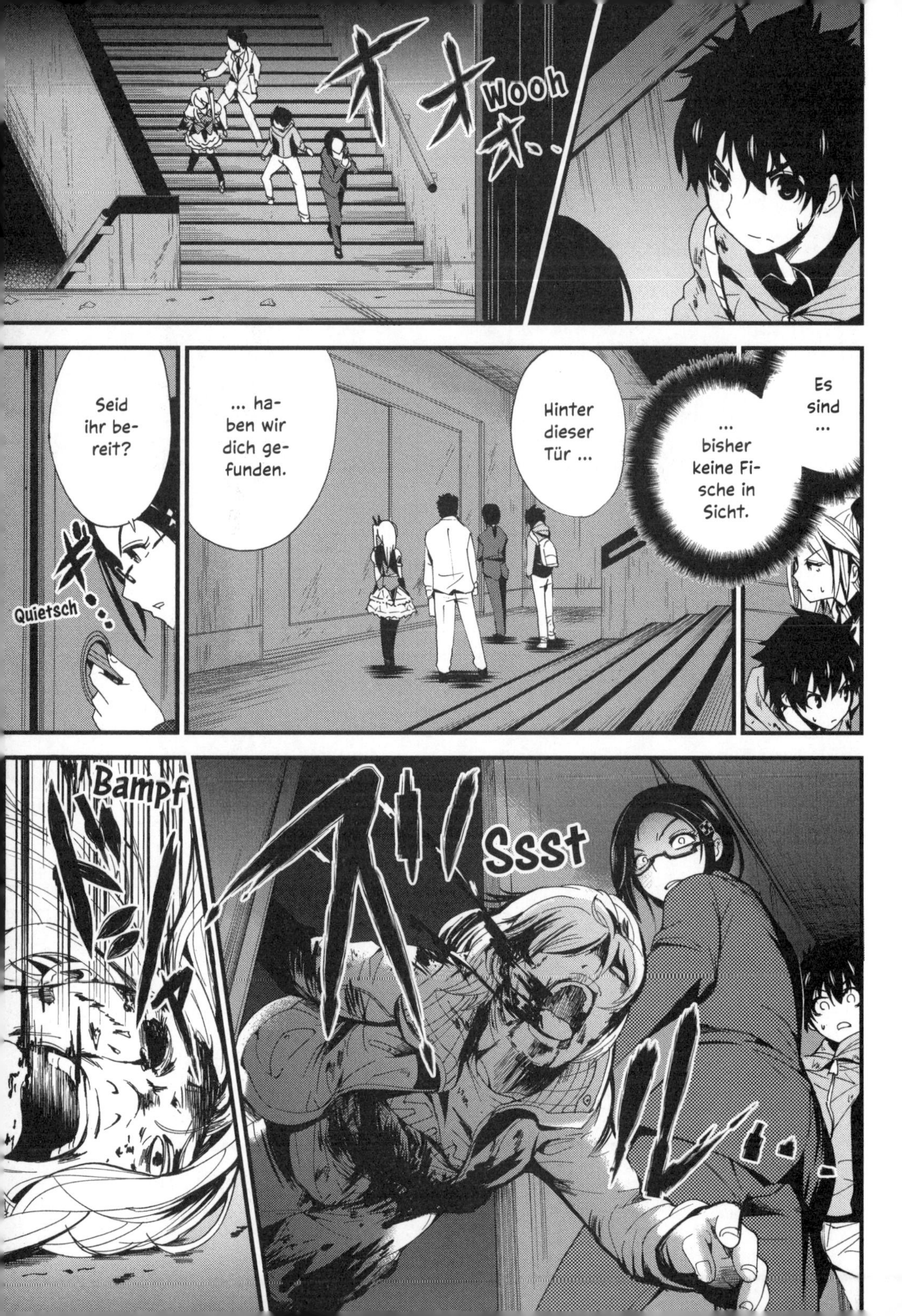

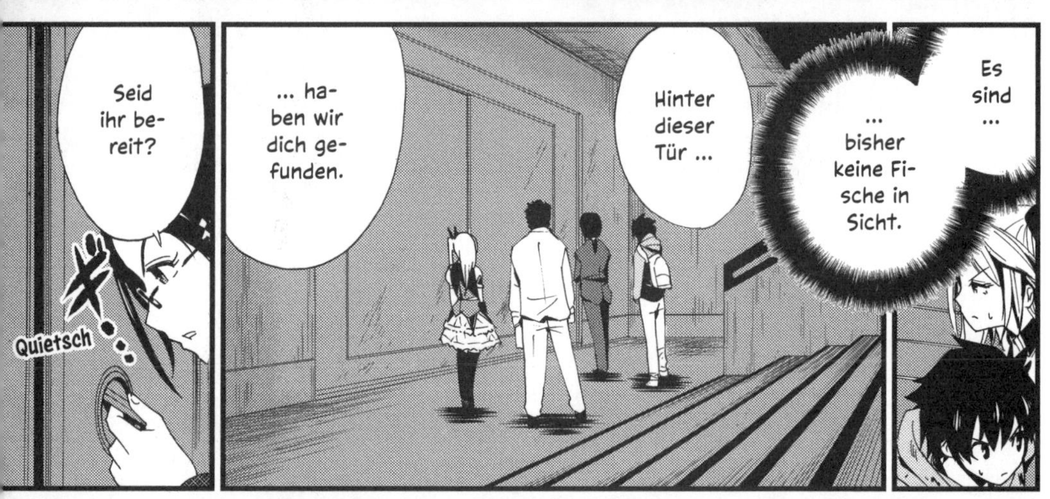
Es sind ...
... bisher keine Fi-sche in Sicht.
Hinter dieser Tür ...
... ha-ben wir dich ge-funden.
Seid ihr be-reit?
Quietsch

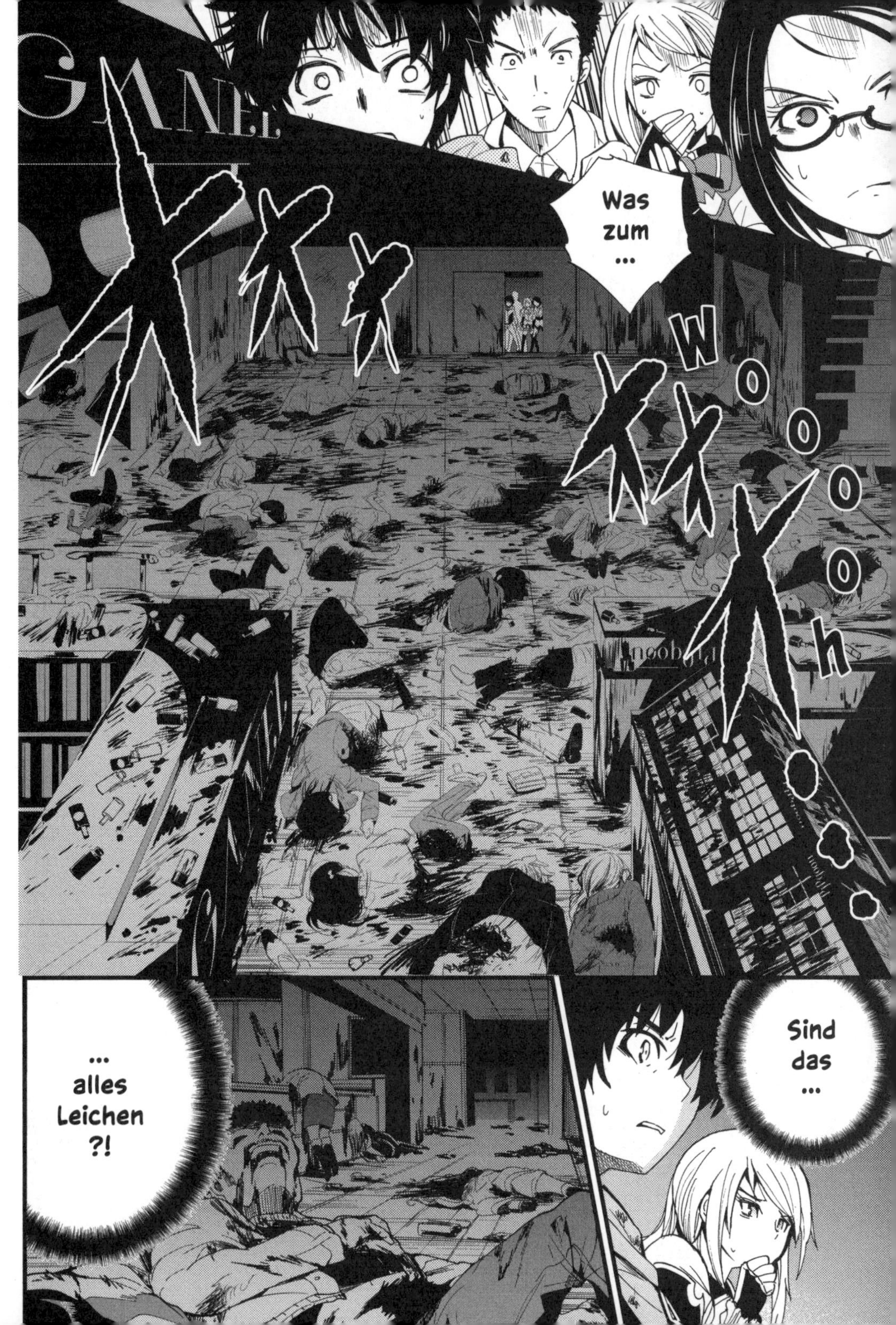
Was zum ...
Woooooh ...
Sind das ...
... alles Leichen ?!

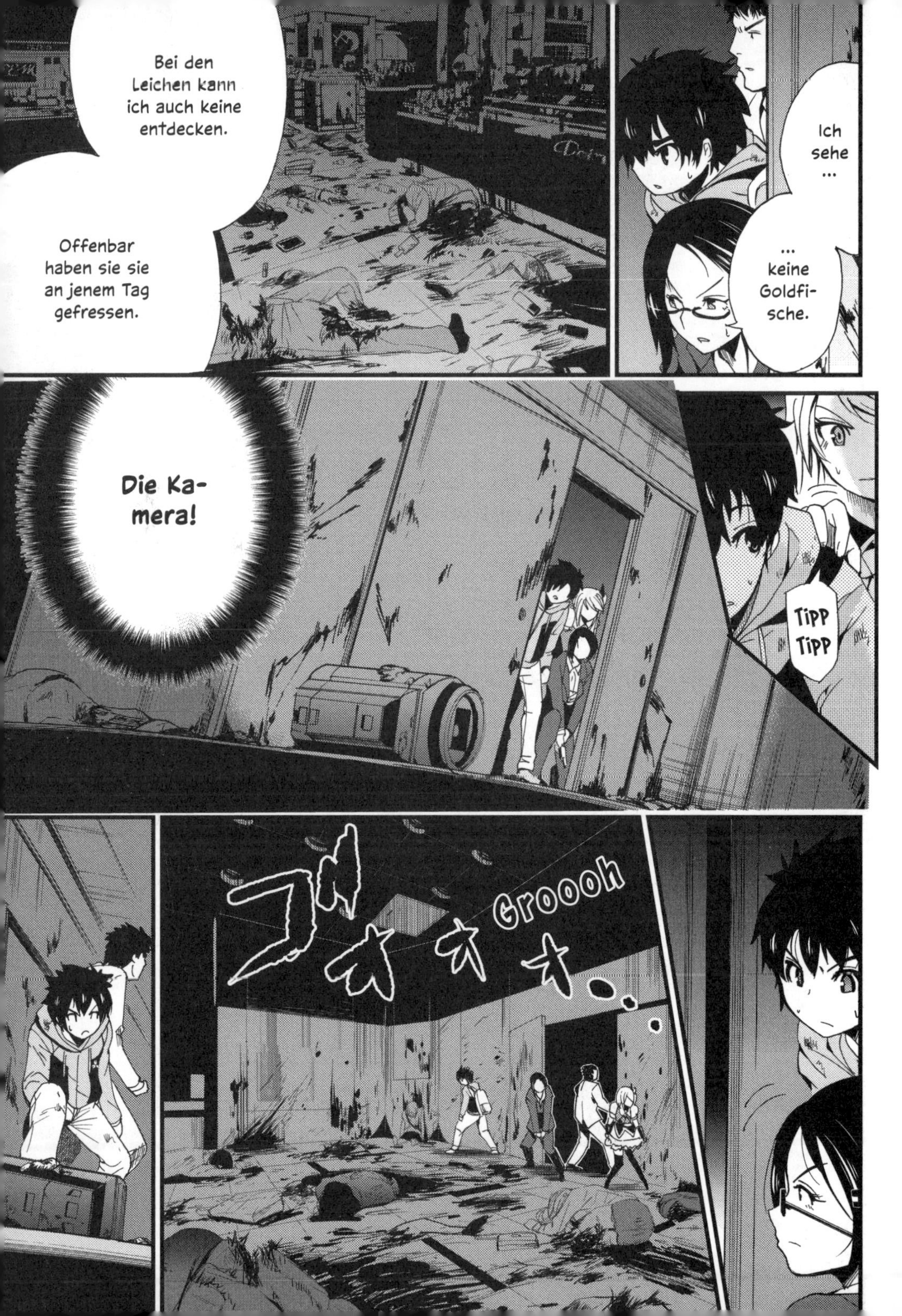

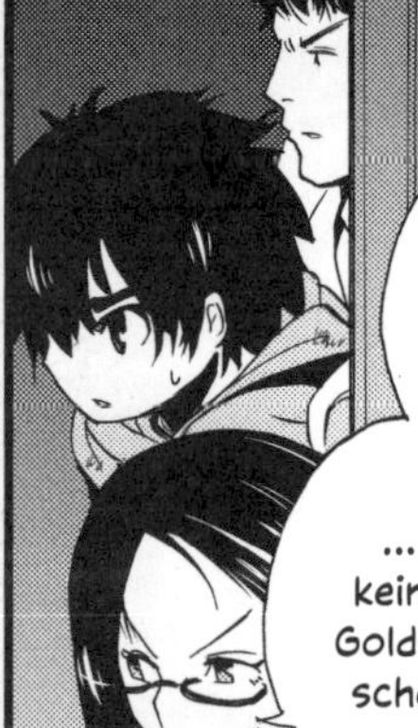
Ich sehe ...
... keine Goldfische.

Bei den Leichen kann ich auch keine entdecken.
Offenbar haben sie sie an jenem Tag gefressen.

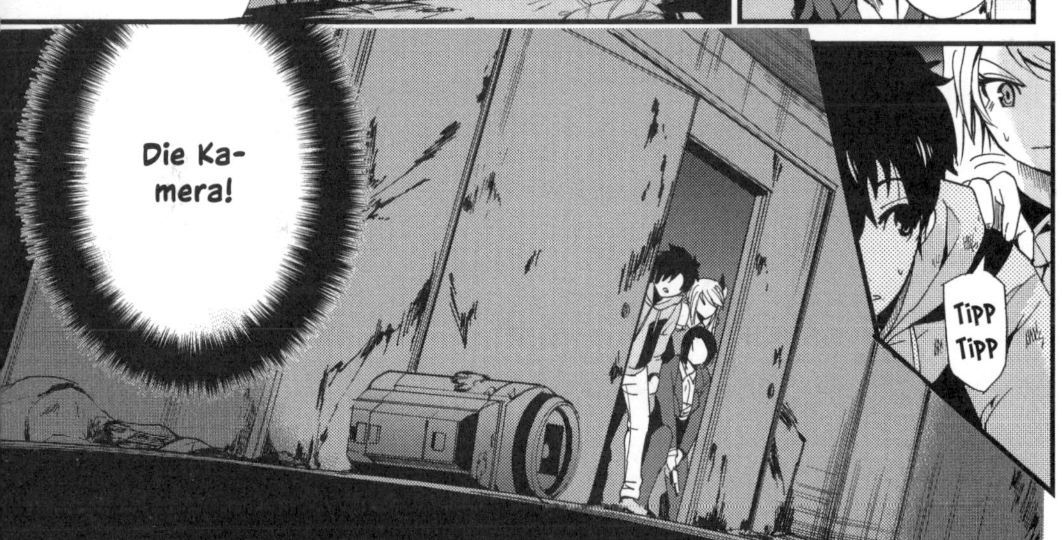
Tipp Tipp
Die Kamera!

Groooh

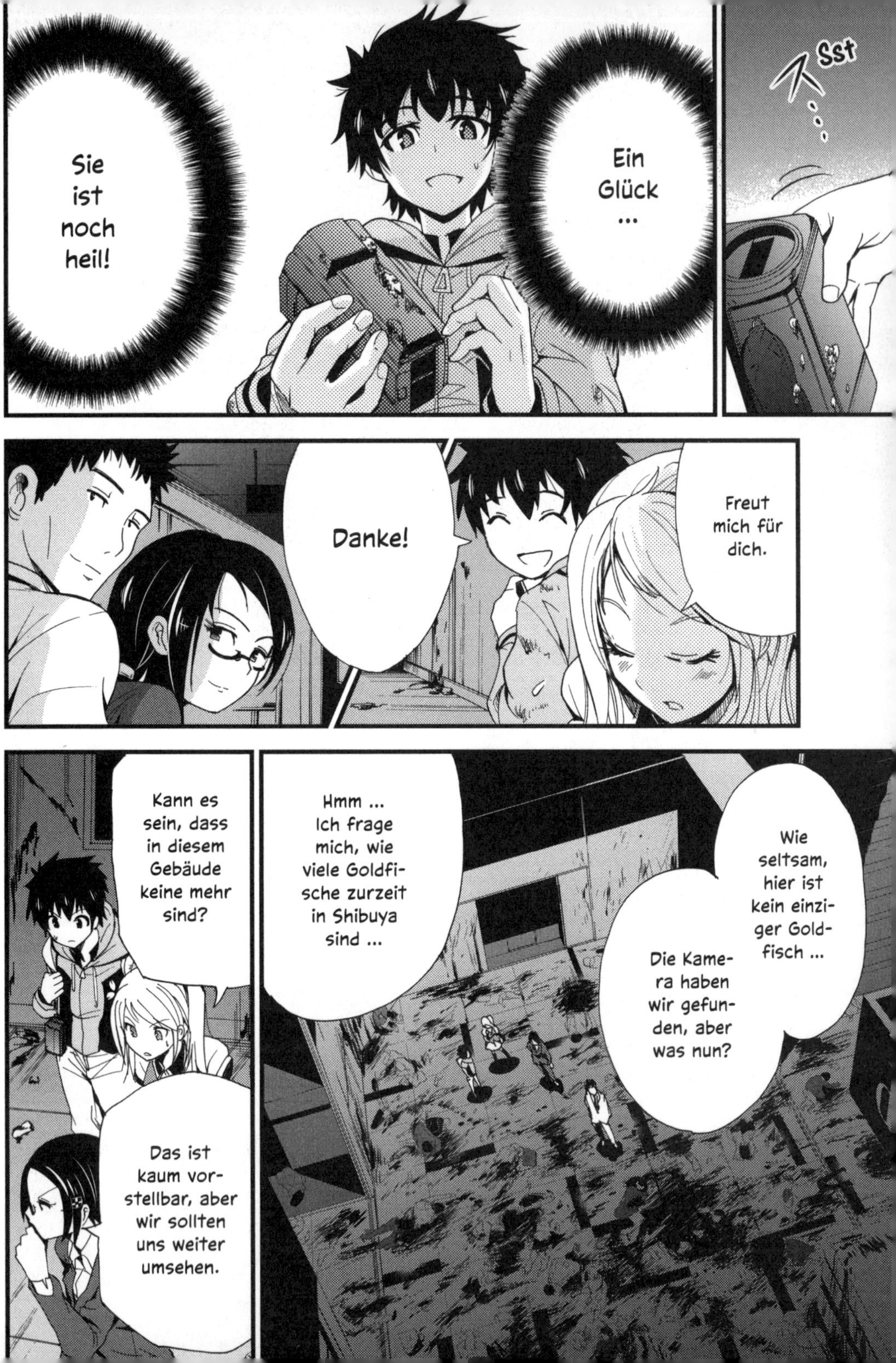

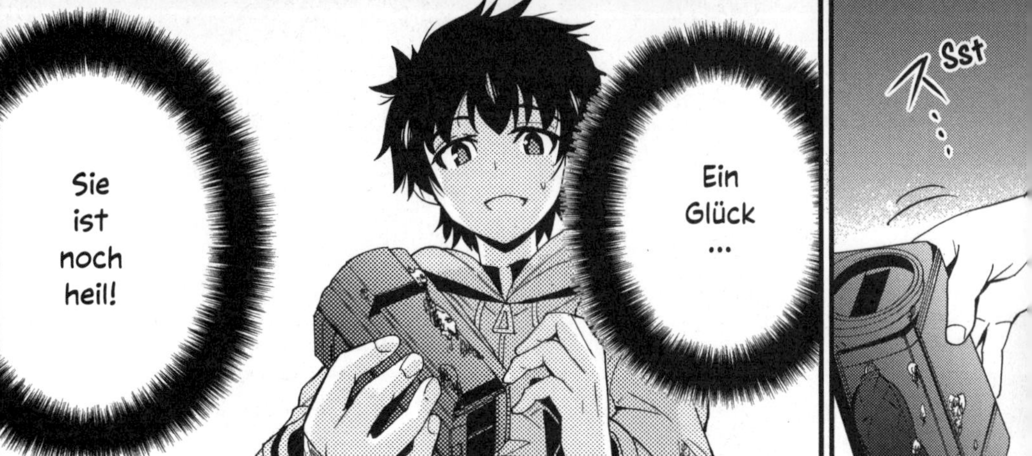

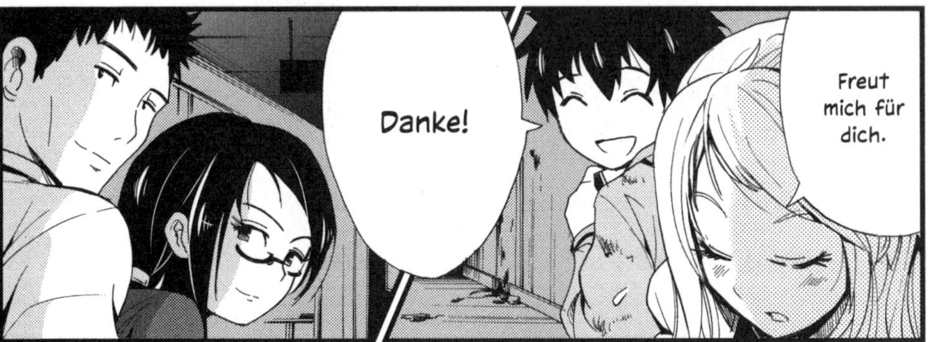

Wie seltsam, hier ist kein einziger Goldfisch …

Die Kamera haben wir gefunden, aber was nun?

Hmm … Ich frage mich, wie viele Goldfische zurzeit in Shibuya sind …

Kann es sein, dass in diesem Gebäude keine mehr sind?

Das ist kaum vorstellbar, aber wir sollten uns weiter umsehen.

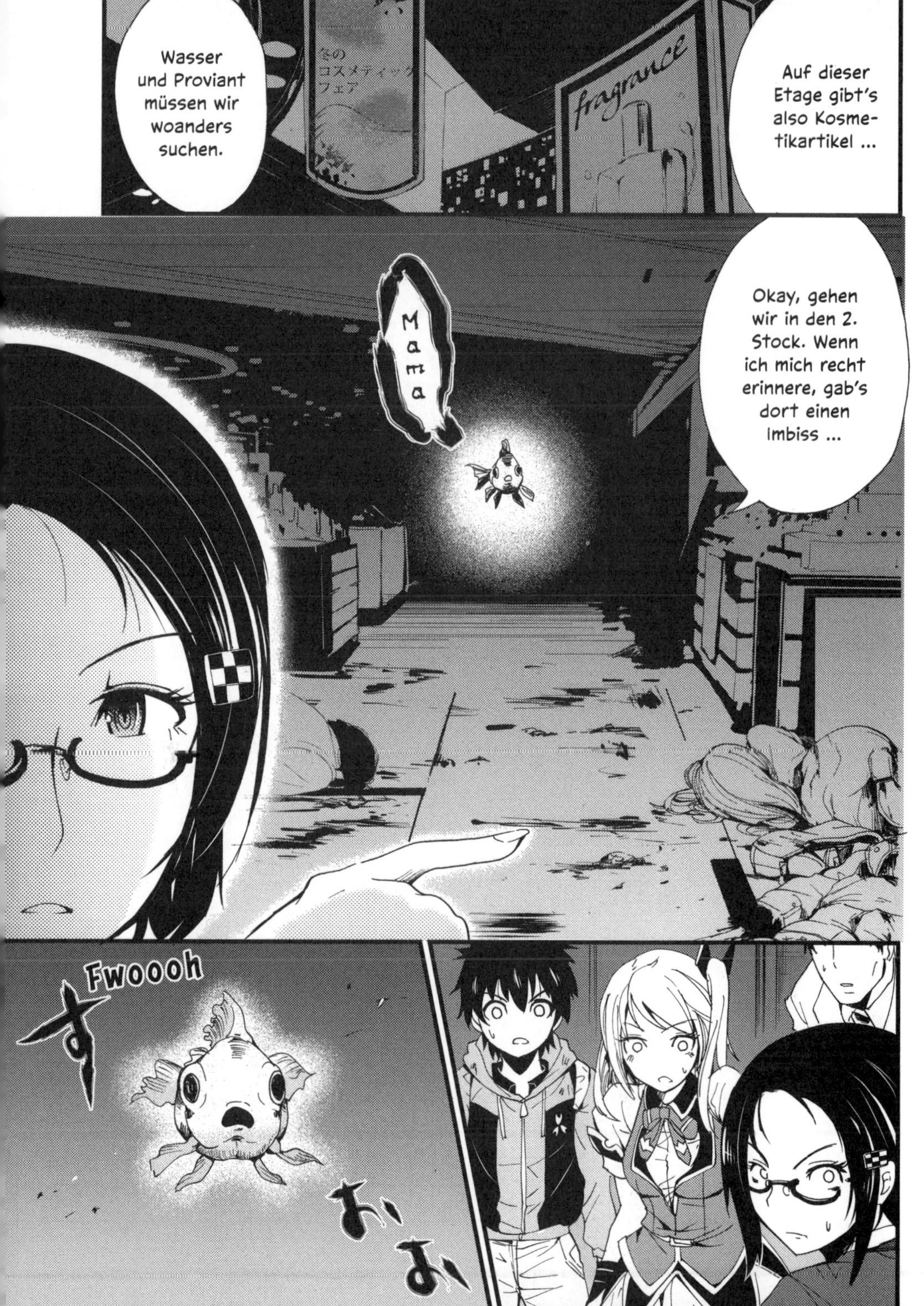
Auf dieser Etage gibt's also Kosmetikartikel ...
fragrance
冬のコスメティックフェア
Wasser und Proviant müssen wir woanders suchen.
Okay, gehen wir in den 2. Stock. Wenn ich mich recht erinnere, gab's dort einen Imbiss ...
Mama
Fwoooh

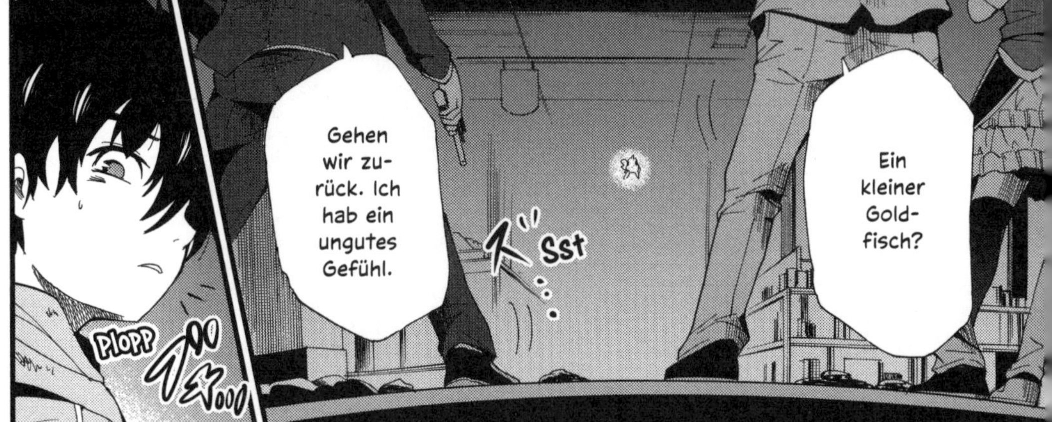

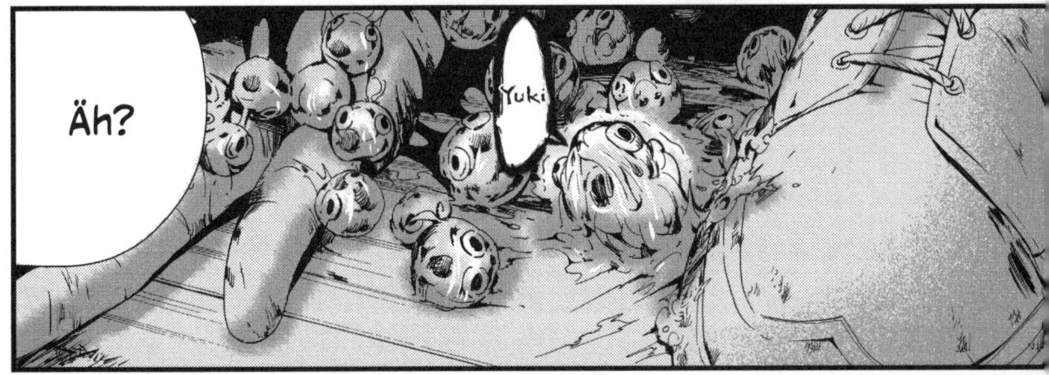

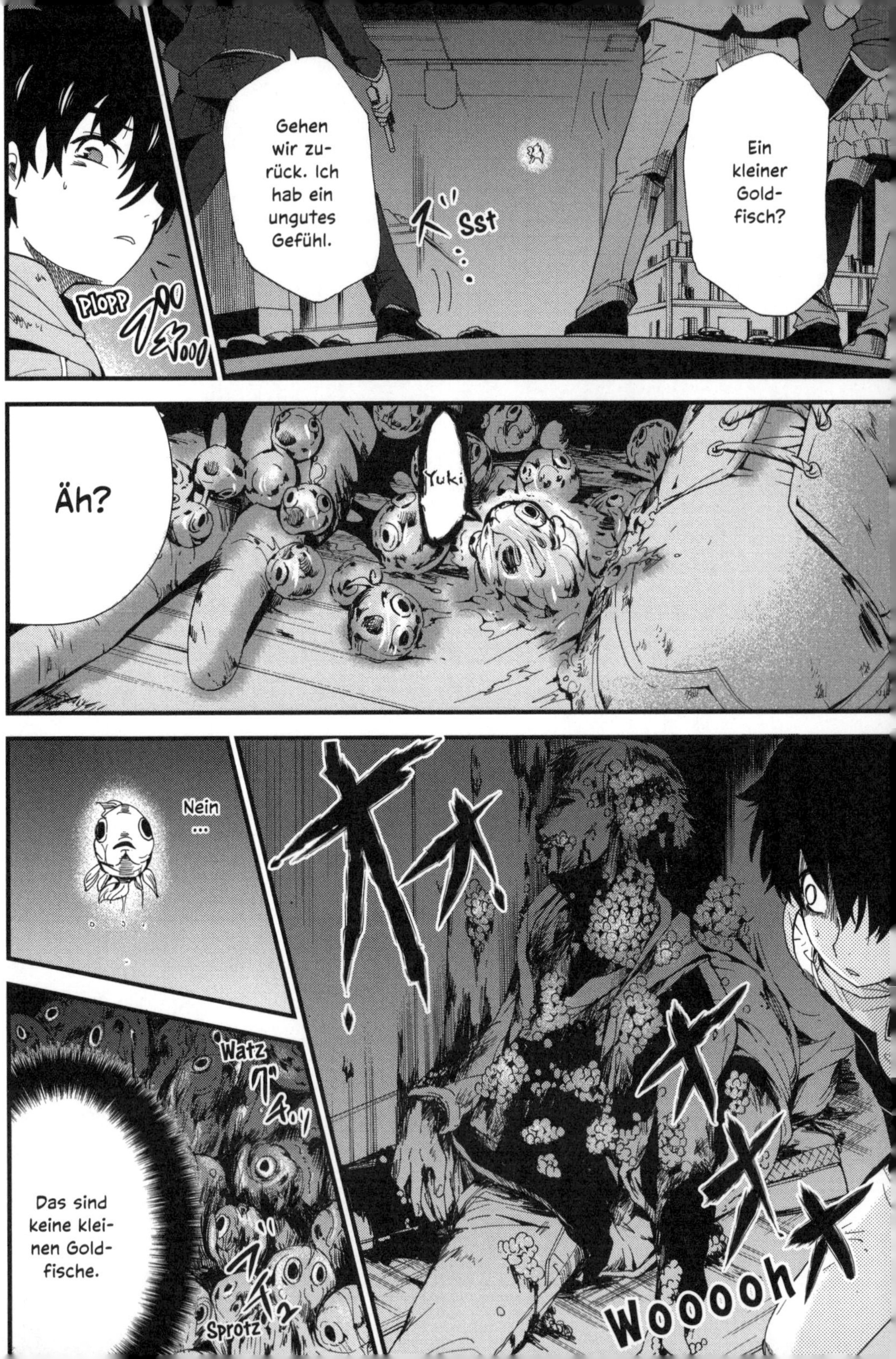

Woooooh
Nein …
Watz
Das sind keine klei-nen Gold-fische.
Sprotz

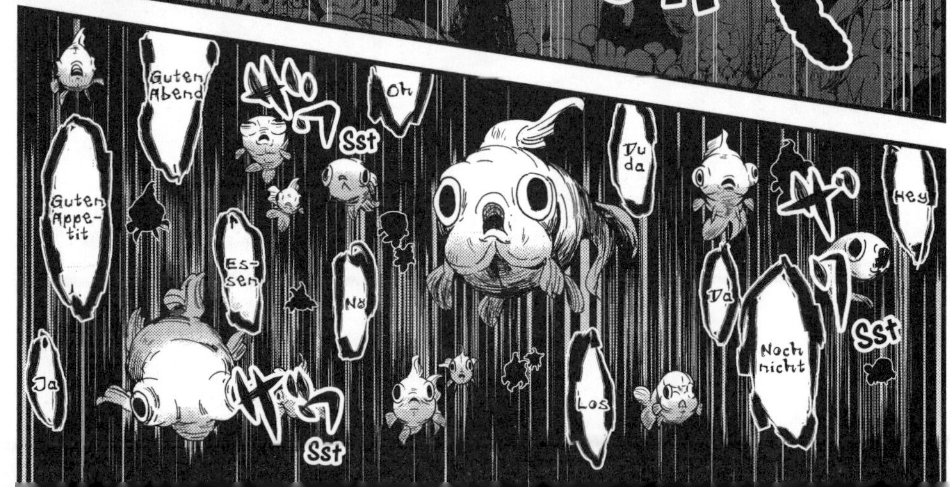
Das sind …
… Jung-fische!
Grooooh
Hey
Sst
Noch nicht
Da
Du da
Los
Oh
Sst
Nö
Es-sen
Guten Abend
Guten Appe-tit
Sst
Ja

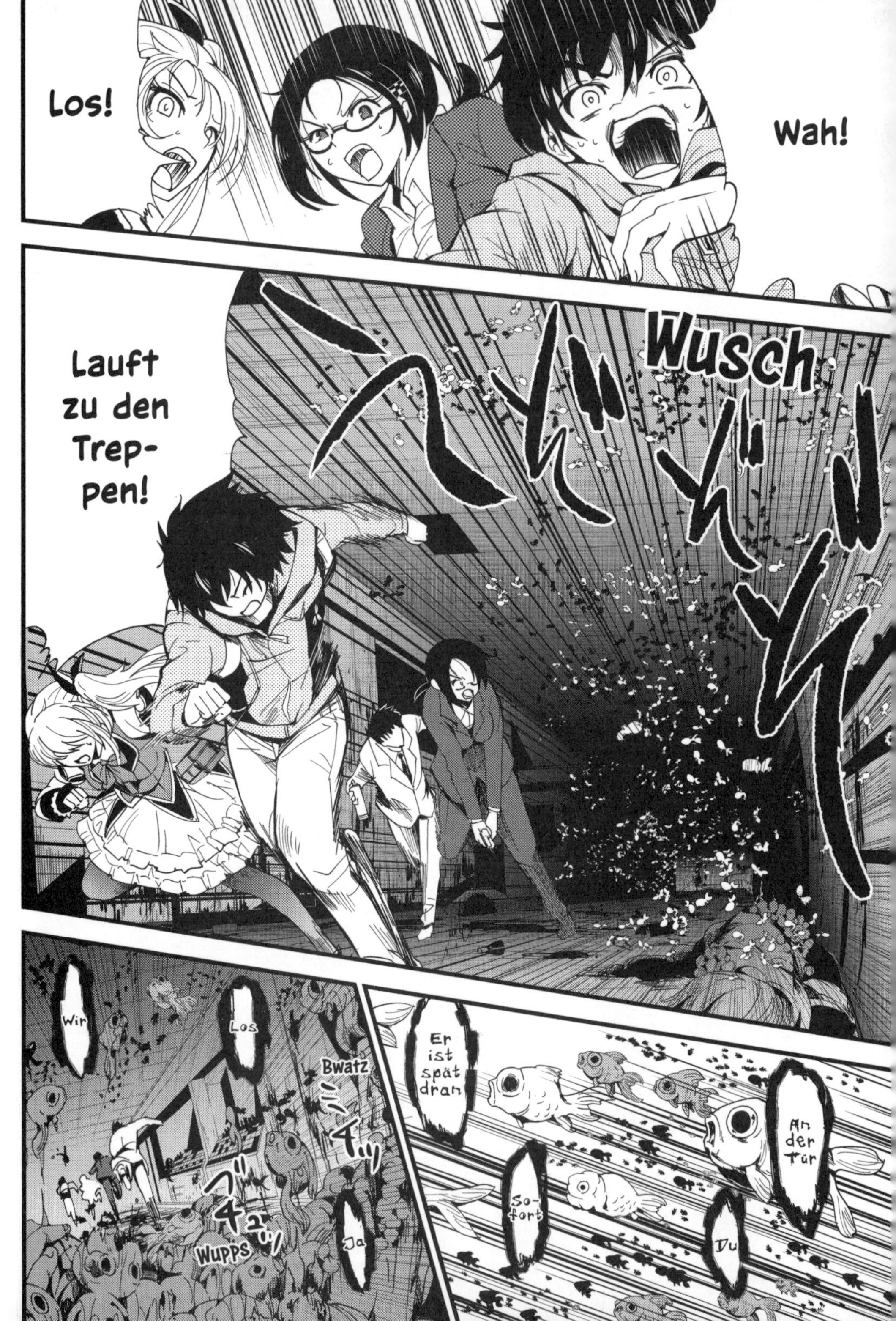
Wah!
Los!
Wusch
Lauft zu den Trep-pen!
An der Tür
Du
Er ist spät dran
So-fort
Bwatz
Los
Wupps
Ja
Wir

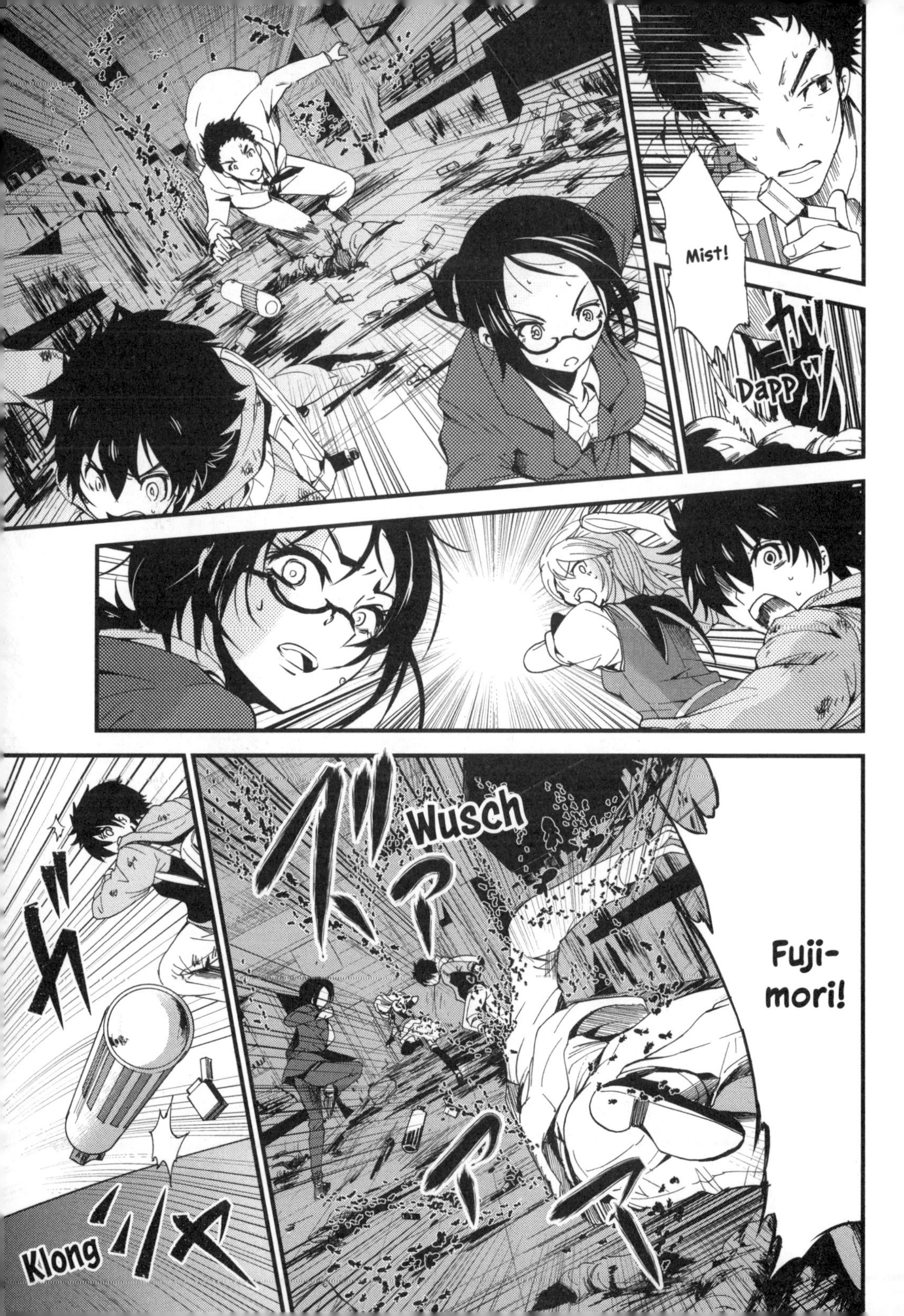

Mist!
Dapp
Wusch
Fuji-
mori!
Klong

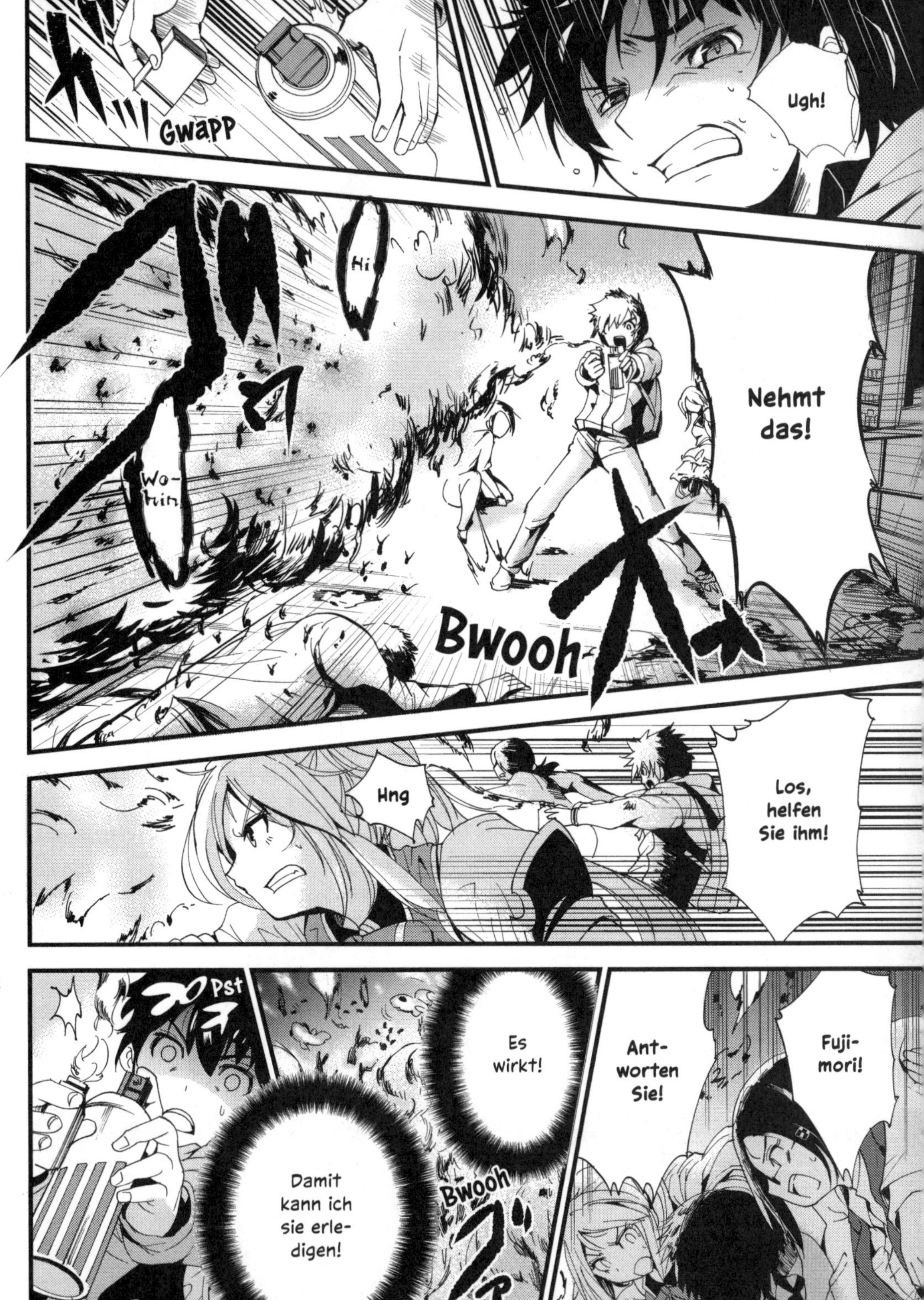
Ugh!
Gwapp
Nehmt das!
Hi
Wo-hin
Bwooh
Los, helfen Sie ihm!
Hng
Fuji-mori!
Ant-worten Sie!
Es wirkt!
Bwooh
Damit kann ich sie erle-digen!
Pst

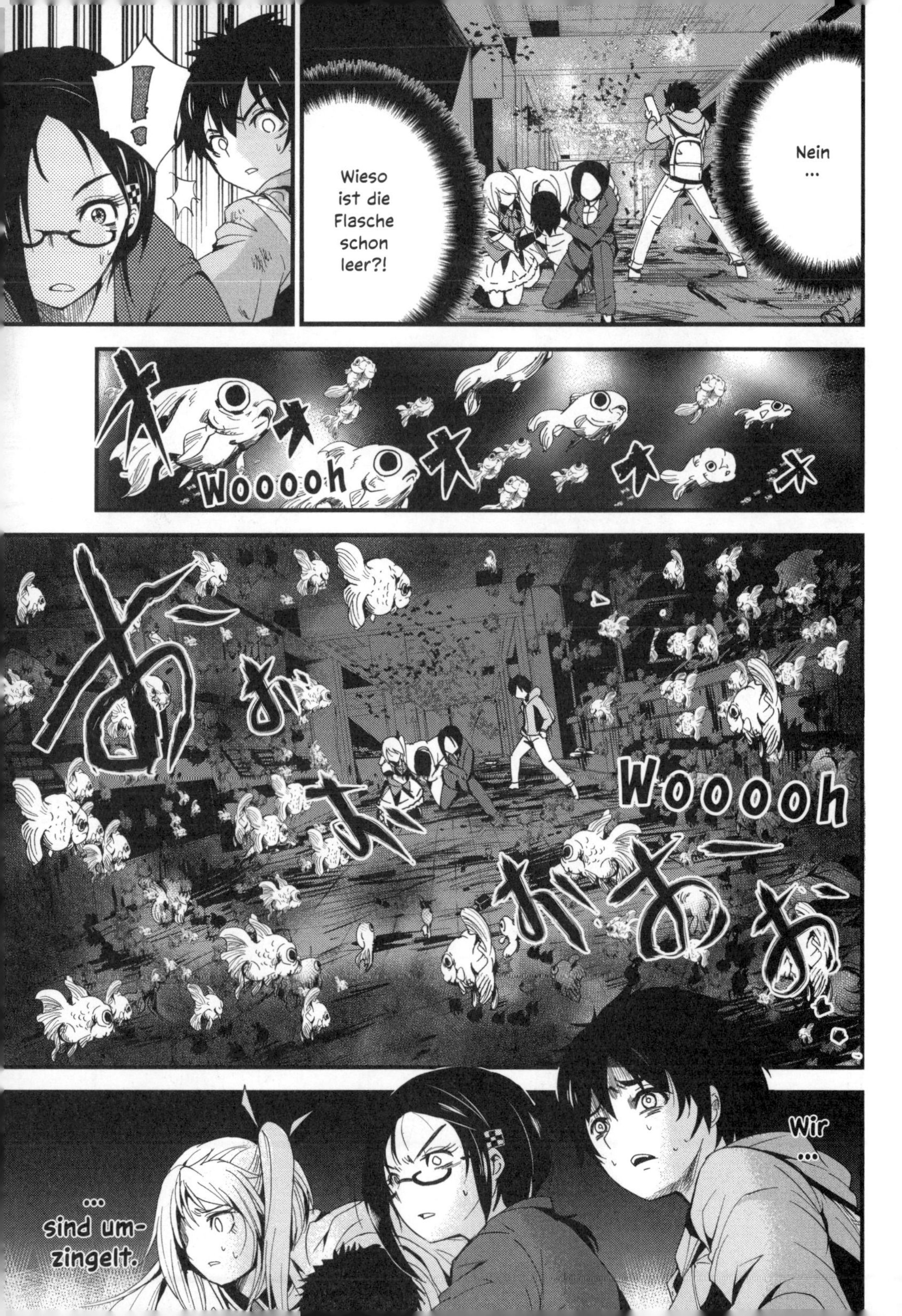

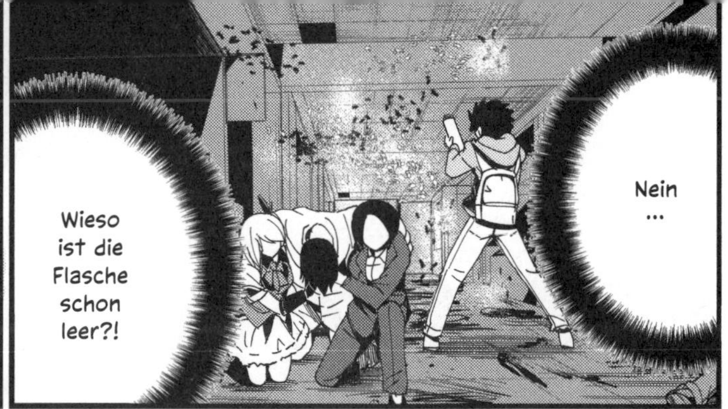

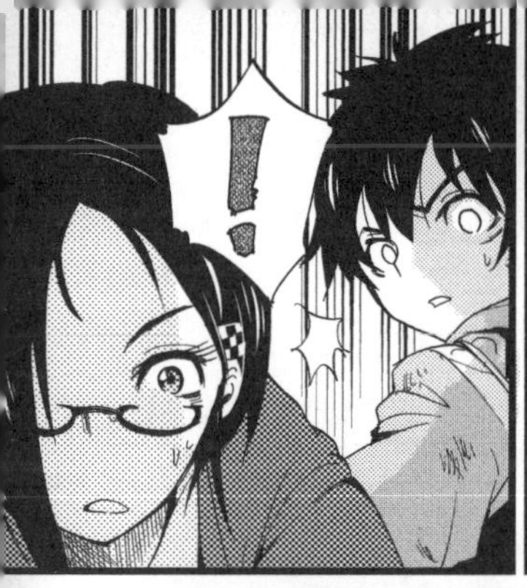

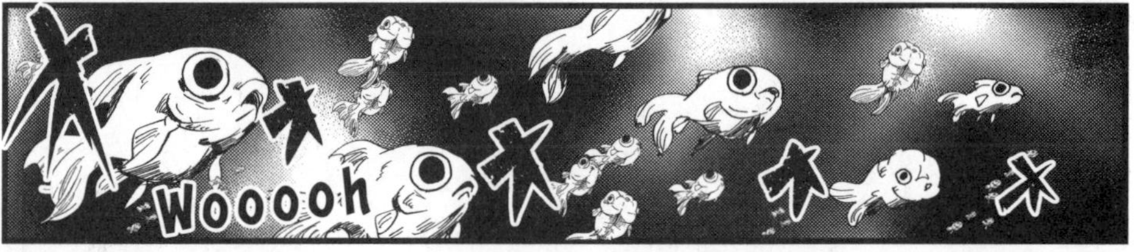

Wooooh

Wir
...

...
sind umzingelt.

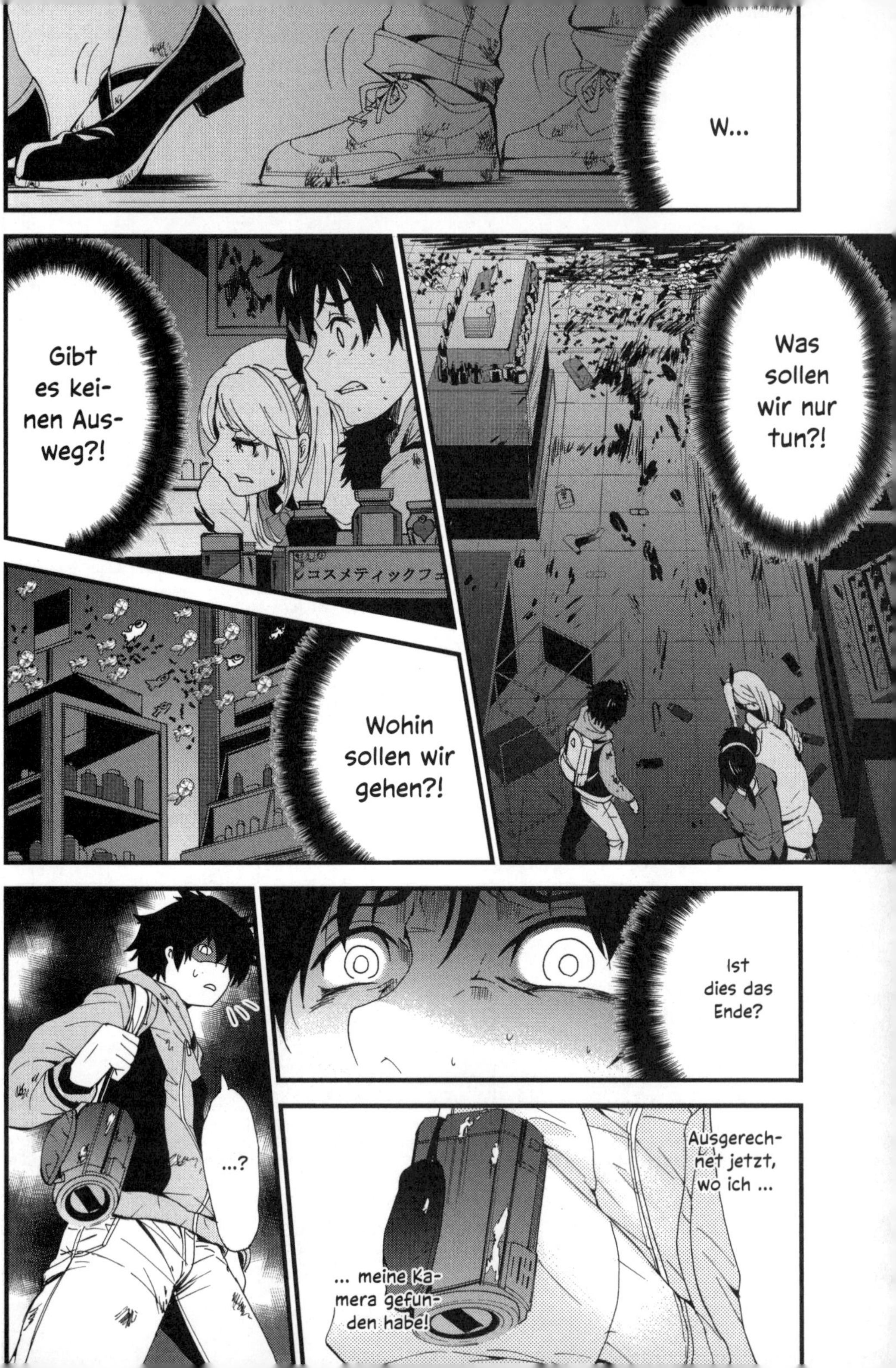

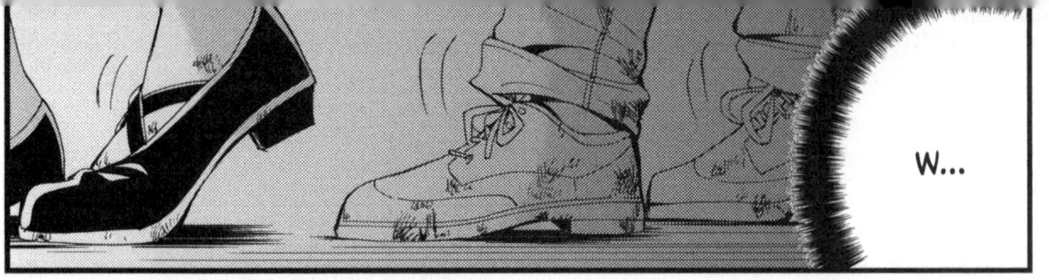
W...

Was sollen wir nur tun?!
Gibt es keinen Ausweg?!
Wohin sollen wir gehen?!

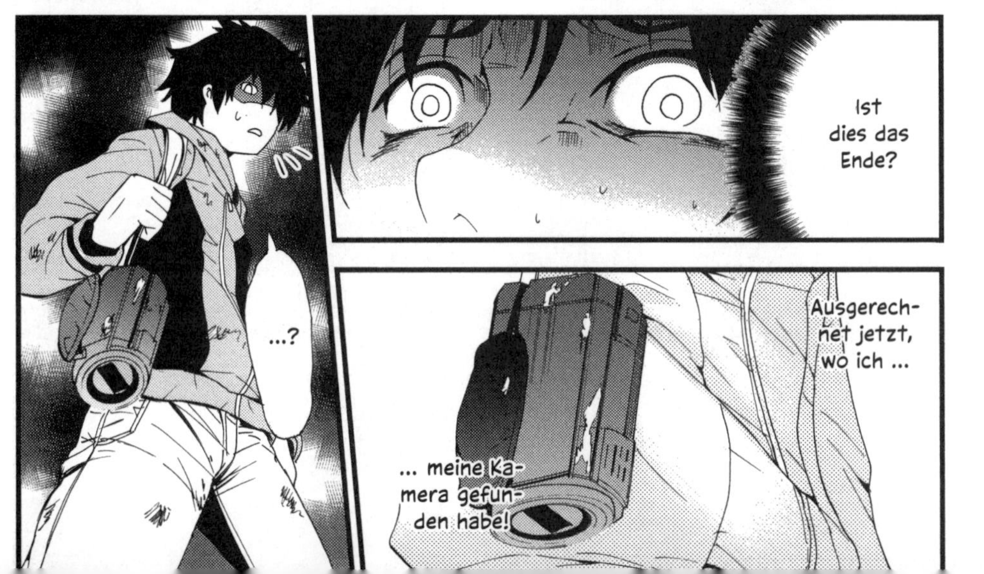
Ist dies das Ende?
...?
Ausgerechnet jetzt, wo ich ...
... meine Kamera gefunden habe!

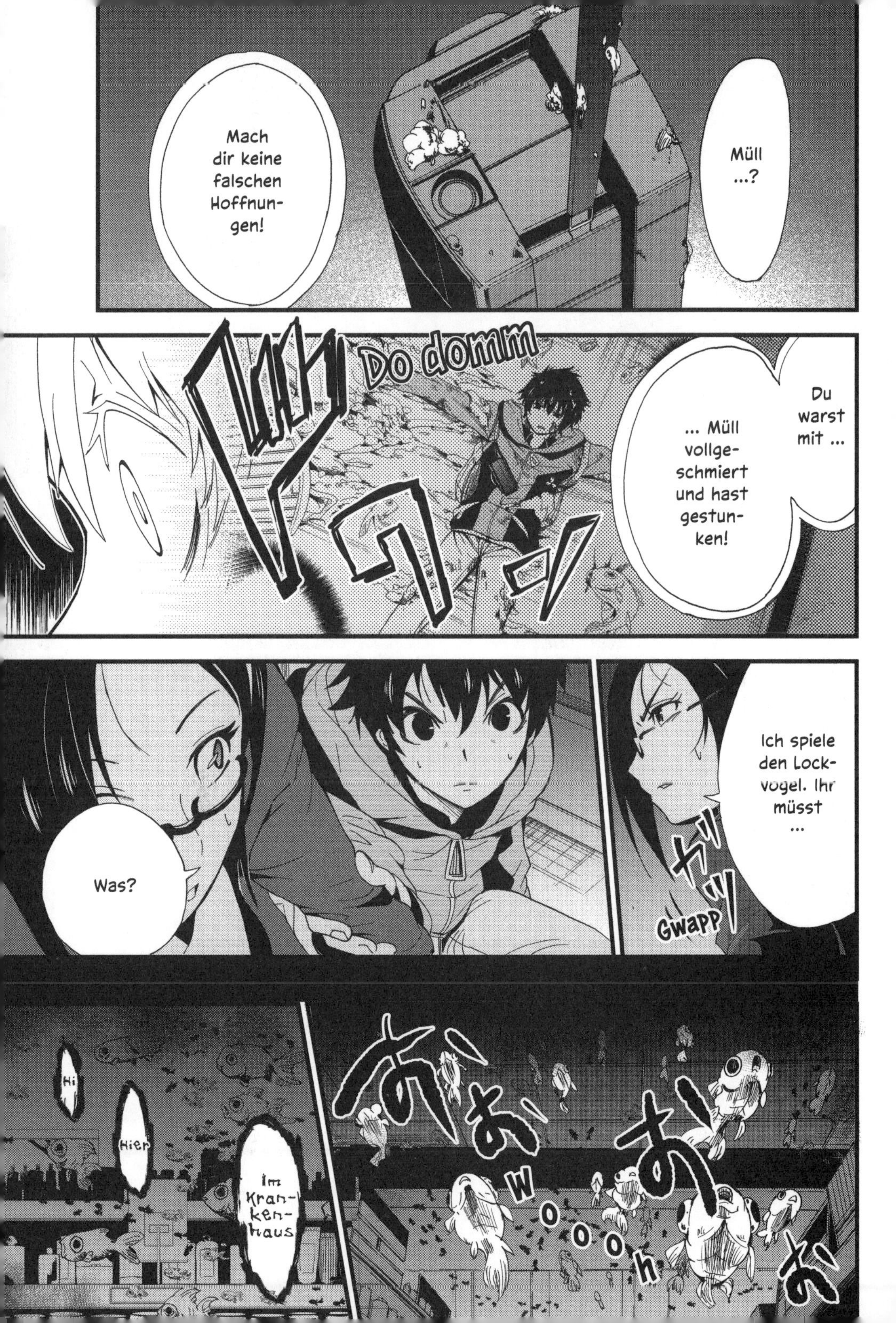

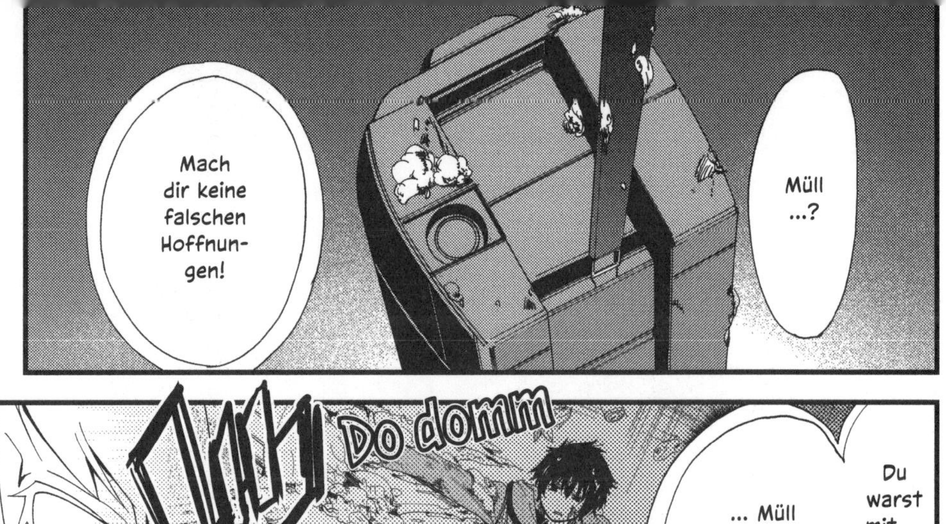
Müll ...?
Mach dir keine falschen Hoffnungen!

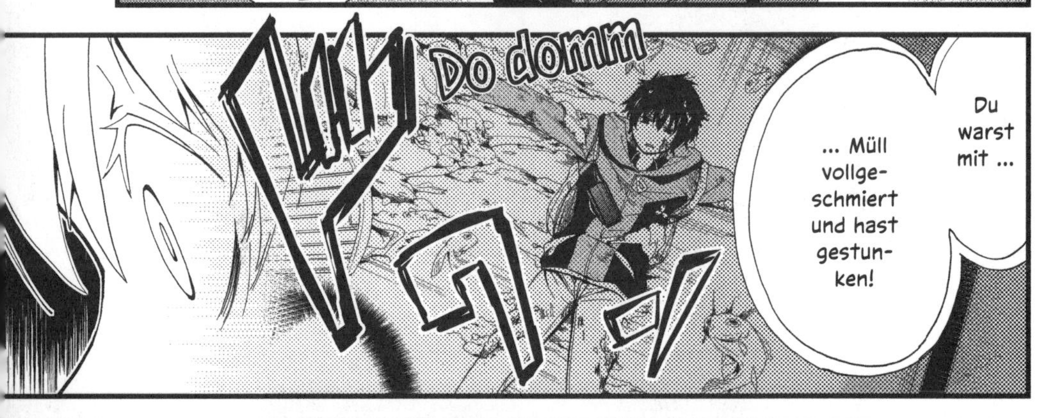
Du warst mit ...
... Müll vollgeschmiert und hast gestunken!
Do domm
Ich spiele den Lockvogel. Ihr müsst ...
Gwapp
Was?
Woooh
Hi
Hier
Im Krankenhaus

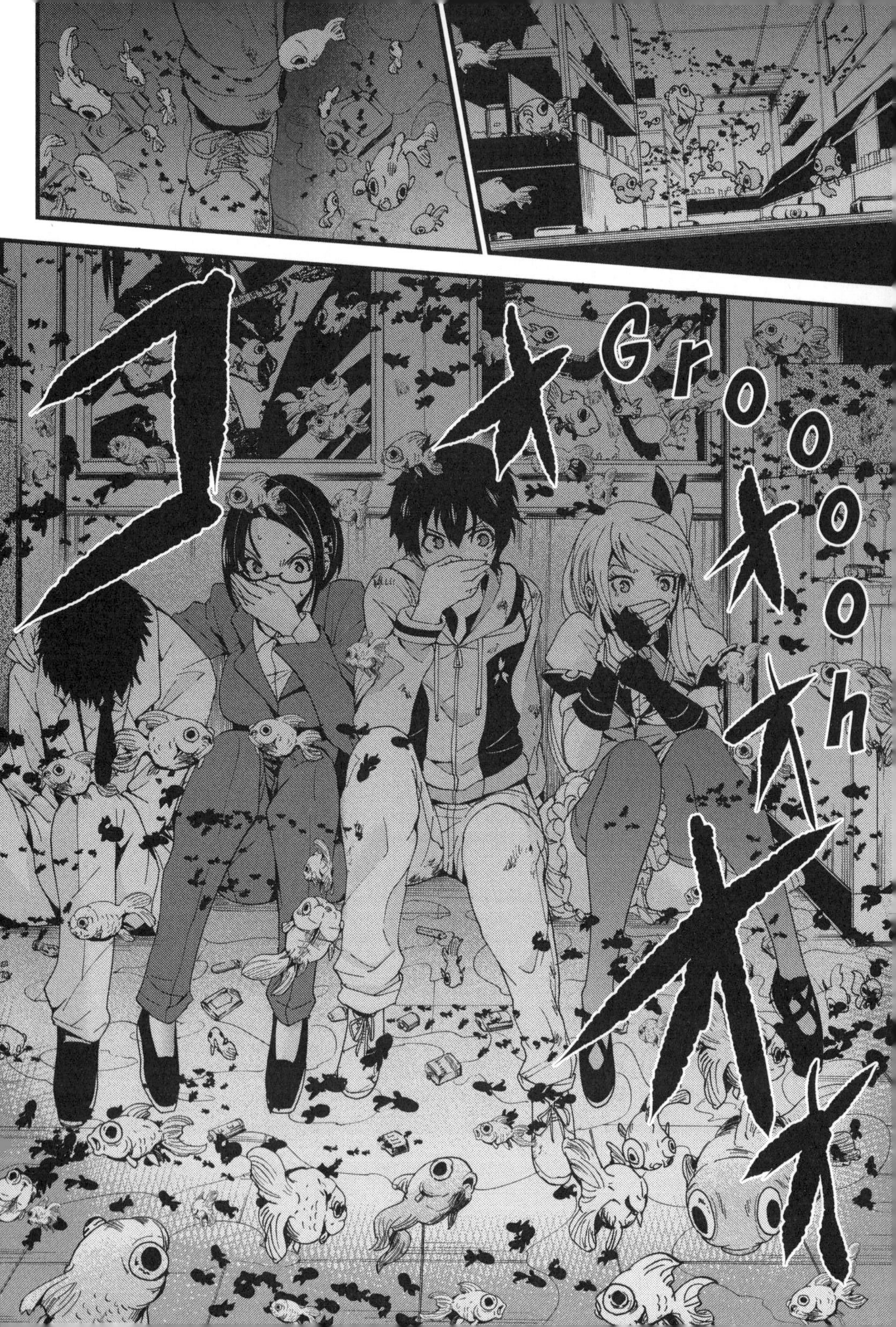
Grooooooh

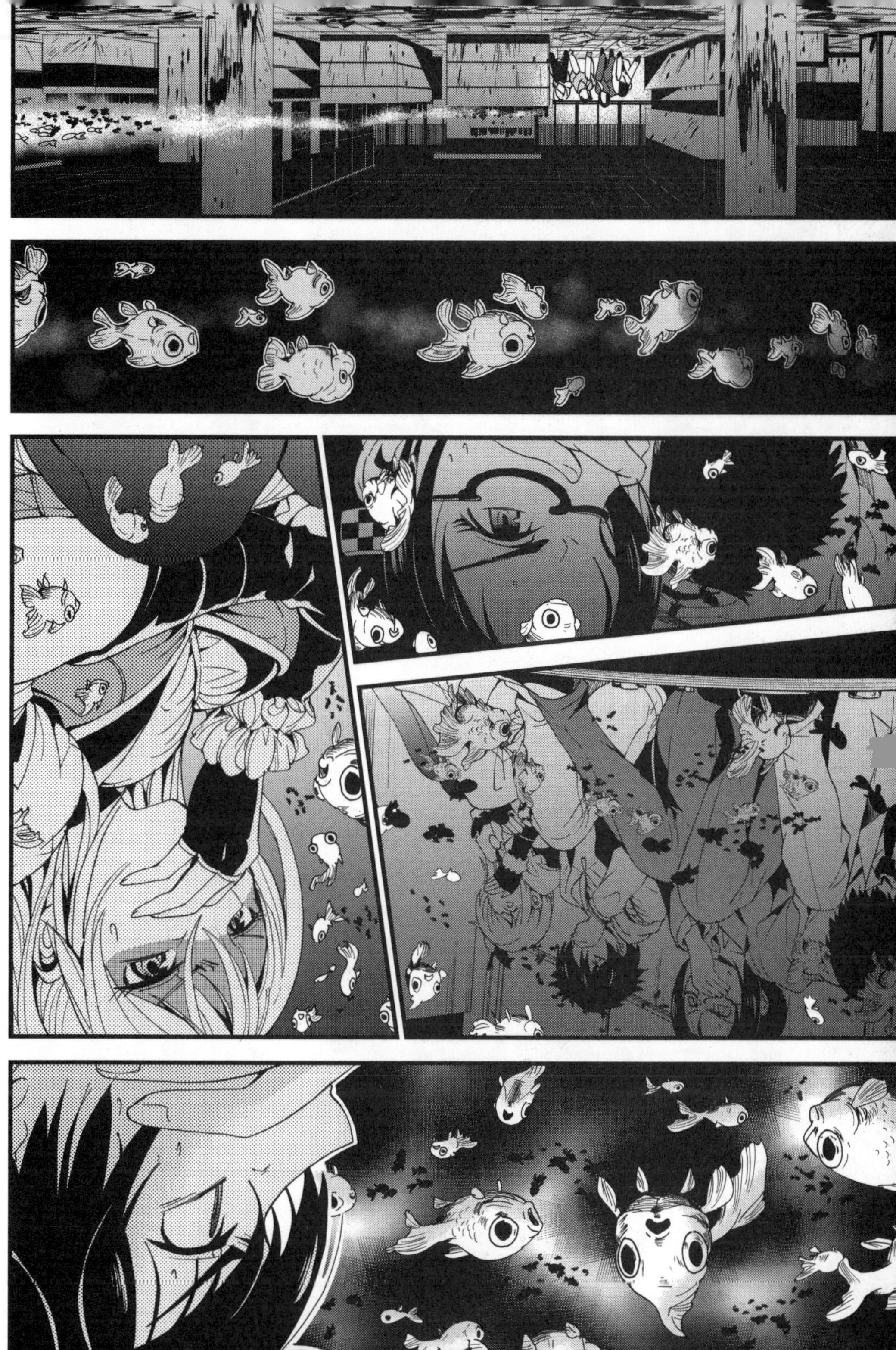

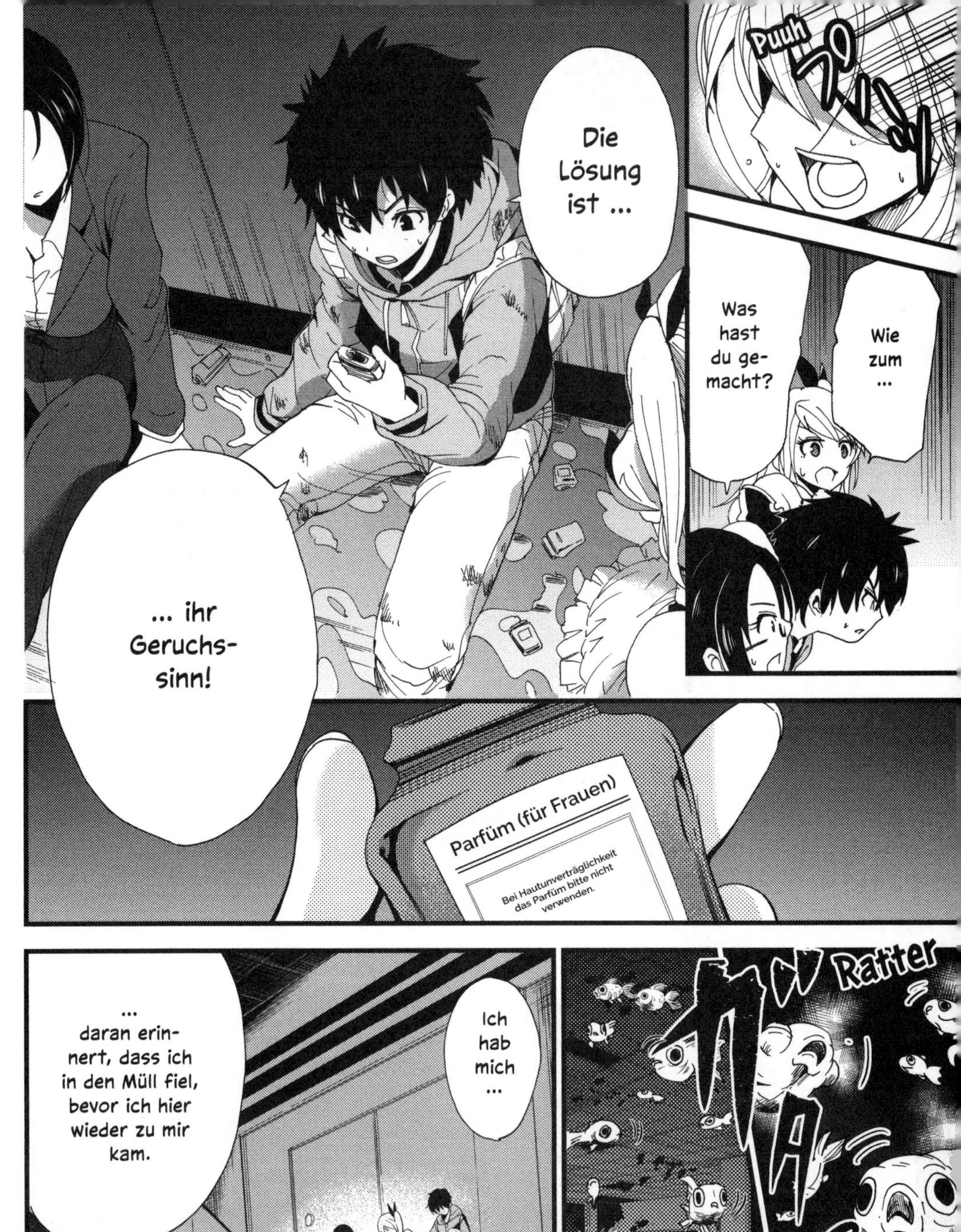
Puuh
Wie zum …
Was hast du gemacht?
Die Lösung ist …
… ihr Geruchssinn!
Parfüm (für Frauen)
Bei Hautunverträglichkeit das Parfüm bitte nicht verwenden.
Ratter
Ich hab mich …
… daran erinnert, dass ich in den Müll fiel, bevor ich hier wieder zu mir kam.

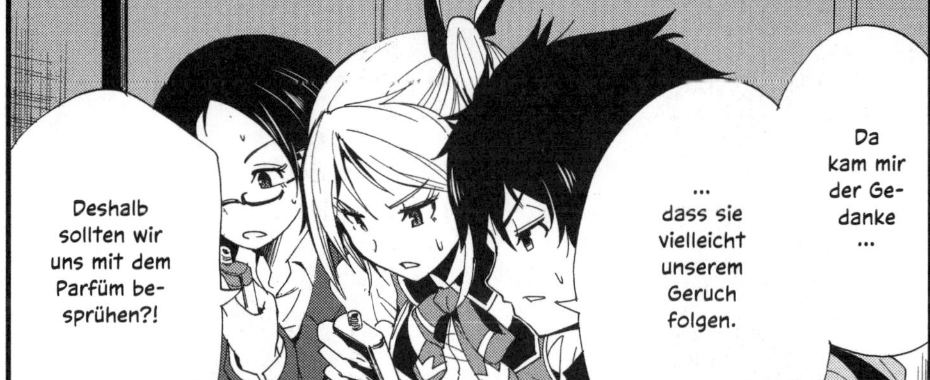
Da kam mir der Ge- danke ...
... dass sie vielleicht unserem Geruch folgen.
Deshalb sollten wir uns mit dem Parfüm be- sprühen?!

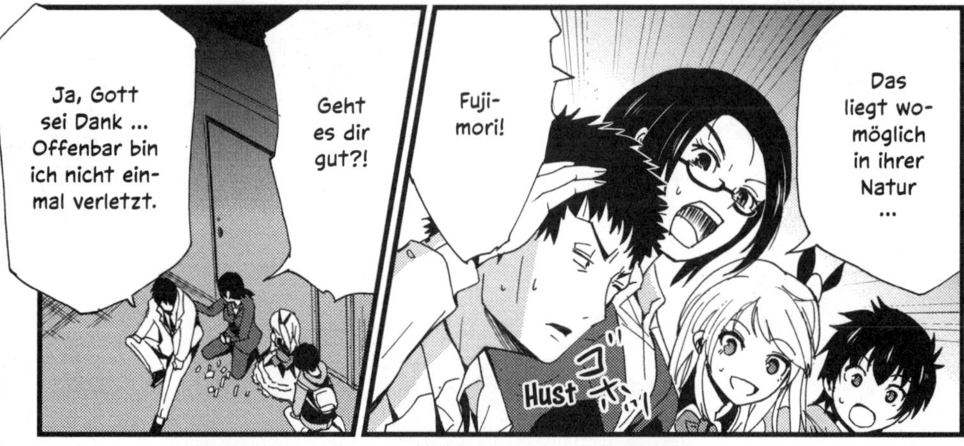
Das liegt wo- möglich in ihrer Natur ...
Fuji- mori!
Hust
Geht es dir gut?!
Ja, Gott sei Dank ... Offenbar bin ich nicht ein- mal verletzt.

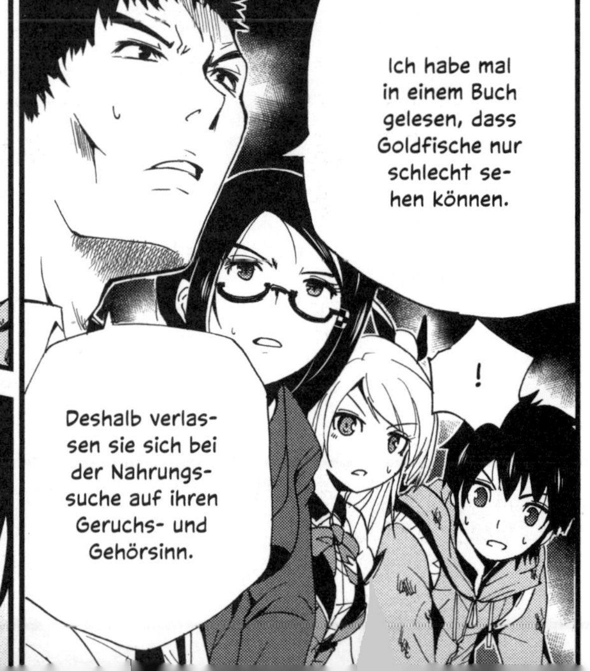
Ich habe mal in einem Buch gelesen, dass Goldfische nur schlecht se- hen können.
!
Deshalb verlas- sen sie sich bei der Nahrungs- suche auf ihren Geruchs- und Gehörsinn.

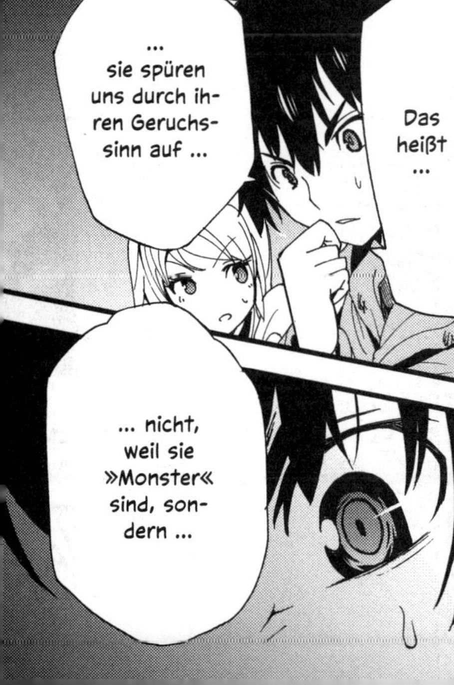
Das heißt ...
... sie spüren uns durch ih- ren Geruchs- sinn auf ...
... nicht, weil sie »Monster« sind, son- dern ...

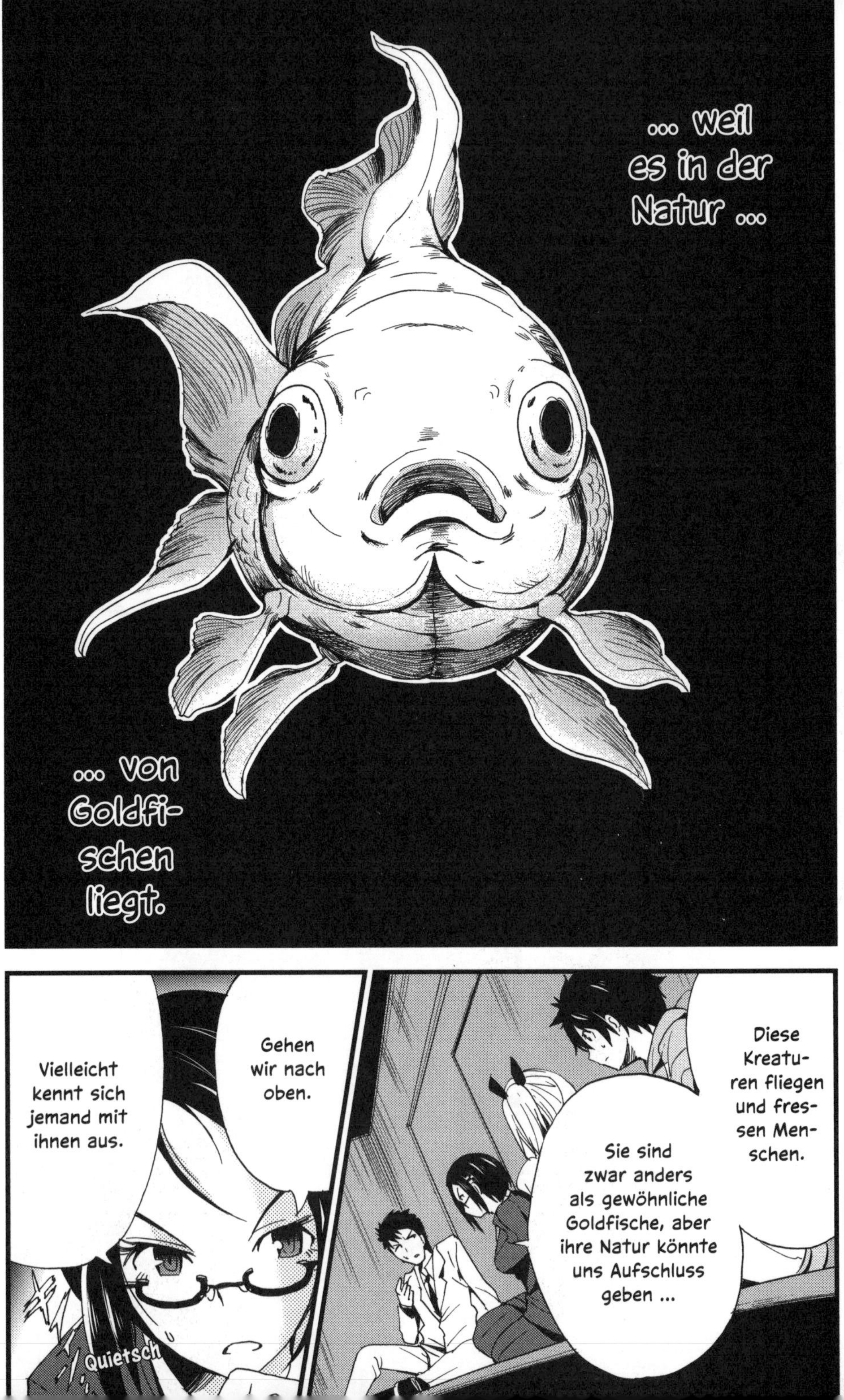

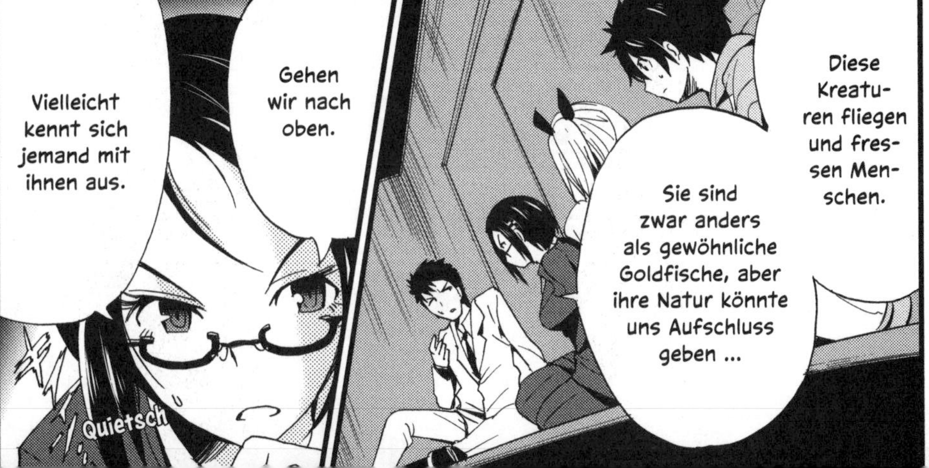
... weil es in der Natur ...
... von Goldfischen liegt.
Diese Kreaturen fliegen und fressen Menschen.
Sie sind zwar anders als gewöhnliche Goldfische, aber ihre Natur könnte uns Aufschluss geben ...
Gehen wir nach oben.
Vielleicht kennt sich jemand mit ihnen aus.
Quietsch

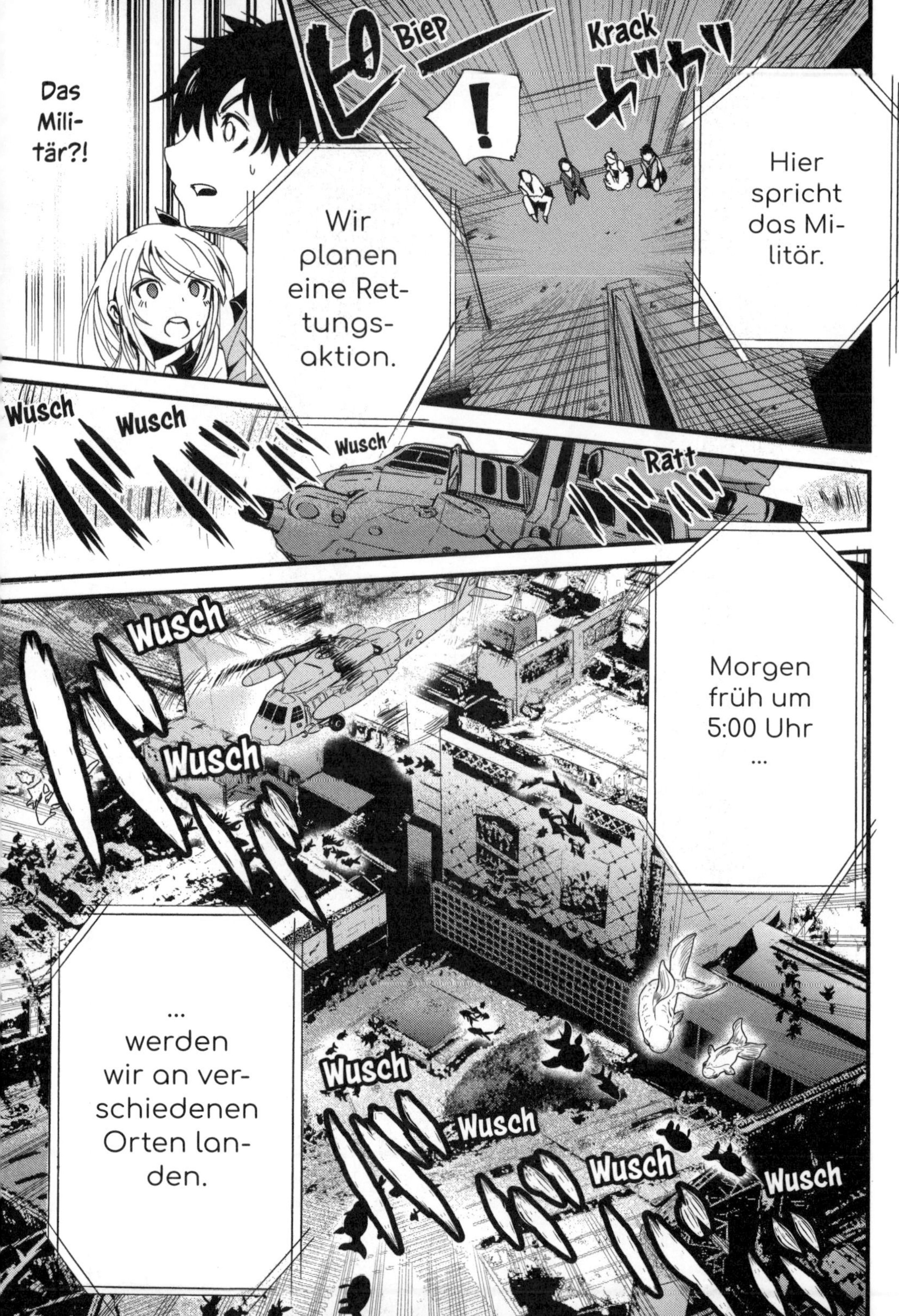
Krack
Biep
Hier spricht das Militär.
Wir planen eine Rettungsaktion.
Das Militär?!
Ratt
Wusch
Wusch
Wusch
Morgen früh um 5:00 Uhr ...
Wusch
Wusch
... werden wir an verschiedenen Orten landen.
Wusch
Wusch
Wusch
Wusch

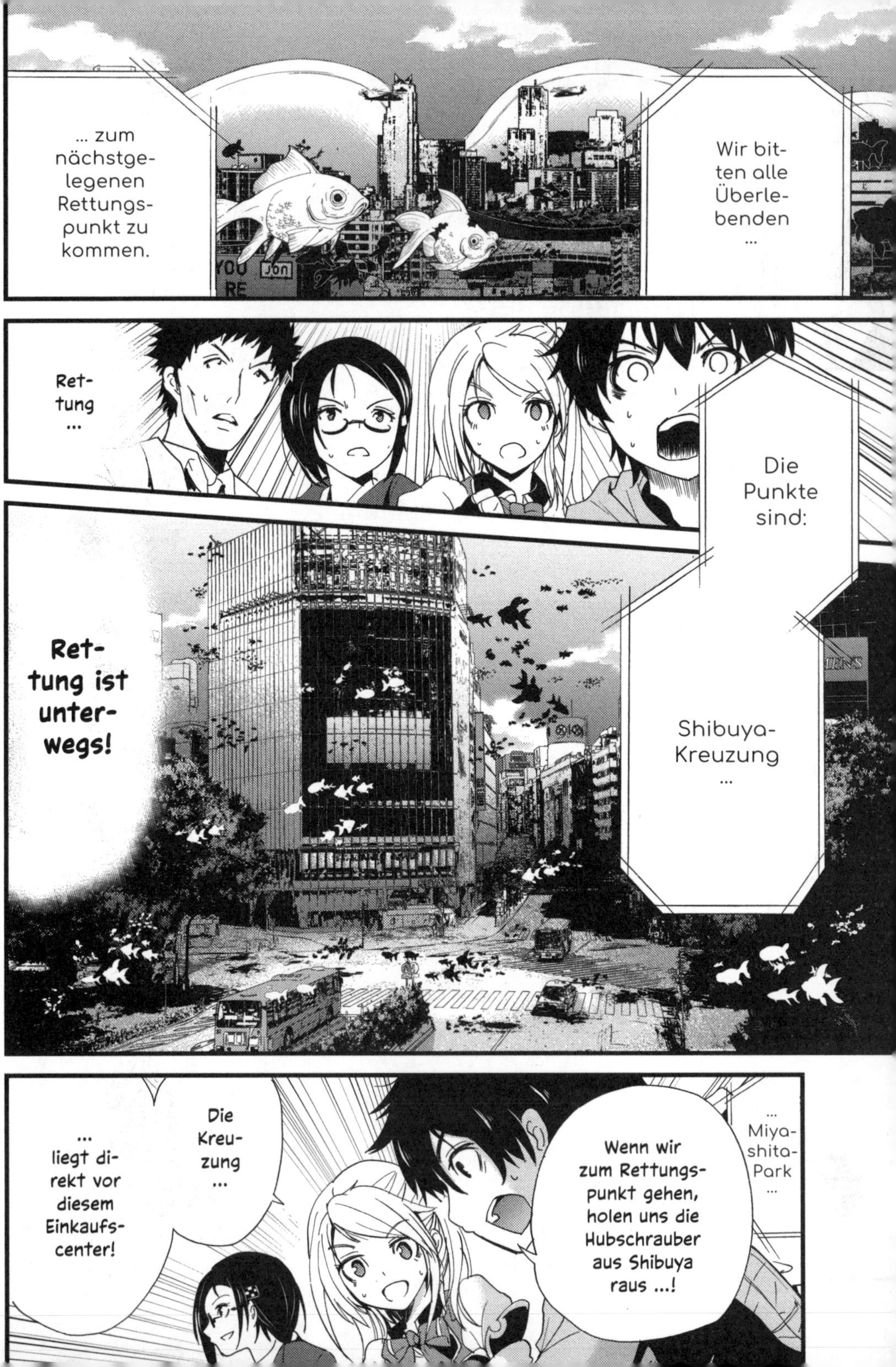

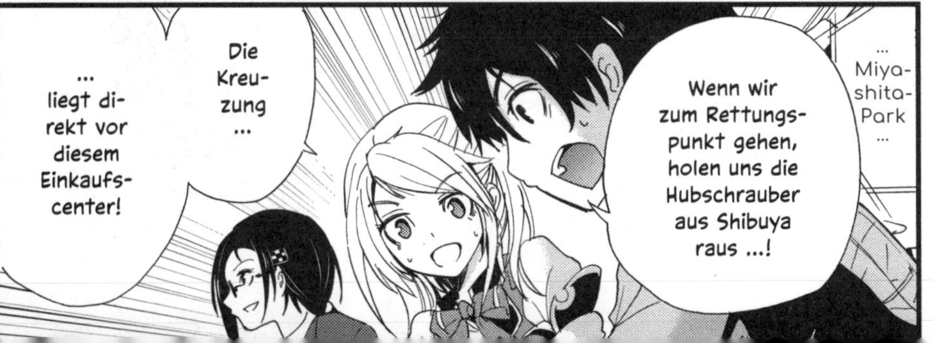
Wir bitten alle Überlebenden ...
... zum nächstgelegenen Rettungspunkt zu kommen.
Die Punkte sind:
Rettung ...
Shibuya-Kreuzung ...
Rettung ist unterwegs!
... Miyashita-Park ...
Wenn wir zum Rettungspunkt gehen, holen uns die Hubschrauber aus Shibuya raus ...!
Die Kreuzung ...
... liegt direkt vor diesem Einkaufscenter!

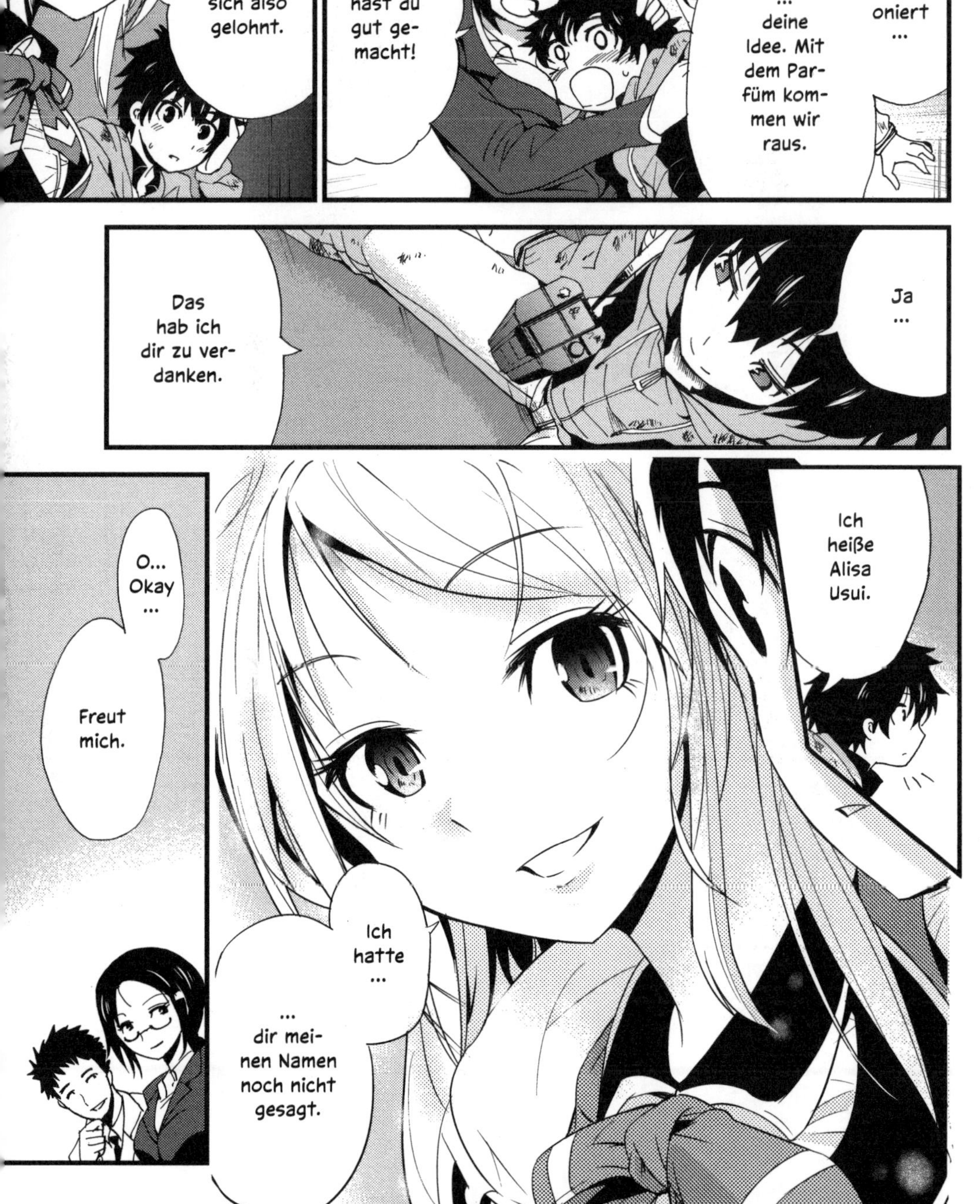
Zum Glück funktioniert ...
... deine Idee. Mit dem Parfüm kommen wir raus.
Hust
ゴホッ
Bravo!
よしよし！
Das hast du gut gemacht!
Es hat sich also gelohnt.
Ja ...
Das hab ich dir zu verdanken.
Ich heiße Alisa Usui.
Ich hatte ...
... dir meinen Namen noch nicht gesagt.
O... Okay ...
Freut mich.

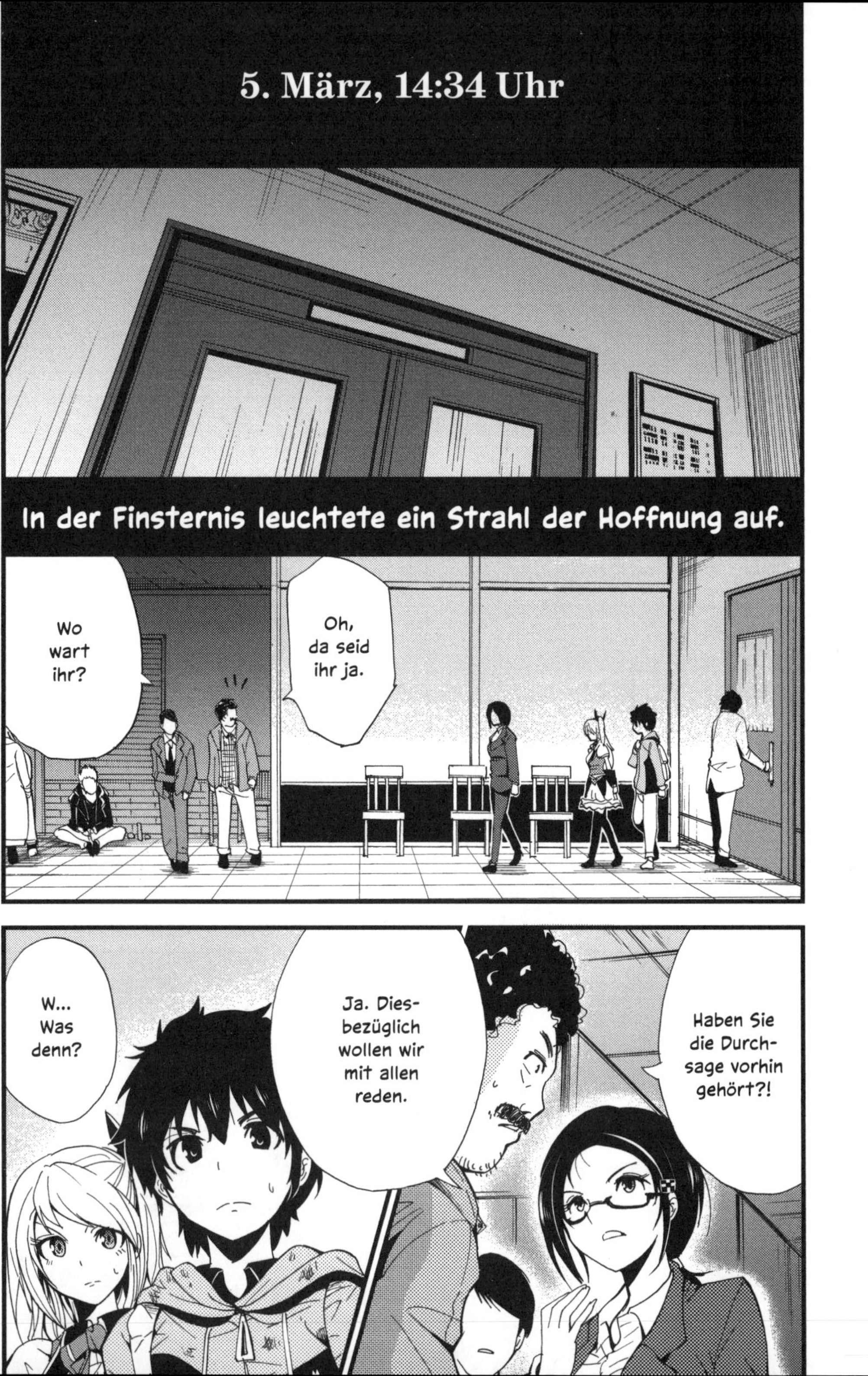

5. März, 14:34 Uhr

In der Finsternis leuchtete ein Strahl der Hoffnung auf.

Oh, da seid ihr ja.

Wo wart ihr?

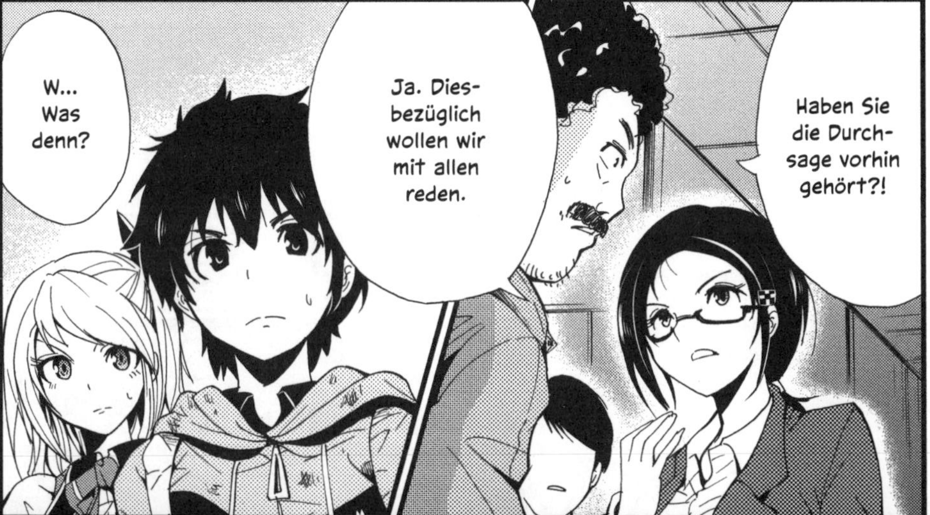

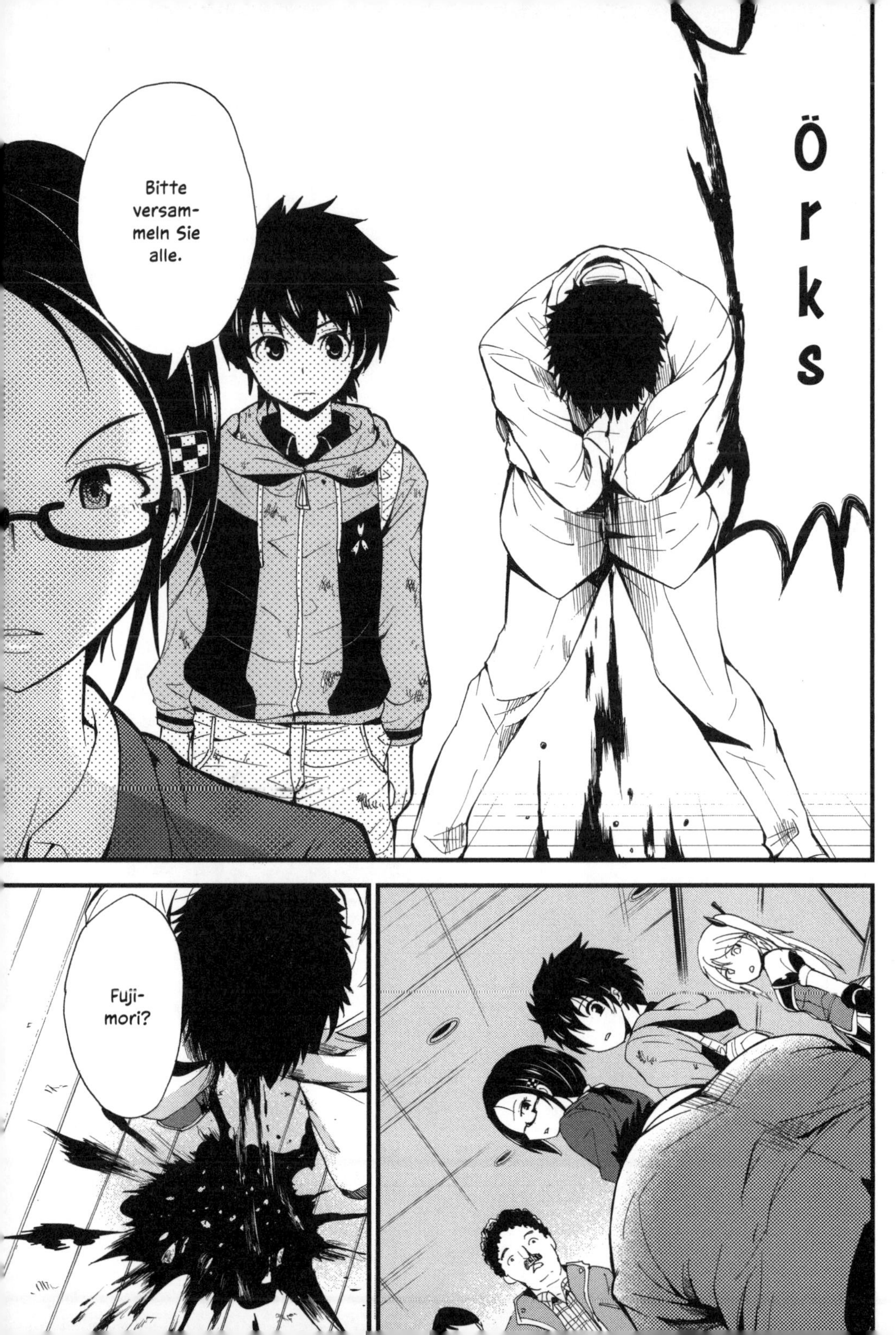

Örks
Bitte versam-meln Sie alle.
Fuji-mori?

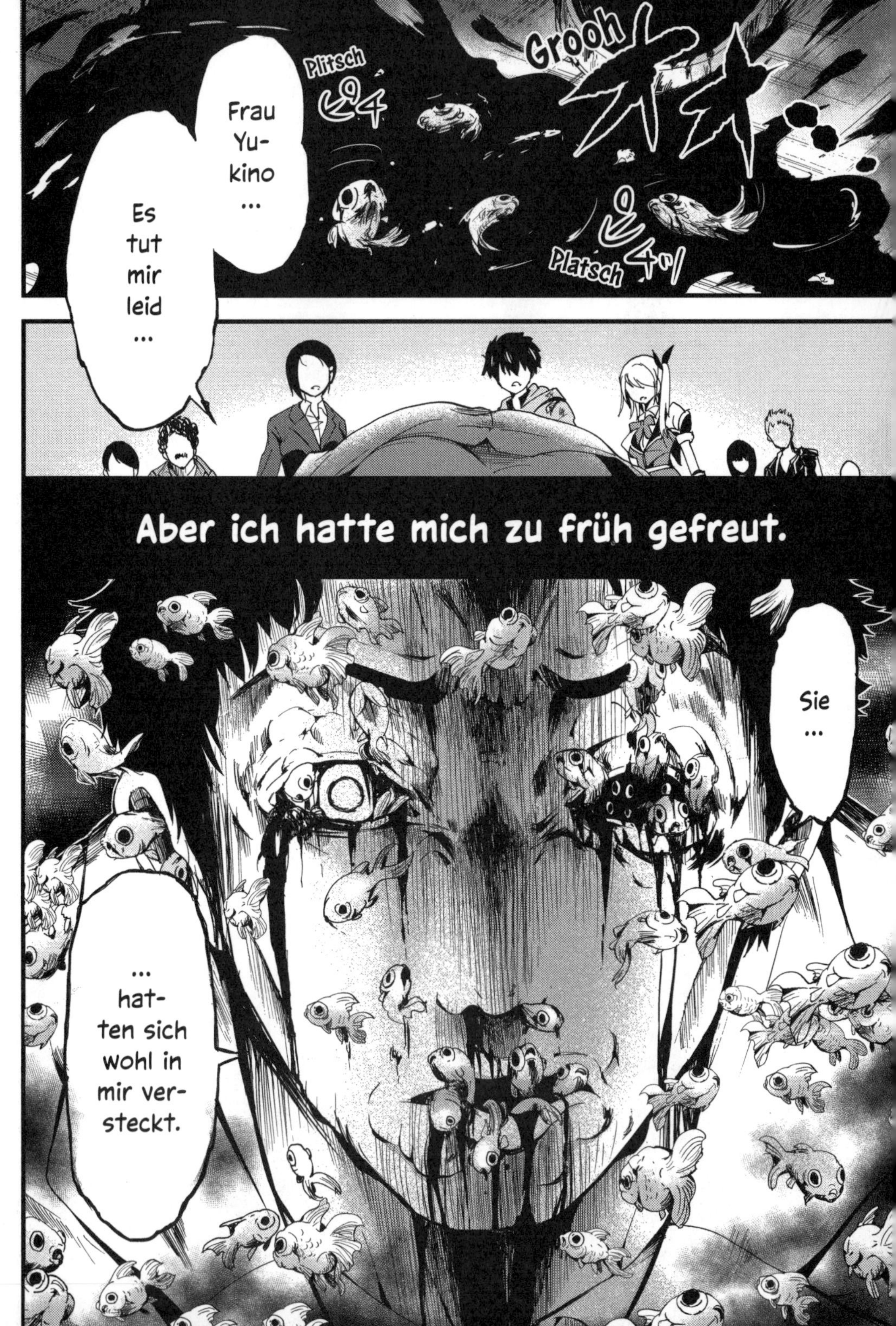
Grooh
Plitsch
Platsch
Frau Yu-kino …
Es tut mir leid …
Aber ich hatte mich zu früh gefreut.
Sie …
… hat-ten sich wohl in mir ver-steckt.

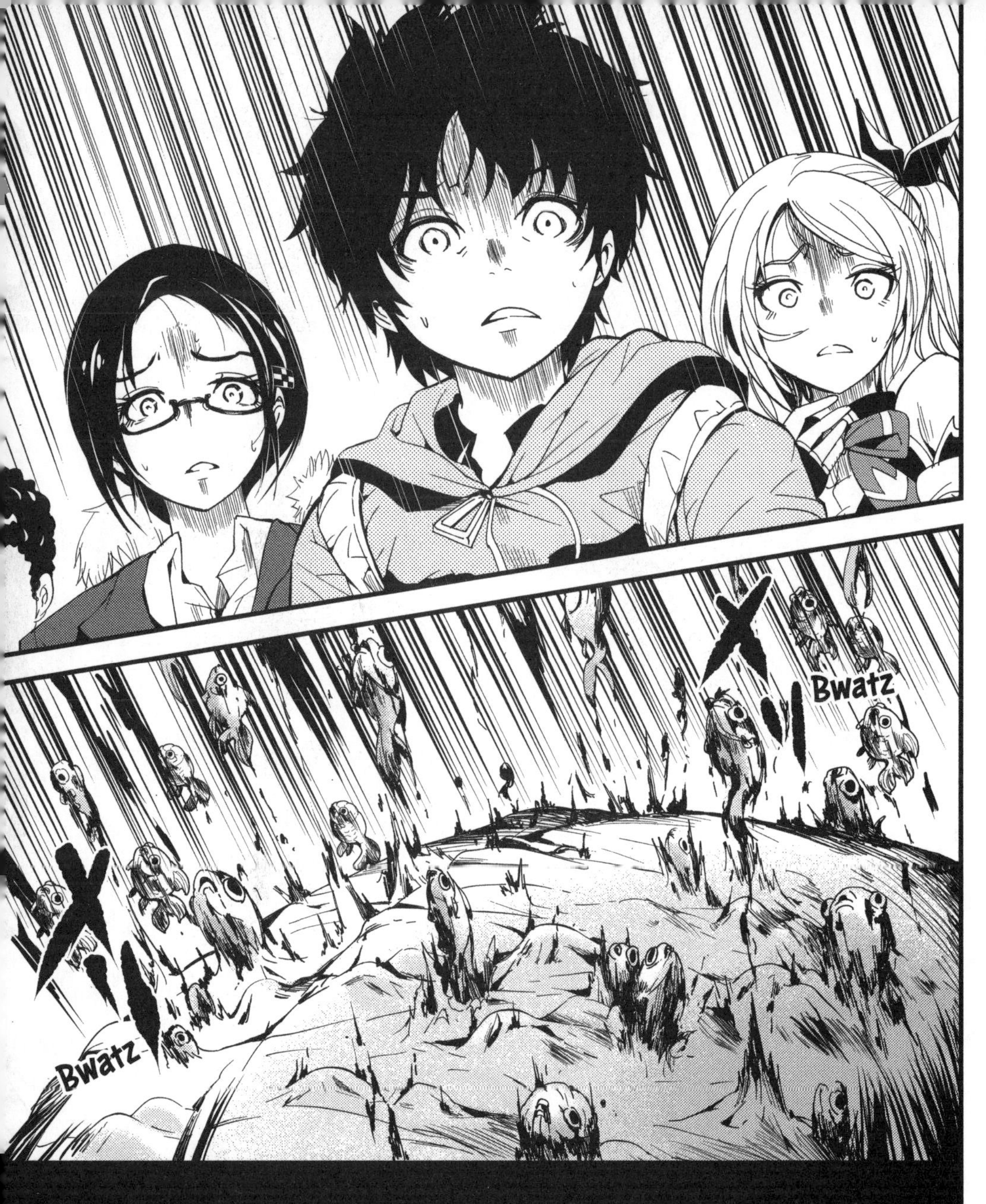

Wir standen erst am Anfang unserer Tragödie.

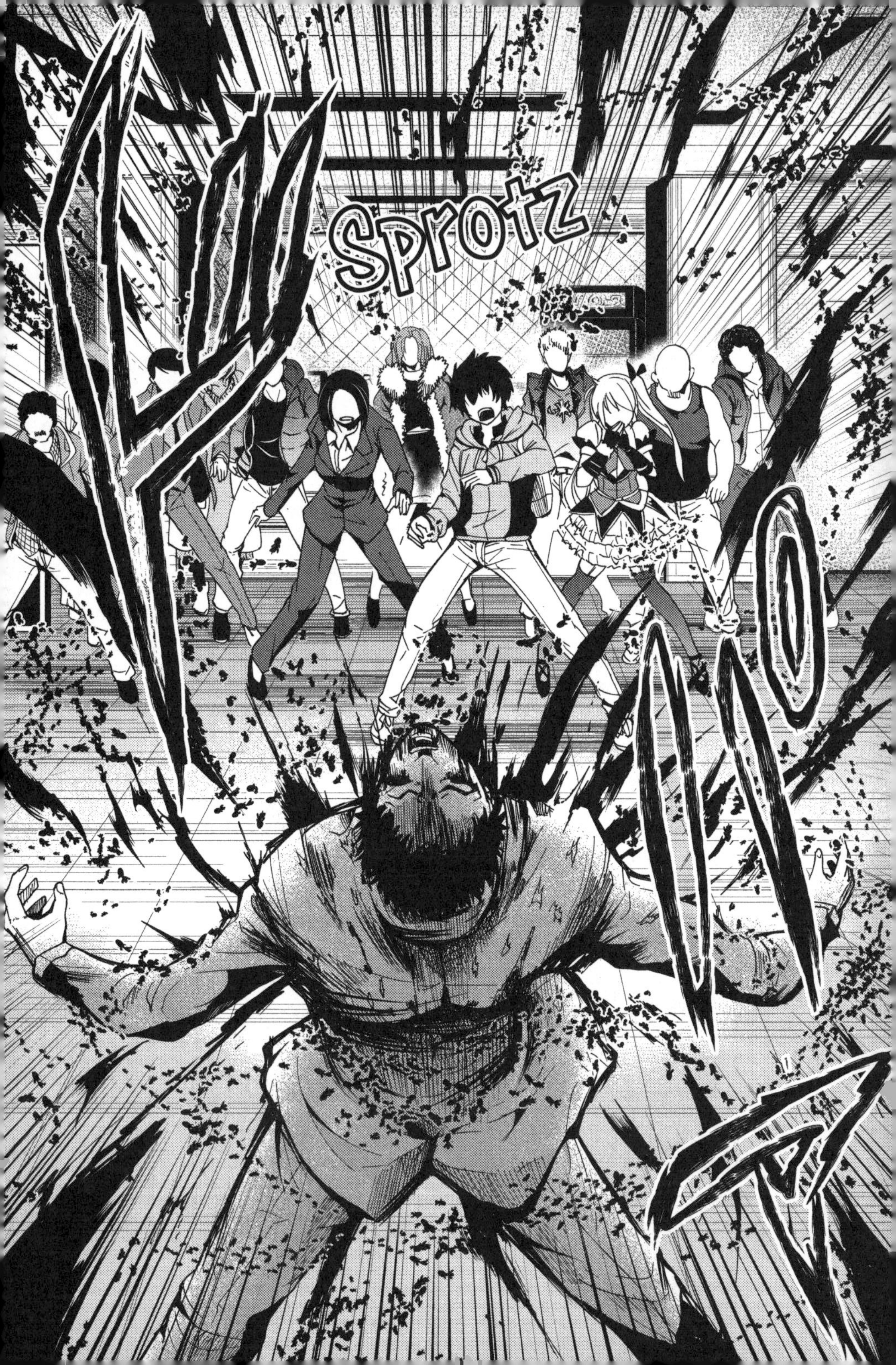
Sprotz

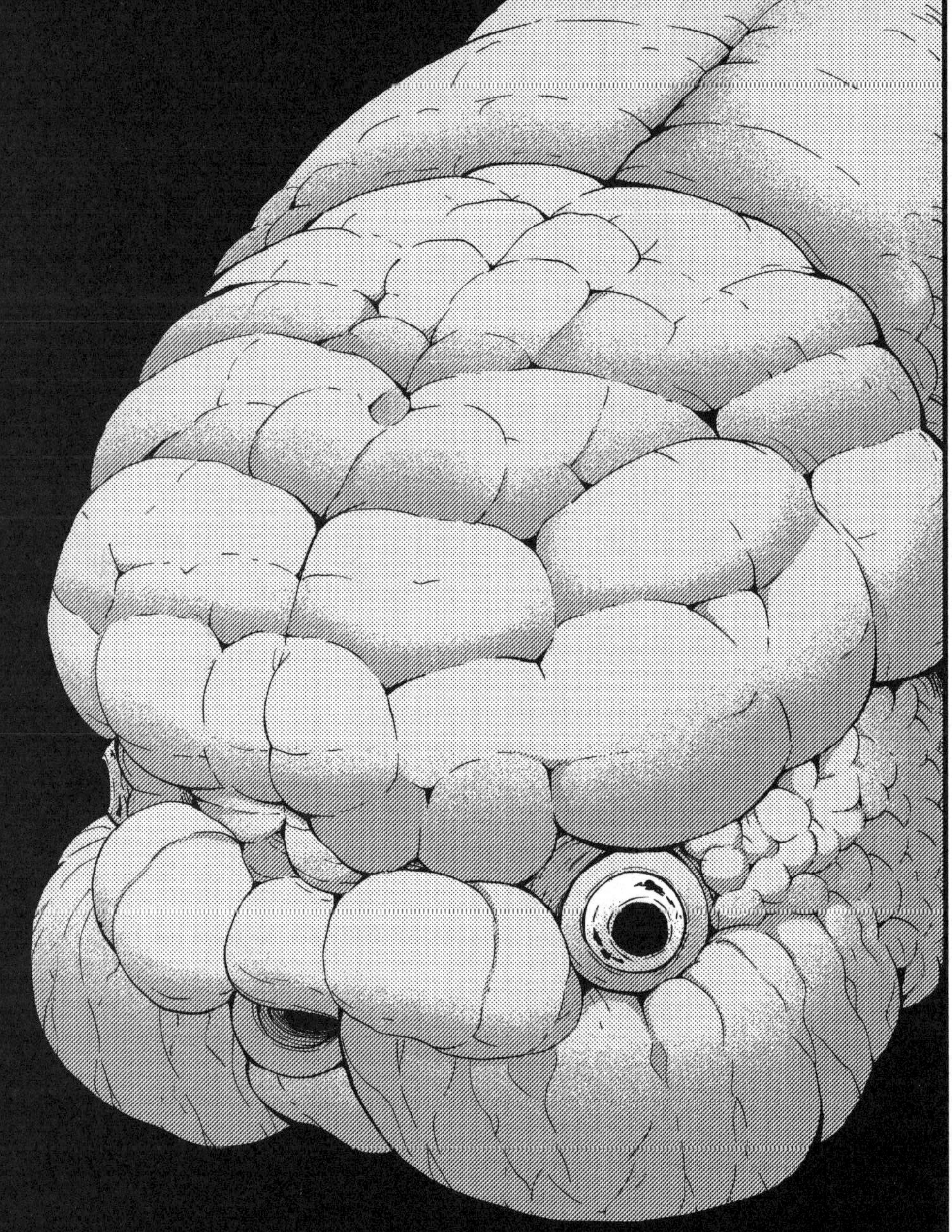

Kapitel 3 Hajime Tsukiyoda ③

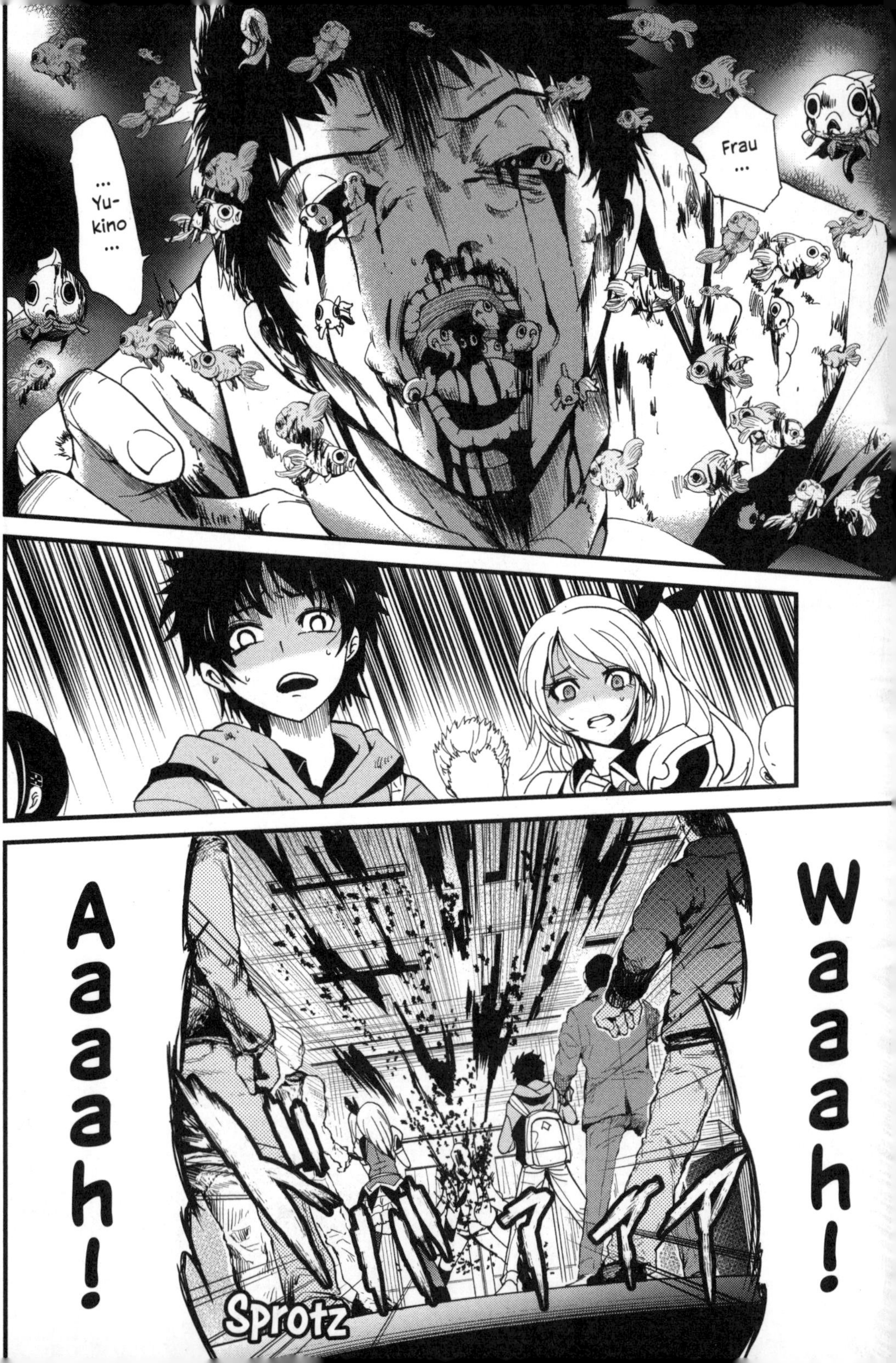

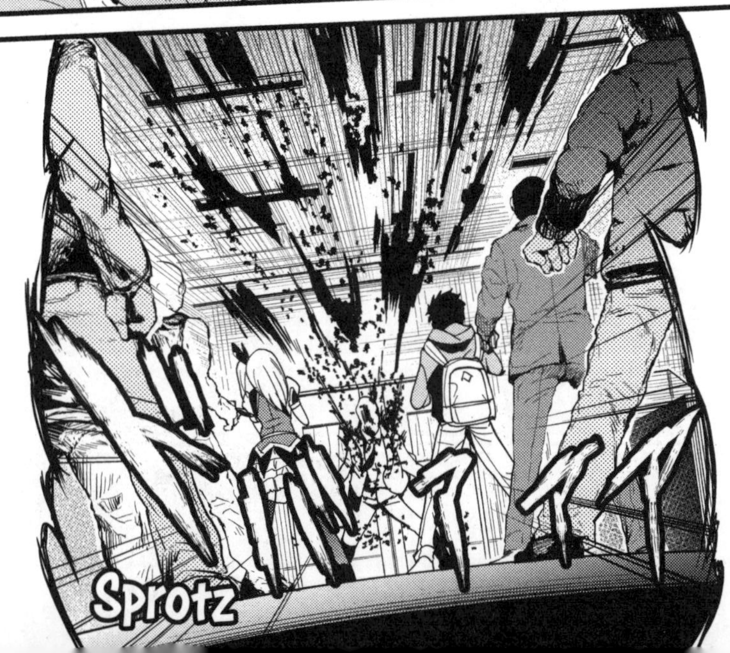
Frau …
… Yu-kino …
Waaaah!
Aaaah!
Sprotz

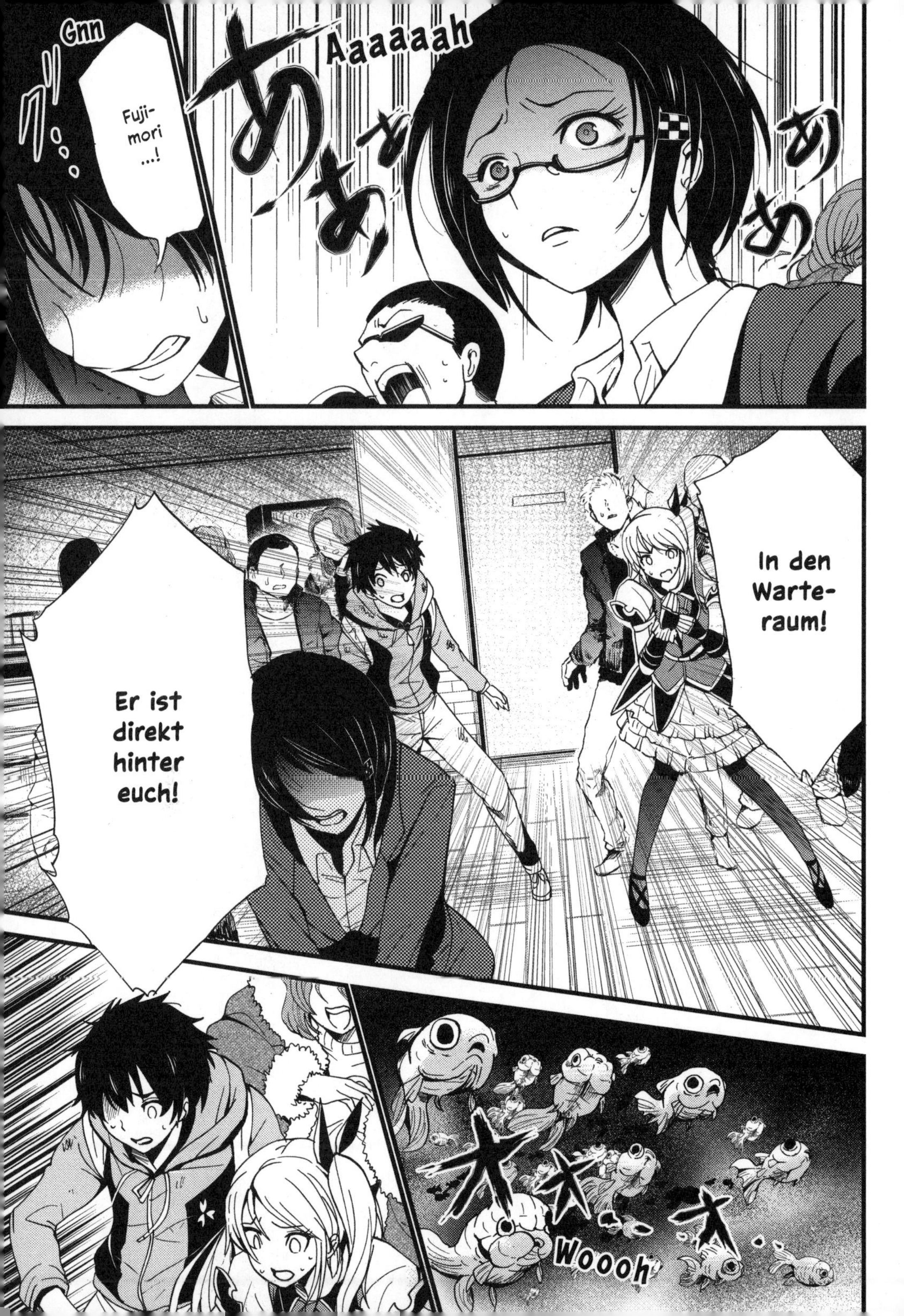

Aaaaaah
Fuji-
mori
...!
Gnn
In den
Warte-
raum!
Er ist
direkt
hinter
euch!
Woooh

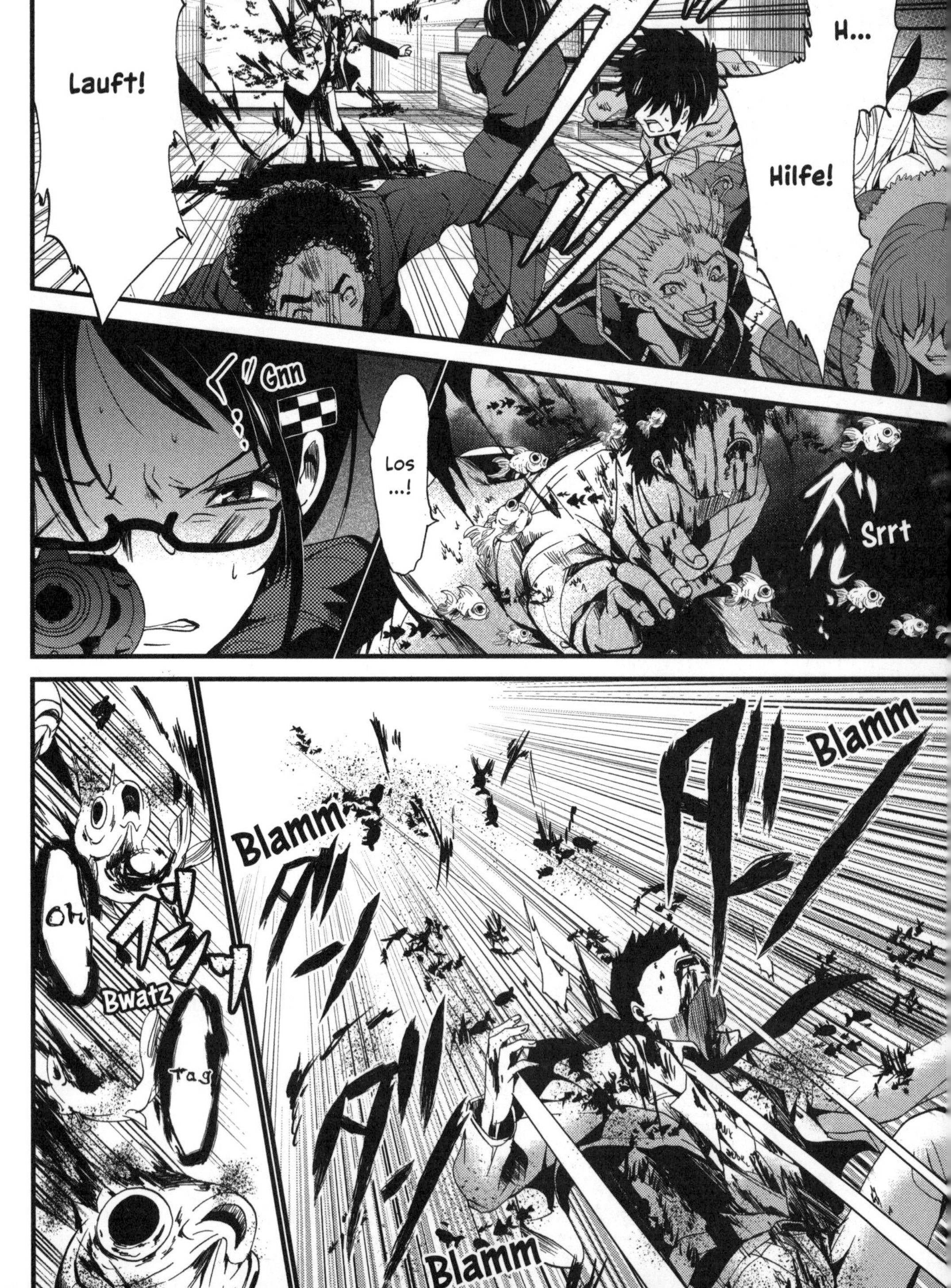
H...
Hilfe!
Dapp
Lauft!
Srrt
Los ...!
Gnn
Blamm
Blamm
Blamm
Bwatz
Oh
Tag

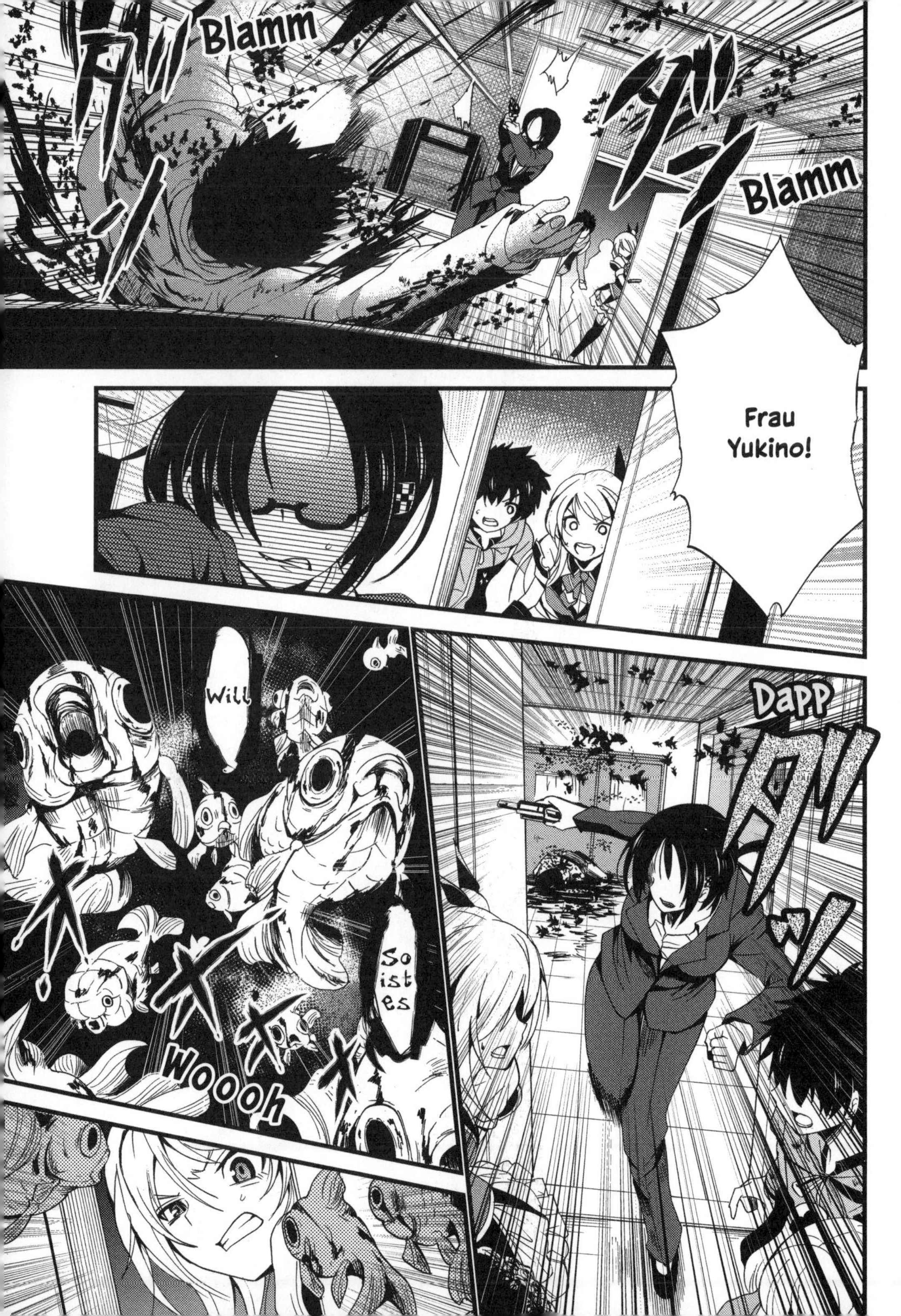
Blamm
Blamm
Frau Yukino!
Dapp
Will
So ist es
Woooh

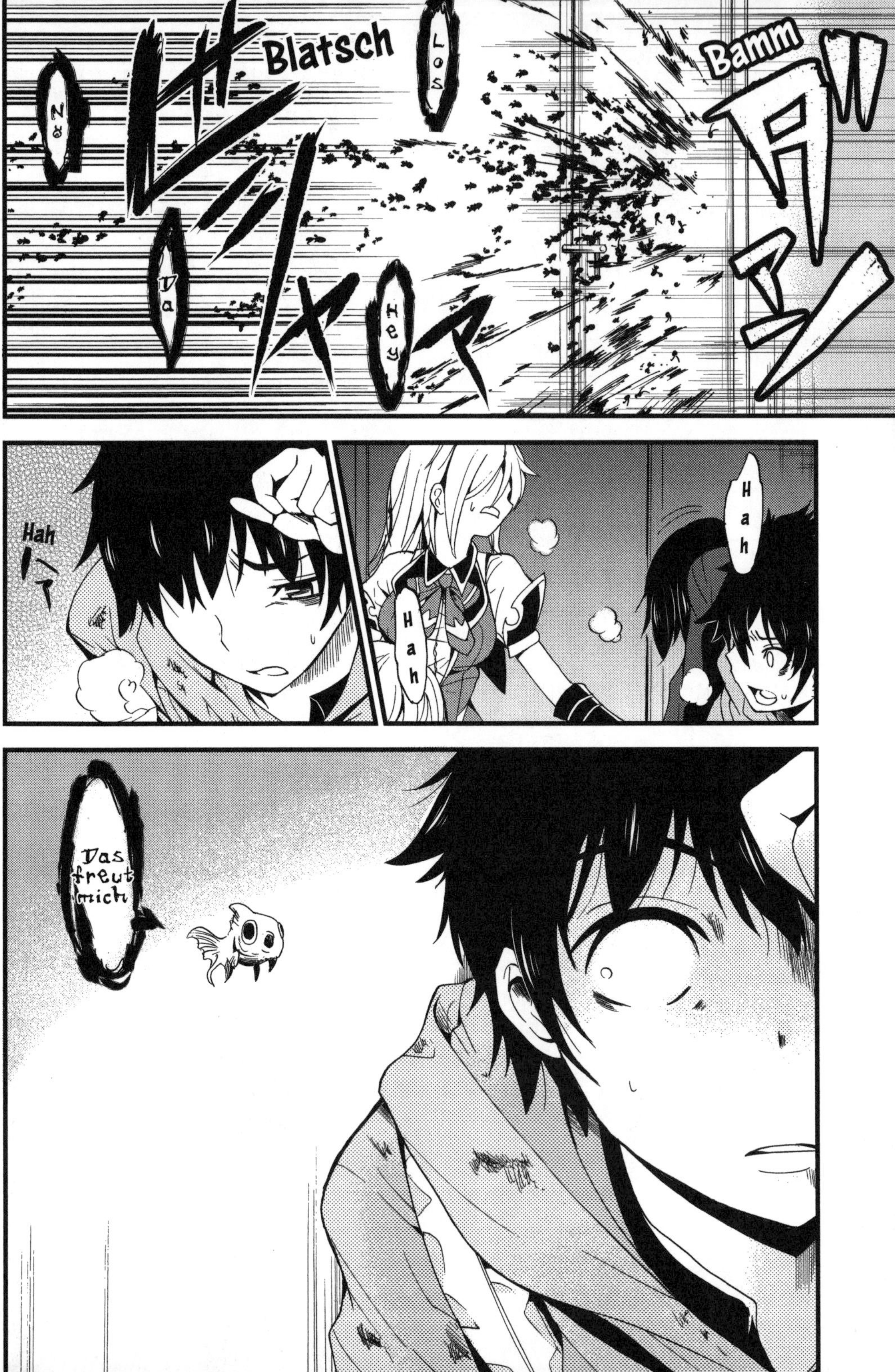

Bamm
Los
Blatsch
Hey
Da
Nö

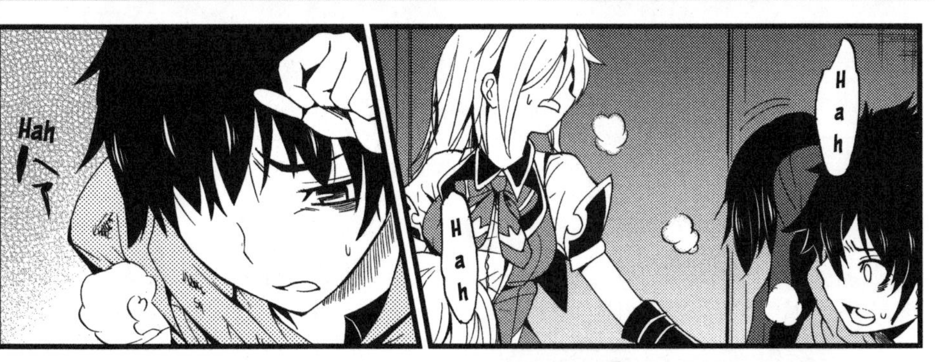

Das freut mich

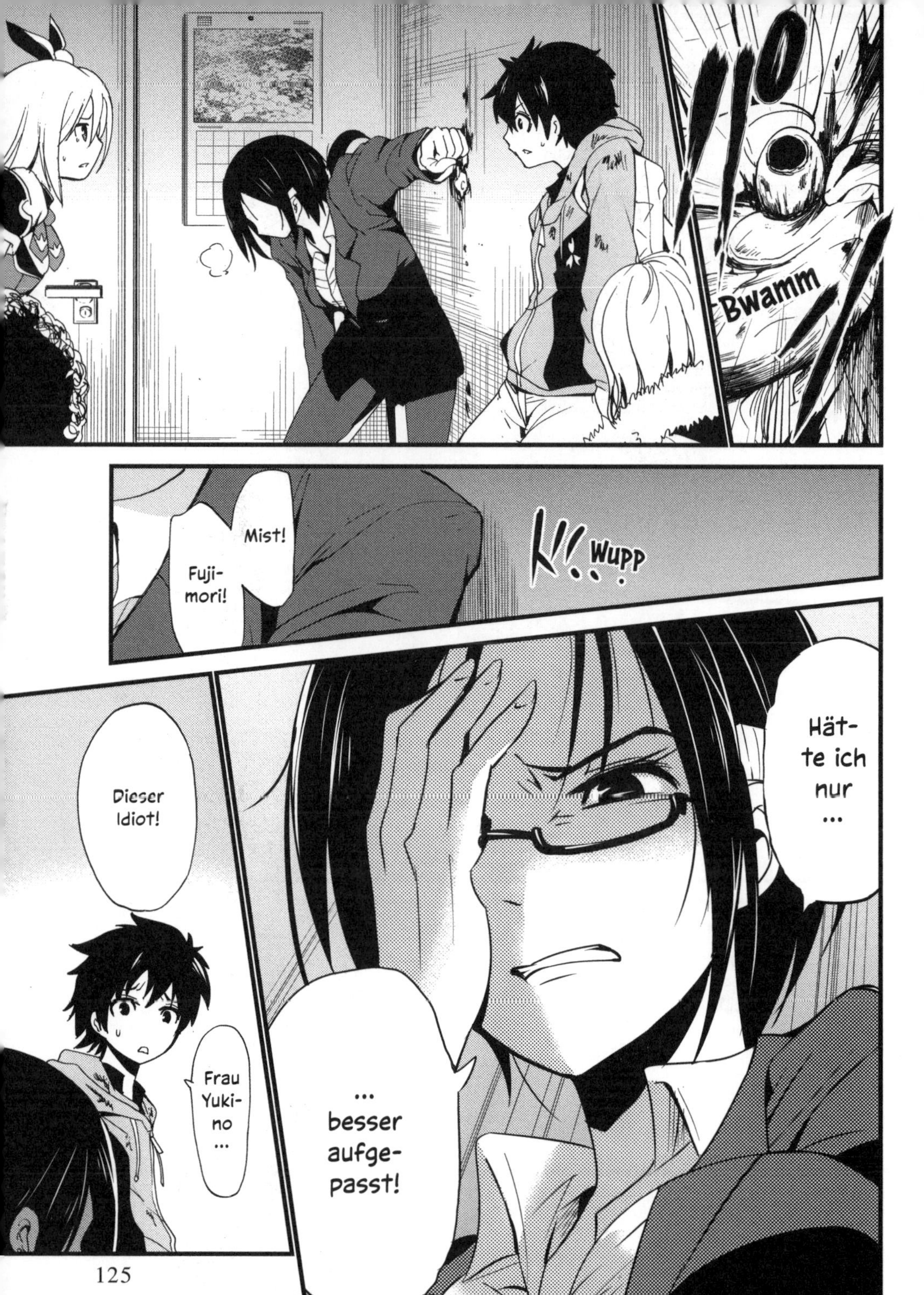

Bwamm
Mist!
Fuji-mori!
Wupp
Hät-te ich nur …
… besser aufge-passt!
Dieser Idiot!
Frau Yuki-no …

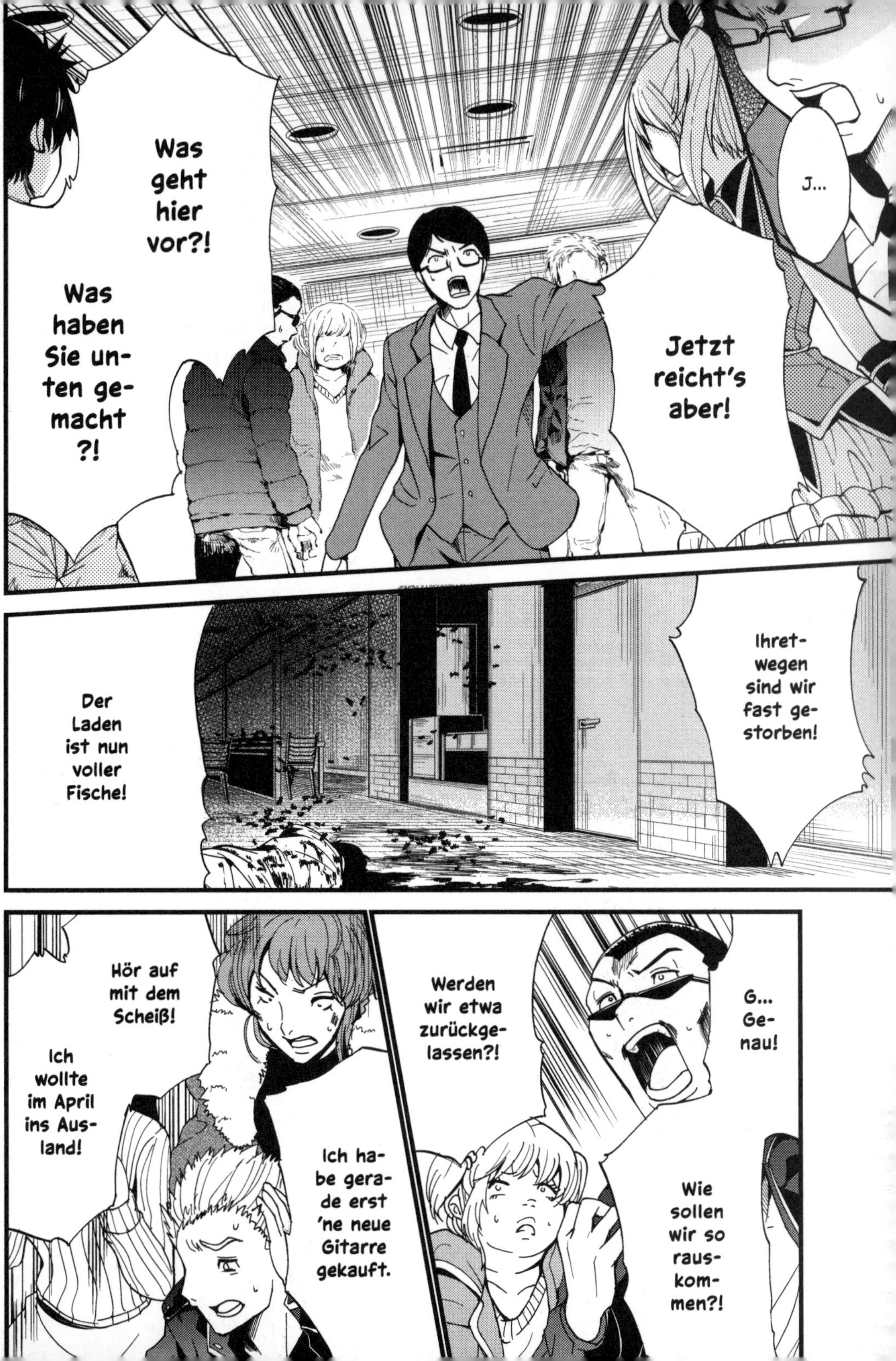

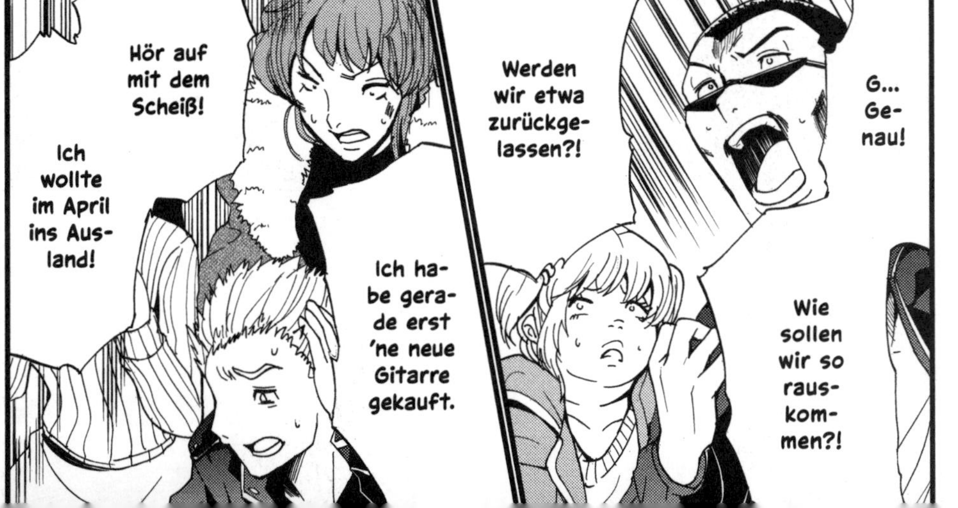
J...
Jetzt reicht's aber!
Was geht hier vor?!
Was haben Sie unten gemacht?!
Ihretwegen sind wir fast gestorben!
Der Laden ist nun voller Fische!
G... Genau!
Werden wir etwa zurückgelassen?!
Wie sollen wir so rauskommen?!
Hör auf mit dem Scheiß!
Ich habe gerade erst 'ne neue Gitarre gekauft.
Ich wollte im April ins Ausland!

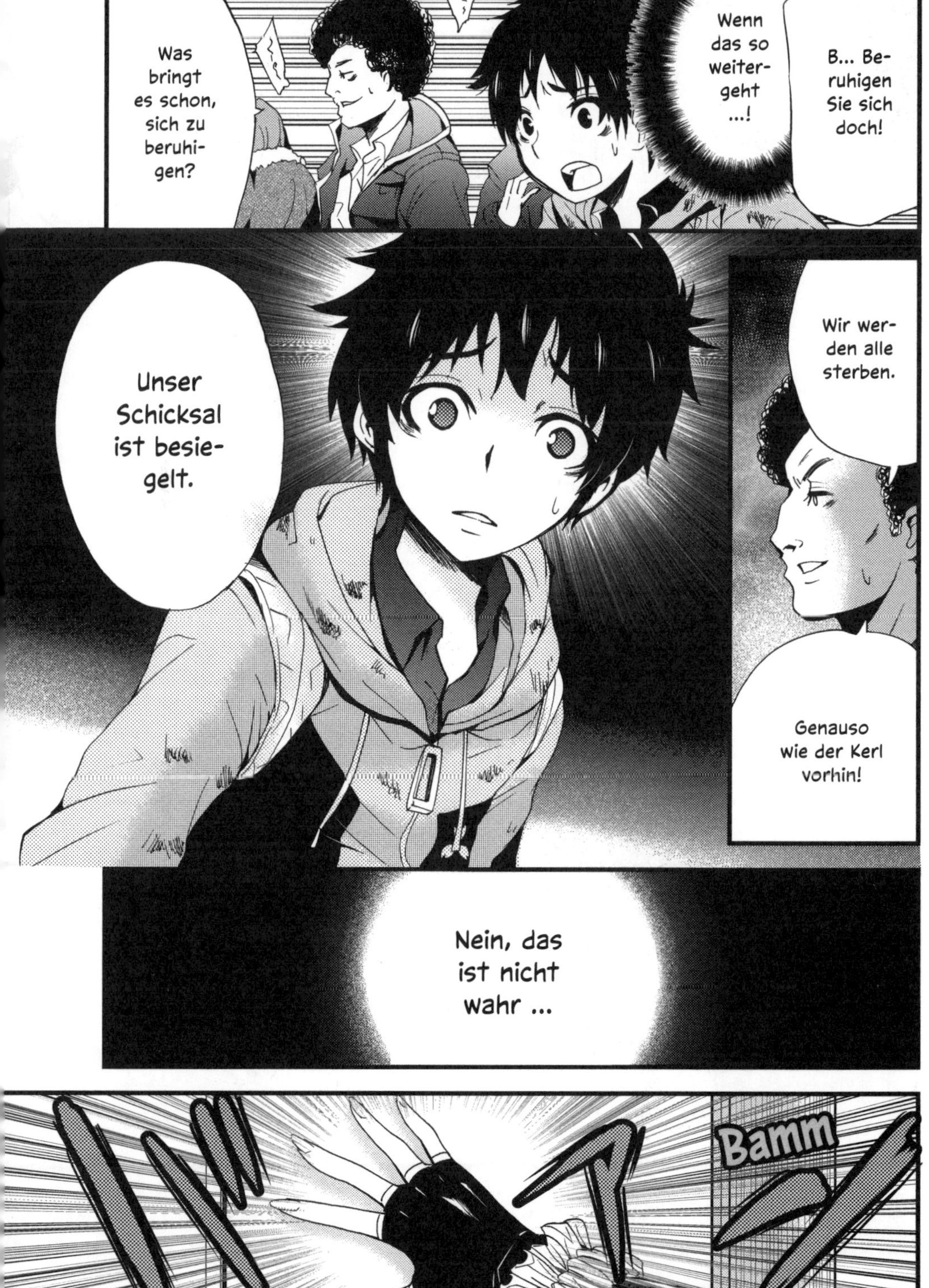
B... Beruhigen Sie sich doch!
Wenn das so weitergeht ...!
Was bringt es schon, sich zu beruhigen?
Wir werden alle sterben.
Genauso wie der Kerl vorhin!
Unser Schicksal ist besiegelt.
Nein, das ist nicht wahr ...
Bamm

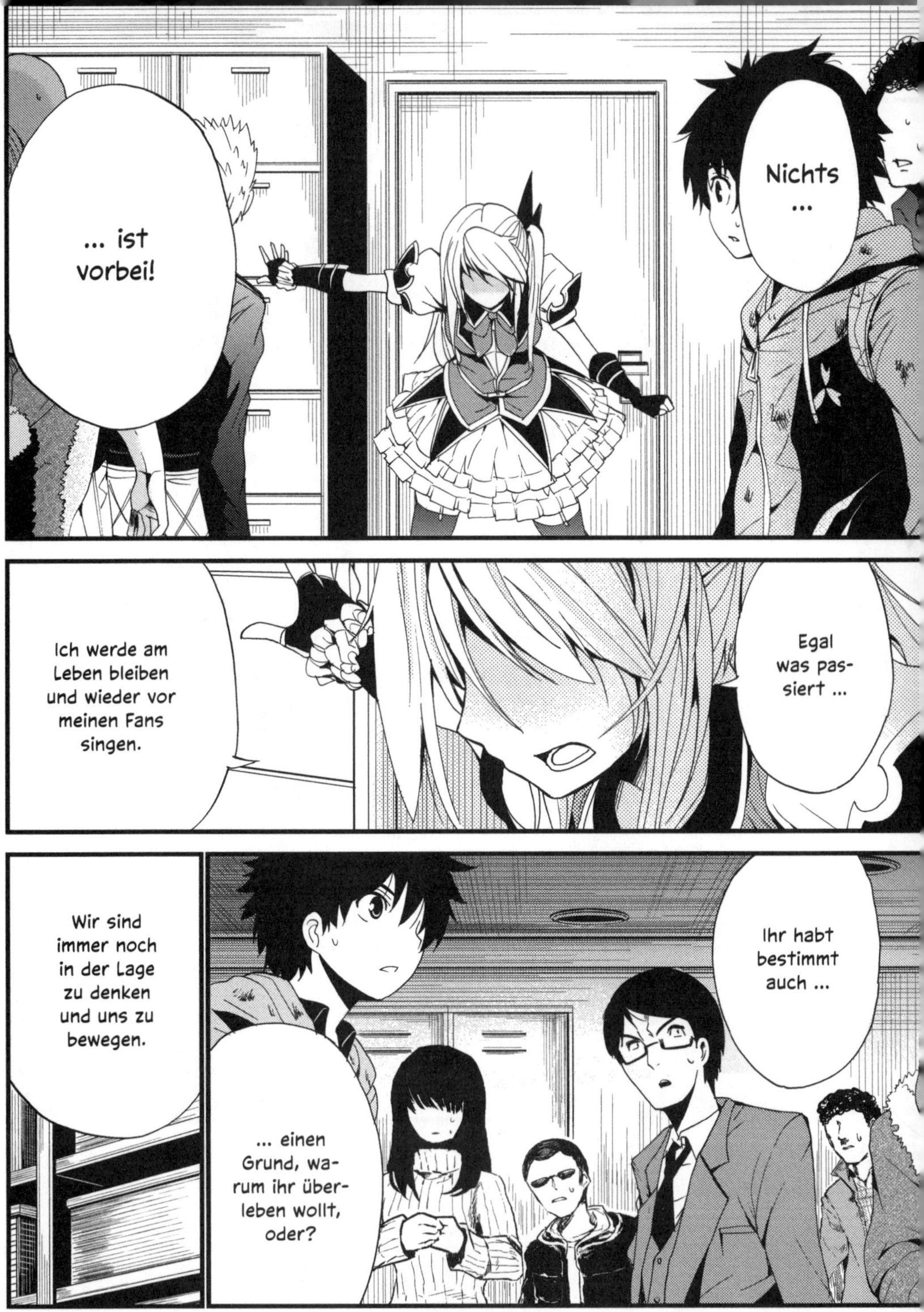

Nichts ...

... ist vorbei!

Egal was passiert ...

Ich werde am Leben bleiben und wieder vor meinen Fans singen.

Ihr habt bestimmt auch ...

Wir sind immer noch in der Lage zu denken und uns zu bewegen.

... einen Grund, warum ihr überleben wollt, oder?

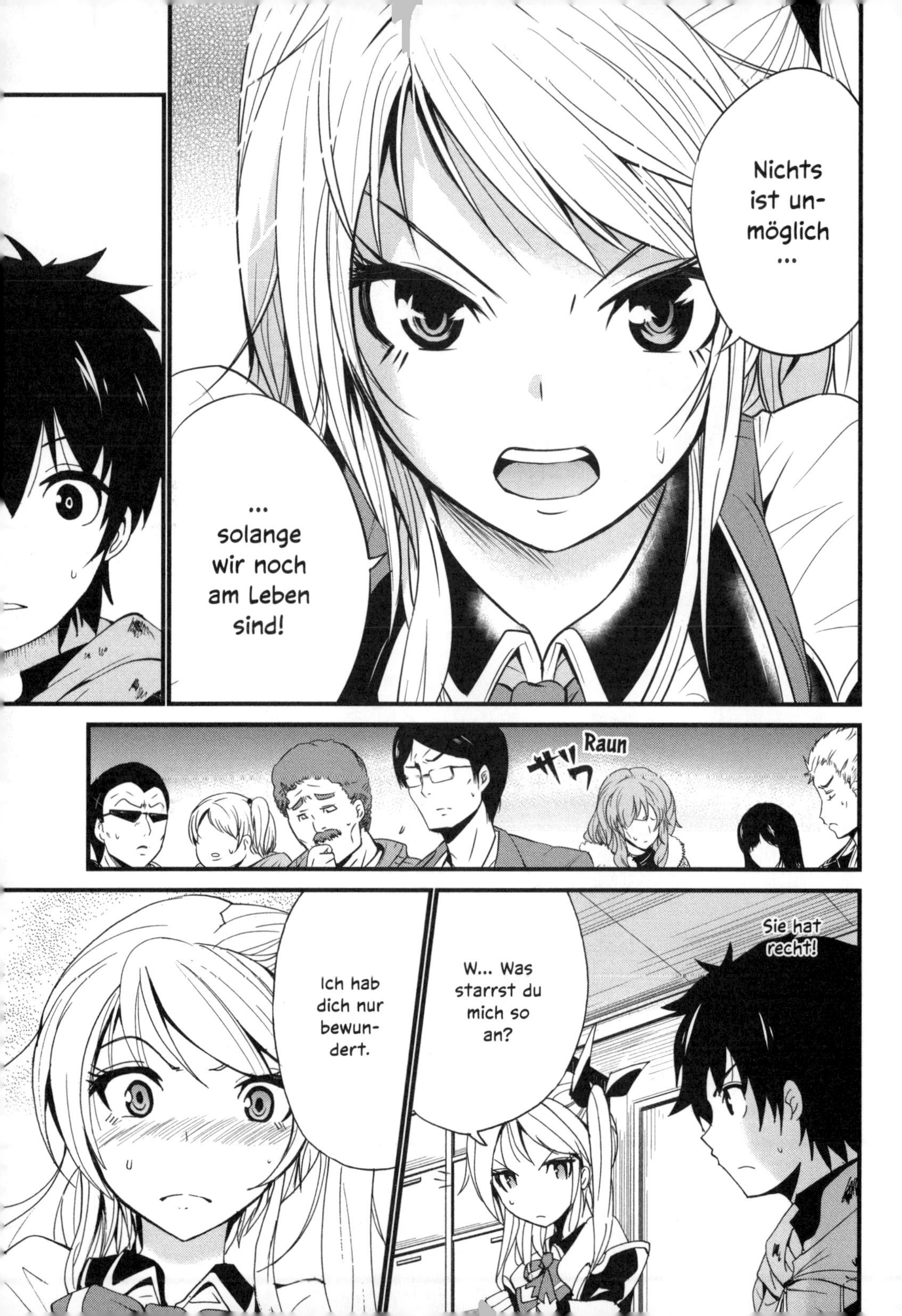

Nichts ist un-möglich ...

... solange wir noch am Leben sind!

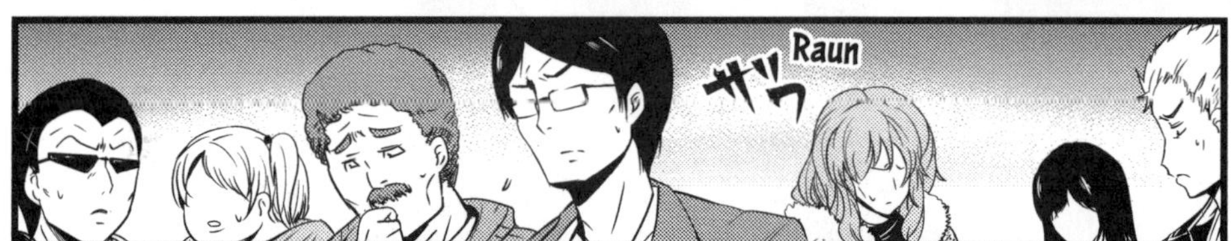

Sie hat recht!

W... Was starrst du mich so an?

Ich hab dich nur bewun-dert.

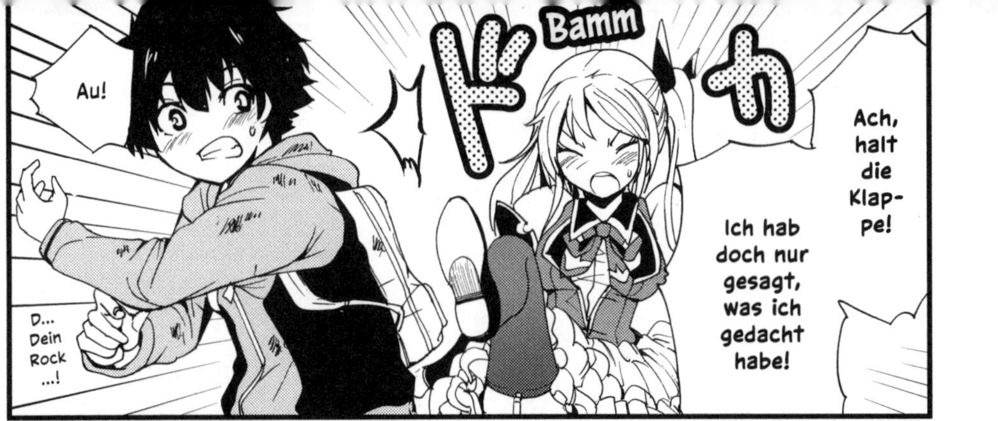

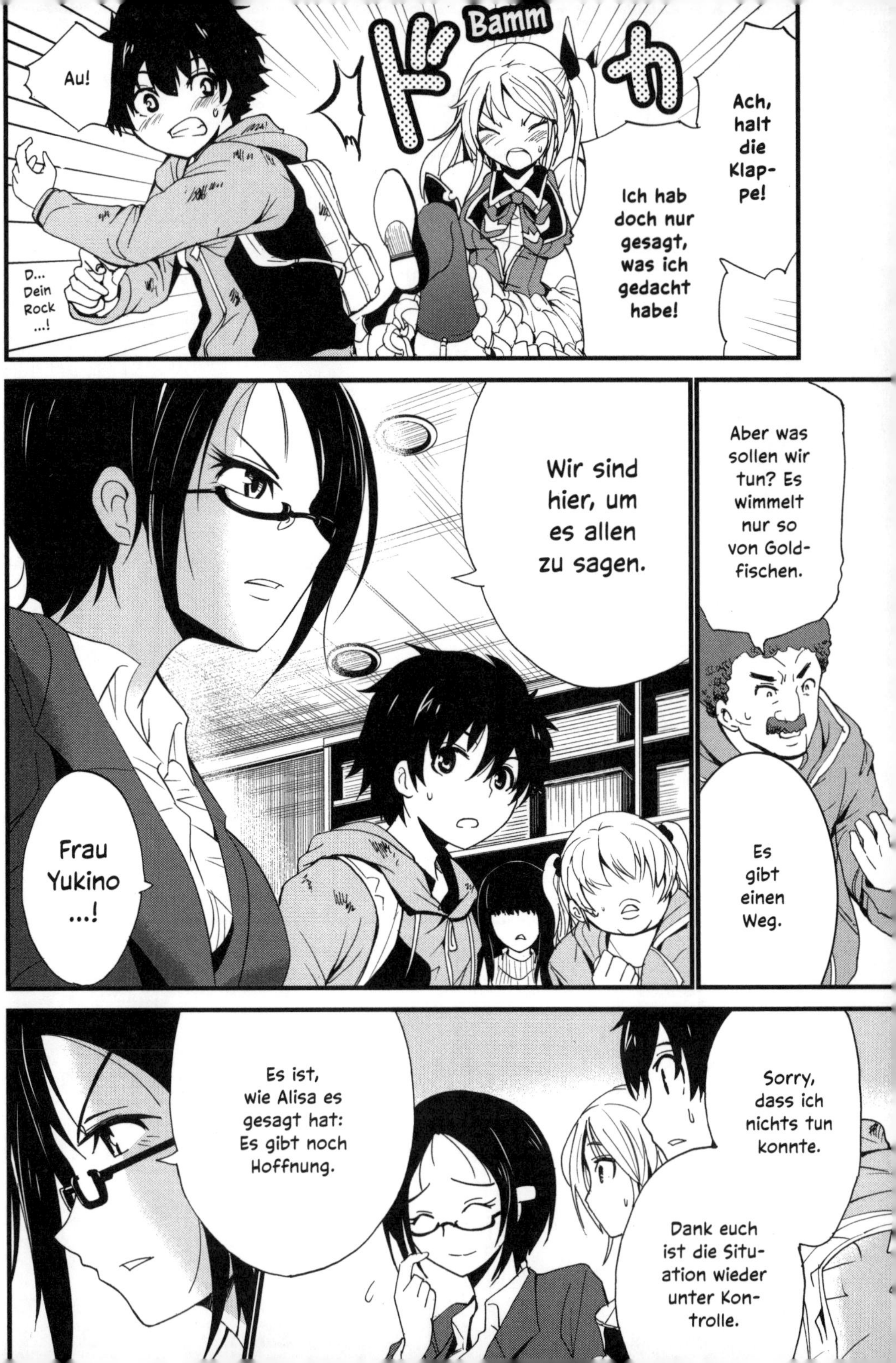

Aber was sollen wir tun? Es wimmelt nur so von Gold- fischen.

Es gibt einen Weg.

Wir sind hier, um es allen zu sagen.

Frau Yukino ...!

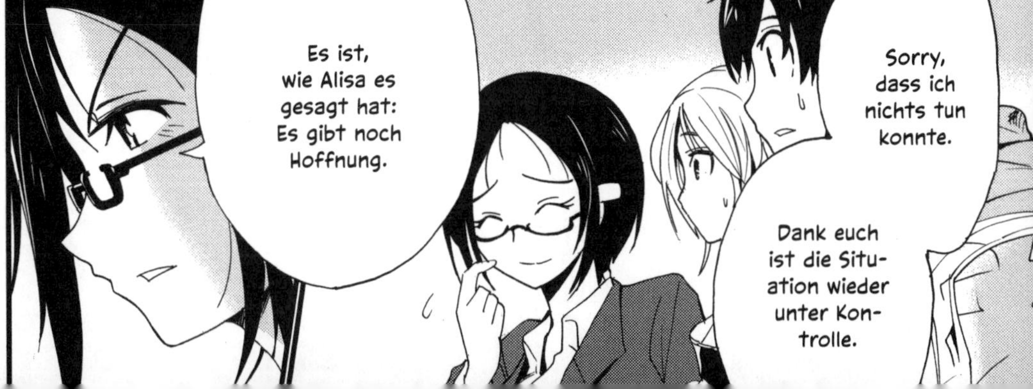

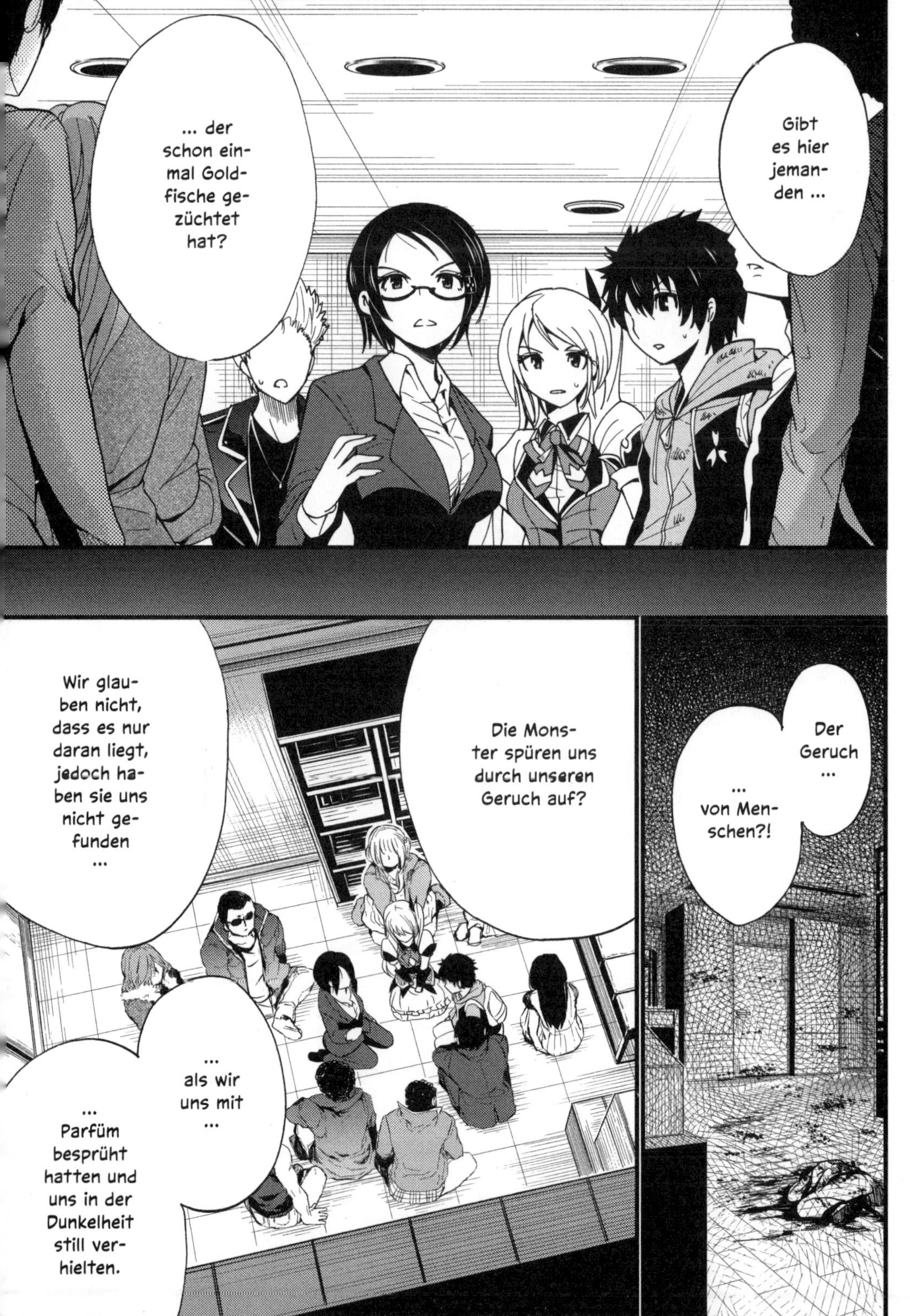
Gibt es hier jemanden …
… der schon einmal Goldfische gezüchtet hat?
Der Geruch …
… von Menschen?!
Die Monster spüren uns durch unseren Geruch auf?
Wir glauben nicht, dass es nur daran liegt, jedoch haben sie uns nicht gefunden …
… als wir uns mit …
… Parfüm besprüht hatten und uns in der Dunkelheit still verhielten.

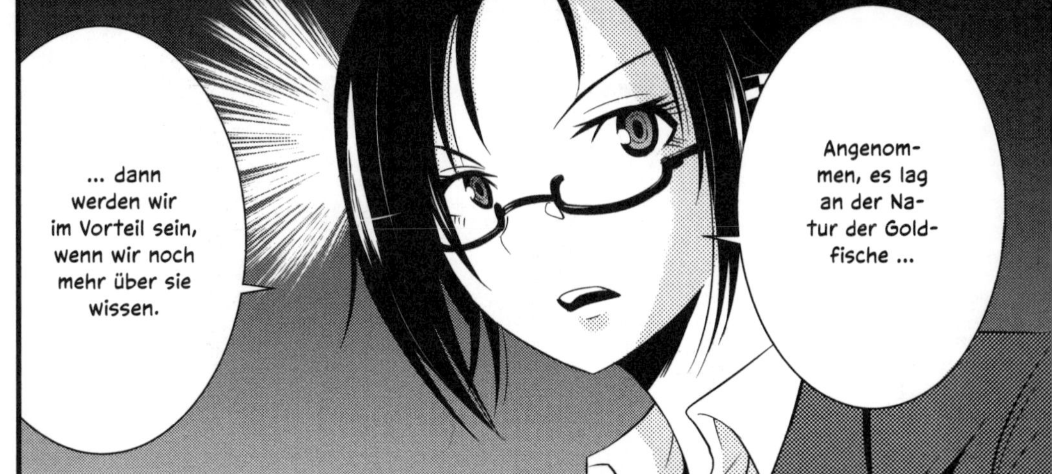
Angenommen, es lag an der Natur der Goldfische ...
... dann werden wir im Vorteil sein, wenn wir noch mehr über sie wissen.

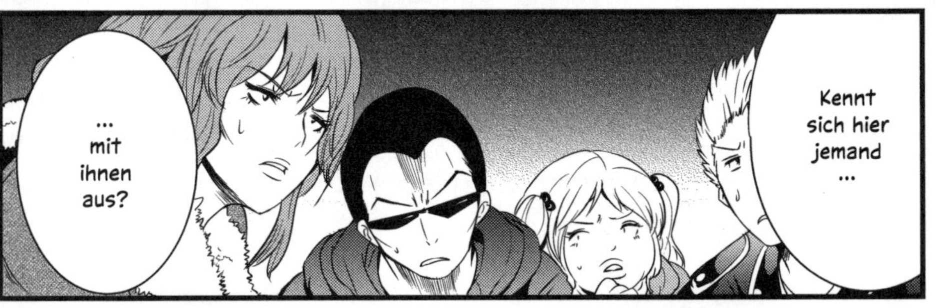
Kennt sich hier jemand ...
... mit ihnen aus?

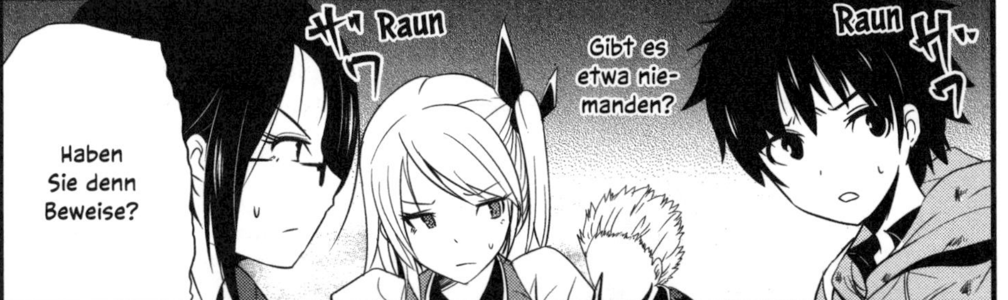
Raun
Gibt es etwa niemanden?
Raun
Haben Sie denn Beweise?

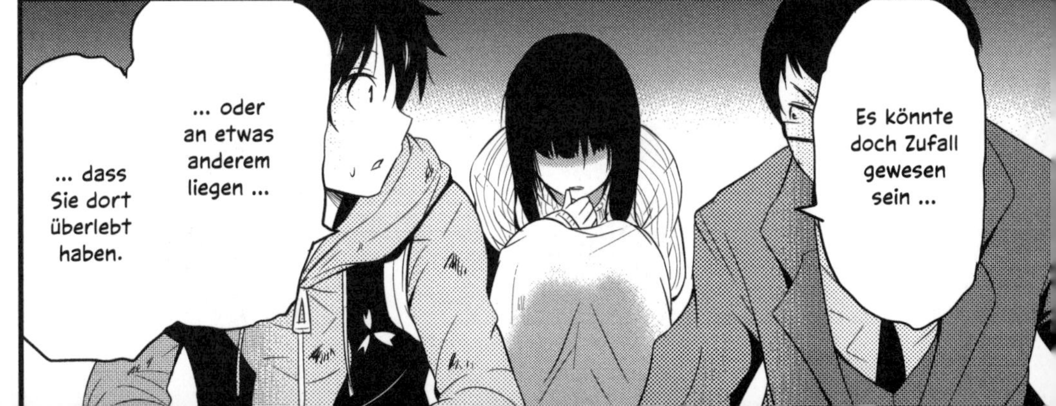
Es könnte doch Zufall gewesen sein ...
... oder an etwas anderem liegen ...
... dass Sie dort überlebt haben.

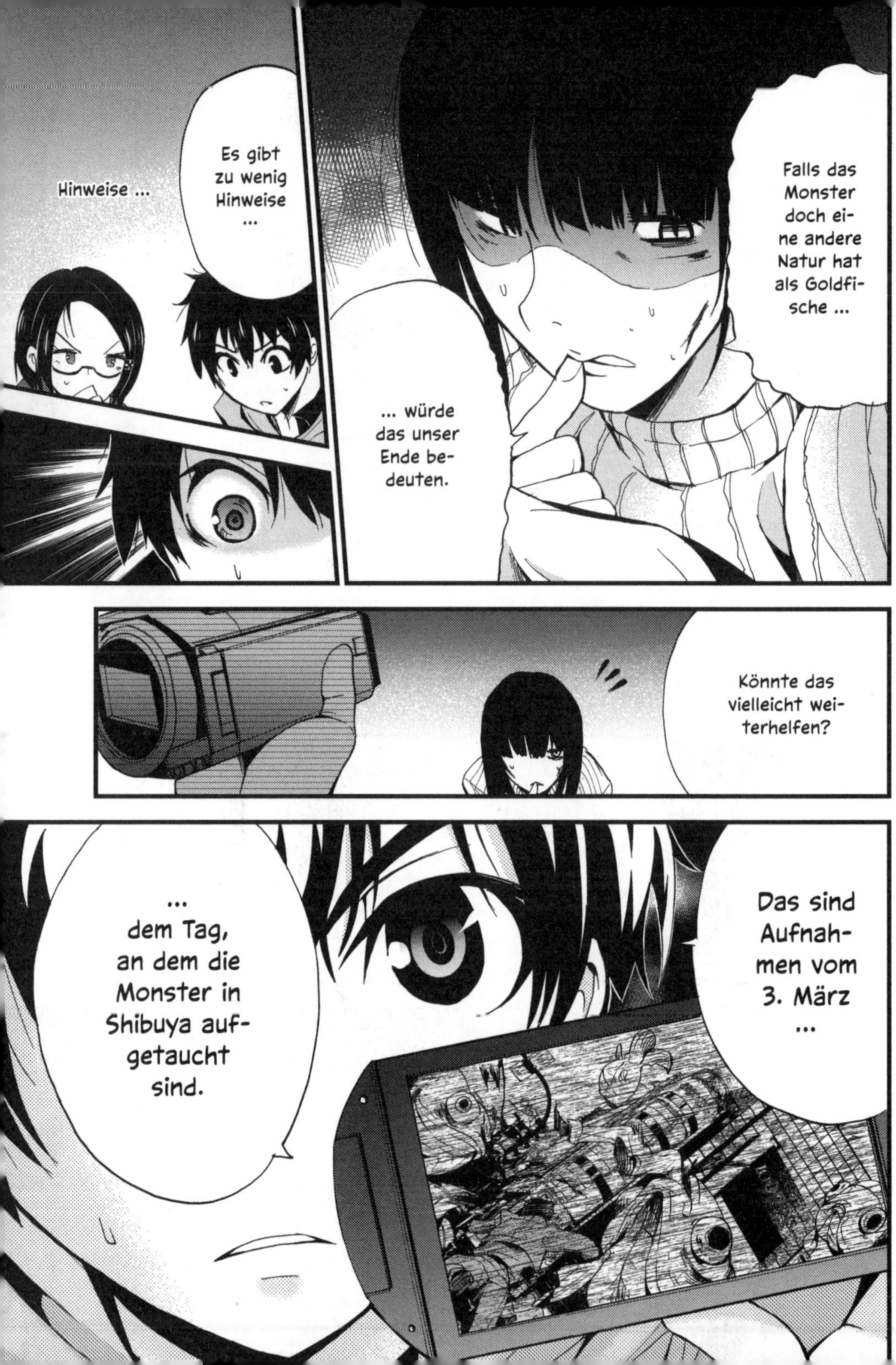

Falls das Monster doch eine andere Natur hat als Goldfische ...
... würde das unser Ende bedeuten.
Es gibt zu wenig Hinweise ...
Hinweise ...
Könnte das vielleicht weiterhelfen?
Das sind Aufnahmen vom 3. März ...
... dem Tag, an dem die Monster in Shibuya aufgetaucht sind.

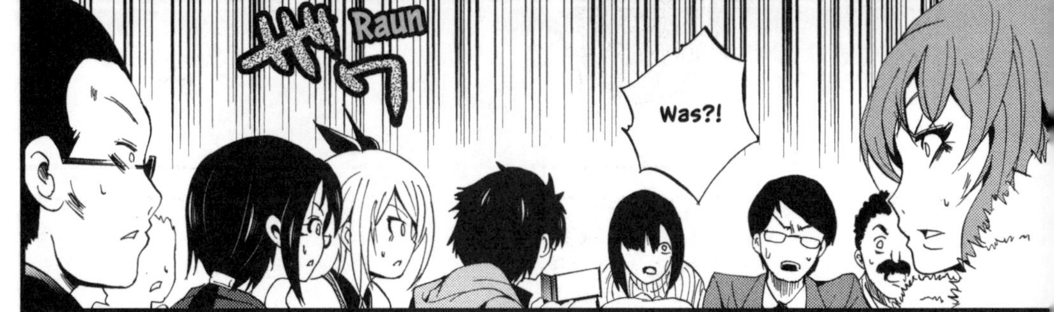
Raun
Was?!

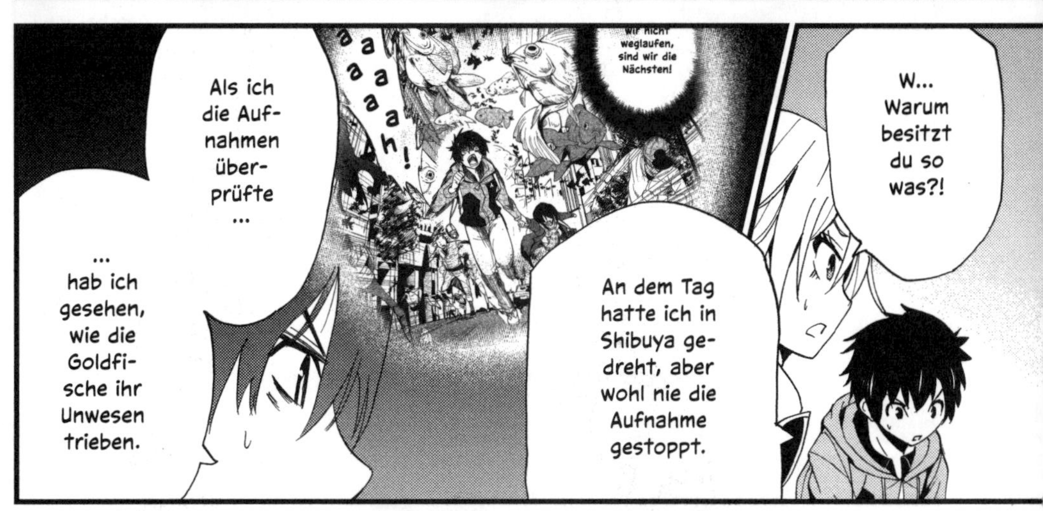
W... Warum besitzt du so was?!
An dem Tag hatte ich in Shibuya gedreht, aber wohl nie die Aufnahme gestoppt.
wir nicht weglaufen, sind wir die Nächsten!
aaaaaah!
Als ich die Aufnahmen überprüfte ...
... hab ich gesehen, wie die Goldfische ihr Unwesen trieben.

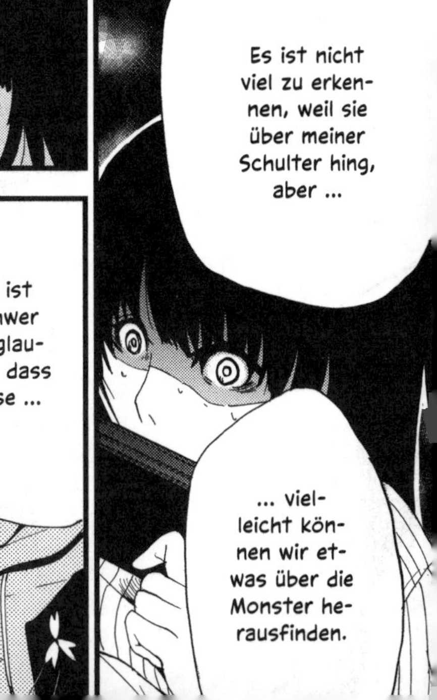
Es ist nicht viel zu erkennen, weil sie über meiner Schulter hing, aber ...
... vielleicht können wir etwas über die Monster herausfinden.

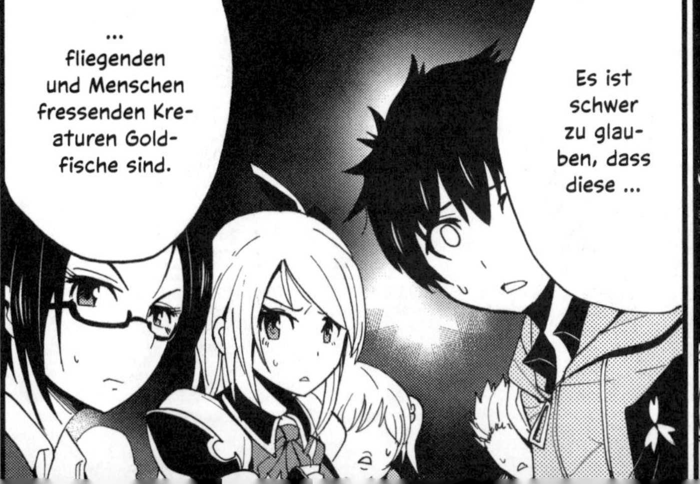
Es ist schwer zu glauben, dass diese ...
... fliegenden und Menschen fressenden Kreaturen Goldfische sind.

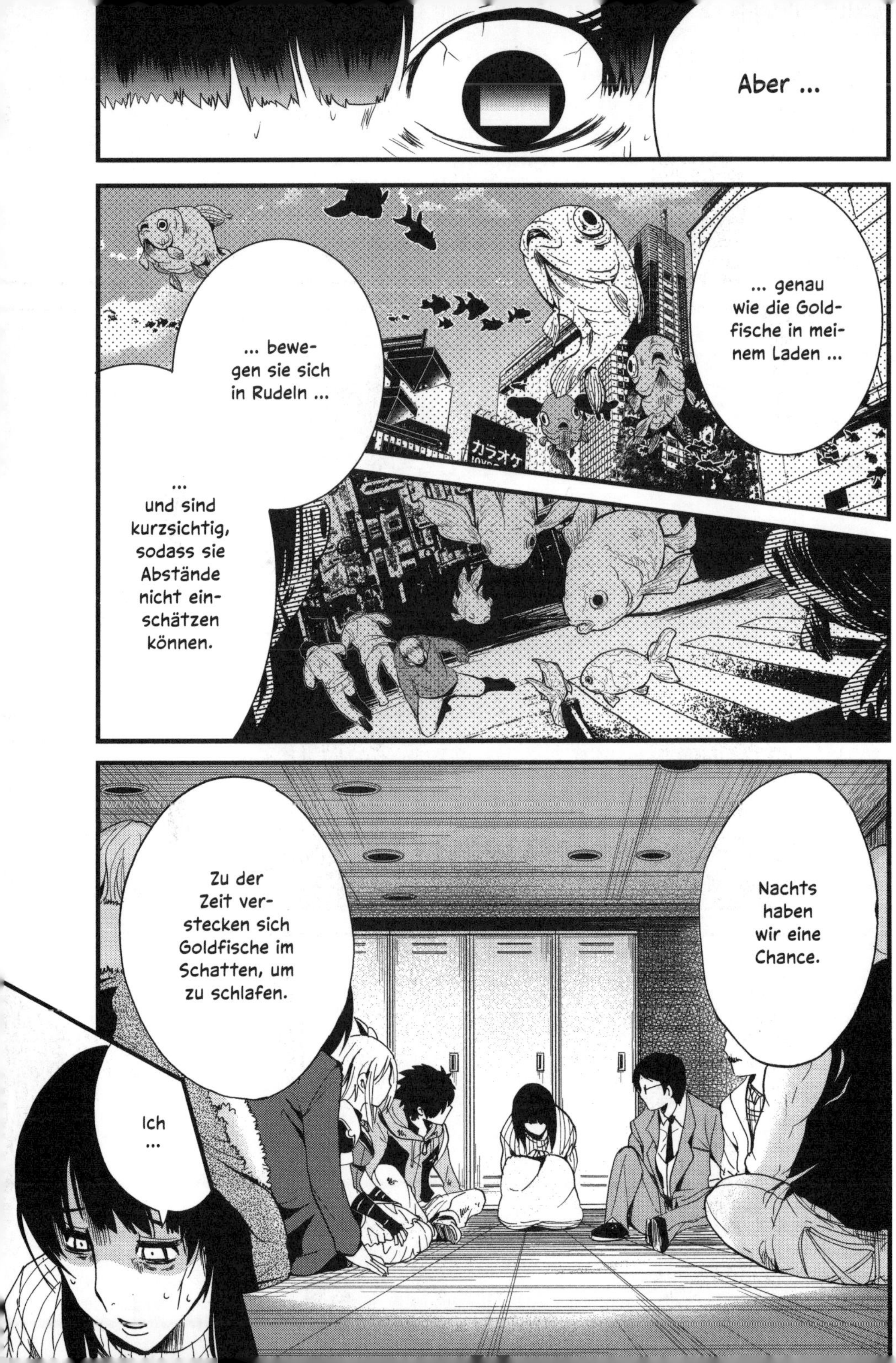

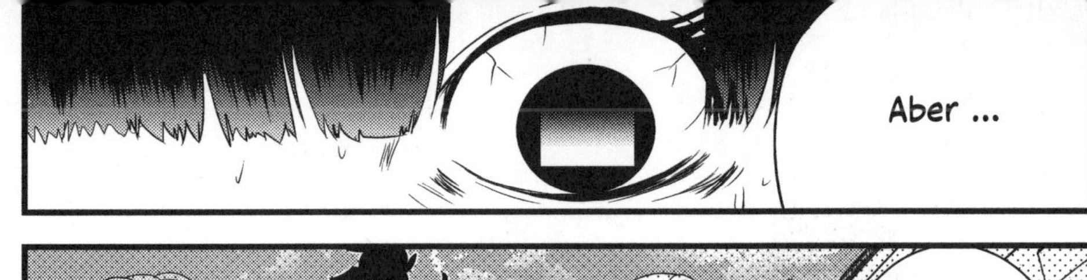

... genau wie die Goldfische in meinem Laden ...

... bewegen sie sich in Rudeln ...

... und sind kurzsichtig, sodass sie Abstände nicht einschätzen können.

Nachts haben wir eine Chance.

Zu der Zeit verstecken sich Goldfische im Schatten, um zu schlafen.

Ich ...

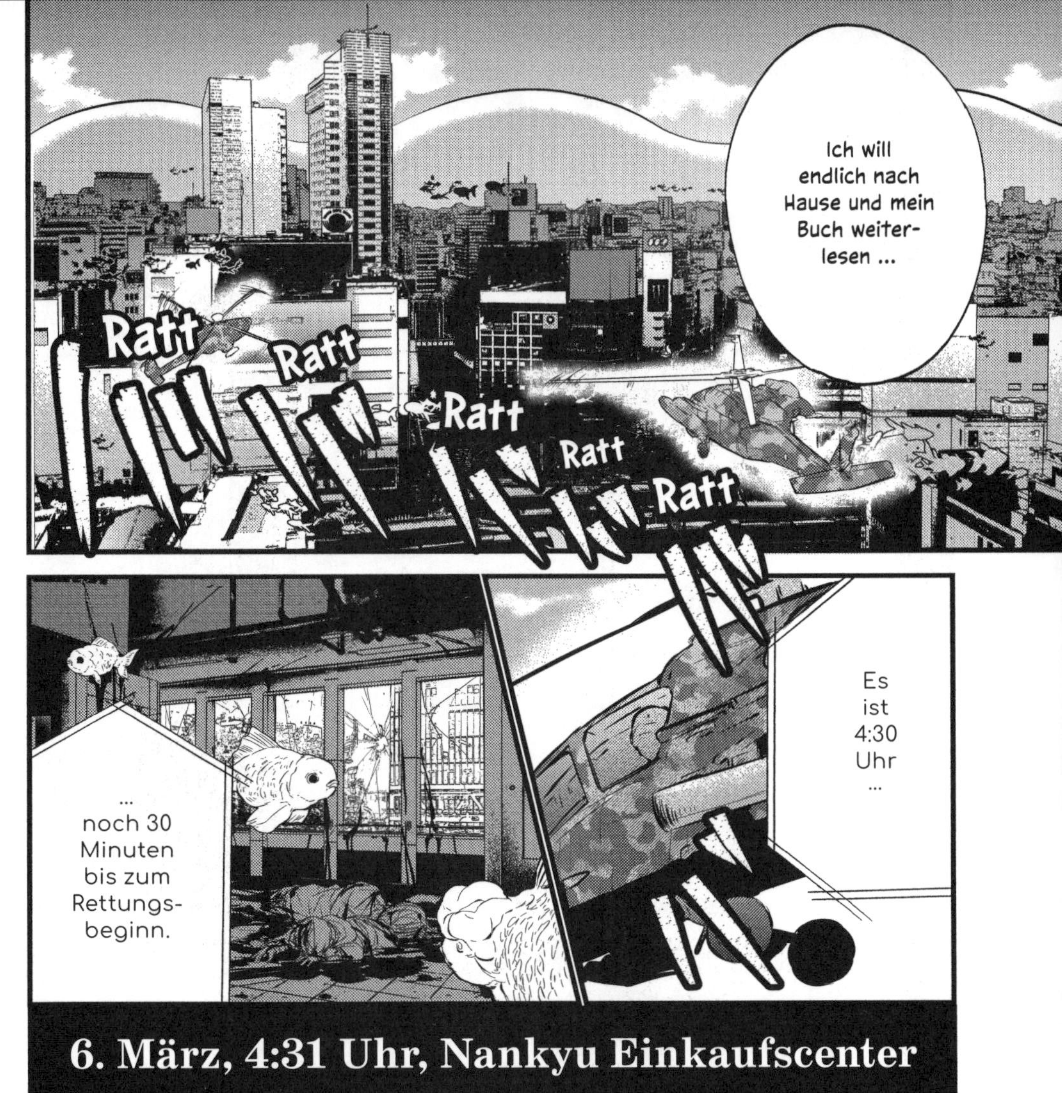
Ich will endlich nach Hause und mein Buch weiter-lesen ...
Ratt
Ratt
Ratt
Ratt
Ratt
Es ist 4:30 Uhr ...
... noch 30 Minuten bis zum Rettungs-beginn.
6. März, 4:31 Uhr, Nankyu Einkaufscenter
Groooh
Bereitet euch auf die Lan-dung vor.

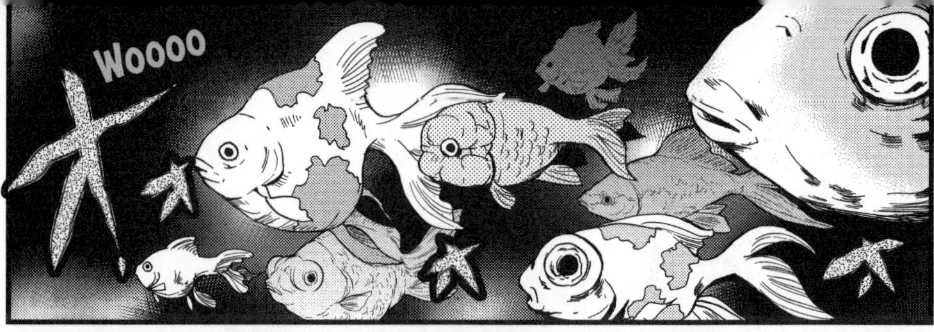
Woooo

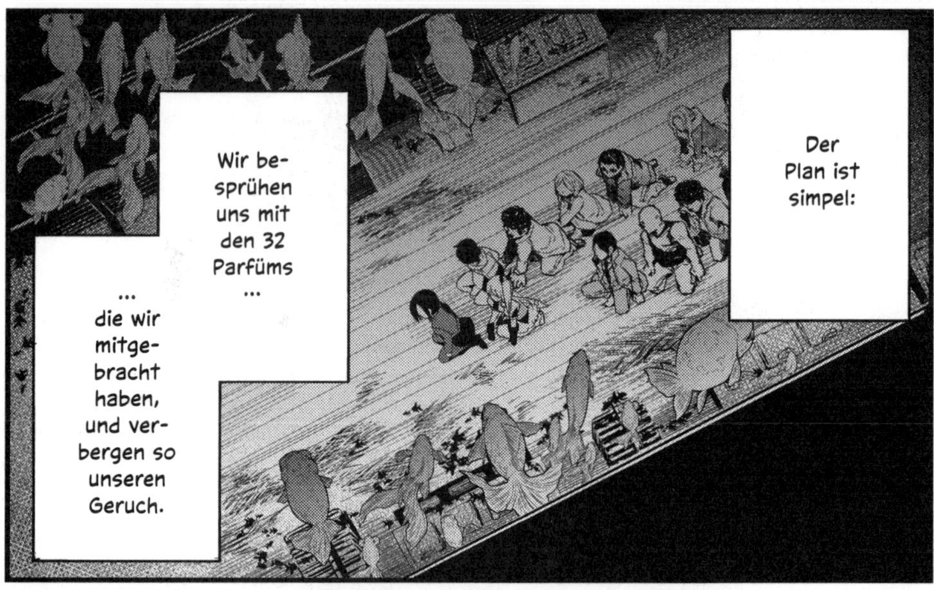
Der Plan ist simpel:
Wir besprühen uns mit den 32 Parfüms …
… die wir mitgebracht haben, und verbergen so unseren Geruch.

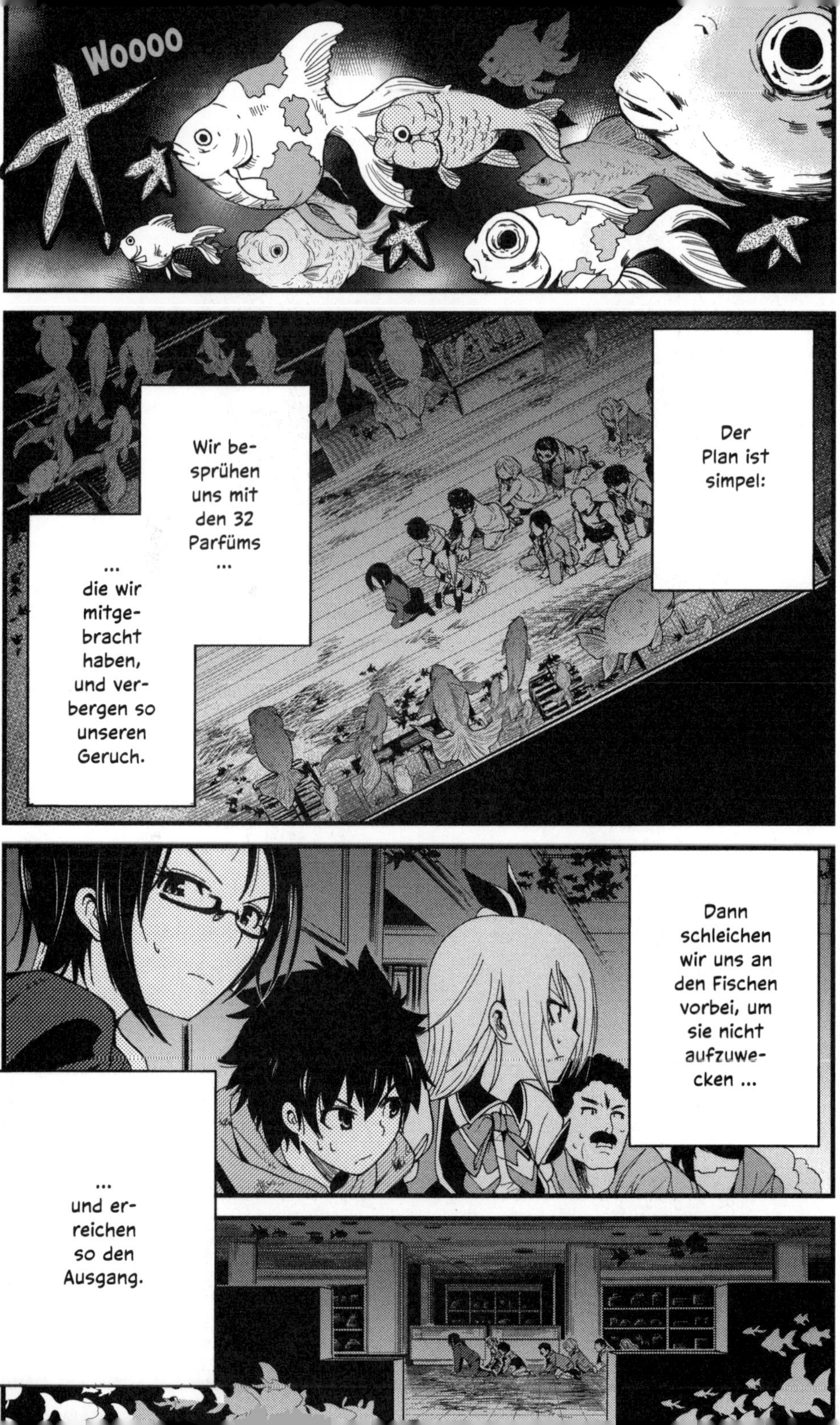

Dann schleichen wir uns an den Fischen vorbei, um sie nicht aufzuwecken …
… und erreichen so den Ausgang.

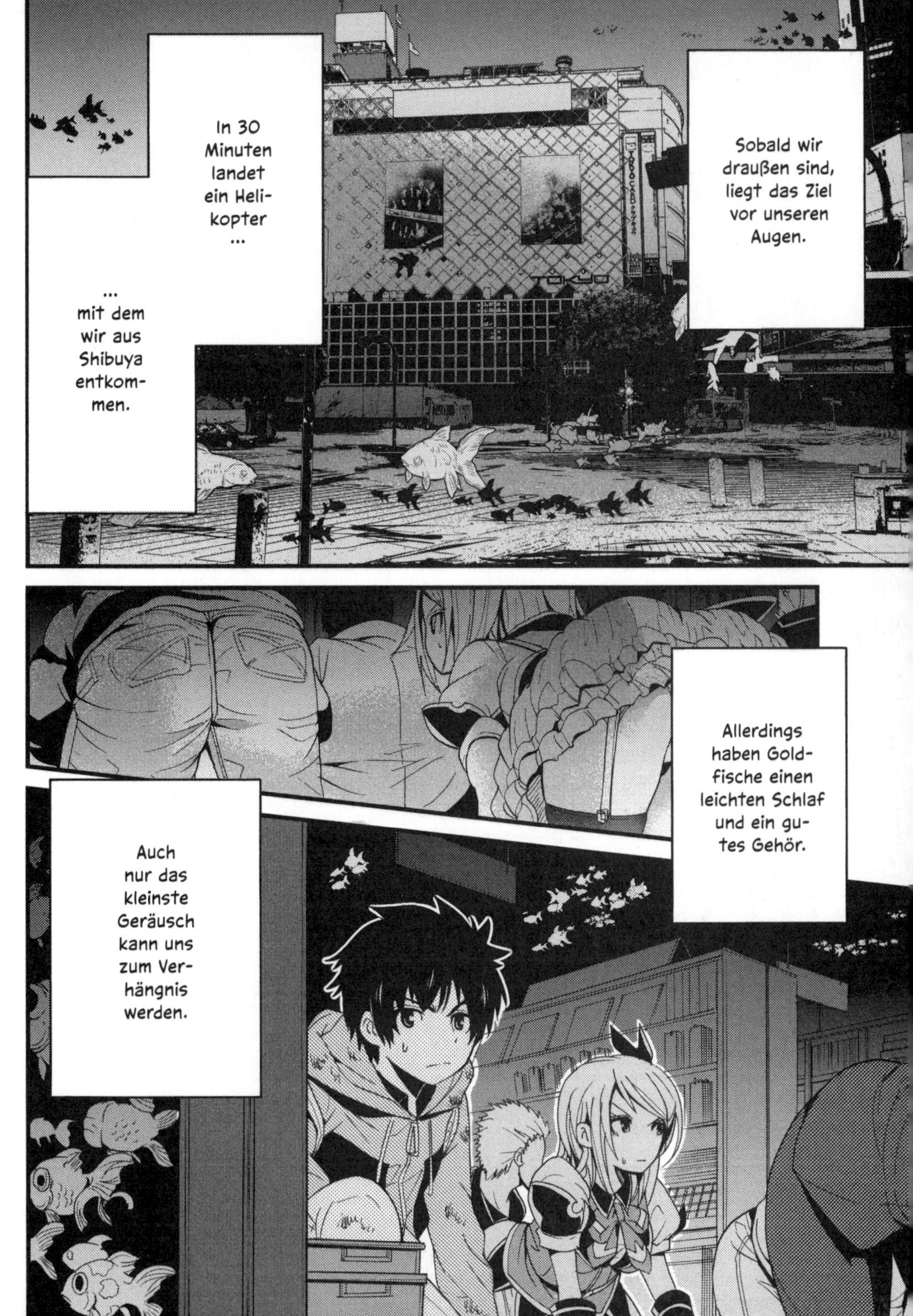

Sobald wir draußen sind, liegt das Ziel vor unseren Augen.
In 30 Minuten landet ein Helikopter ...
... mit dem wir aus Shibuya entkommen.
Allerdings haben Goldfische einen leichten Schlaf und ein gutes Gehör.
Auch nur das kleinste Geräusch kann uns zum Verhängnis werden.

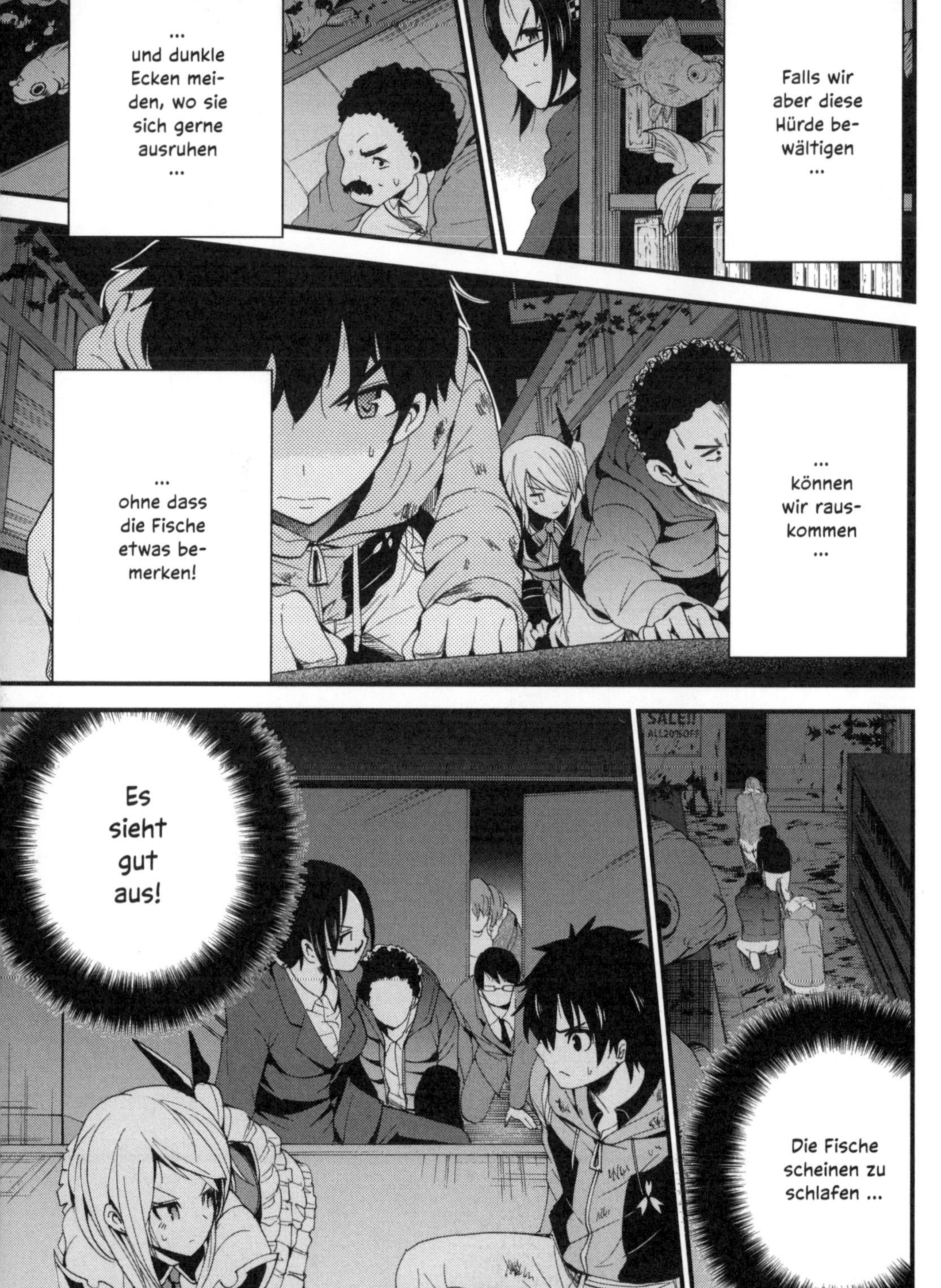
Falls wir aber diese Hürde bewältigen ...
... und dunkle Ecken meiden, wo sie sich gerne ausruhen ...
... können wir rauskommen ...
... ohne dass die Fische etwas bemerken!
SALE!! ALL20%OFF
Die Fische scheinen zu schlafen ...
Es sieht gut aus!

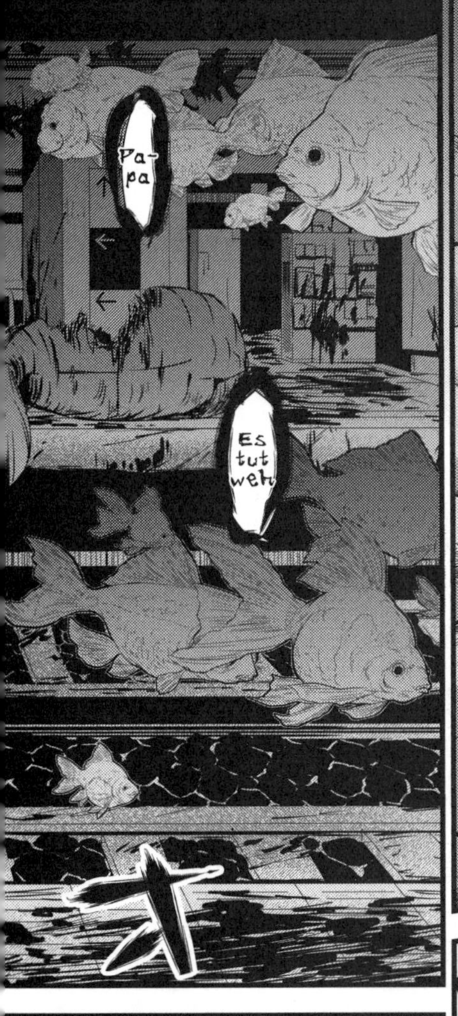
Bist du be-reit
Pa-pa
Es tut weh

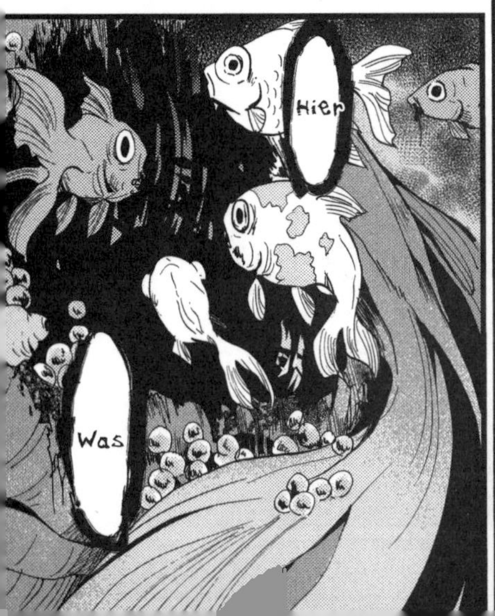
Domm
Hier
Was

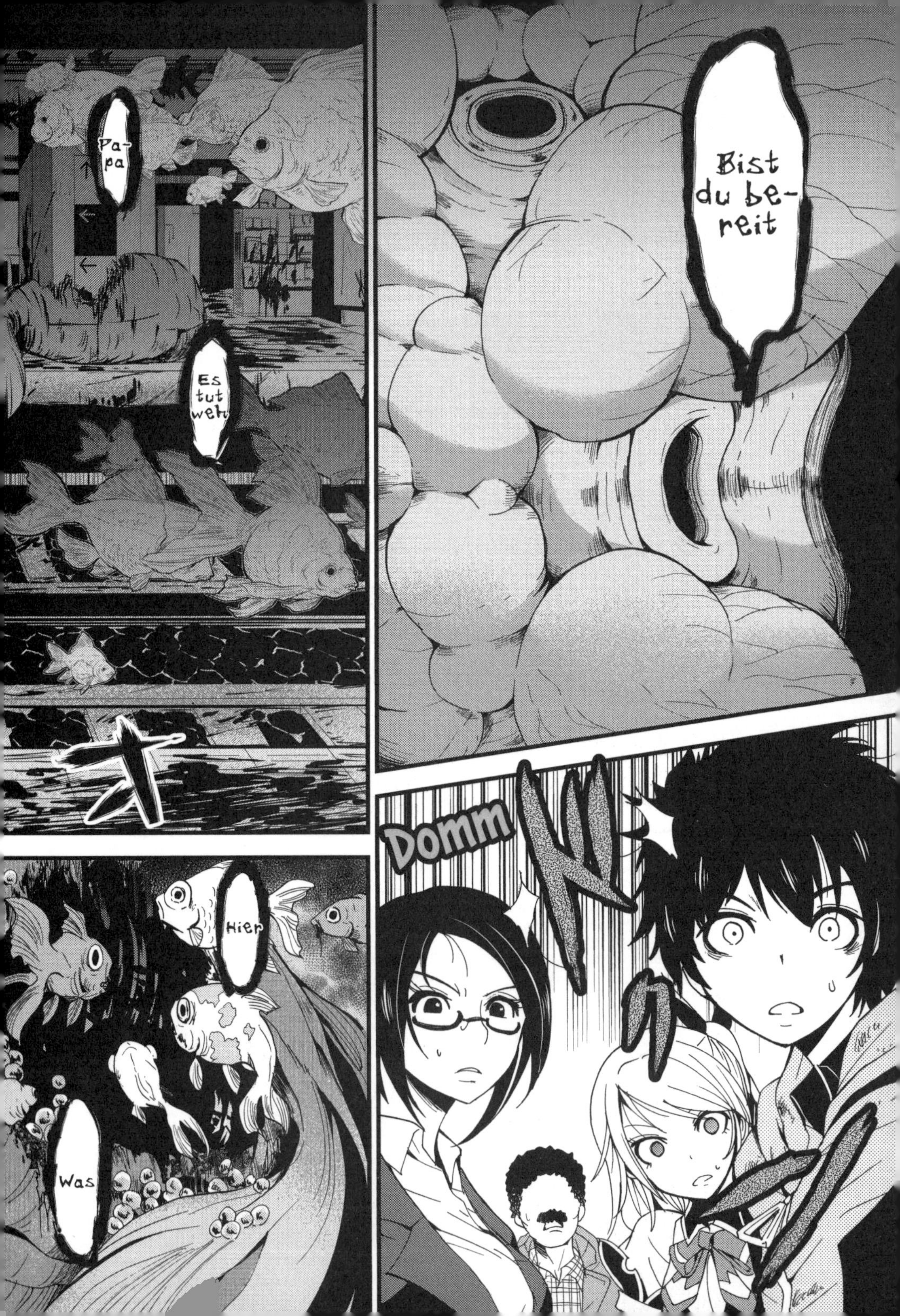

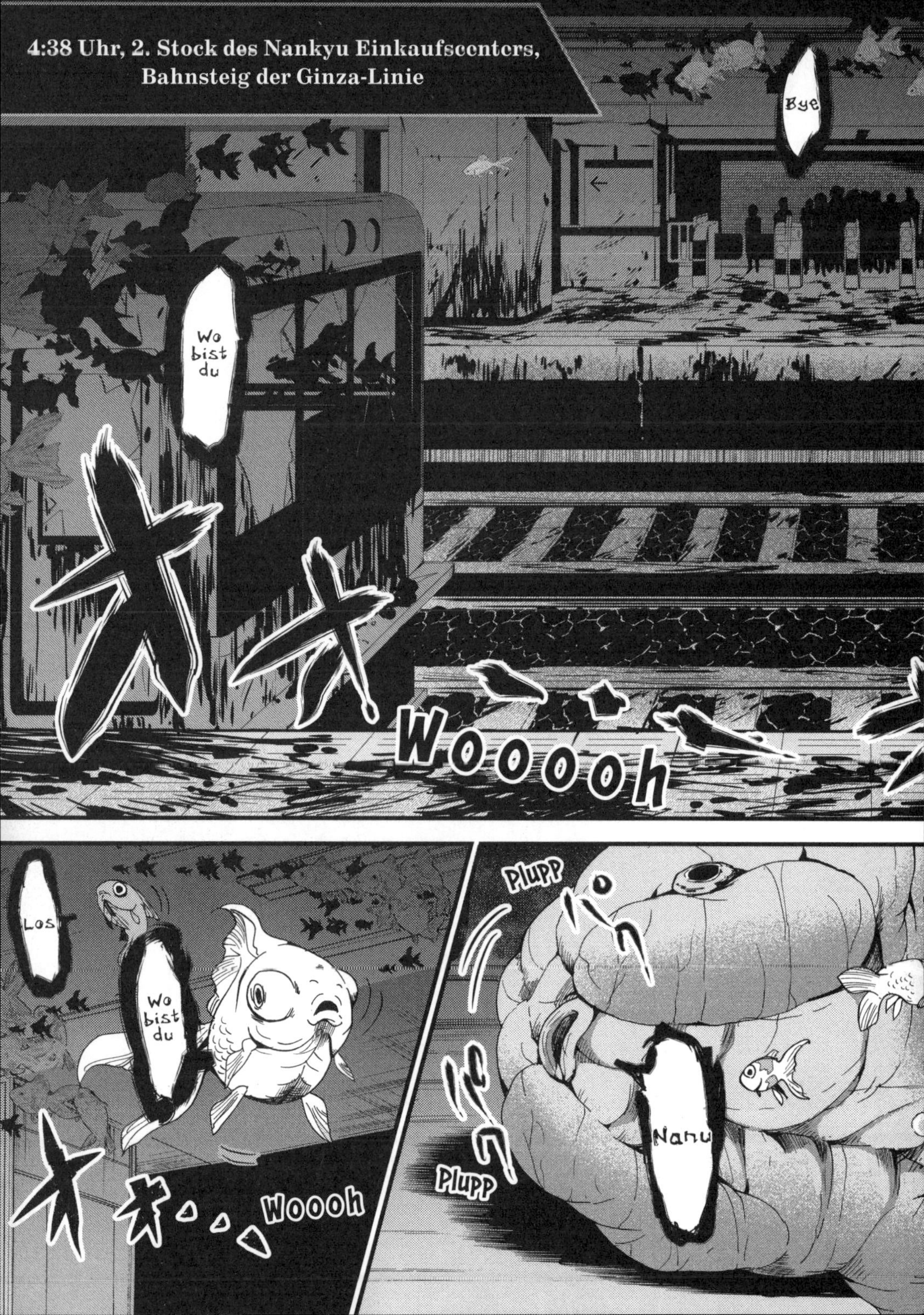

4:38 Uhr, 2. Stock des Nankyu Einkaufscenters,
Bahnsteig der Ginza-Linie

Bye

Wo bist du

Wooooh

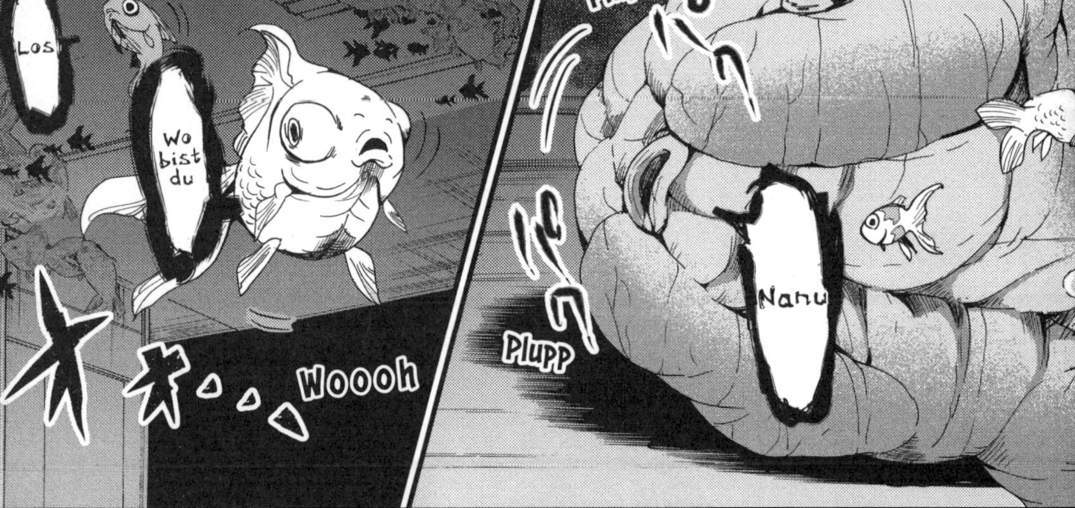

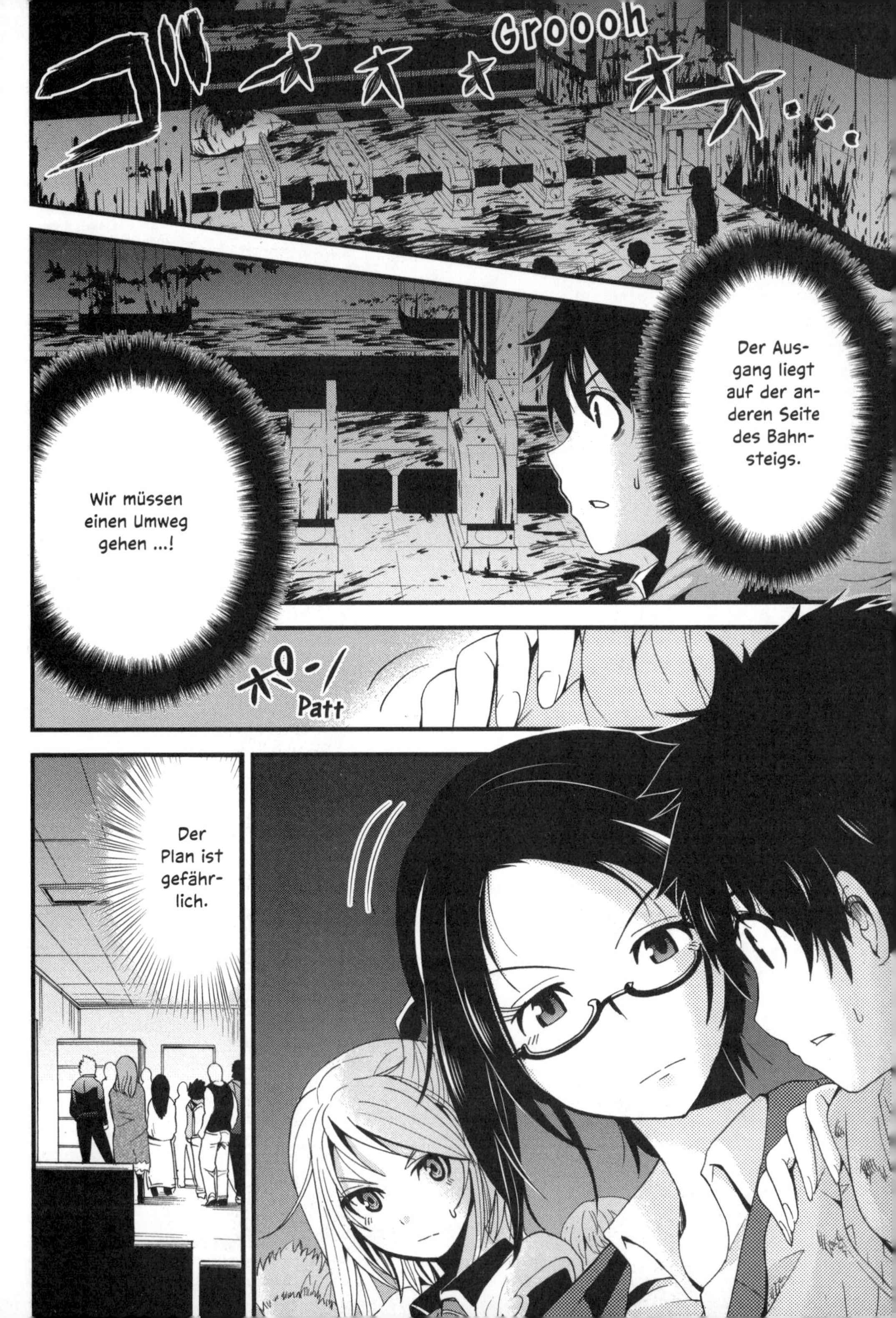
Groooh
Der Ausgang liegt auf der anderen Seite des Bahnsteigs.
Wir müssen einen Umweg gehen ...!
Patt
Der Plan ist gefährlich.

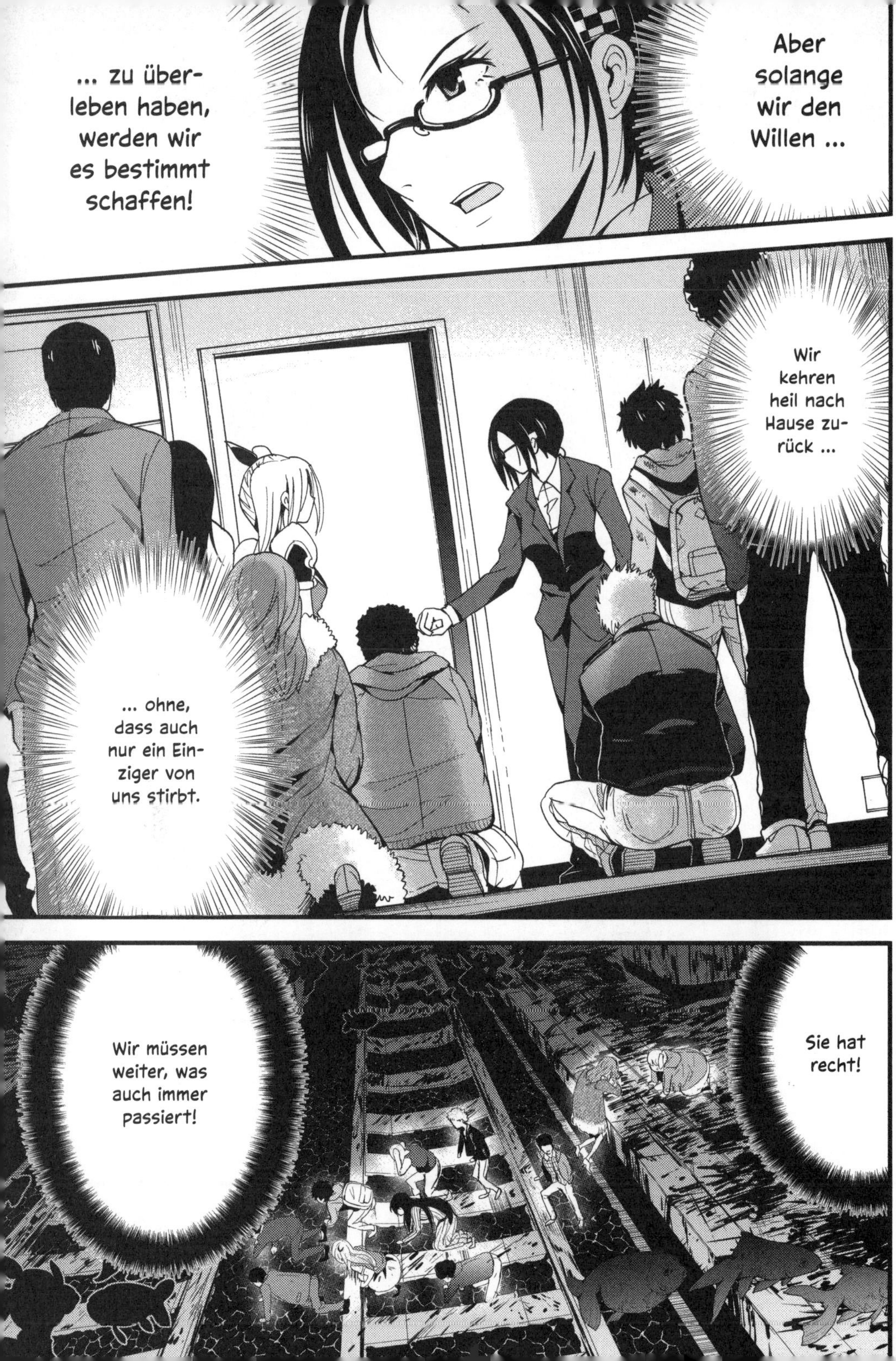

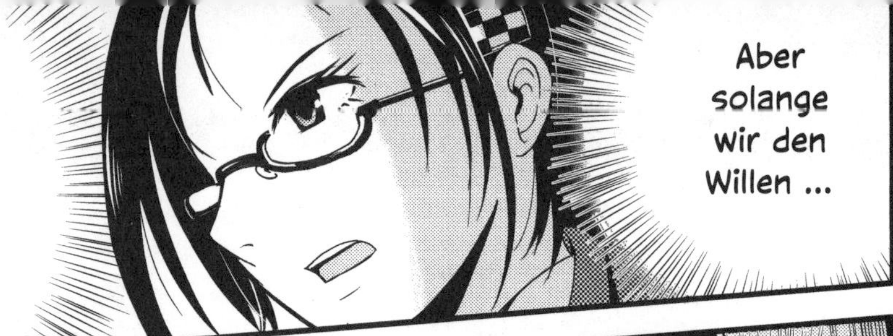
Aber solange wir den Willen ...
... zu überleben haben, werden wir es bestimmt schaffen!
Wir kehren heil nach Hause zurück ...
... ohne, dass auch nur ein Einziger von uns stirbt.

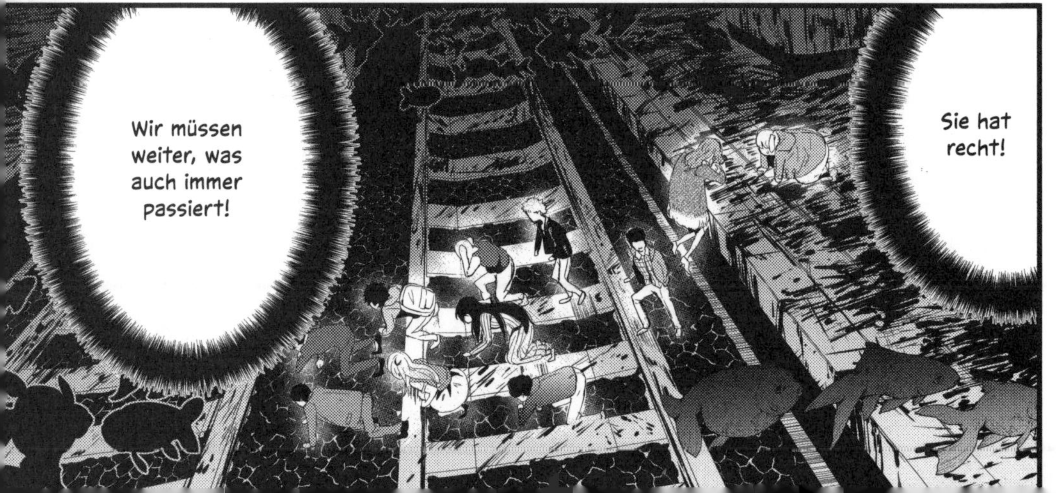
Sie hat recht!
Wir müssen weiter, was auch immer passiert!

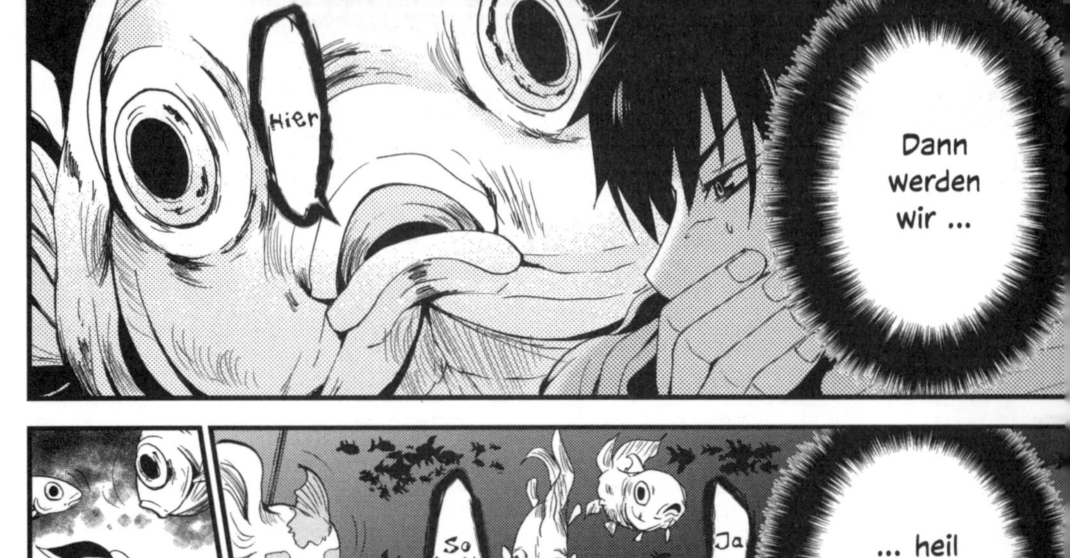
Dann werden wir ...
Hier

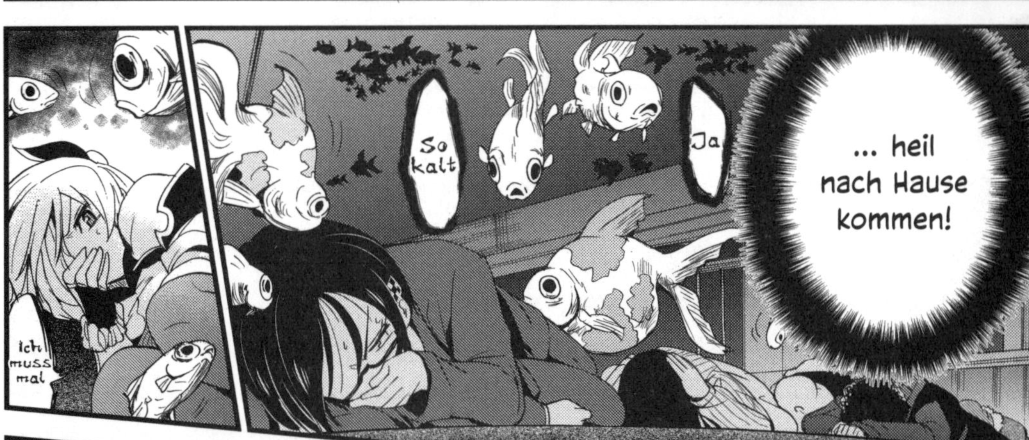
... heil nach Hause kommen!
Ja
So kalt
Ich muss mal

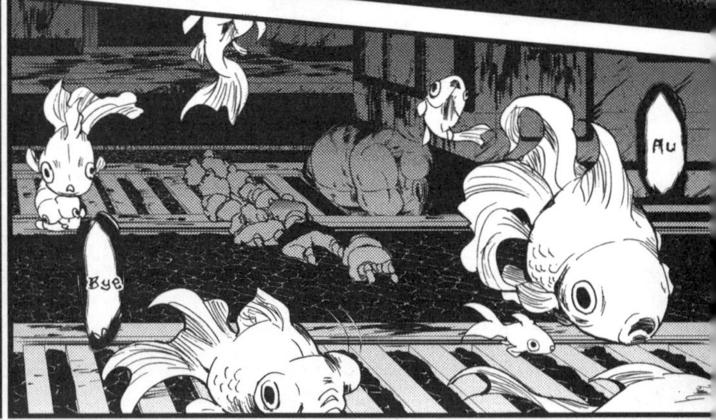
Au
Bye

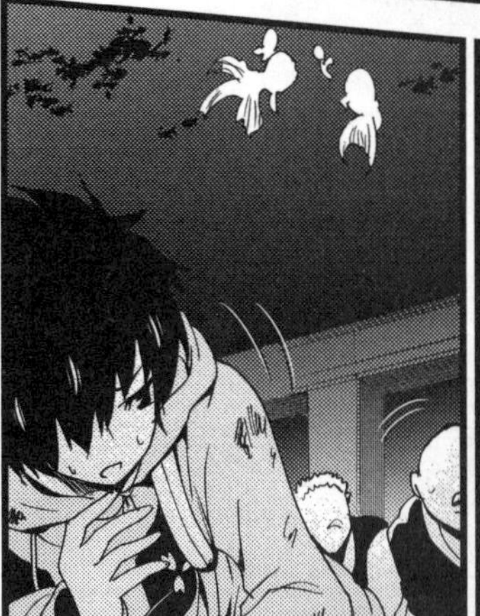

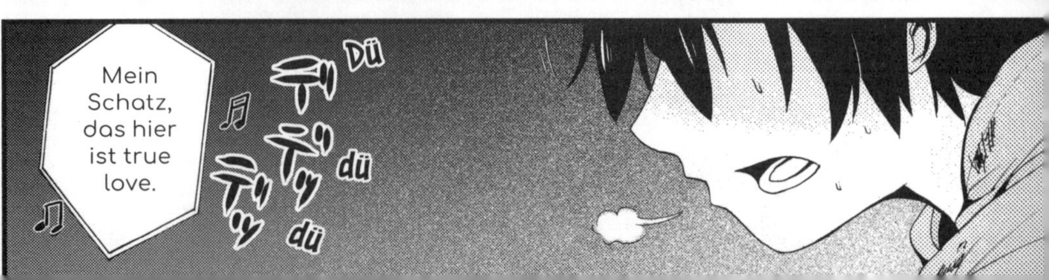
Dü
dü
dü
Mein Schatz, das hier ist true love.

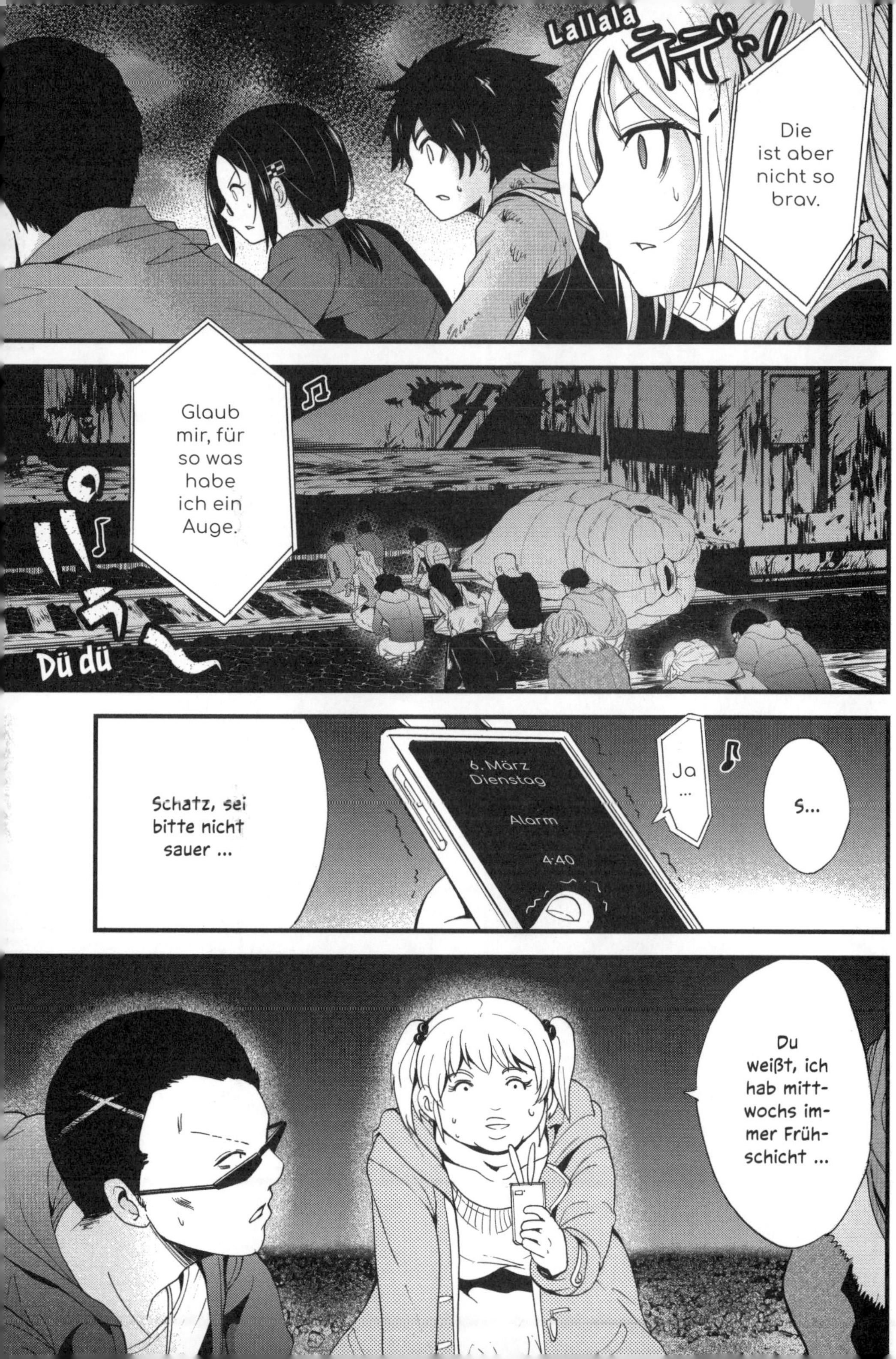

Lallala
Die ist aber nicht so brav.

Glaub mir, für so was habe ich ein Auge.
Dü dü

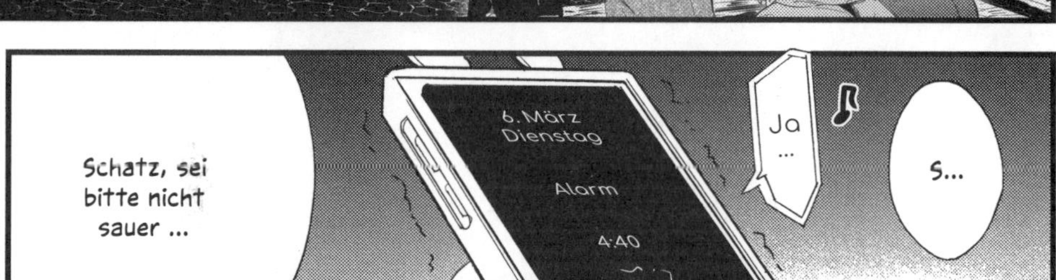

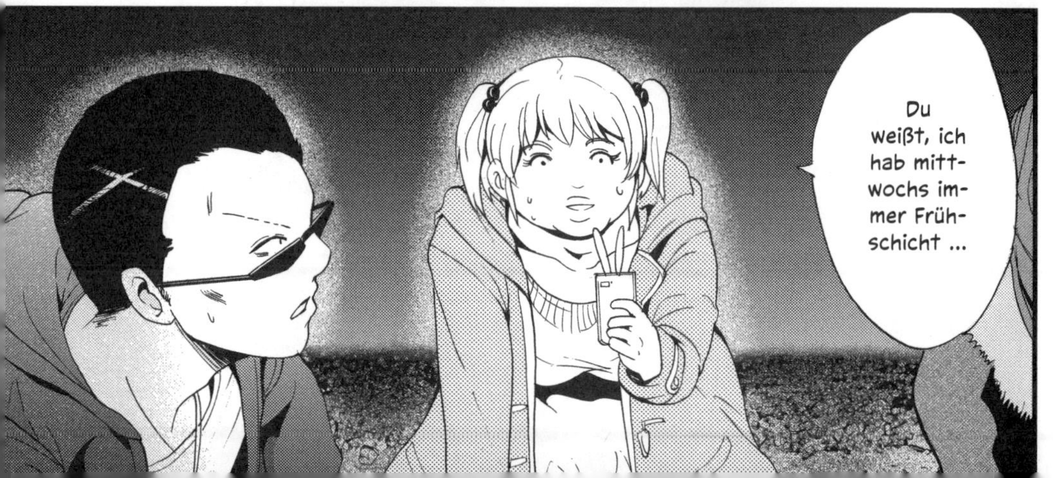

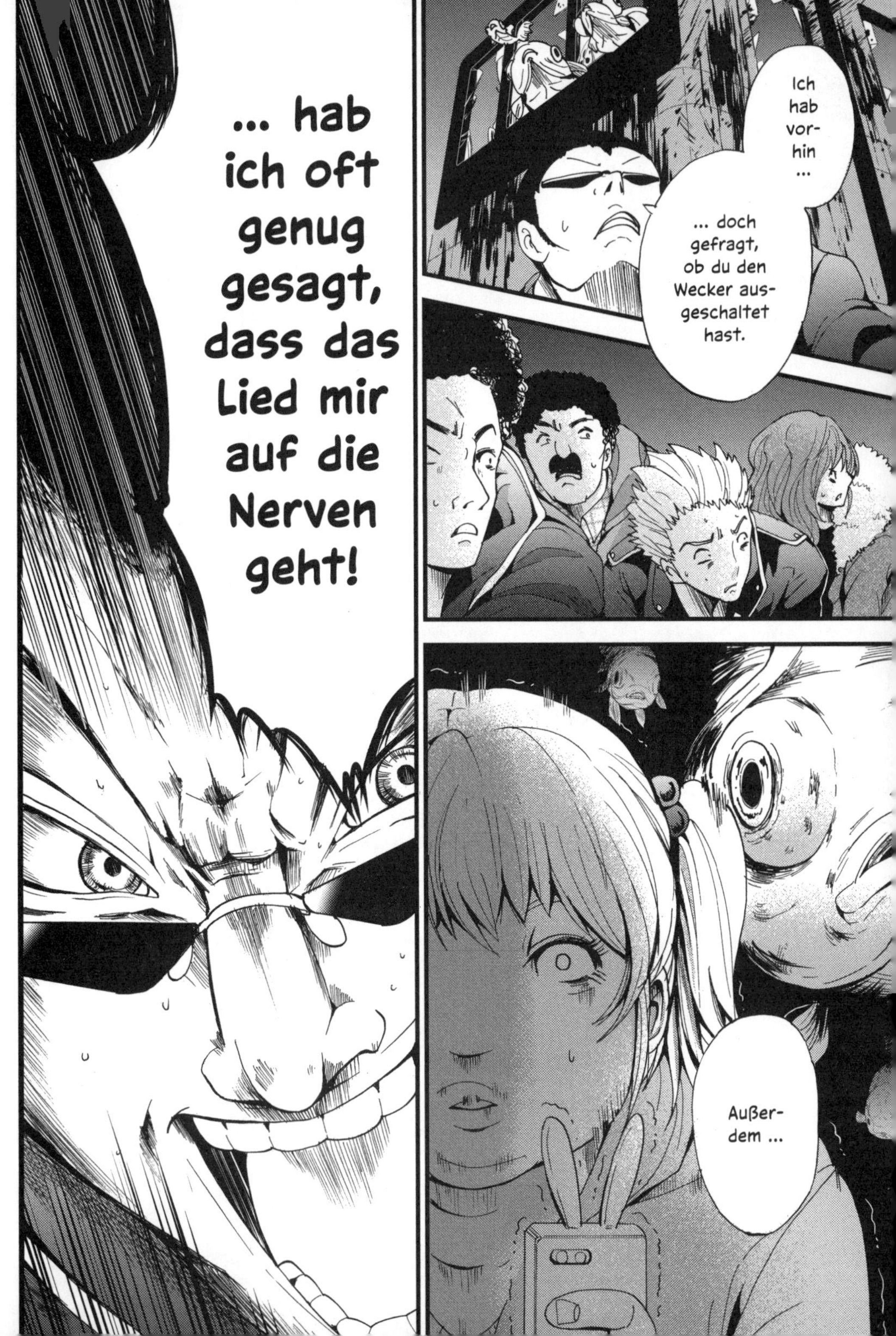
Ich hab vor- hin ...
... doch gefragt, ob du den Wecker aus- geschaltet hast.
Außer- dem ...
... hab ich oft genug gesagt, dass das Lied mir auf die Nerven geht!

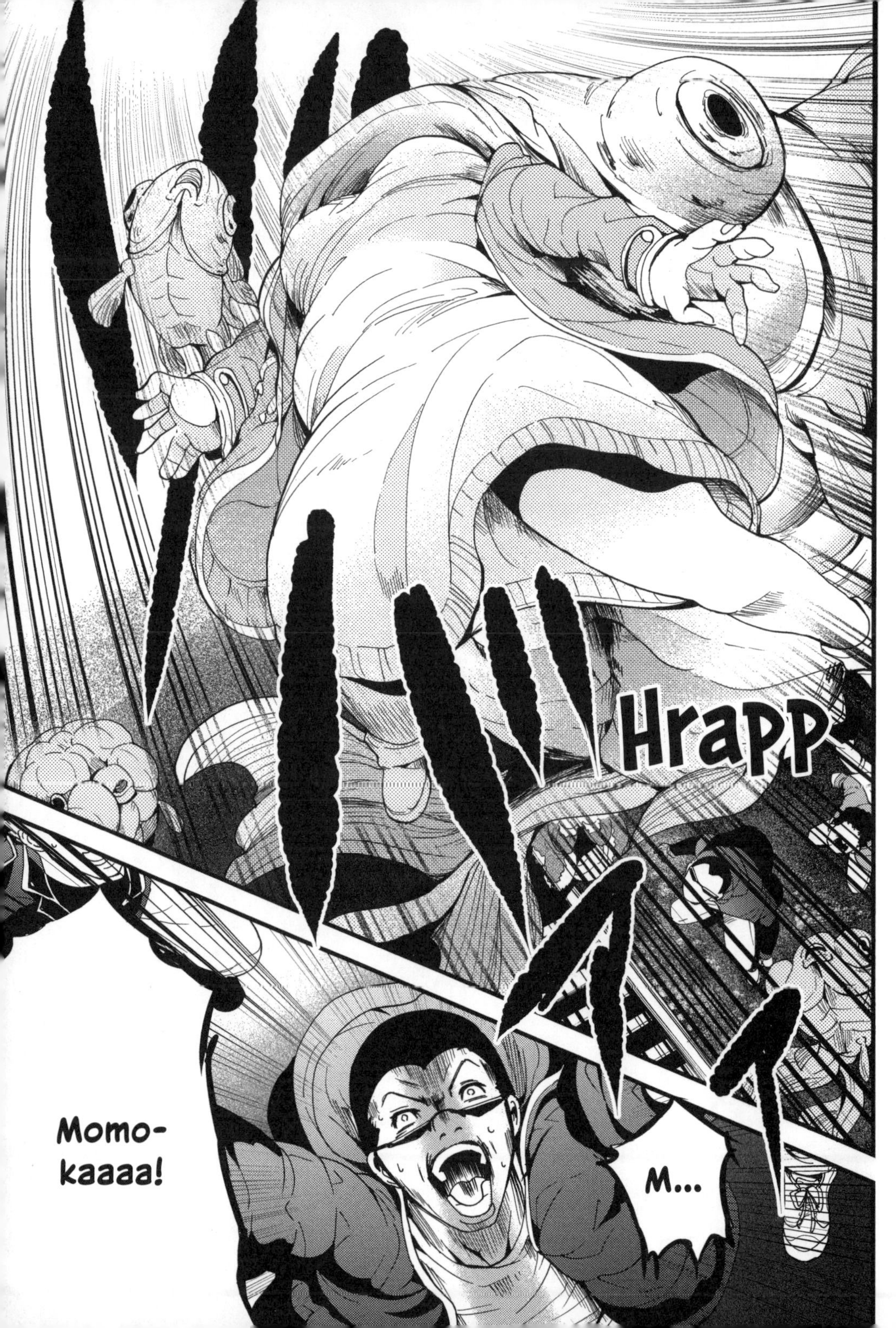
Hrapp
M...
Momo-
kaaaa!

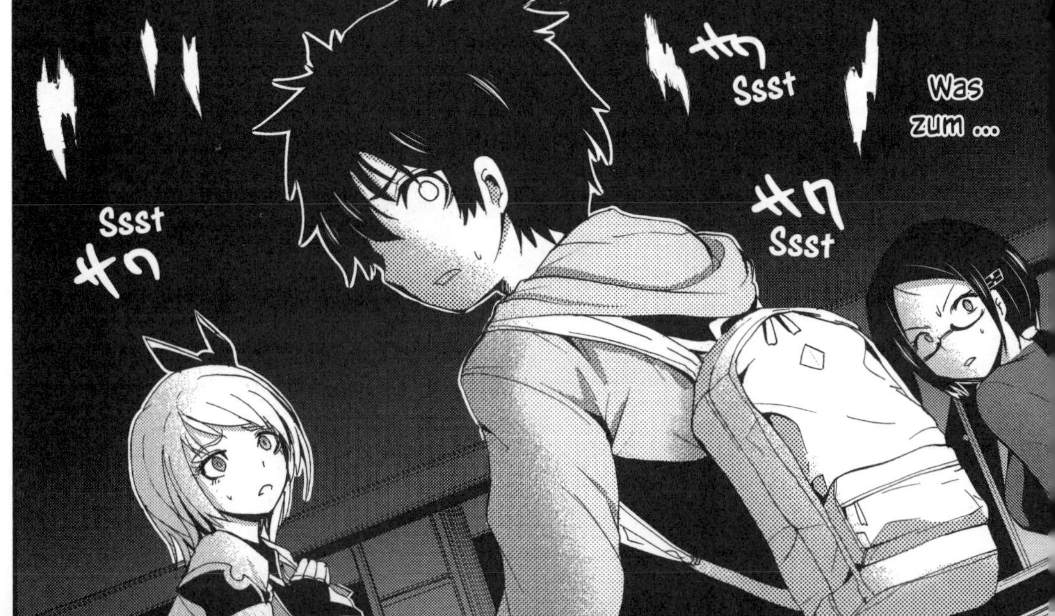
Neeein!
Aaaaah!
Ssst キク…。
Was zum …
キク Ssst
キク Ssst
Ssst キク

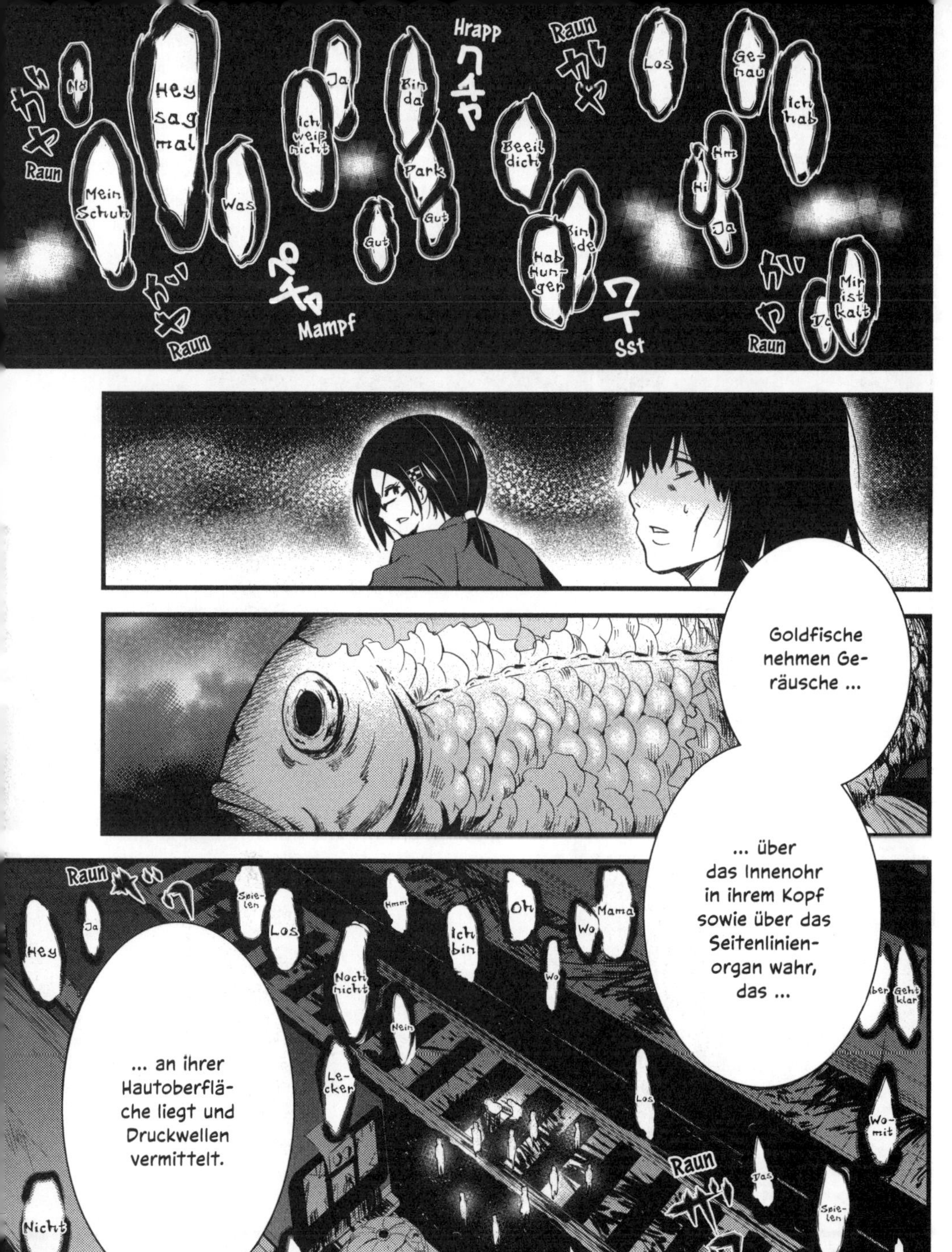

Raun
Mein Schuh
Hey sag mal
Was
Raun
Mampf
Ja
Ich weiß nicht
Bin da
Park
Gut
Gut
Hrapp
Beeil dich
Hab Hunger
Sst
Raun
Los
Genau
Ich hab
Hm
Hi
Ja
Mir ist kalt
Raun
Goldfische nehmen Geräusche ...
... über das Innenohr in ihrem Kopf sowie über das Seitenlinienorgan wahr, das ...
... an ihrer Hautoberfläche liegt und Druckwellen vermittelt.
Raun
Hey
Ja
Spielen
Los
Noch nicht
Hmm
Ich bin
Oh
Wo
Mama
Wo
Nein
Lecker
Los
Geht klar
Womit
Raun
Das
Spielen
Nicht
Raun
Oh
Warum
Raun
Warte
Hm
Ball
Lesen
Der
Dein
Nein
Morgen
Raun
Sag mal
Oh
Hm
Ja
Was

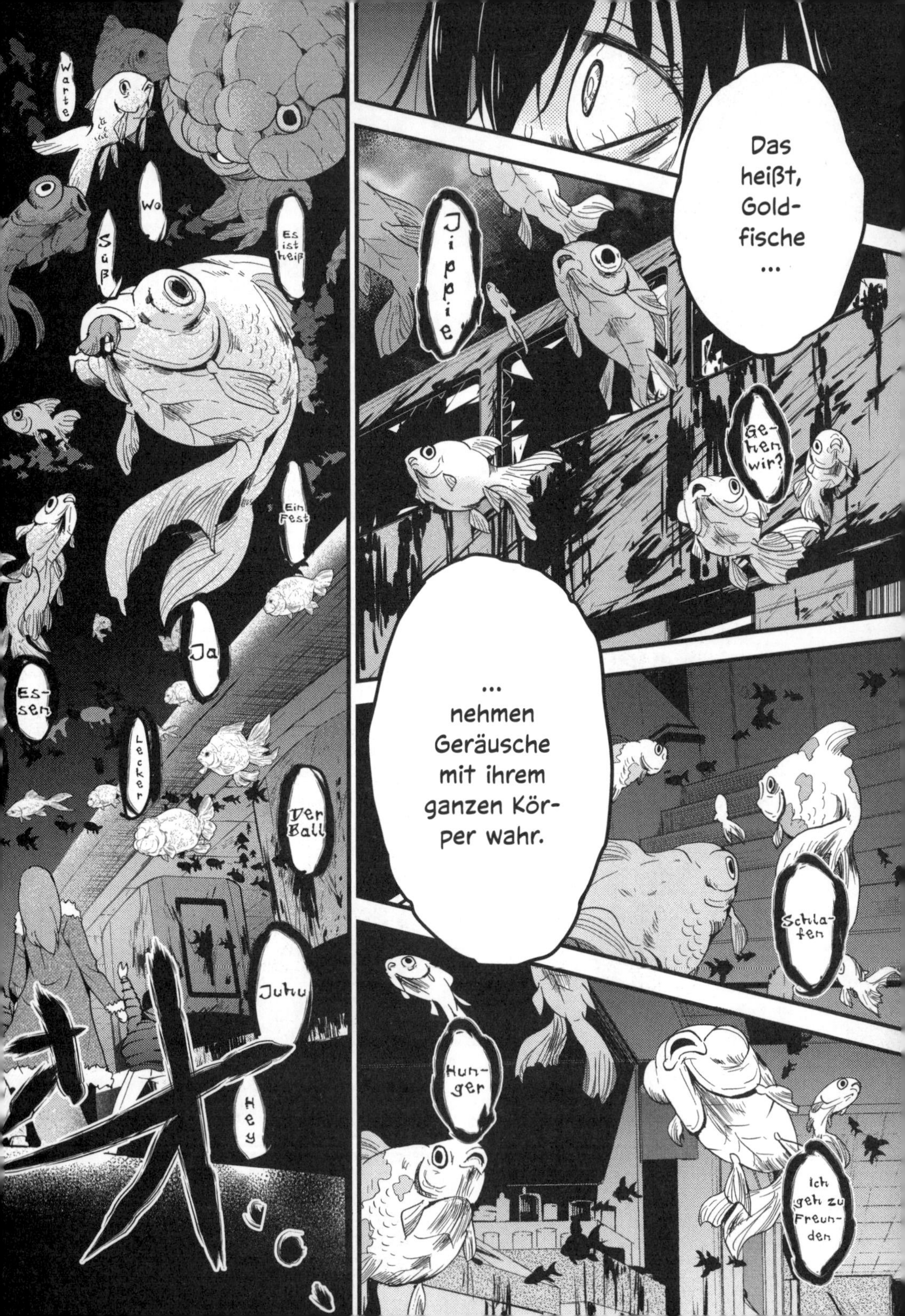

Das heißt, Goldfische …
Jippie
Gehen wir?
… nehmen Geräusche mit ihrem ganzen Körper wahr.
Schlafen
Hunger
Ich geh zu Freunden
Warte
Wo
Süß
Es ist heiß
Ein Fest
Ja
Essen
Lecker
Der Ball
Juhu
Hey

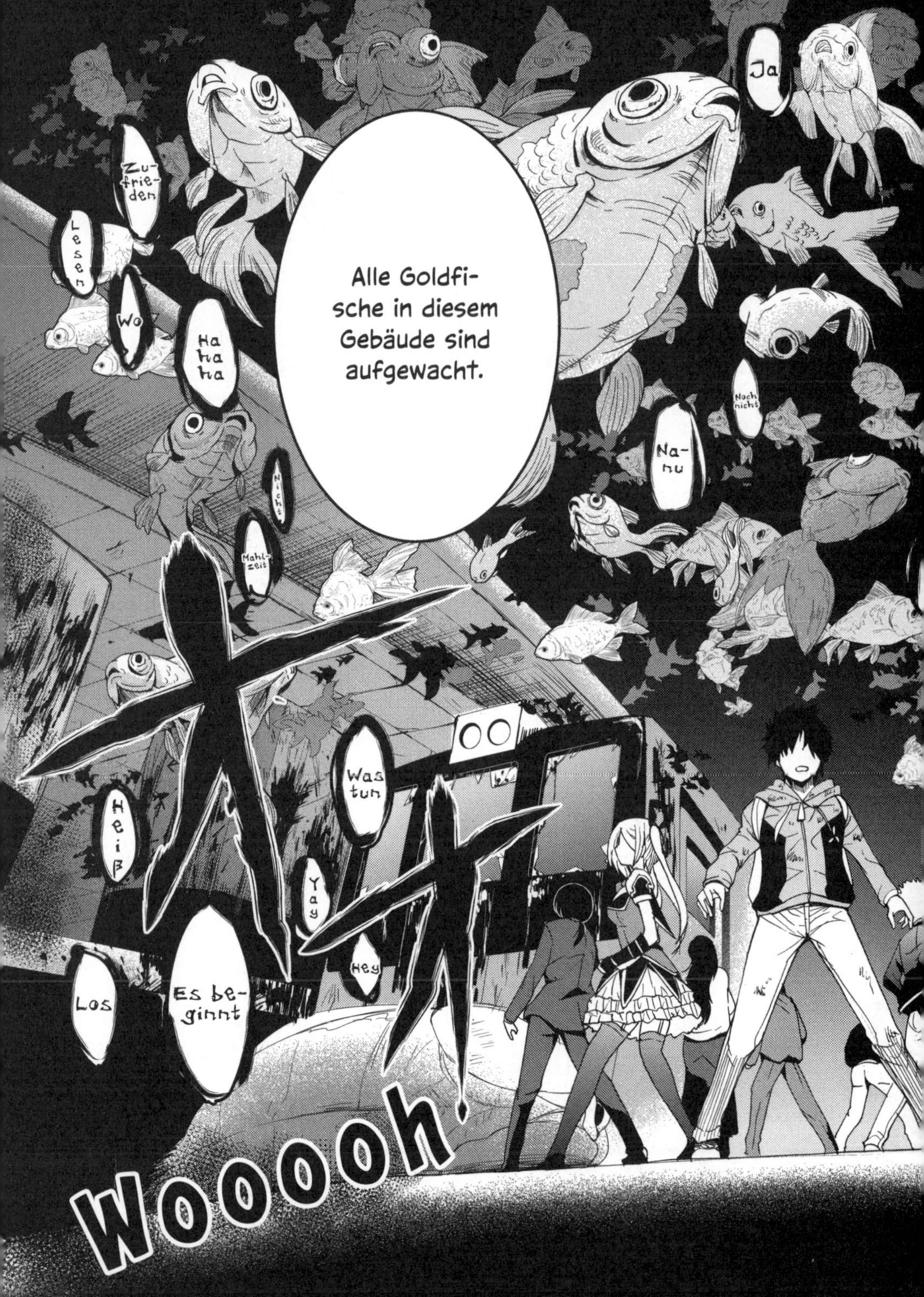
Ja
Noch nicht
Na-nu
Alle Goldfi-sche in diesem Gebäude sind aufgewacht.
Zu-frie-den
Lesen
Wo
Ha ha ha
Nicht
Mahl-zeit
Was tun
Heiß
Yay
Hey
Es be-ginnt
Los
Wooooh

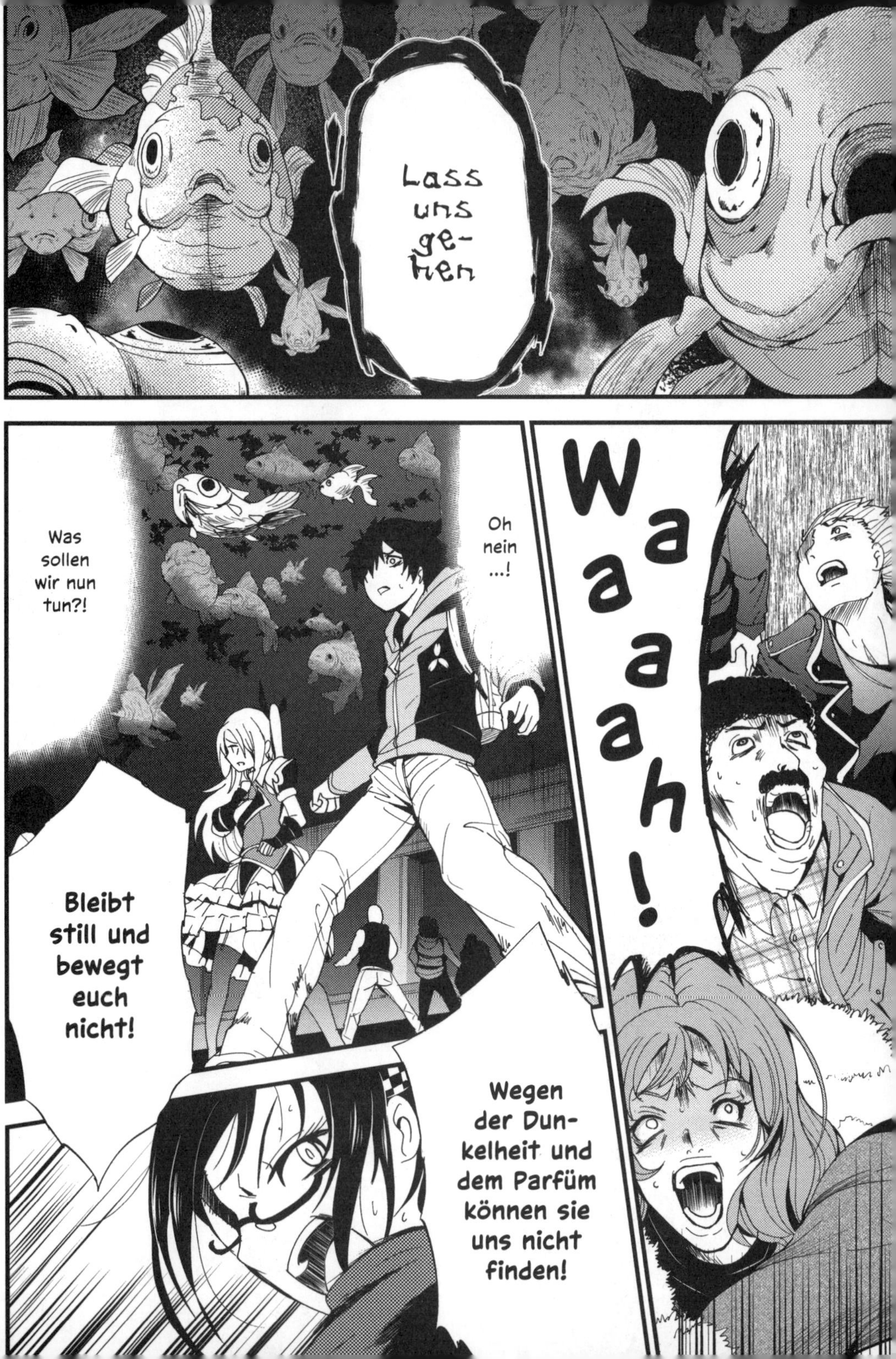

Lass uns ge-hen
Waaaah!
Oh nein ...!
Was sollen wir nun tun?!
Bleibt still und bewegt euch nicht!
Wegen der Dunkelheit und dem Parfüm können sie uns nicht finden!

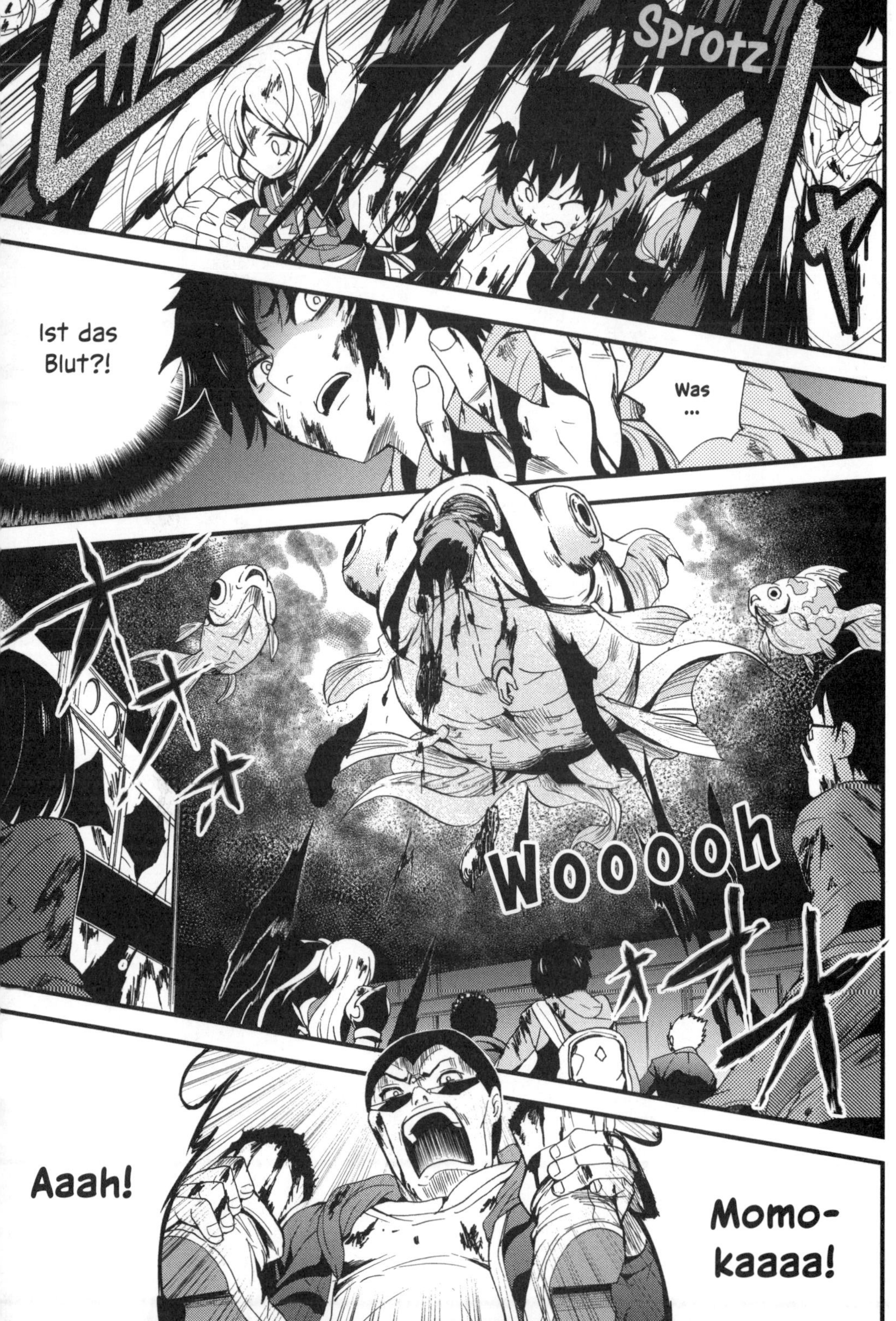
Sprotz
Was ...
Ist das Blut?!
Wooooh
Momo-kaaaa!
Aaah!

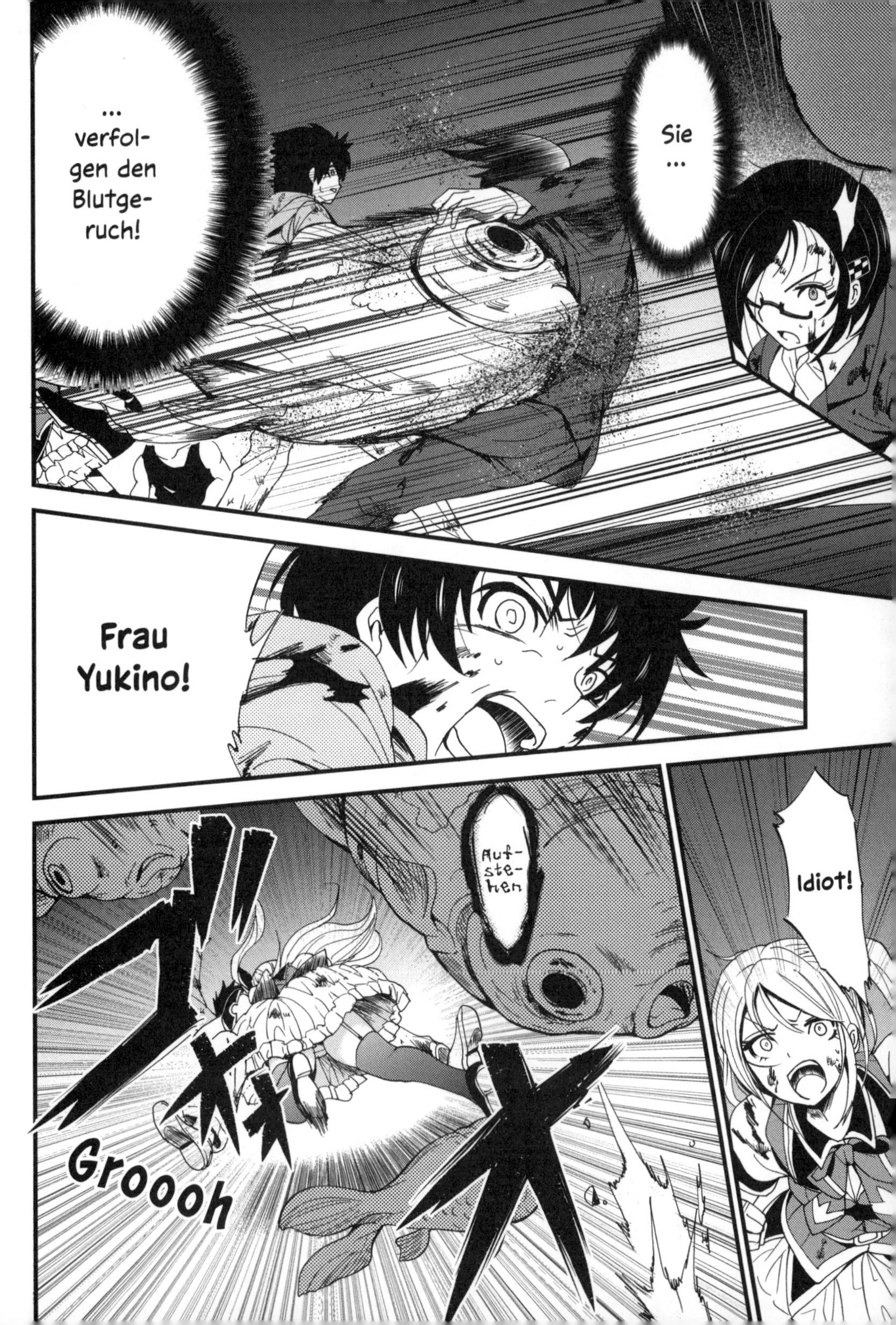
Sie ...
... verfol-gen den Blutge-ruch!
Frau Yukino!
Idiot!
Auf-ste-hen
Groooh

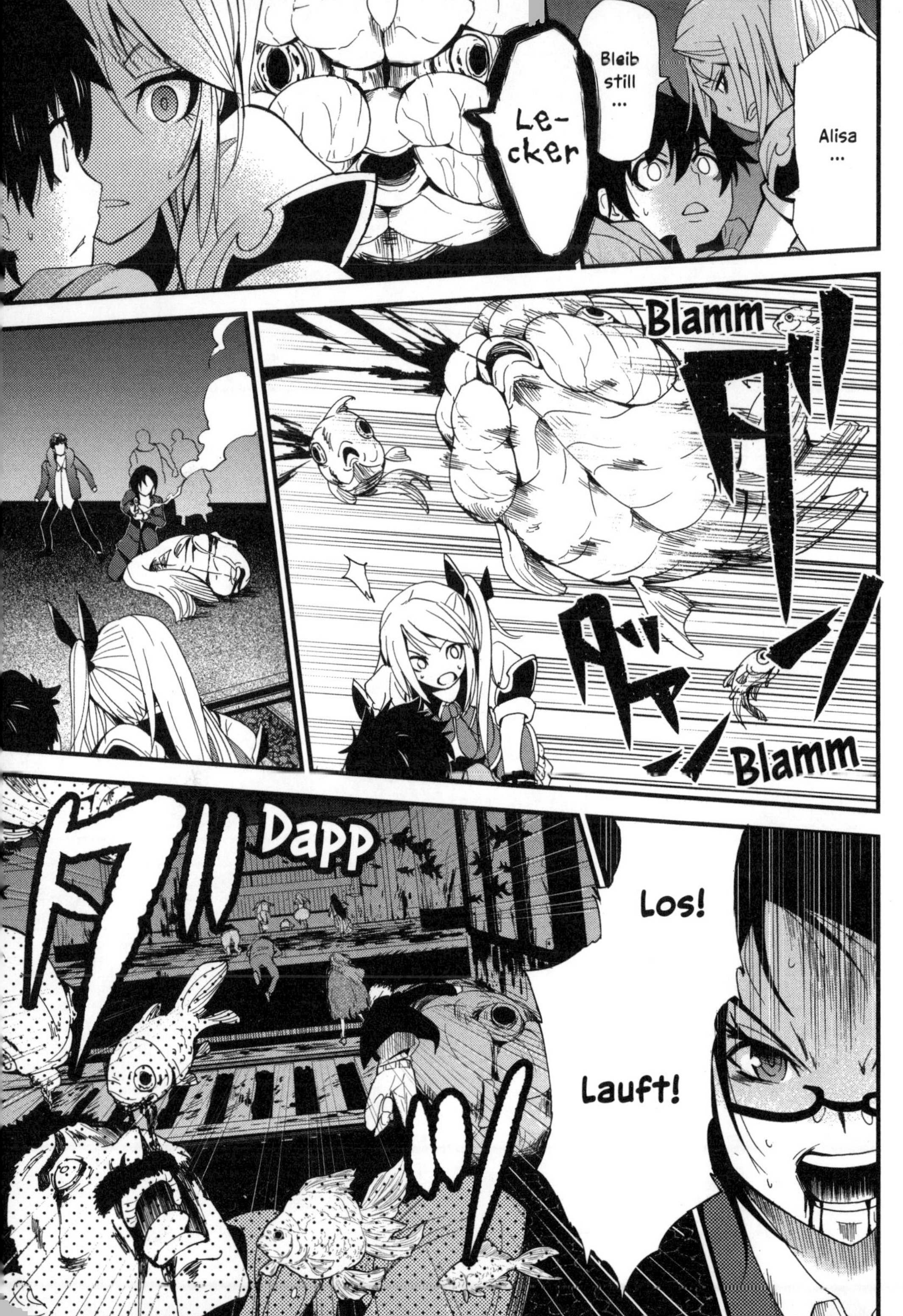
Alisa …
Bleib still …
Le-cker
Blamm
Blamm
Dapp
Los!
Lauft!

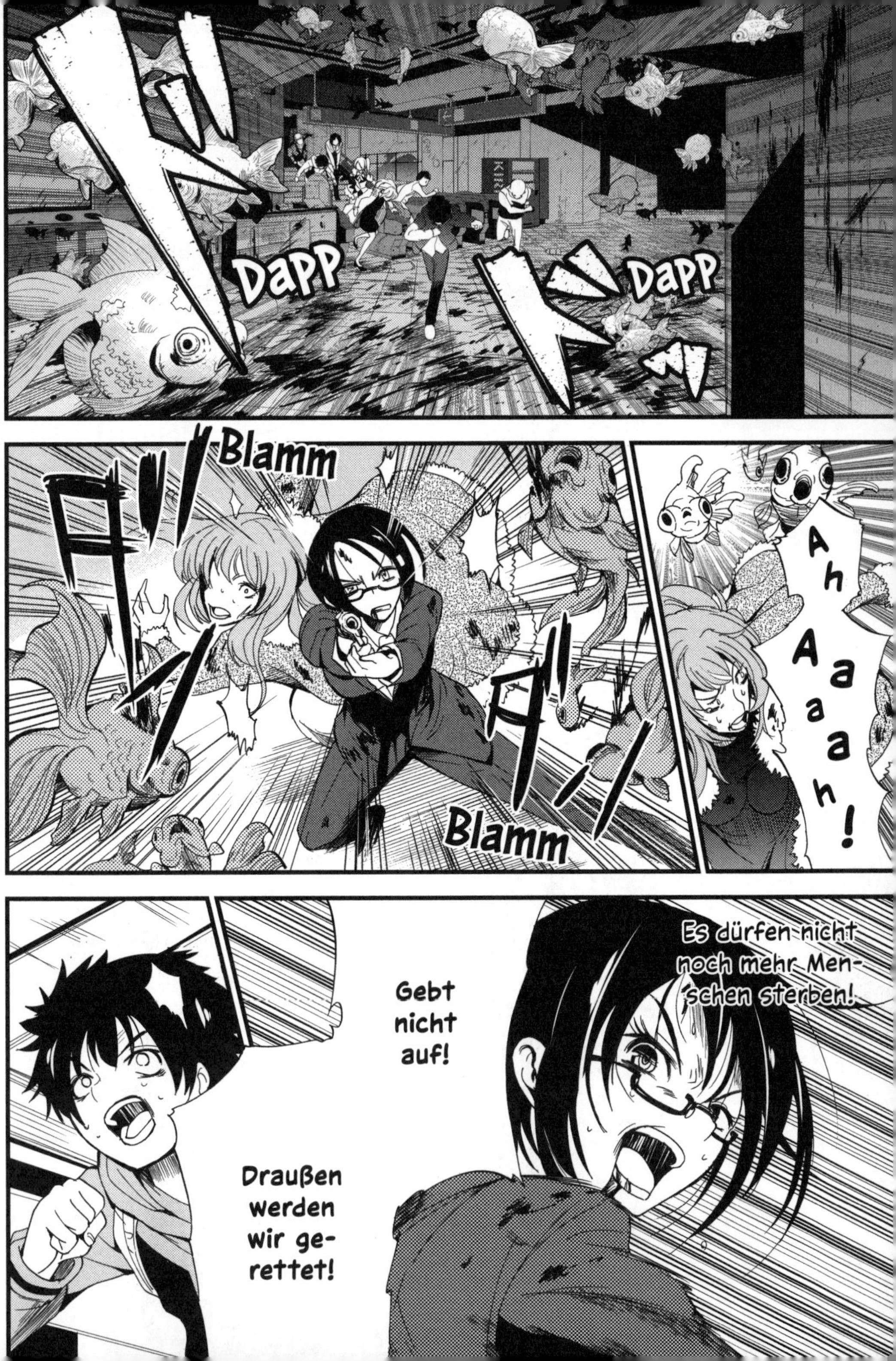

Dapp
Dapp

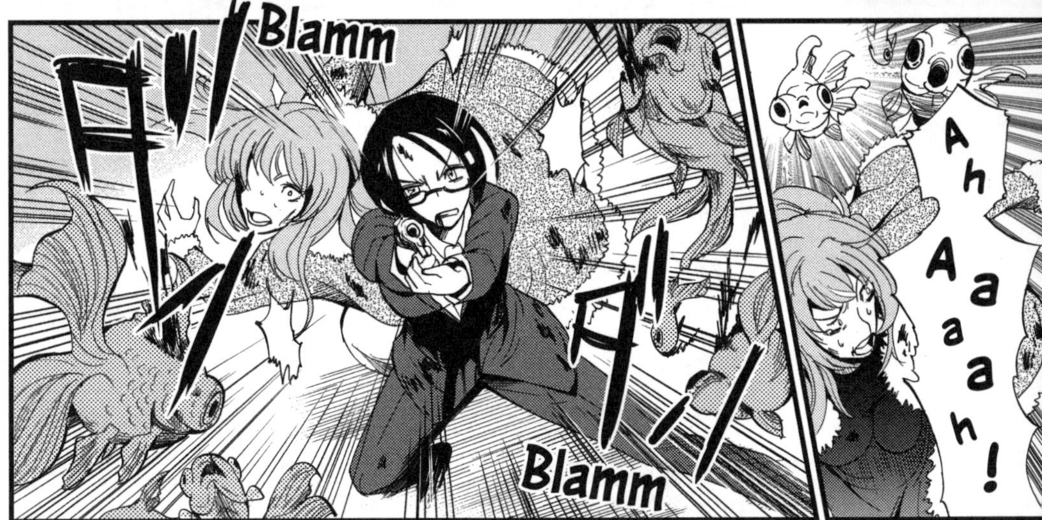
Ah Aaaah!
Blamm
Blamm

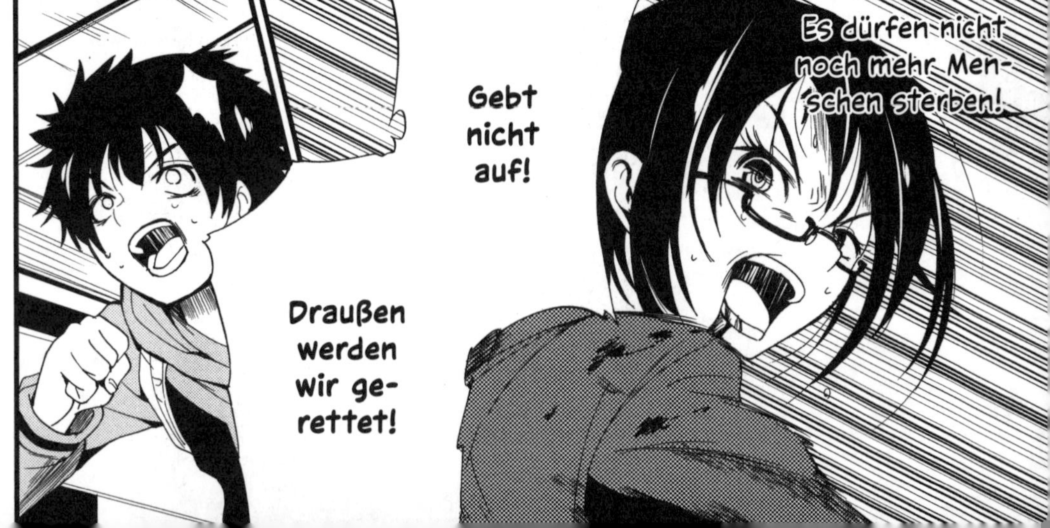
Es dürfen nicht noch mehr Menschen sterben!
Gebt nicht auf!
Draußen werden wir gerettet!

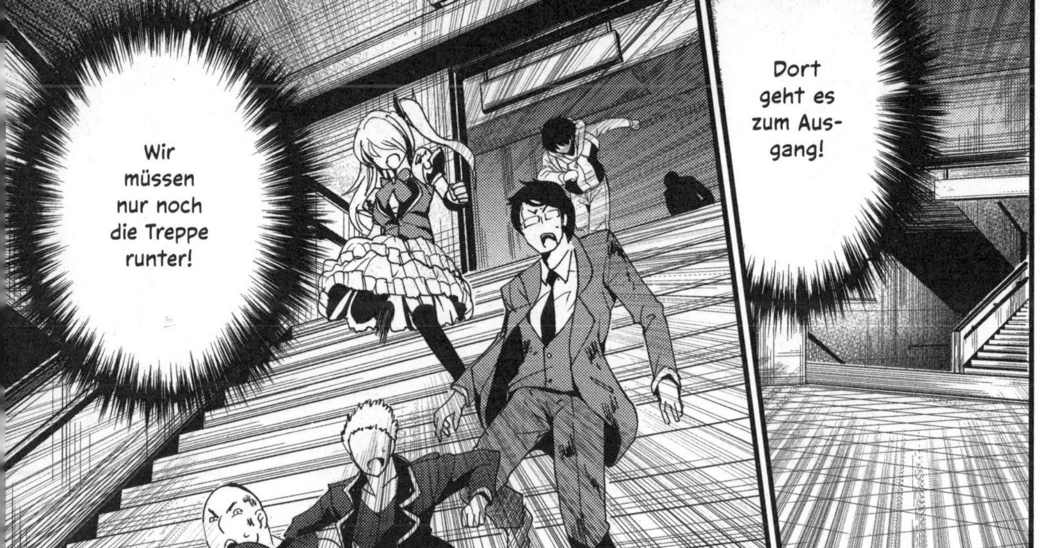
Dort geht es zum Ausgang!
Wir müssen nur noch die Treppe runter!

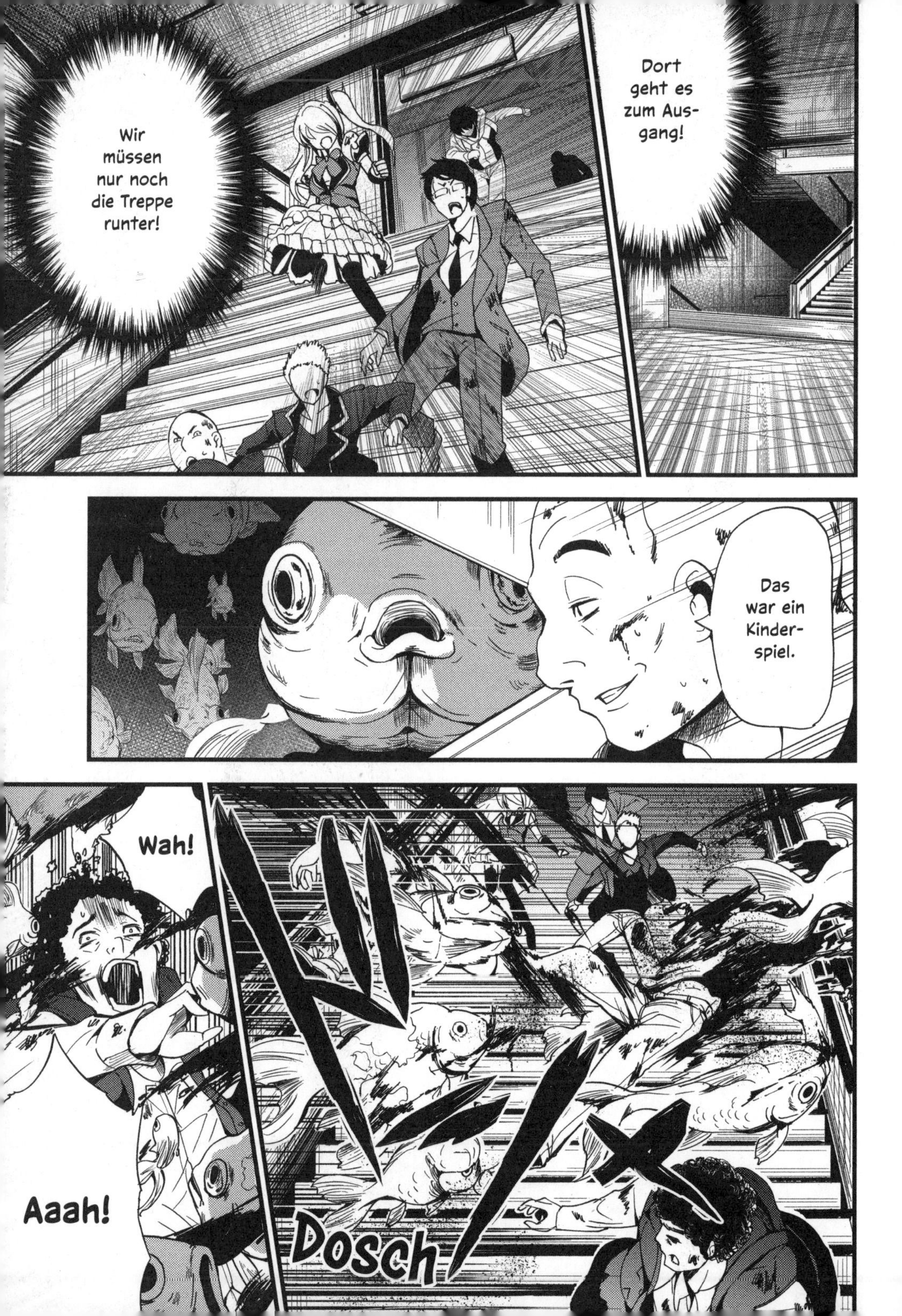

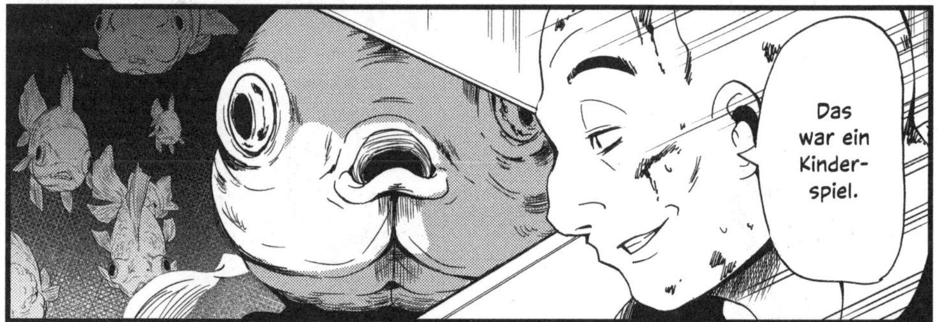
Das war ein Kinderspiel.

Wah!
Aaah!
Dosch

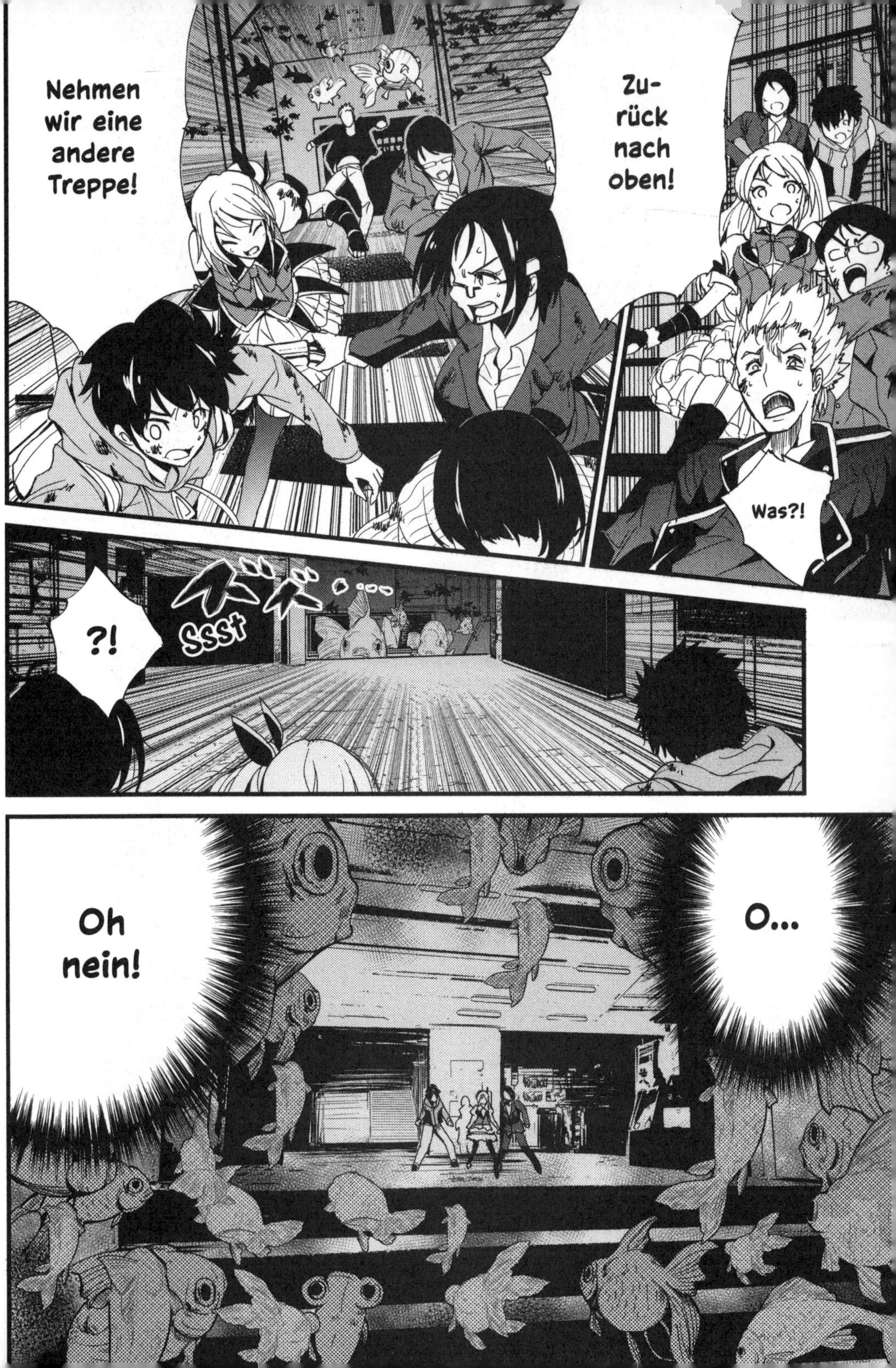

Zu-
rück
nach
oben!
Nehmen
wir eine
andere
Treppe!
Was?!
?!
Ssst
O...
Oh
nein!

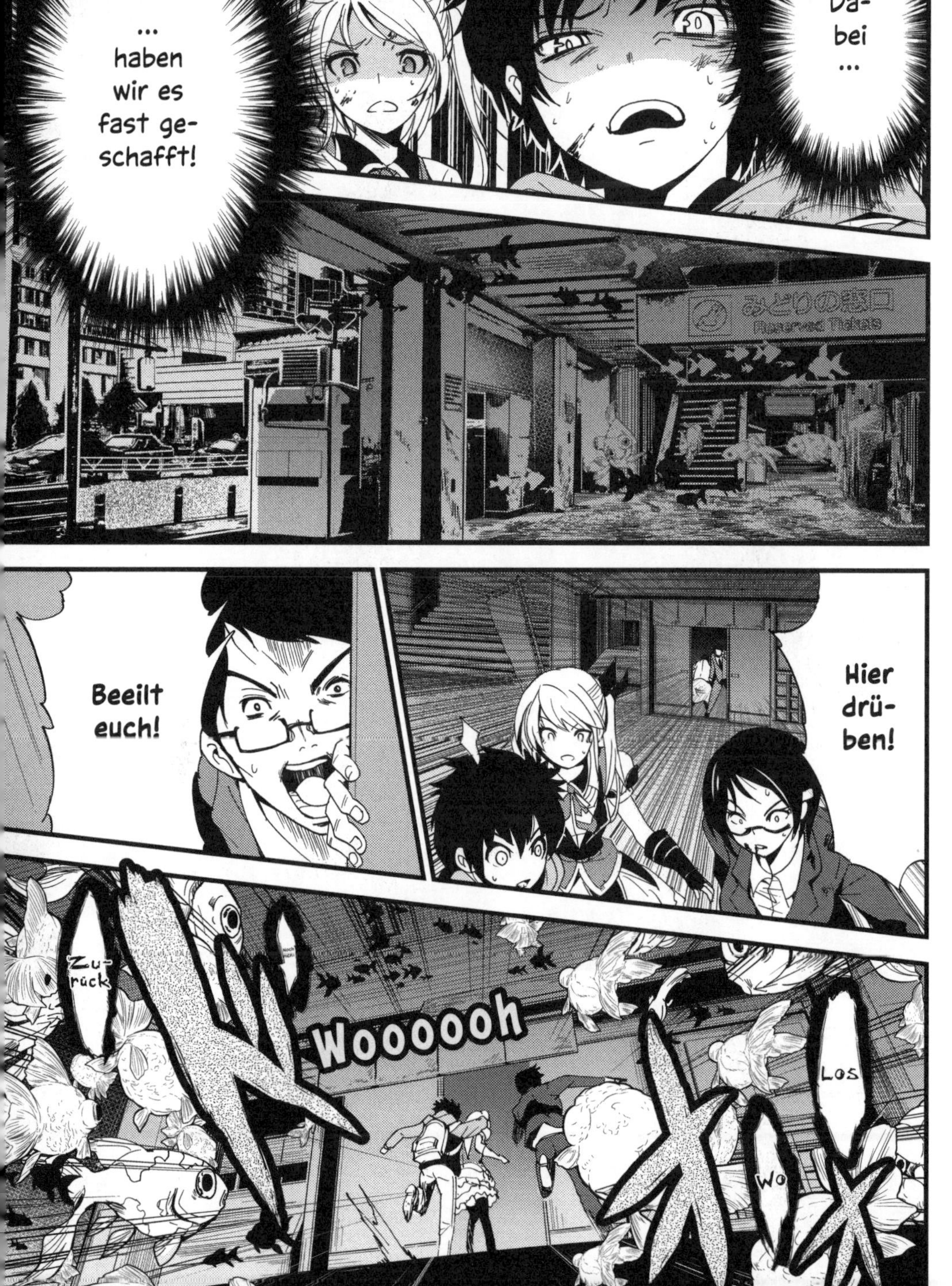
Da-
bei
...
...
haben
wir es
fast ge-
schafft!
Hier
drü-
ben!
Beeilt
euch!
Los
Wo
Wooooh
Zu-
rück

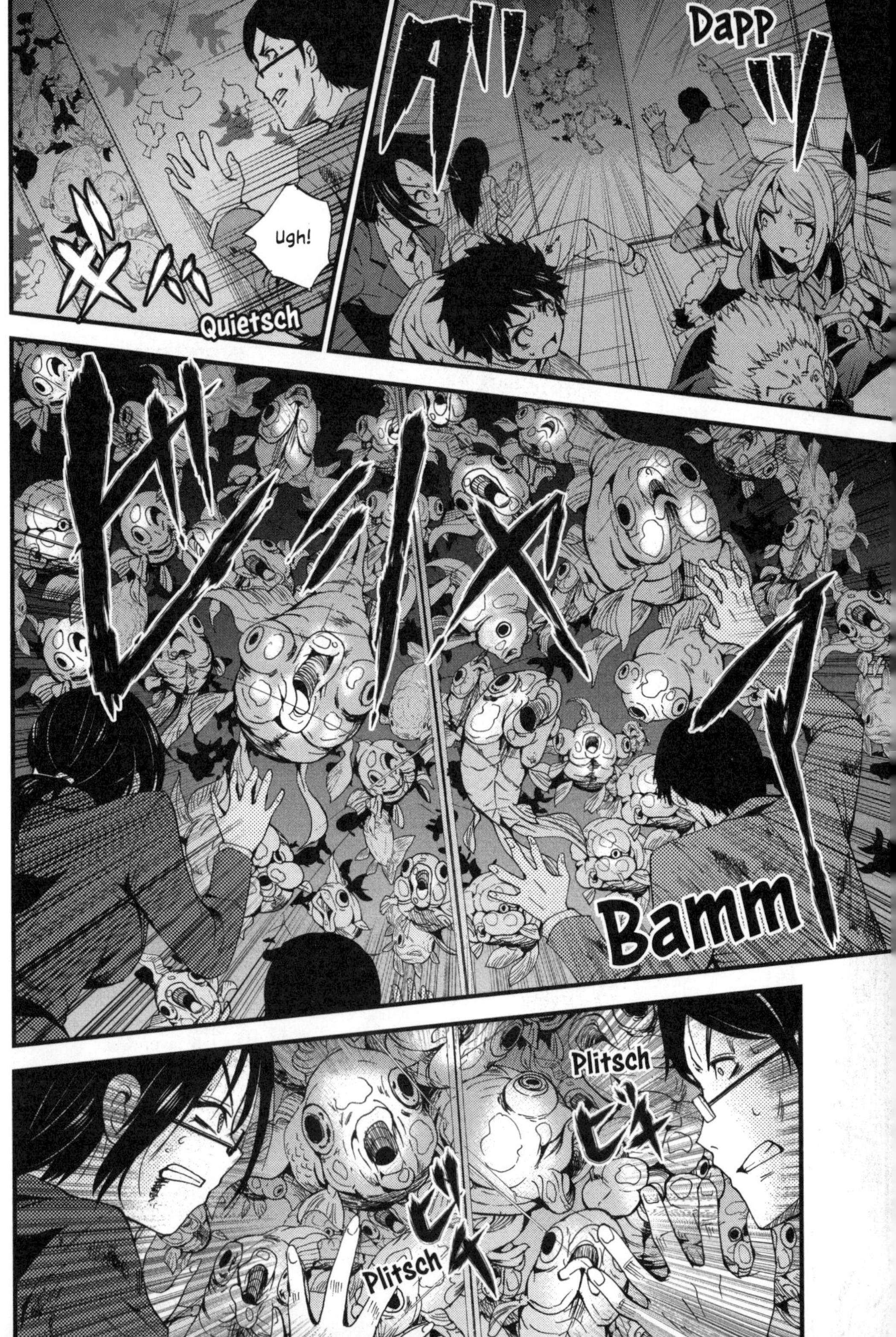
Dapp
Ugh!
Quietsch
Bamm
Plitsch
Plitsch

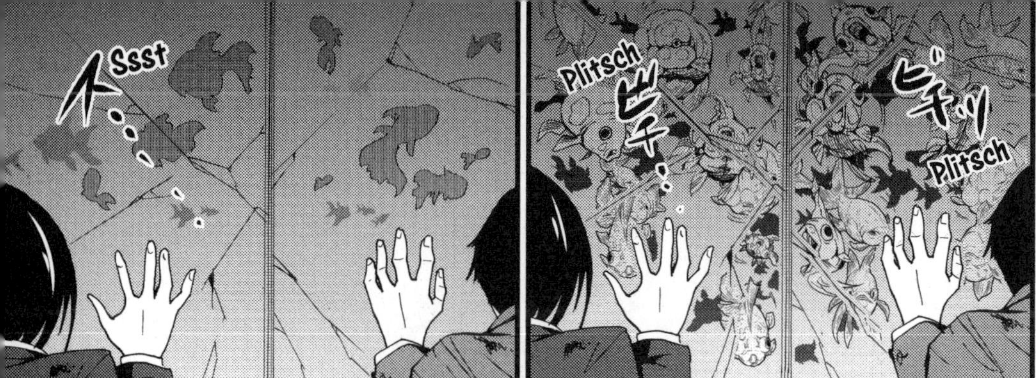
Plitsch
Plitsch
Ssst

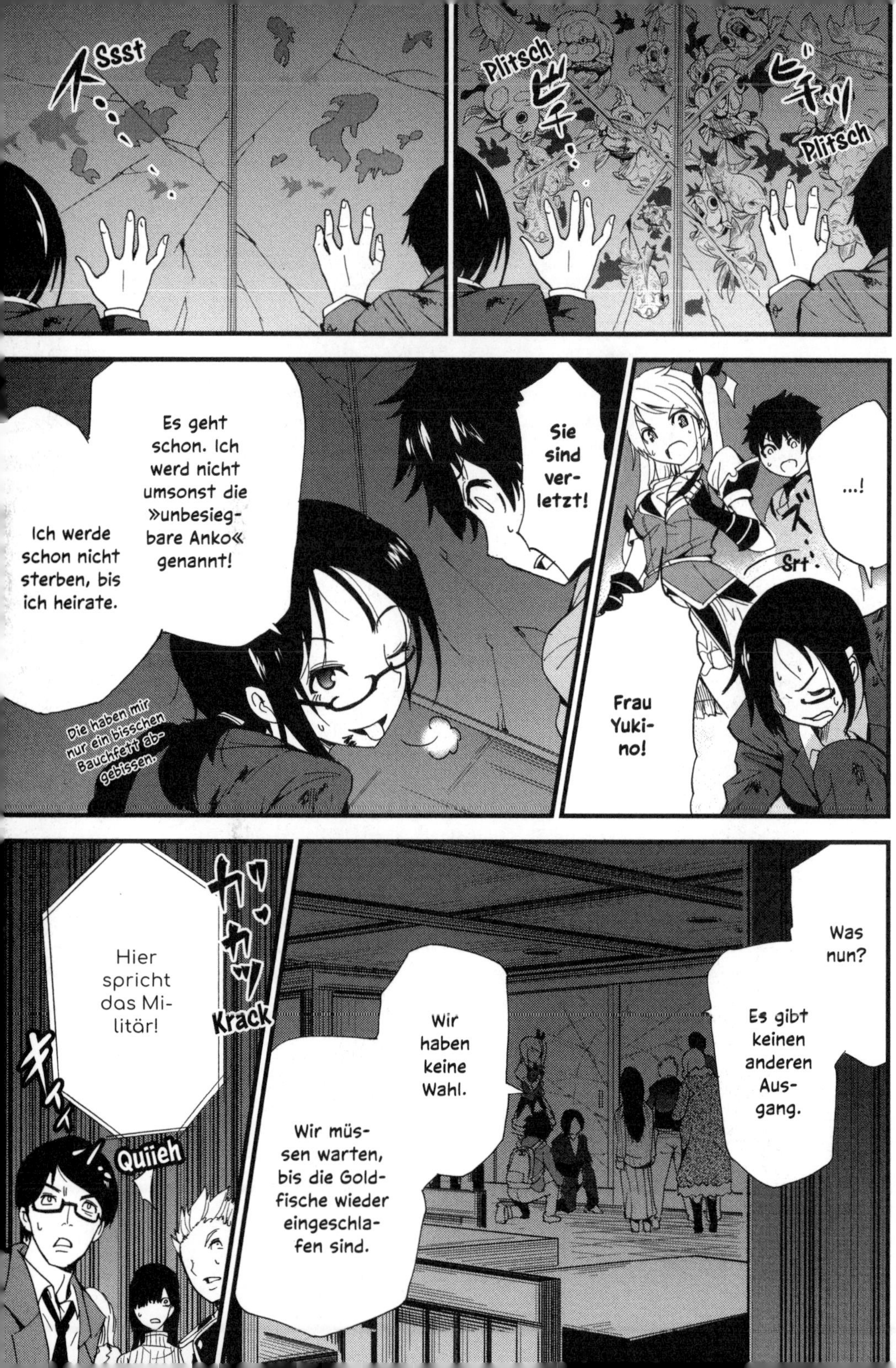

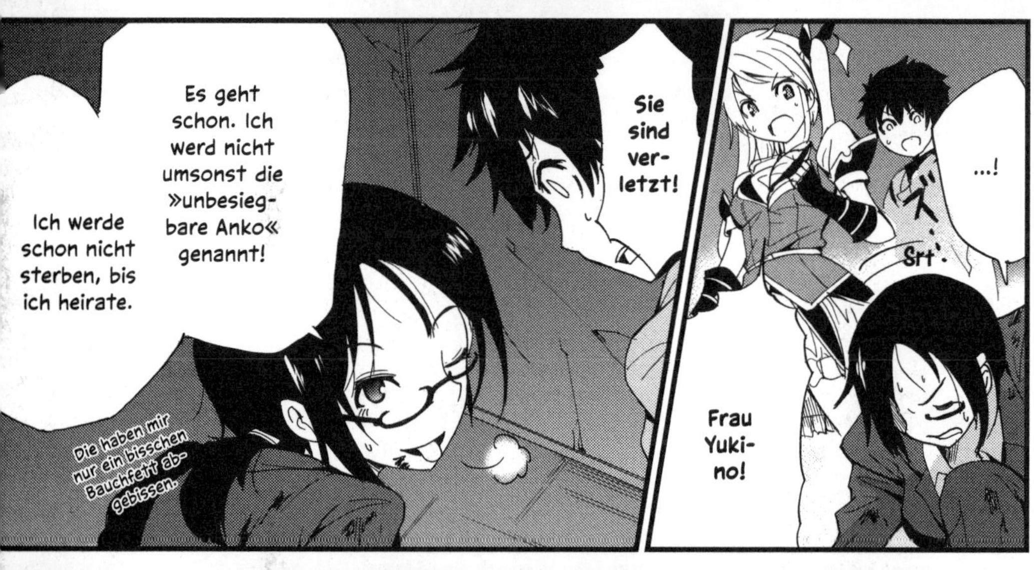
...!
Srt
Sie sind ver-letzt!
Frau Yuki-no!
Es geht schon. Ich werd nicht umsonst die »unbesieg-bare Anko« genannt!
Ich werde schon nicht sterben, bis ich heirate.
Die haben mir nur ein bisschen Bauchfett ab-gebissen.

Was nun?
Es gibt keinen anderen Aus-gang.
Wir haben keine Wahl.
Wir müs-sen warten, bis die Gold-fische wieder eingeschla-fen sind.
Krack
Hier spricht das Mi-litär!
Quiieh

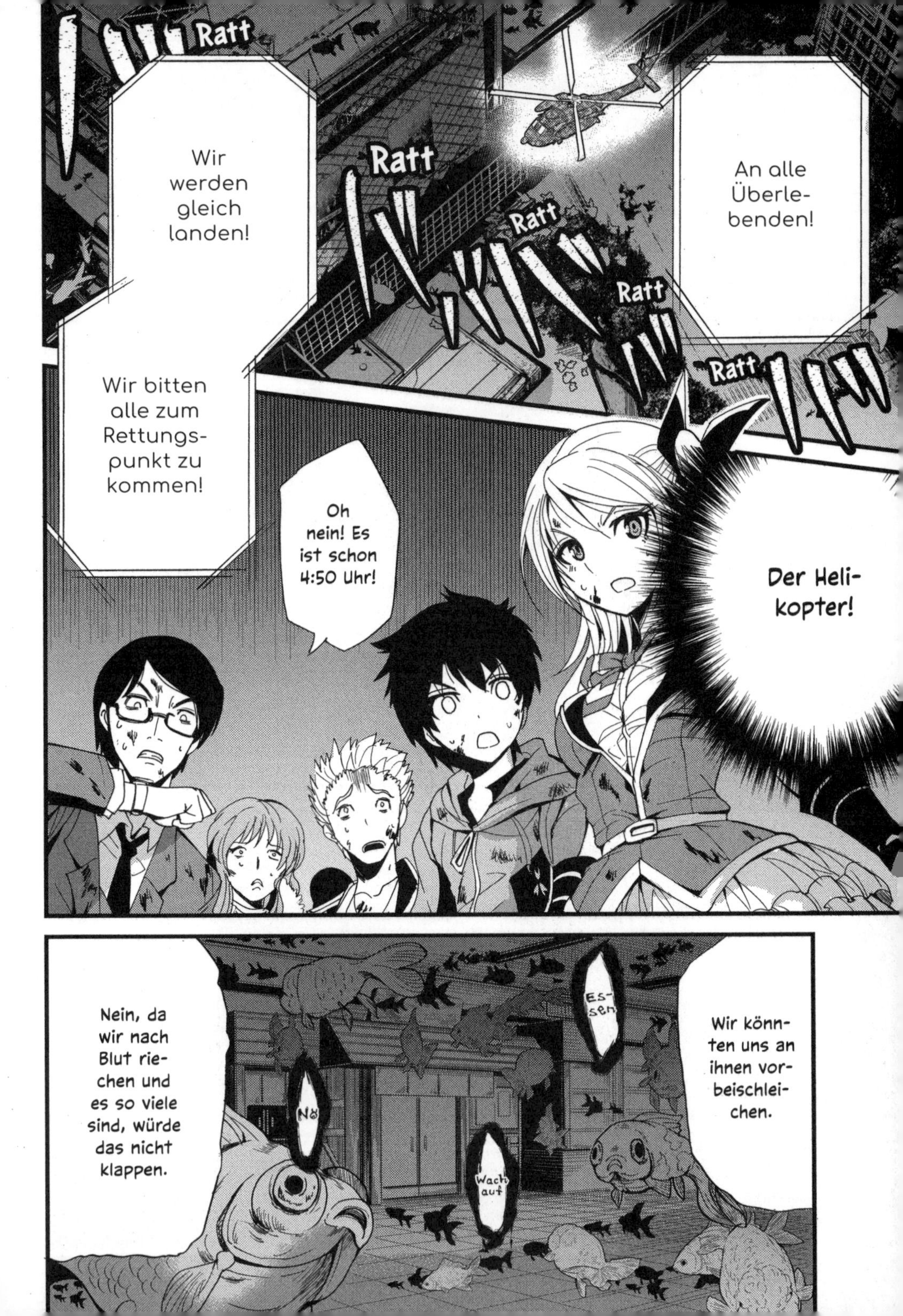

An alle Überle-benden!
Wir werden gleich landen!
Ratt
Ratt
Ratt
Ratt
Ratt
Wir bitten alle zum Rettungs-punkt zu kommen!
Der Heli-kopter!
Oh nein! Es ist schon 4:50 Uhr!

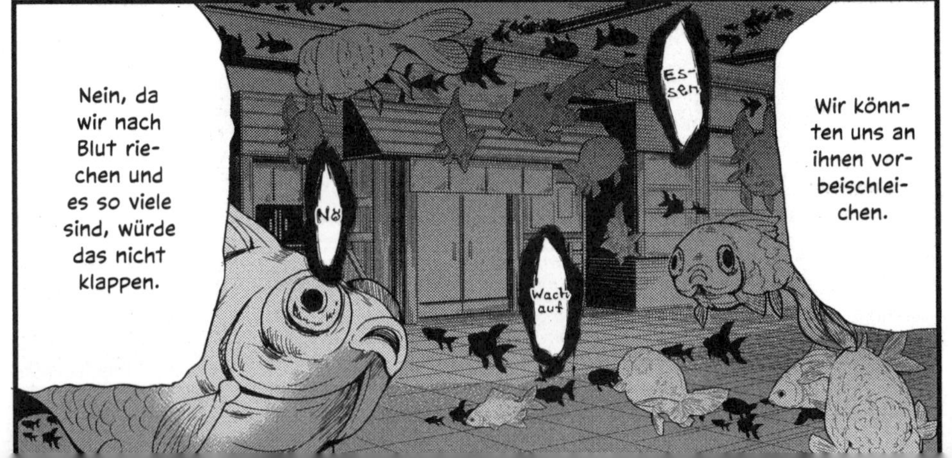

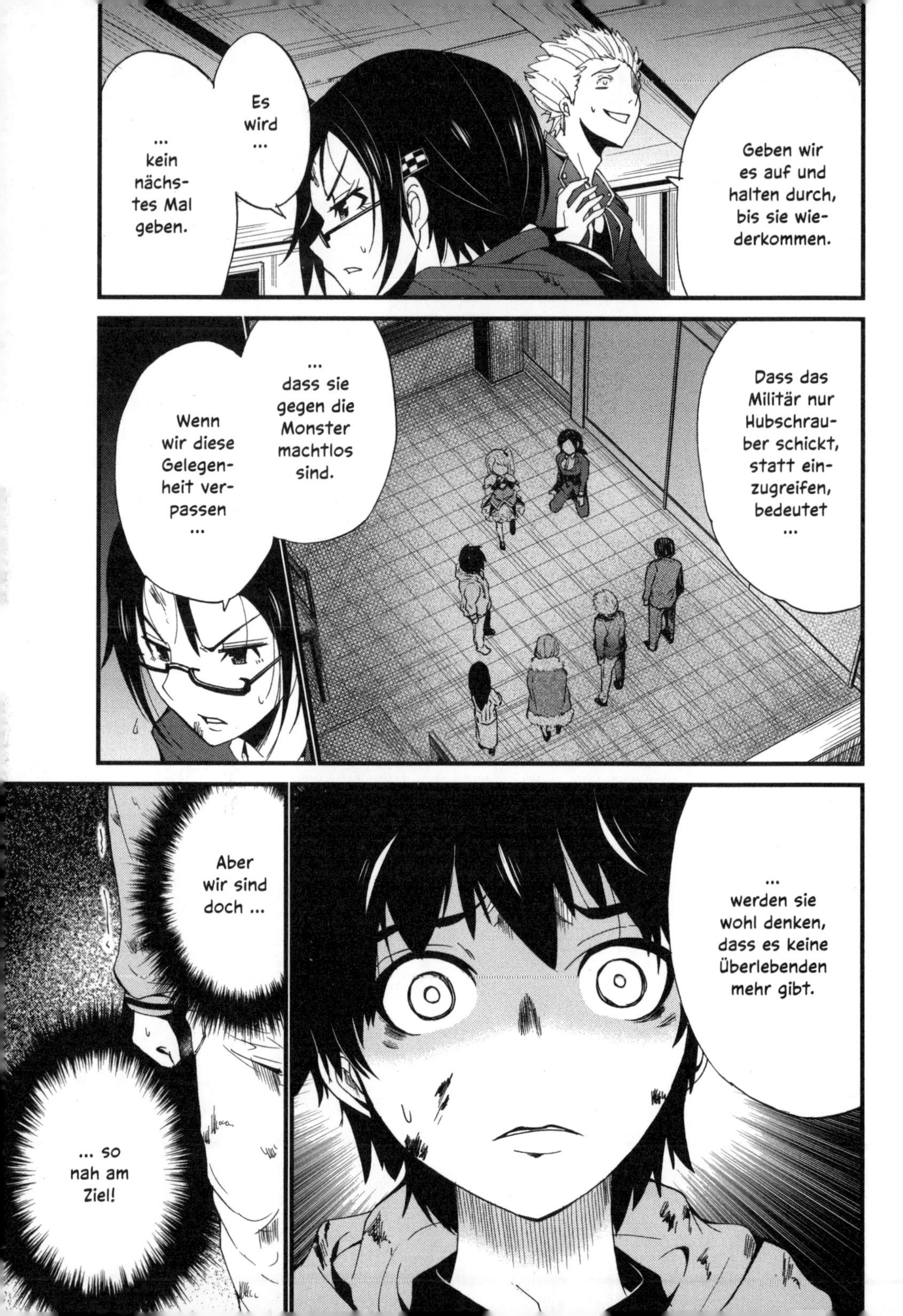

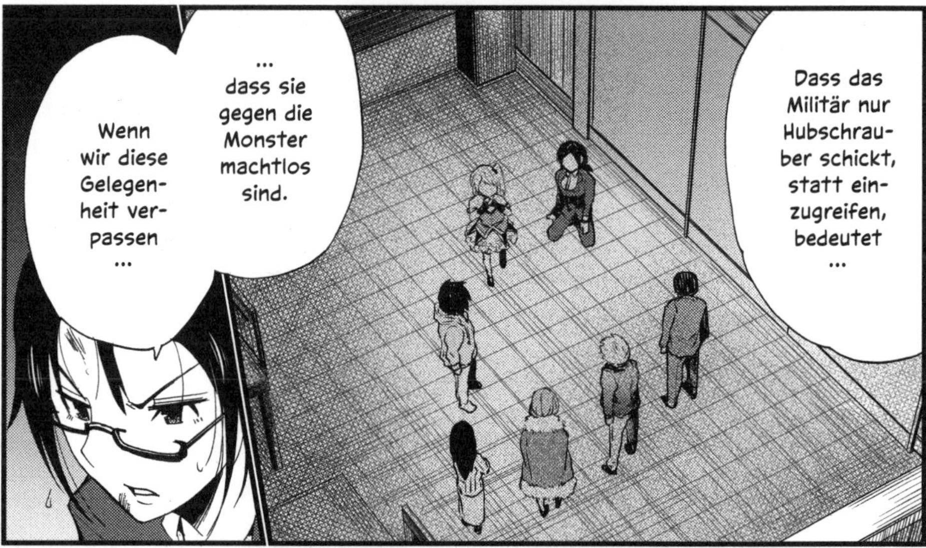

... werden sie wohl denken, dass es keine Überlebenden mehr gibt.

Aber wir sind doch ...

... so nah am Ziel!

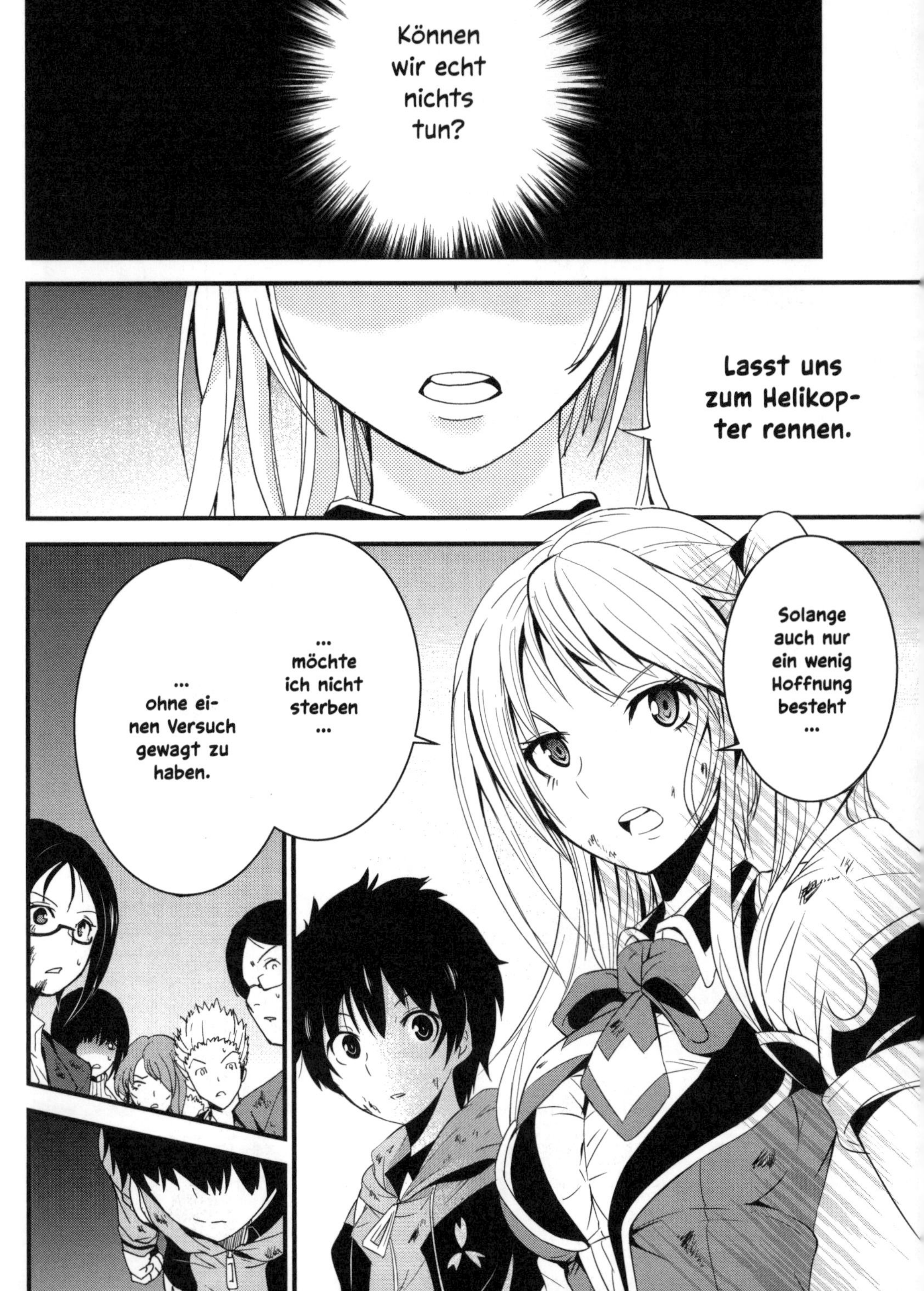
Können wir echt nichts tun?
Lasst uns zum Helikopter rennen.
Solange auch nur ein wenig Hoffnung besteht …
… möchte ich nicht sterben …
… ohne einen Versuch gewagt zu haben.

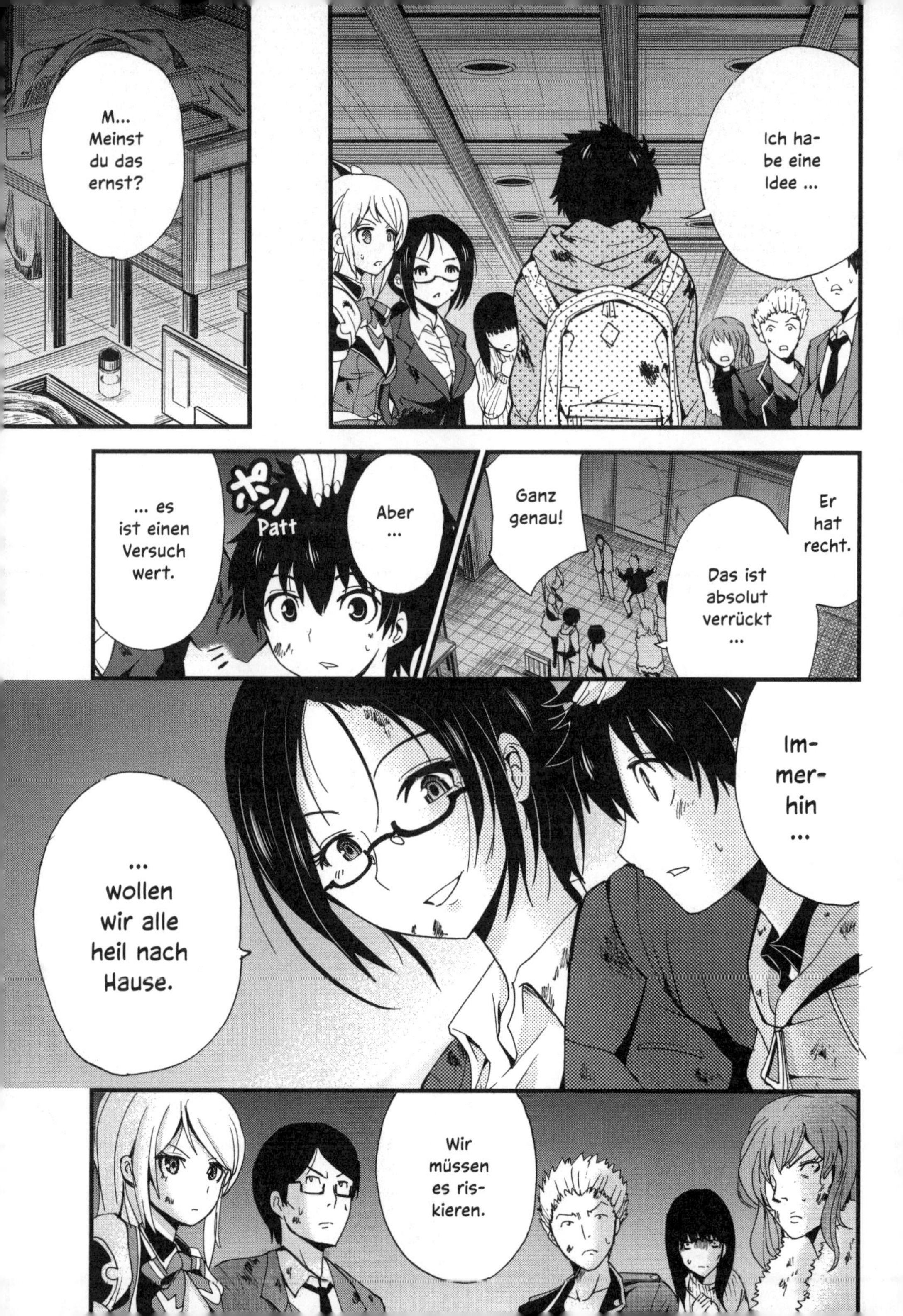

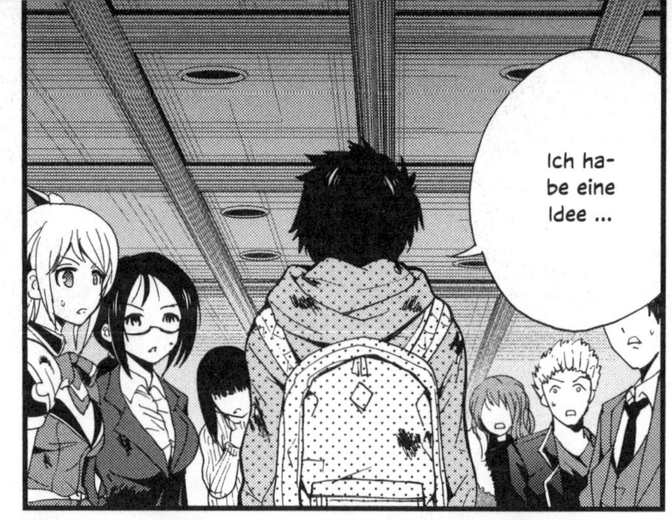
Ich habe eine Idee ...

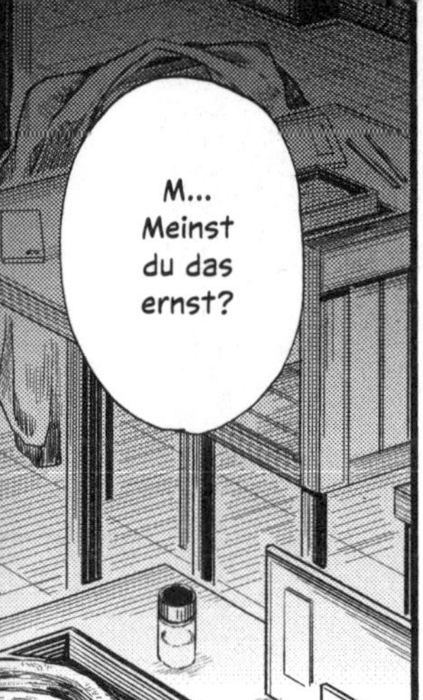
M... Meinst du das ernst?

Er hat recht.
Das ist absolut verrückt ...
Ganz genau!
Aber ...
Patt
... es ist einen Versuch wert.
Immerhin ...
... wollen wir alle heil nach Hause.

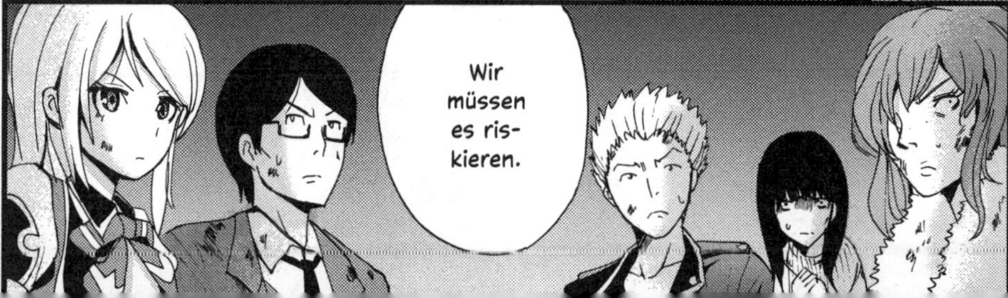
Wir müssen es riskieren.

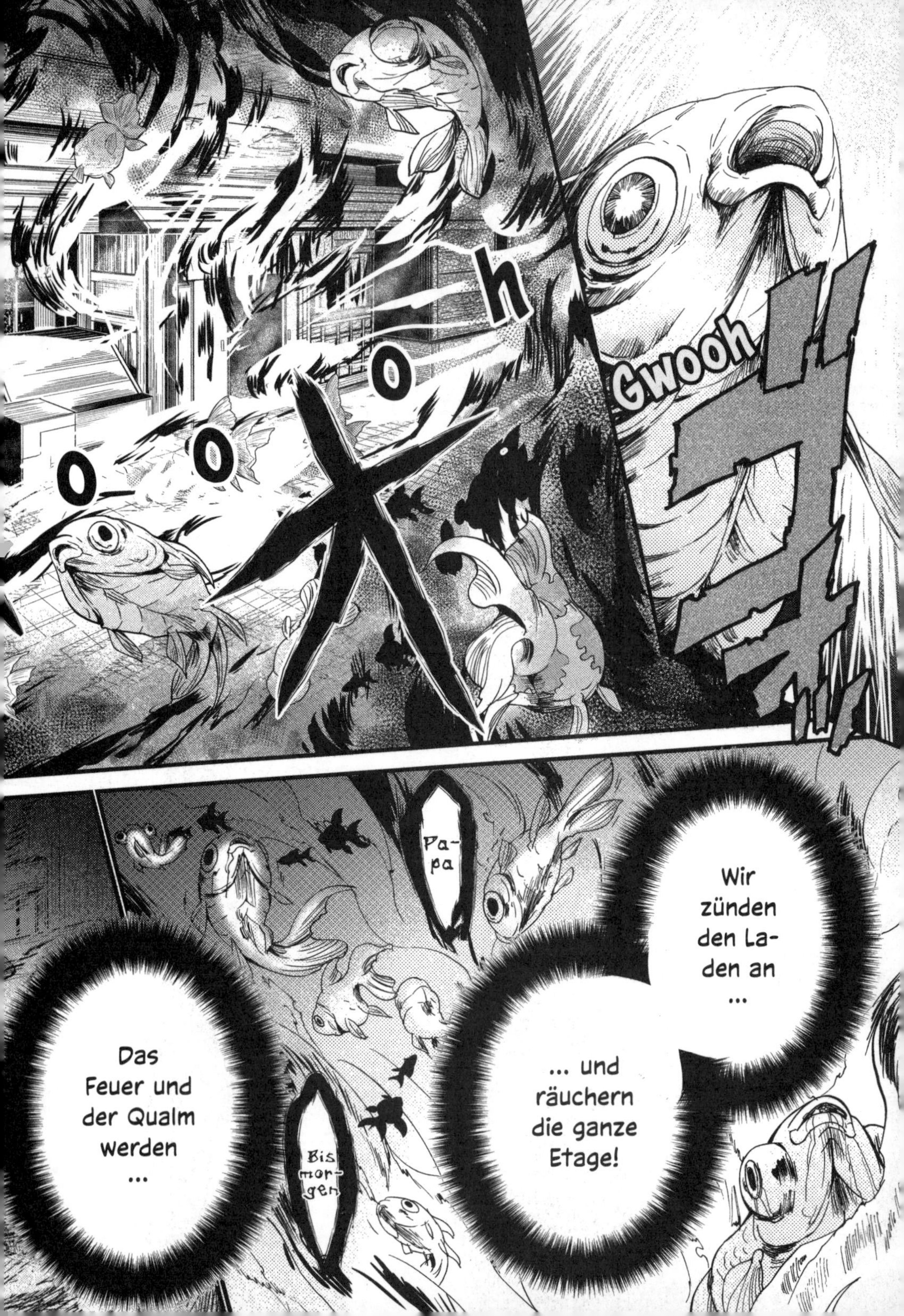
Gwooh
Oooh
Papa
Wir zünden den Laden an ...
... und räuchern die ganze Etage!
Bis morgen
Das Feuer und der Qualm werden ...

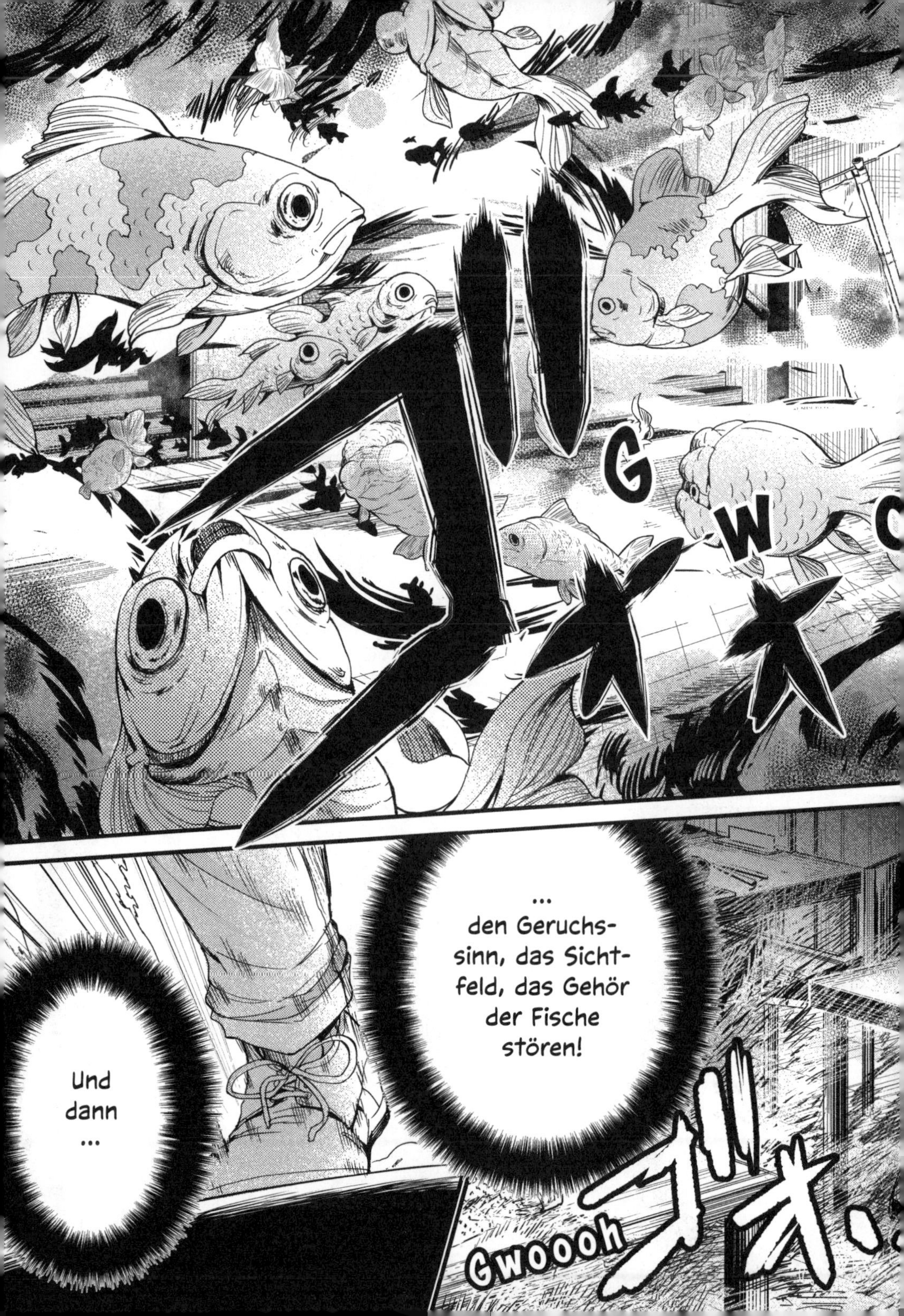

... den Geruchssinn, das Sichtfeld, das Gehör der Fische stören!
Und dann ...
Gwoooh

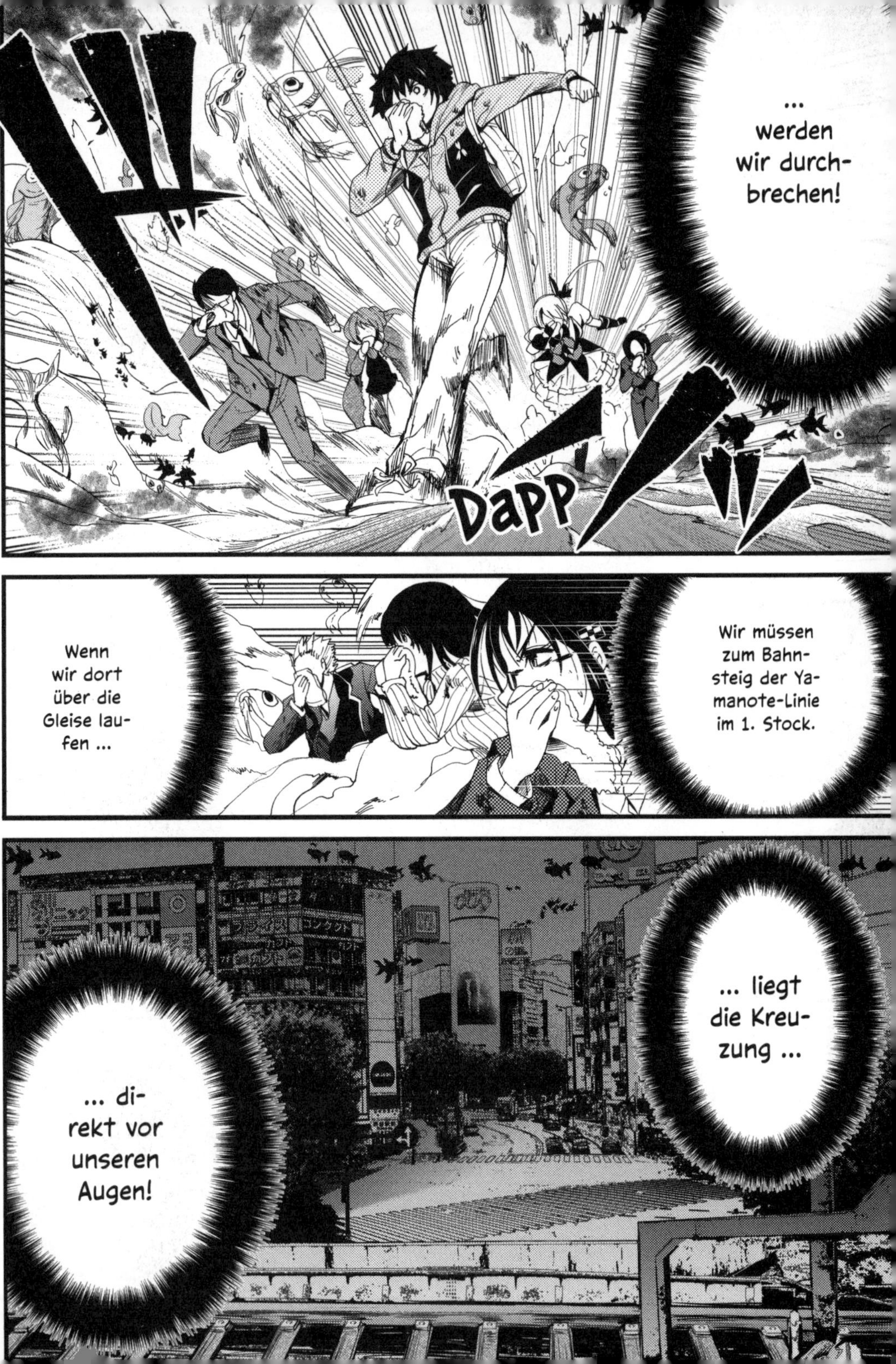

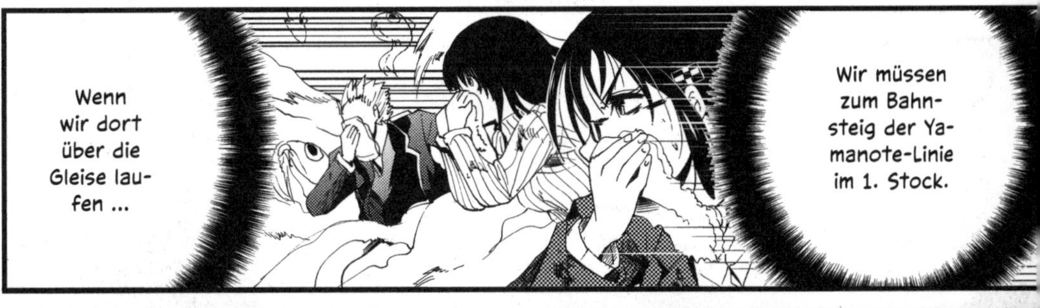
... werden wir durchbrechen!
Dapp
Wir müssen zum Bahnsteig der Yamanote-Linie im 1. Stock.
Wenn wir dort über die Gleise laufen ...
... liegt die Kreuzung ...
... direkt vor unseren Augen!

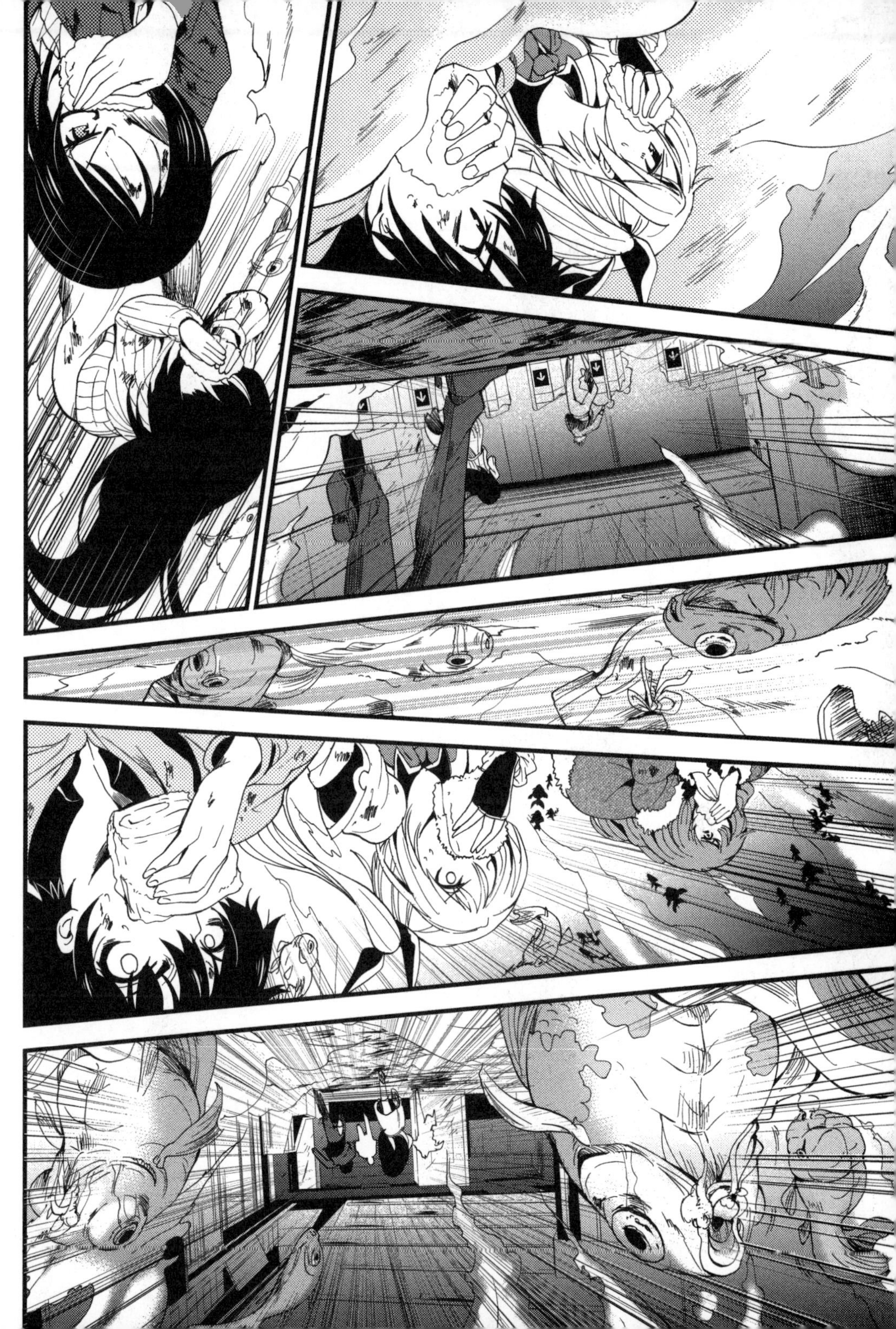

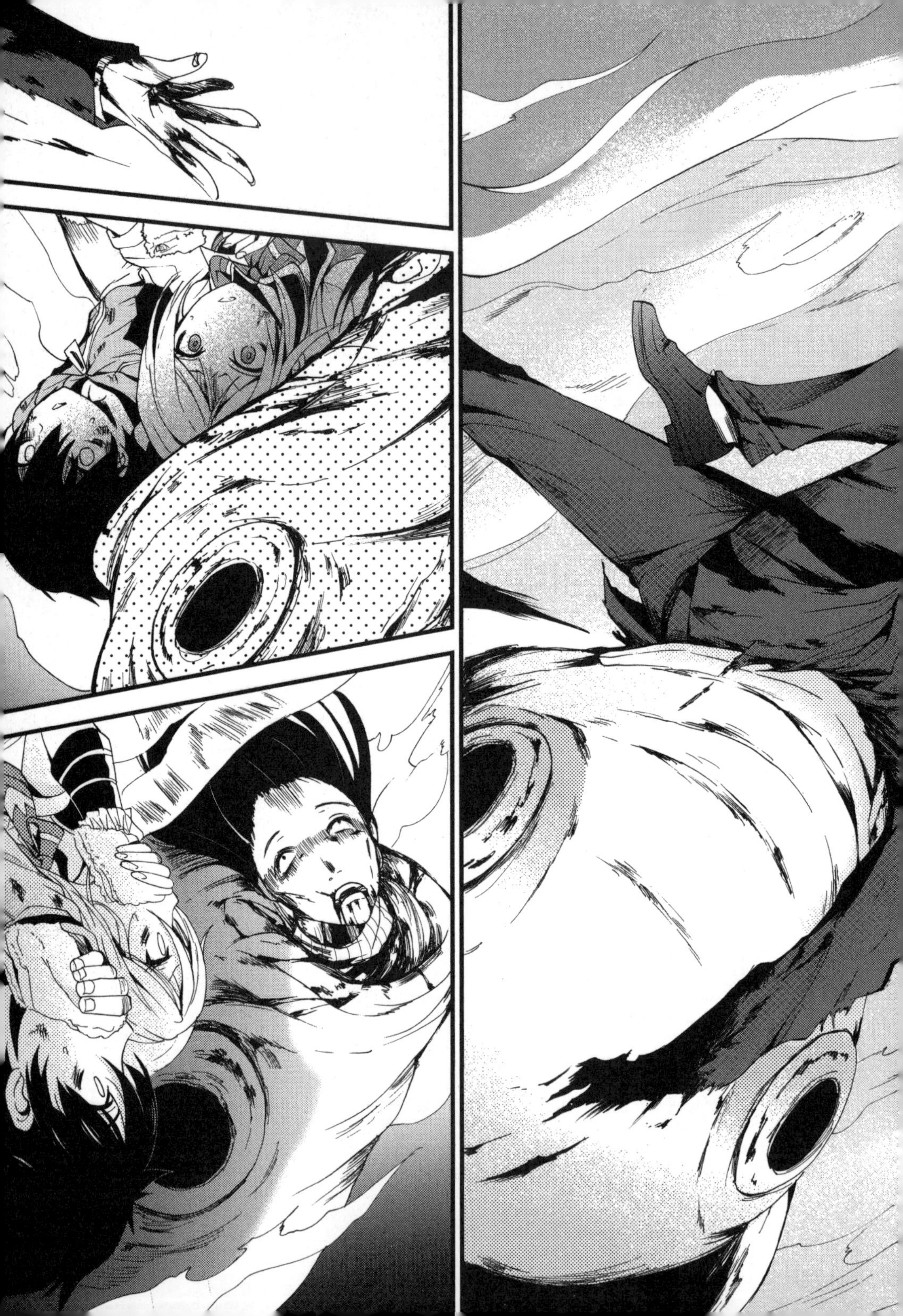

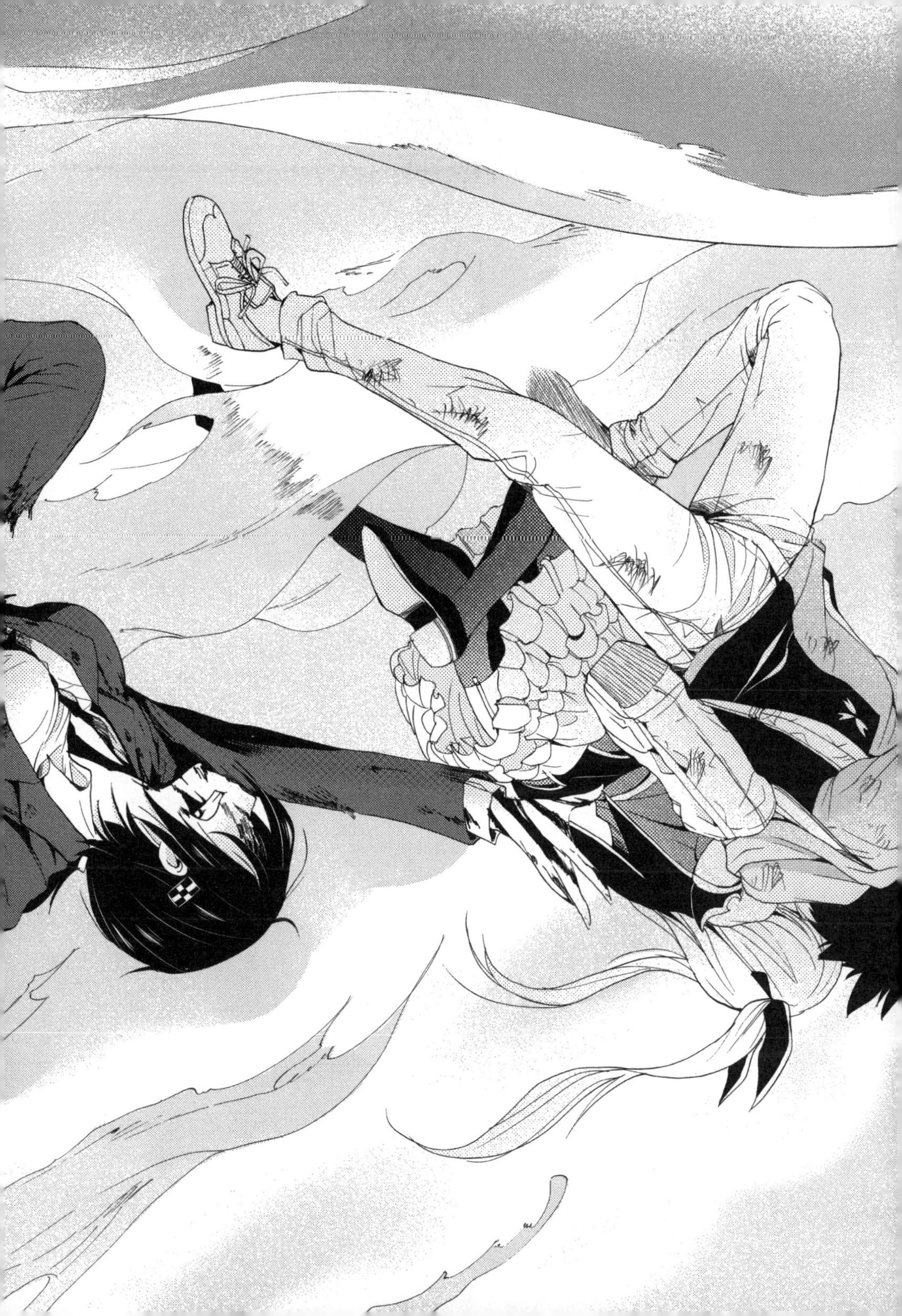

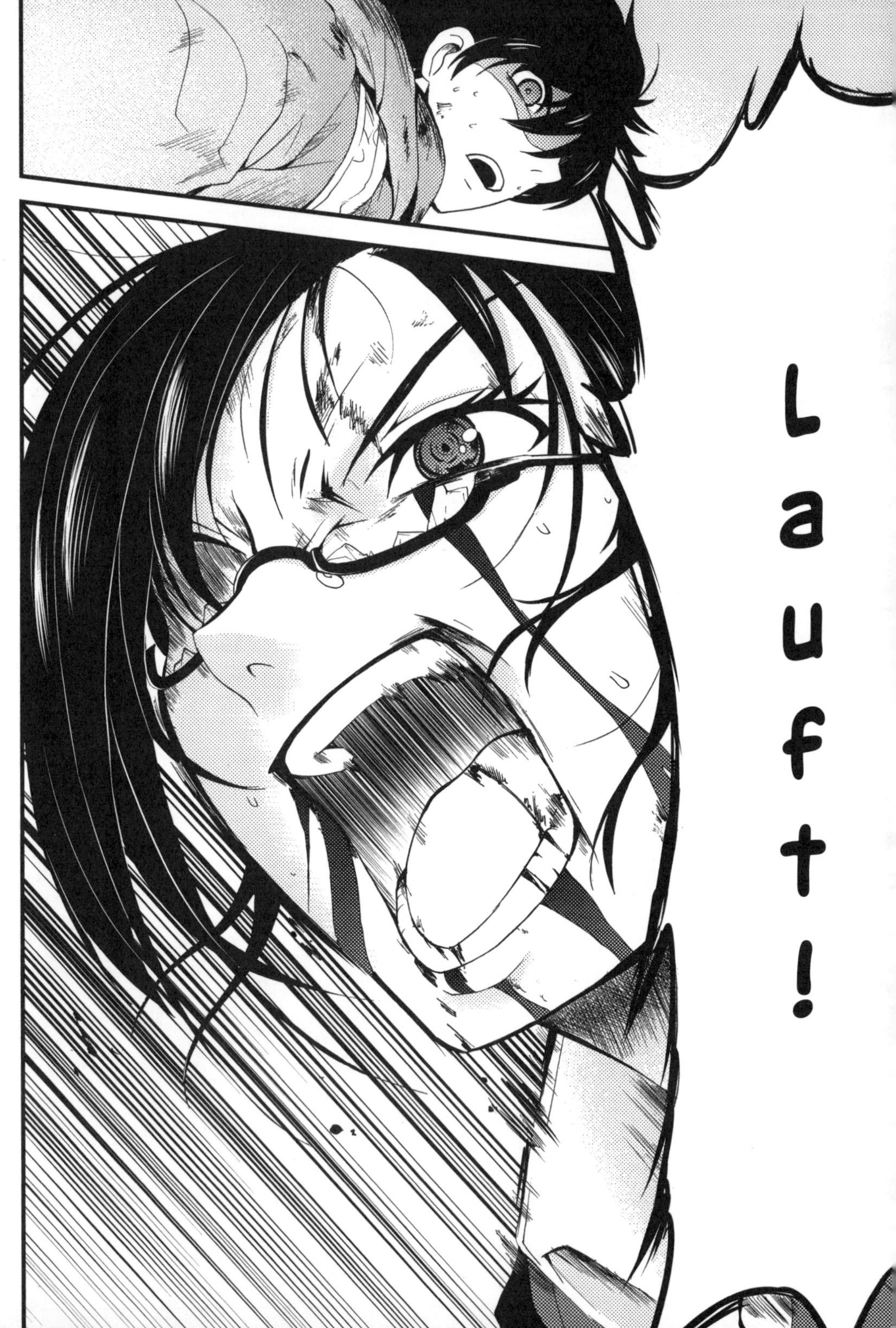
Lauft!

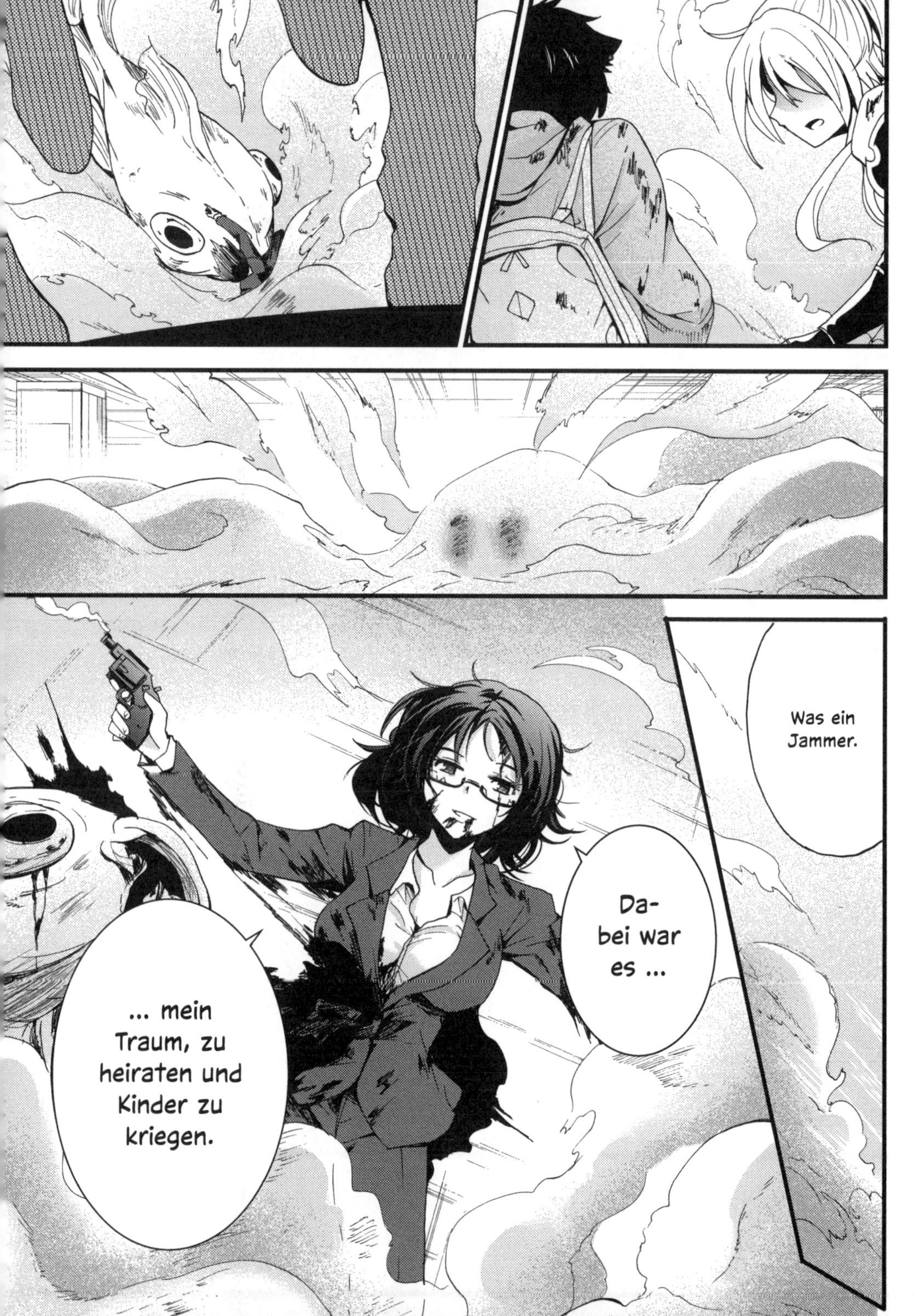
Was ein Jammer.
Dabei war es ...
... mein Traum, zu heiraten und Kinder zu kriegen.

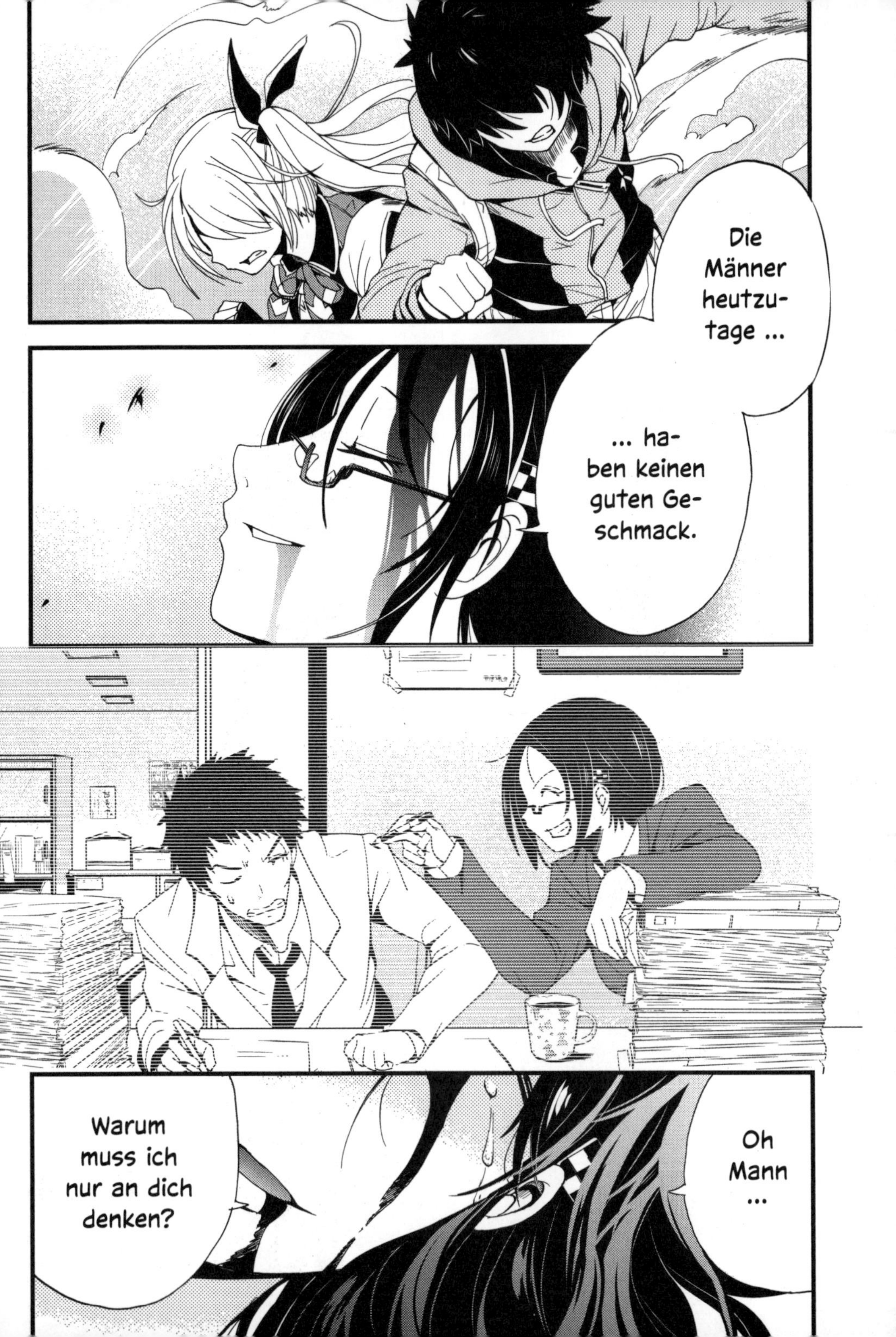
Die Männer heutzutage ...
... haben keinen guten Geschmack.
Oh Mann ...
Warum muss ich nur an dich denken?

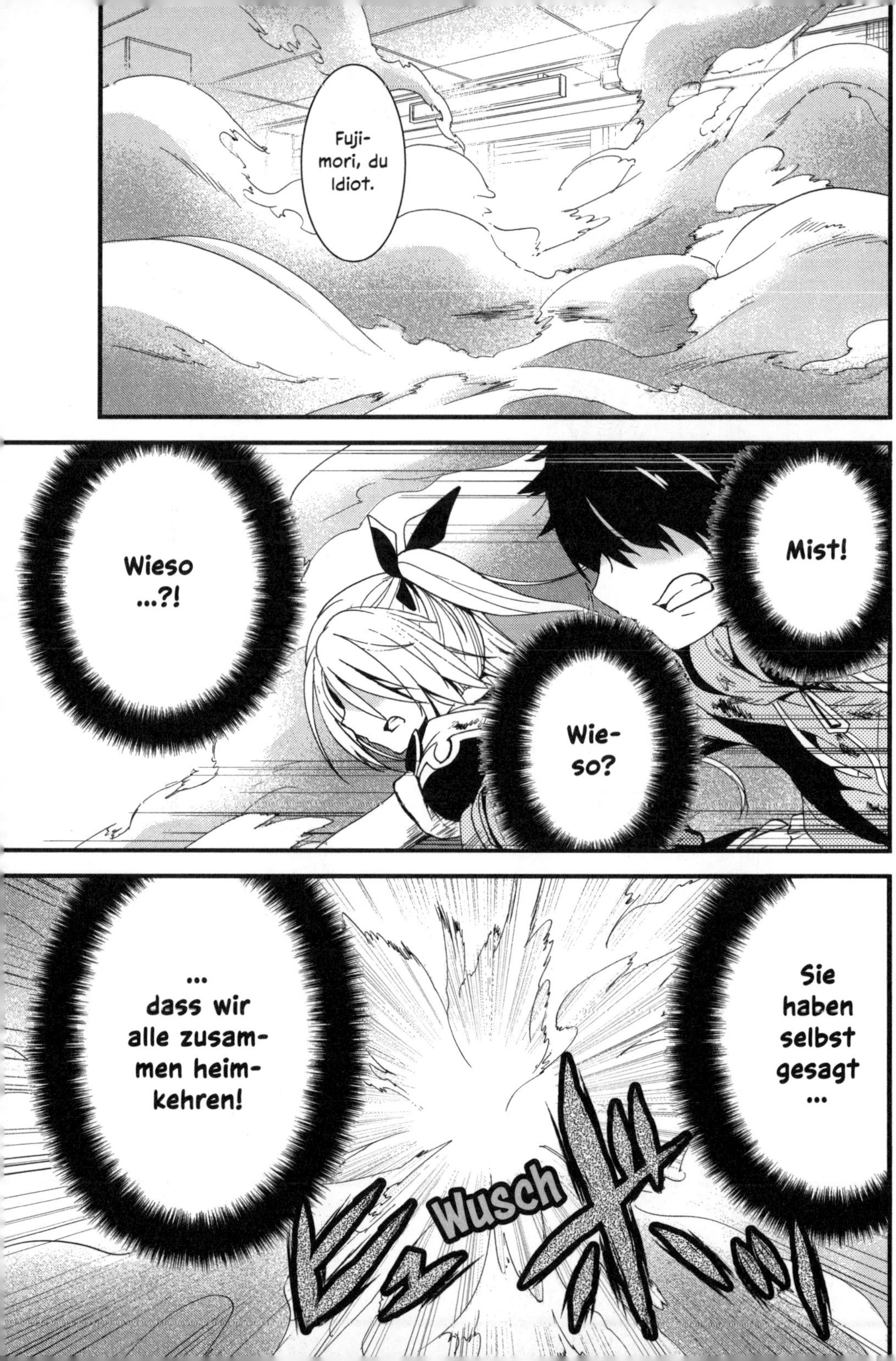

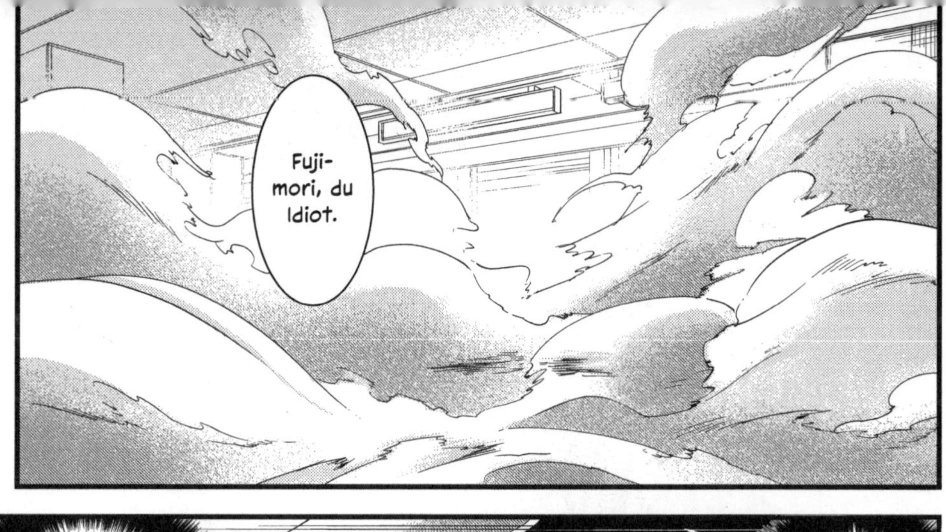
Fuji-mori, du Idiot.

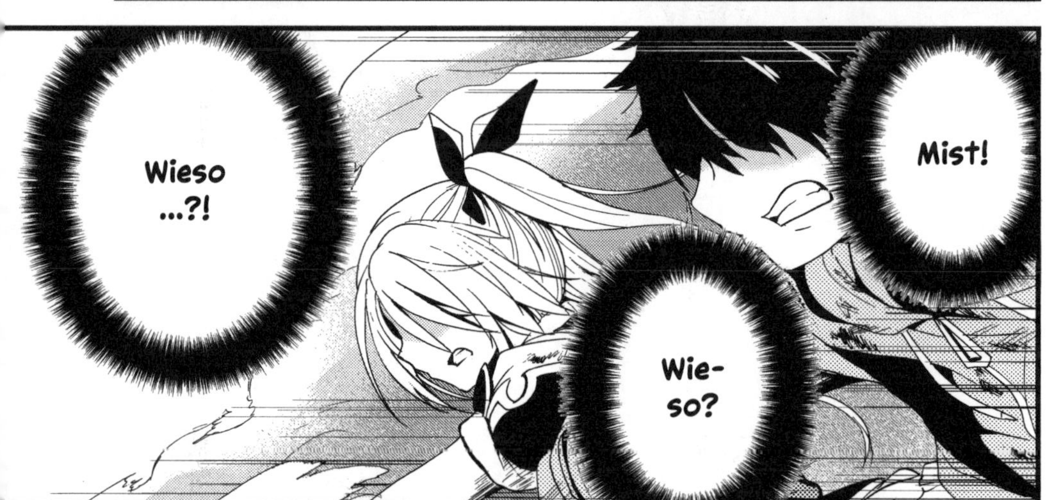
Mist!
Wie-so?
Wieso ...?!

Sie haben selbst gesagt ...
... dass wir alle zusam-men heim-kehren!
Wusch

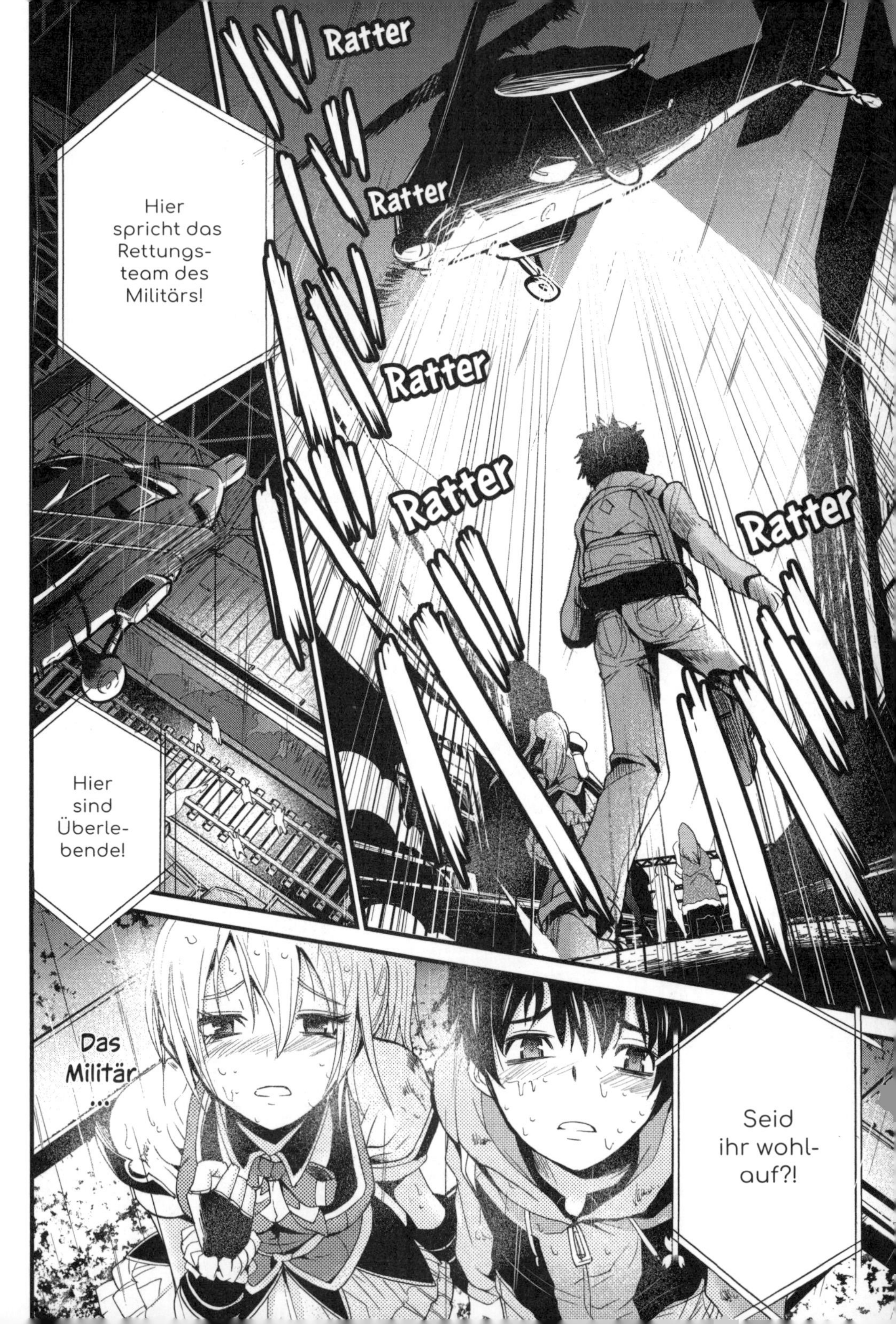
Ratter
Ratter
Hier spricht das Rettungs-team des Militärs!
Ratter
Ratter
Ratter
Hier sind Überle-bende!
Seid ihr wohl-auf?!
Das Militär …

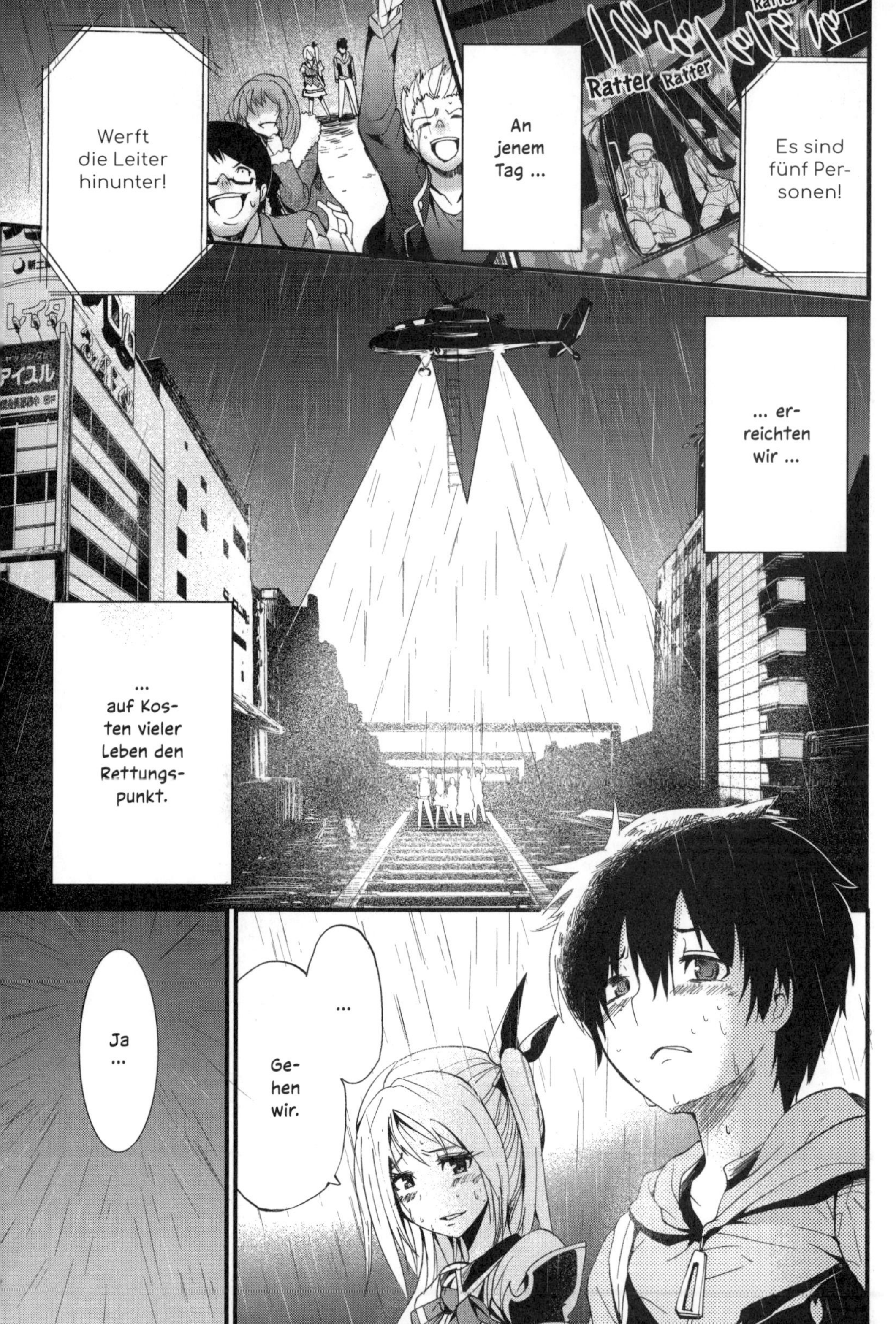
Ratter Ratter Ratter
Es sind fünf Personen!
An jenem Tag ...
Werft die Leiter hinunter!
... erreichten wir ...
... auf Kosten vieler Leben den Rettungspunkt.
...
Gehen wir.
Ja ...

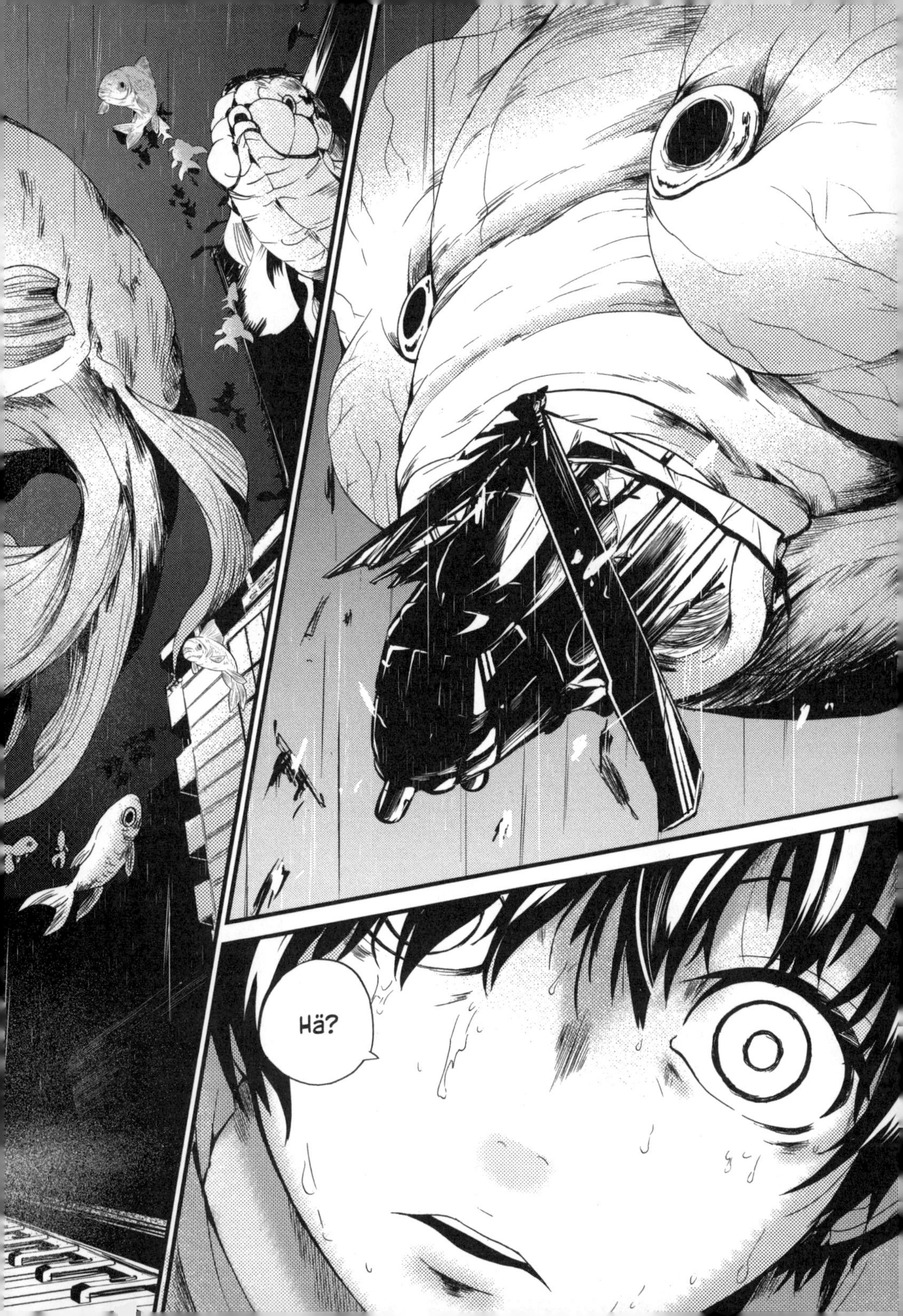

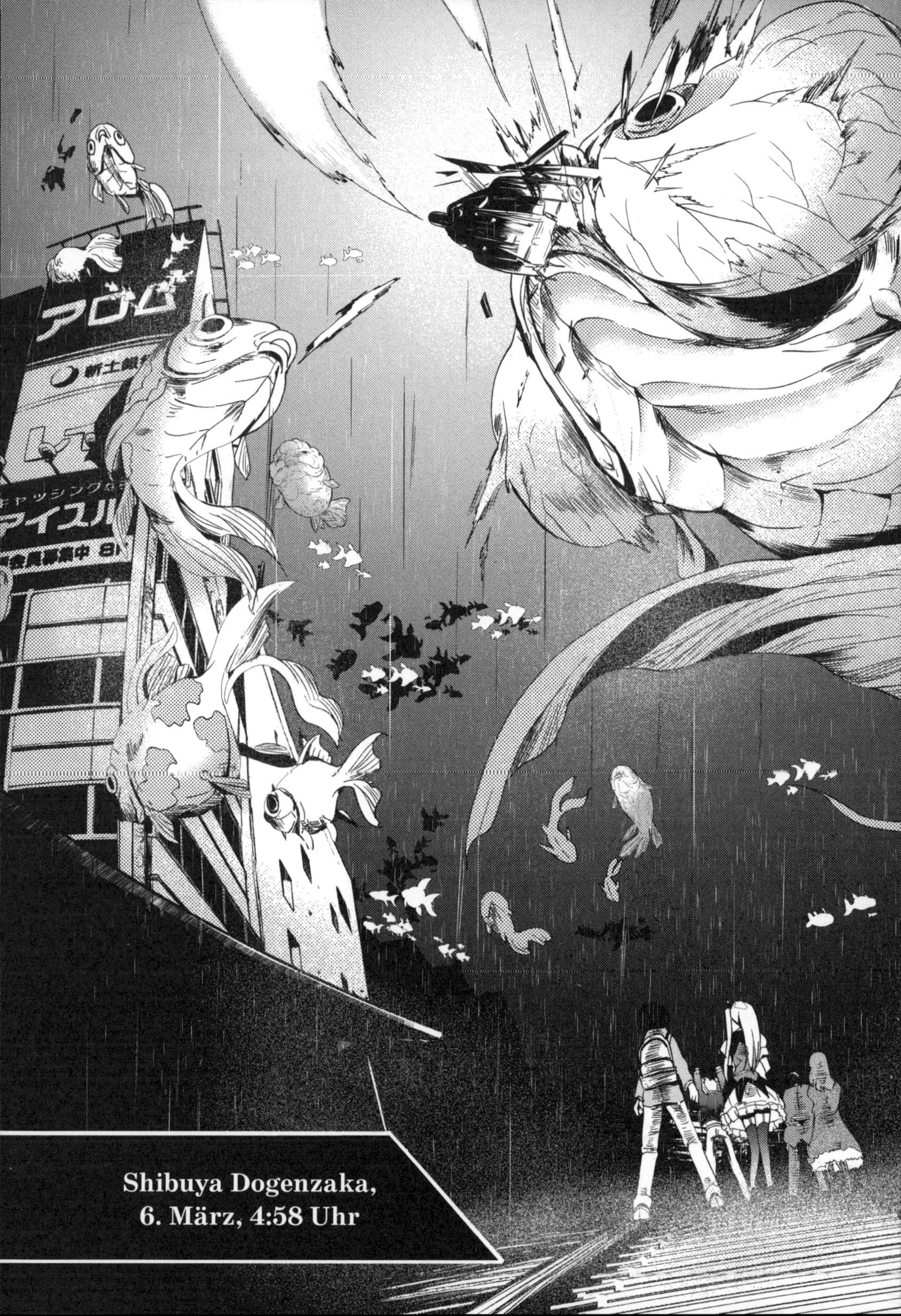

アロム
Shibuya Dogenzaka,
6. März, 4:58 Uhr

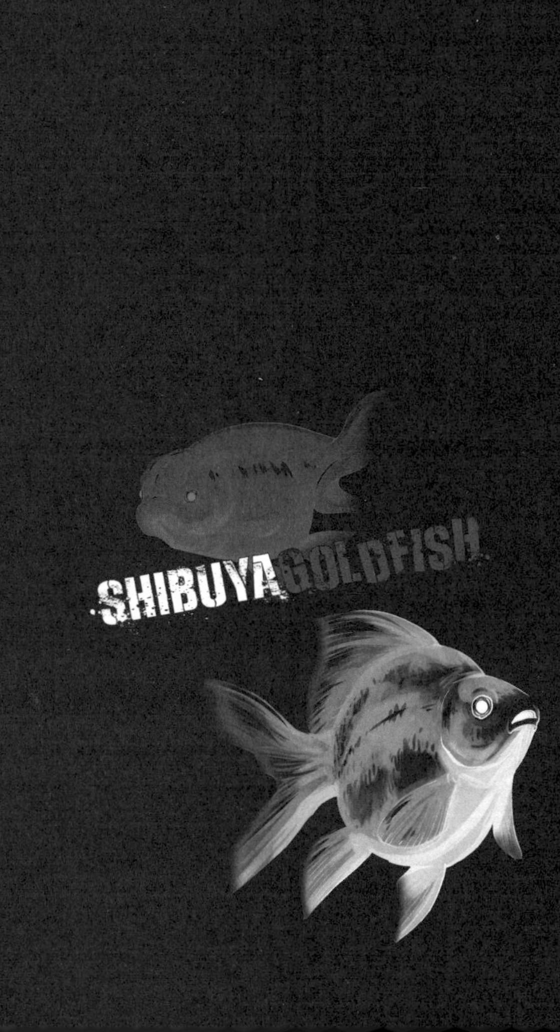
SHIBUYA GOLDFISH

6. März, Nankyu Einkaufscenter
5. Stock, Vorzimmer des Cafés

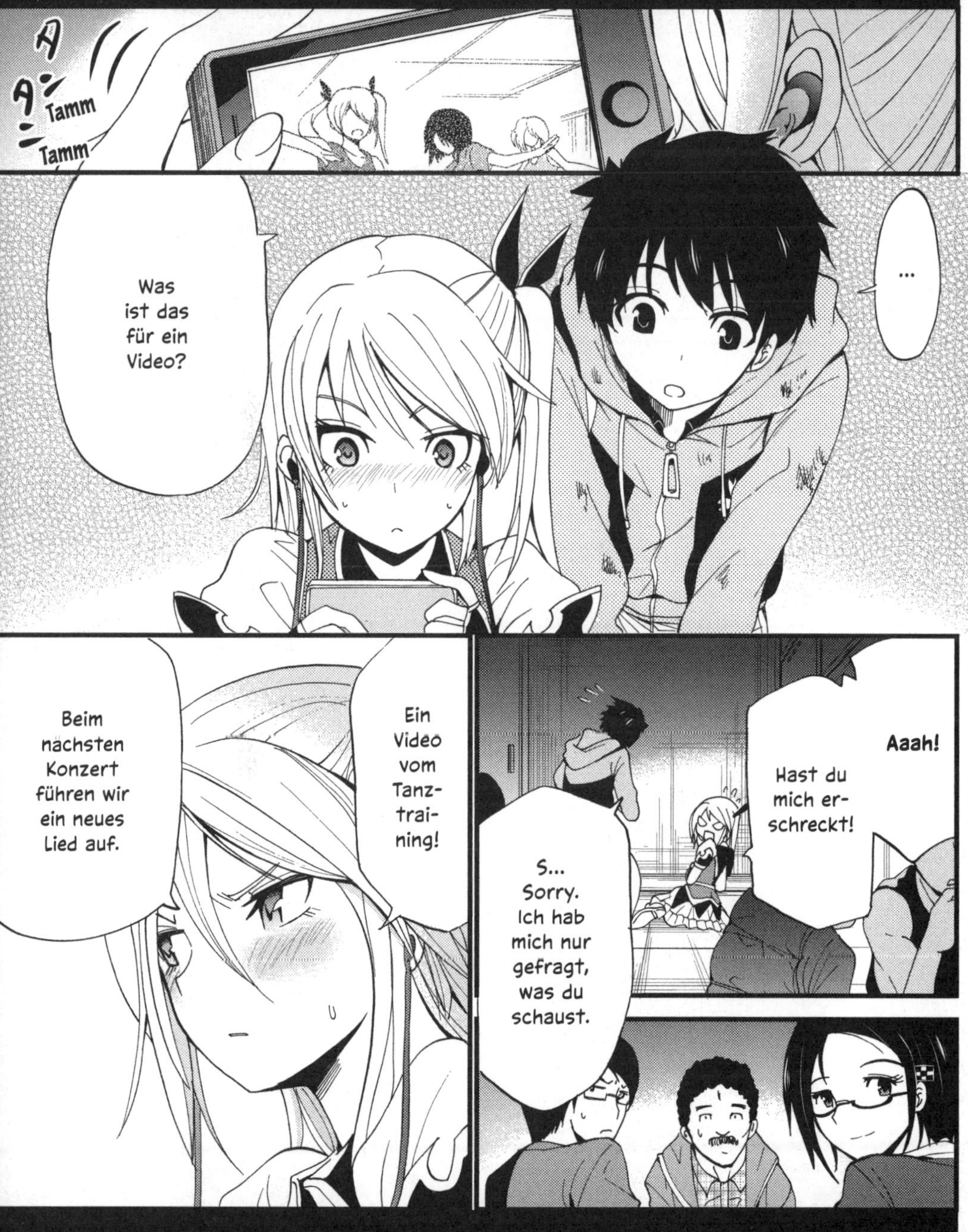

3:55 Uhr (1 Stunde vor Rettungsbeginn)

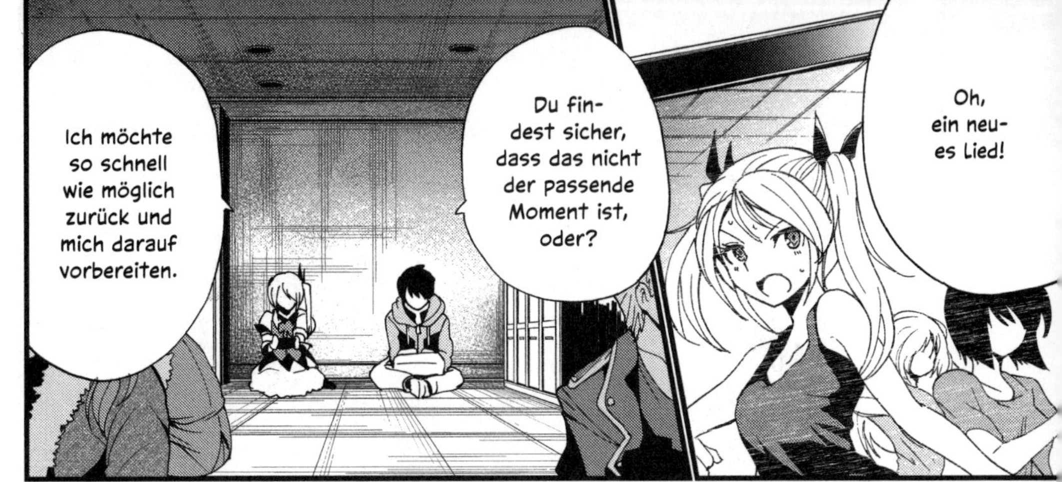

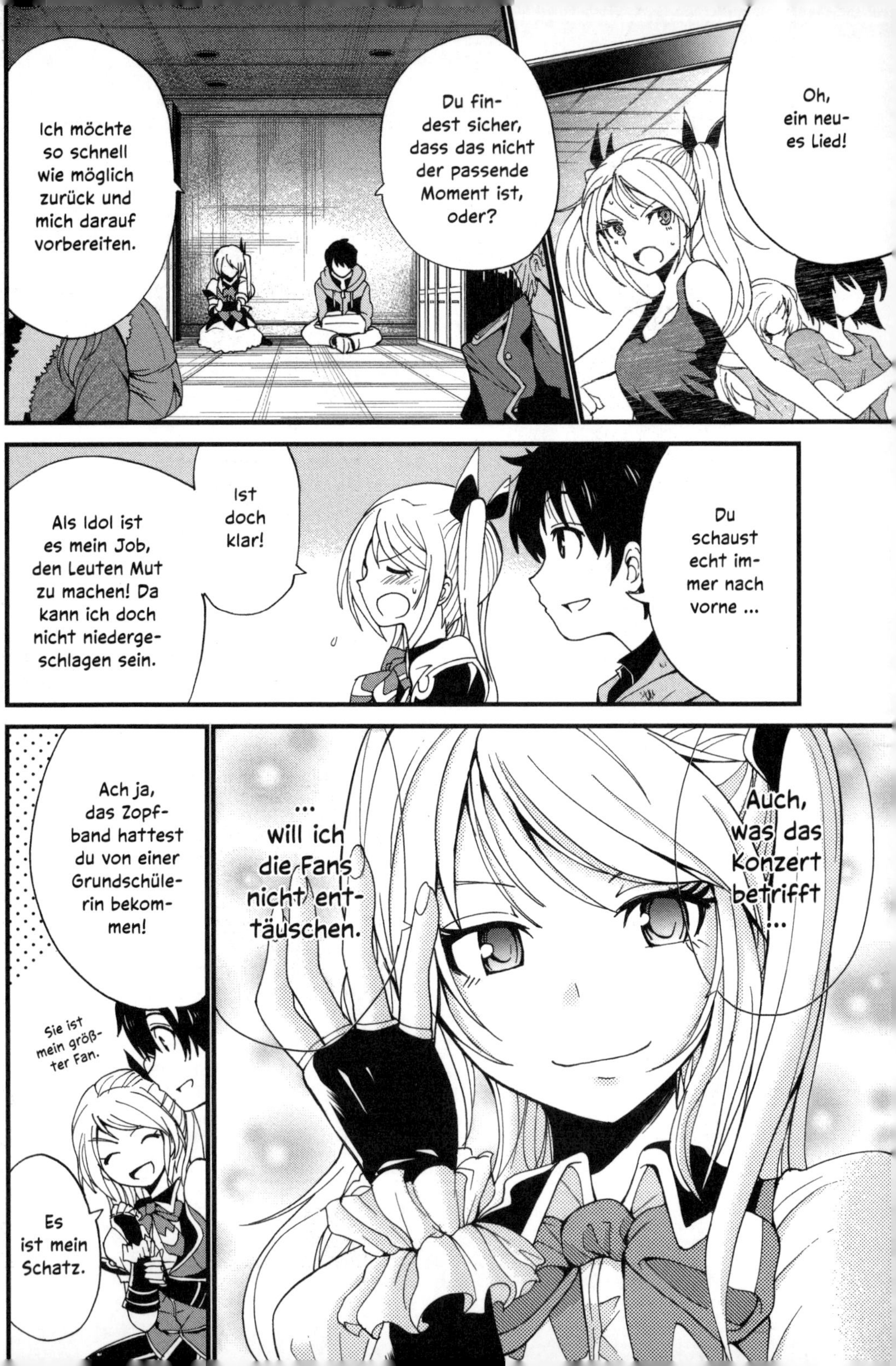

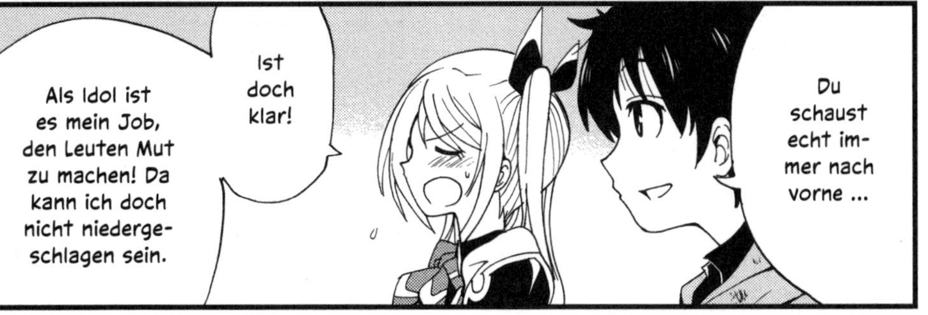

Auch, was das Konzert betrifft ...

... will ich die Fans nicht ent-täuschen.

Ach ja, das Zopf-band hattest du von einer Grundschüle-rin bekom-men!

Sie ist mein größ-ter Fan.

Es ist mein Schatz.

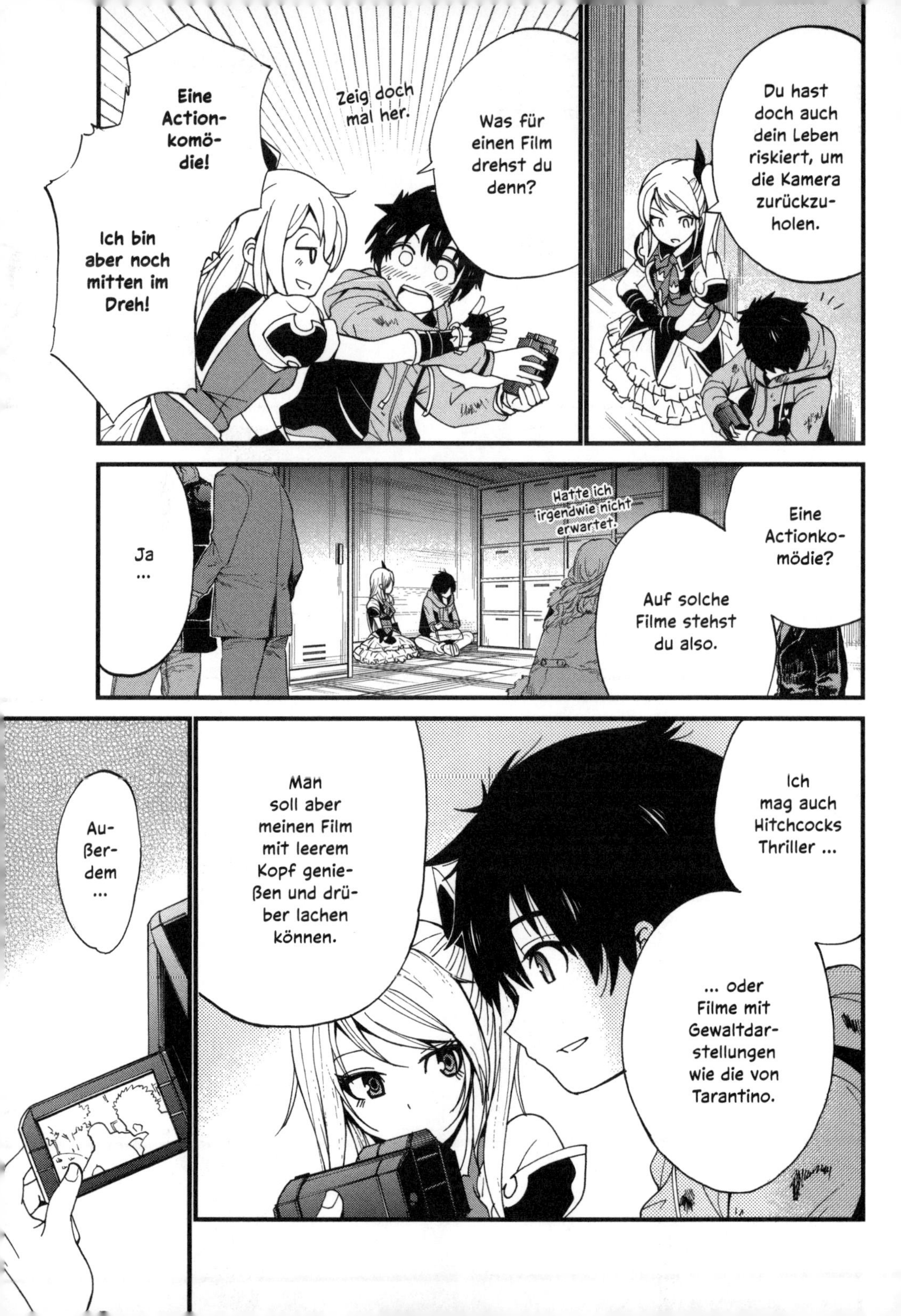

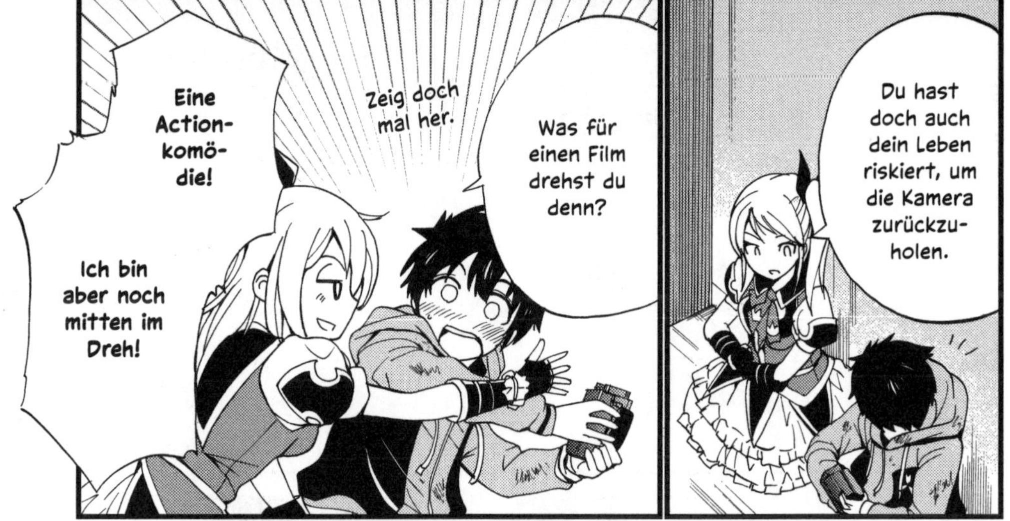
Du hast doch auch dein Leben riskiert, um die Kamera zurückzuholen.
Was für einen Film drehst du denn?
Zeig doch mal her.
Eine Actionkomödie!
Ich bin aber noch mitten im Dreh!

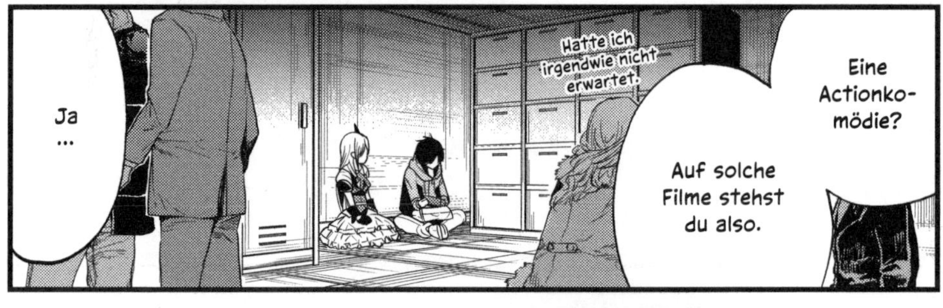
Eine Actionkomödie?
Auf solche Filme stehst du also.
Hatte ich irgendwie nicht erwartet.
Ja ...

Ich mag auch Hitchcocks Thriller ...
... oder Filme mit Gewaltdarstellungen wie die von Tarantino.
Man soll aber meinen Film mit leerem Kopf genießen und drüber lachen können.
Außerdem ...

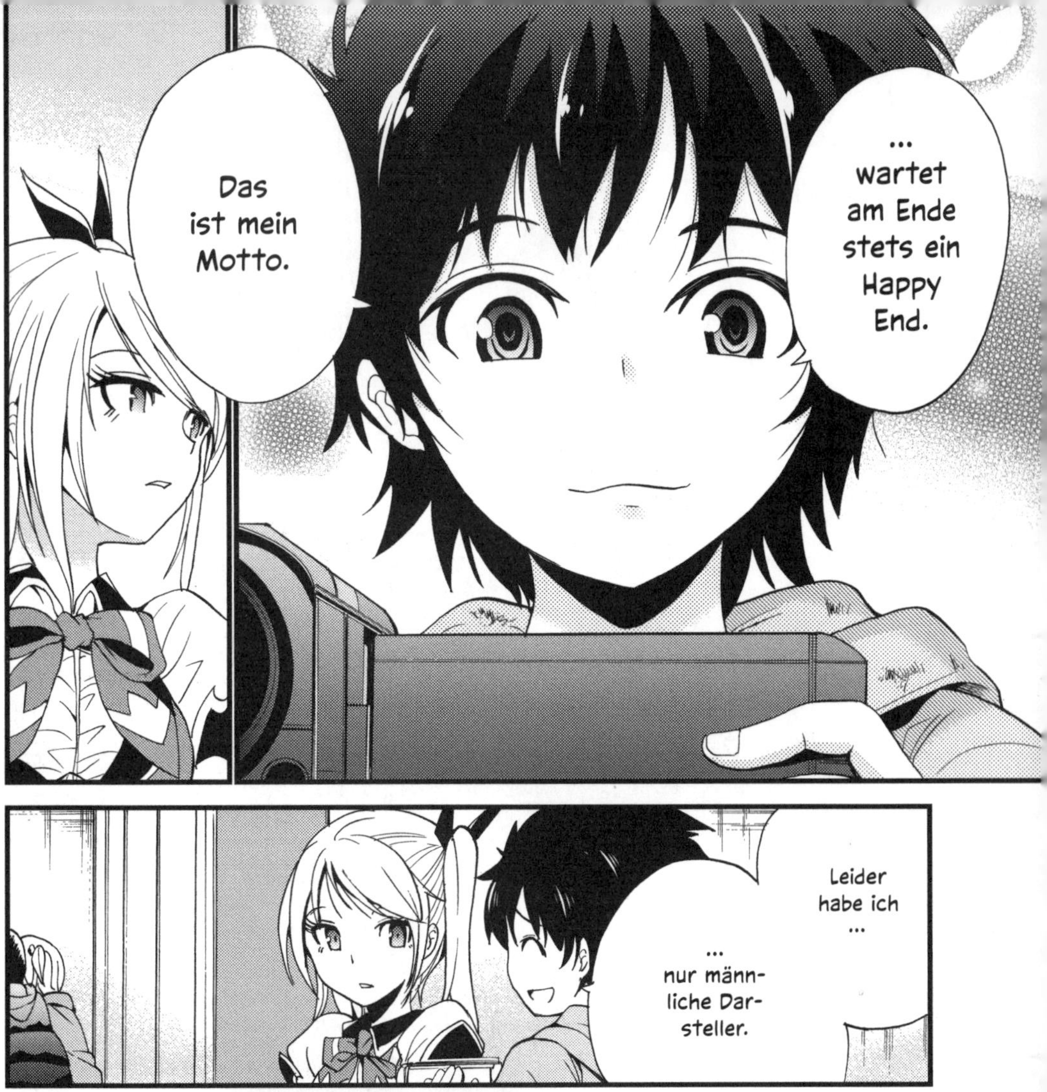

... wartet am Ende stets ein Happy End.
Das ist mein Motto.

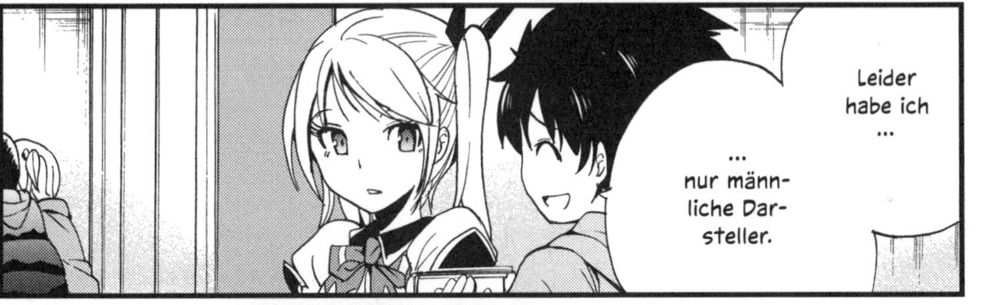

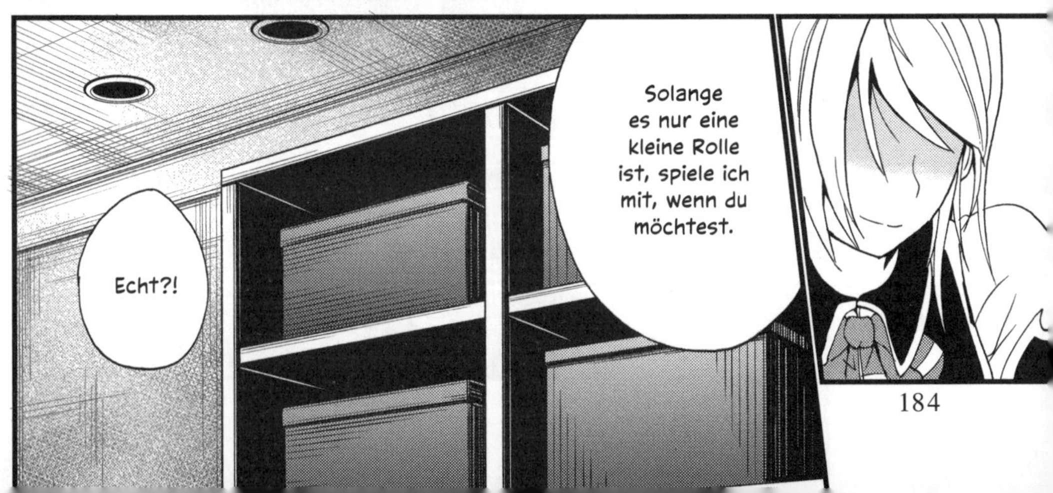

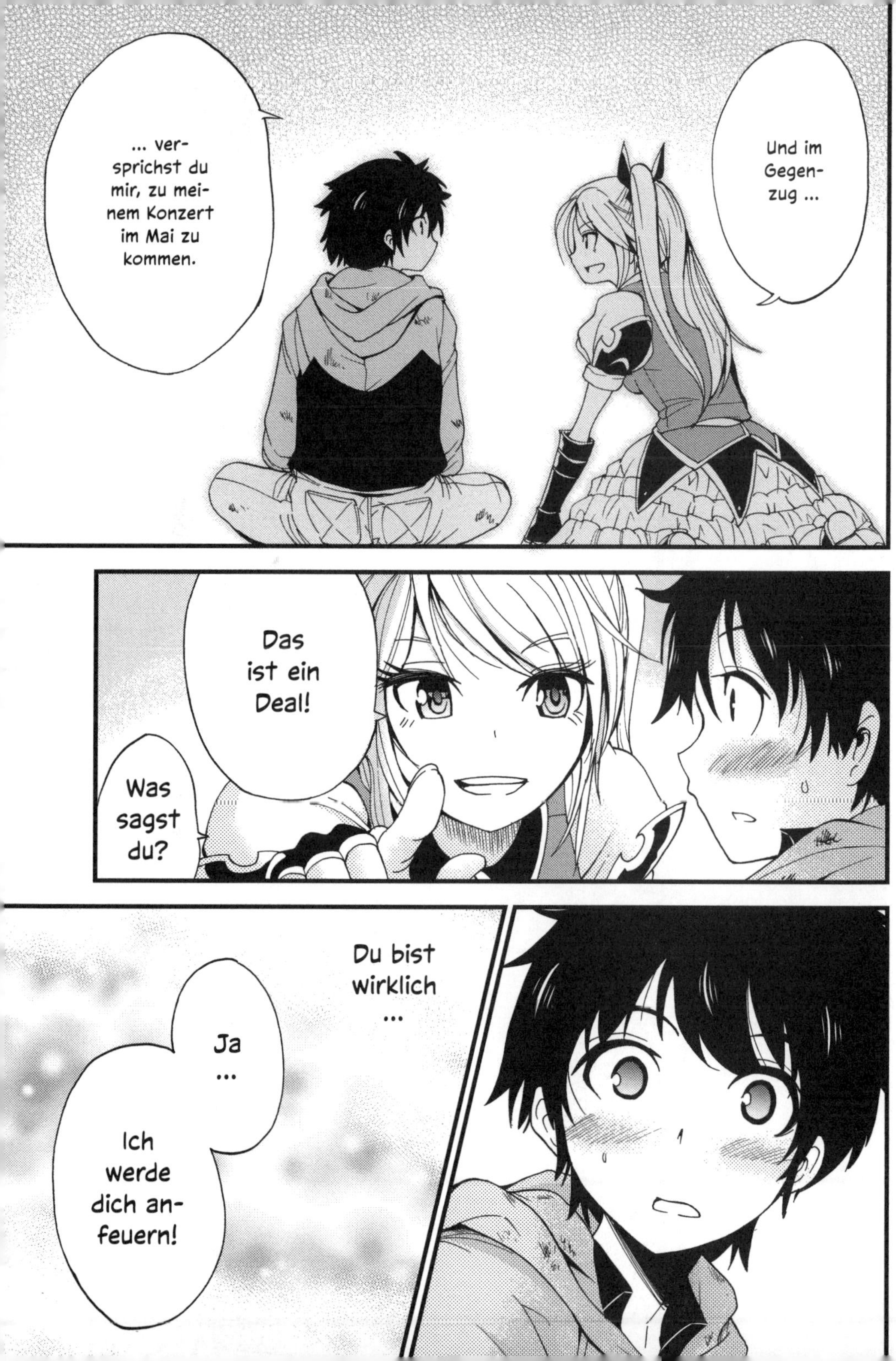

Und im Gegenzug ...
... versprichst du mir, zu meinem Konzert im Mai zu kommen.

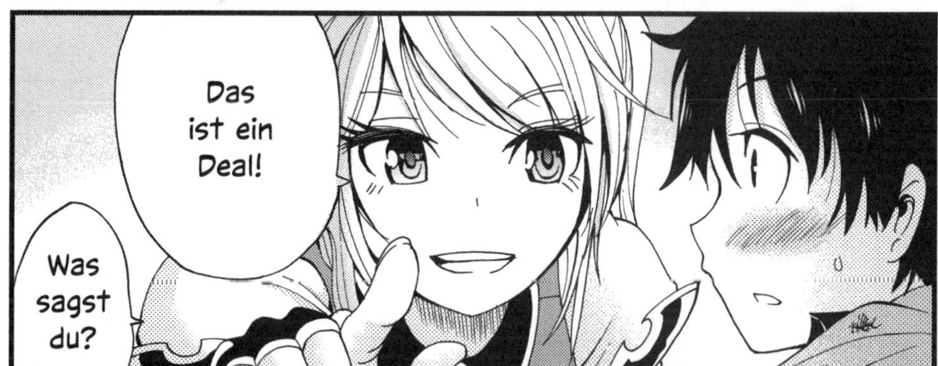

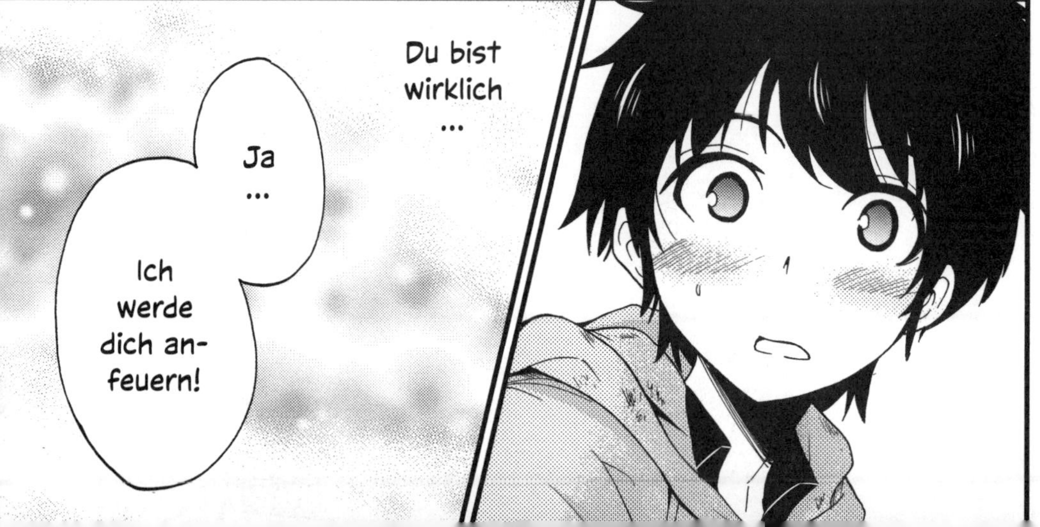

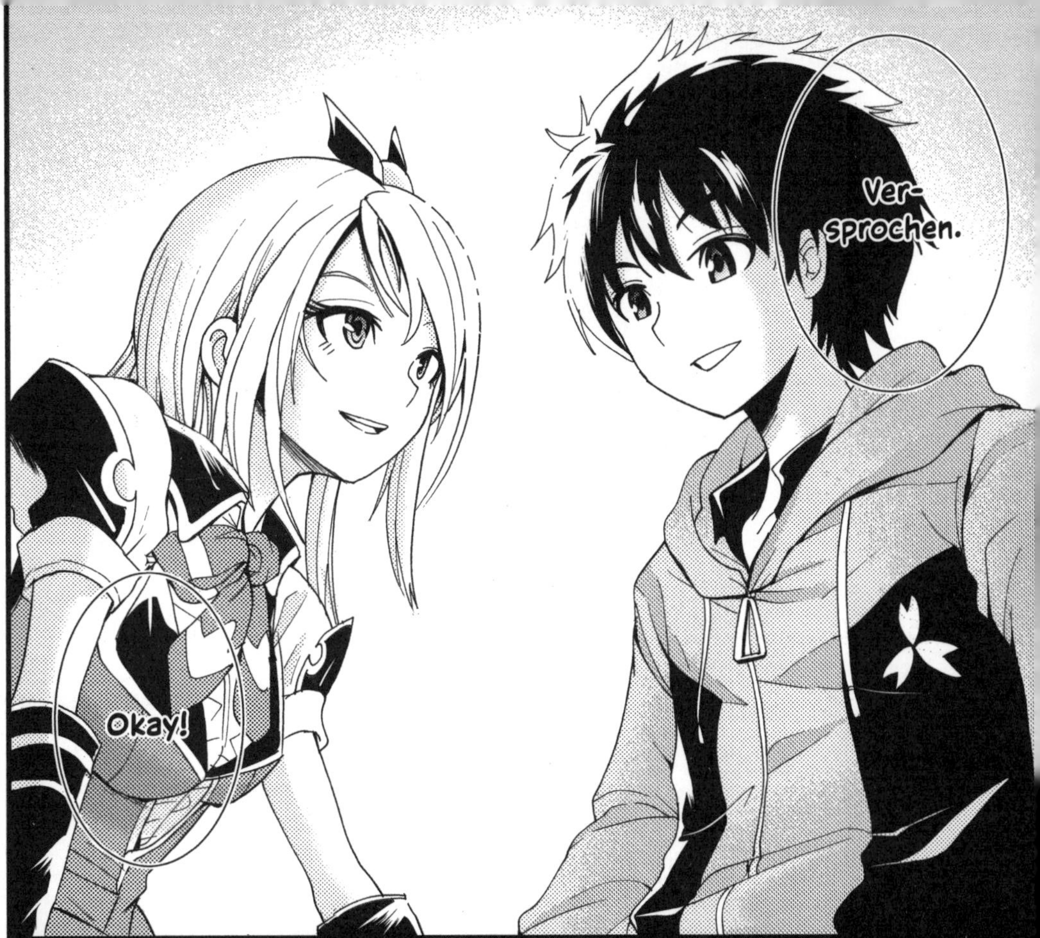

Ver-
sprochen.
Okay!

Kapitel 4 Hajime Tsukiyoda ④

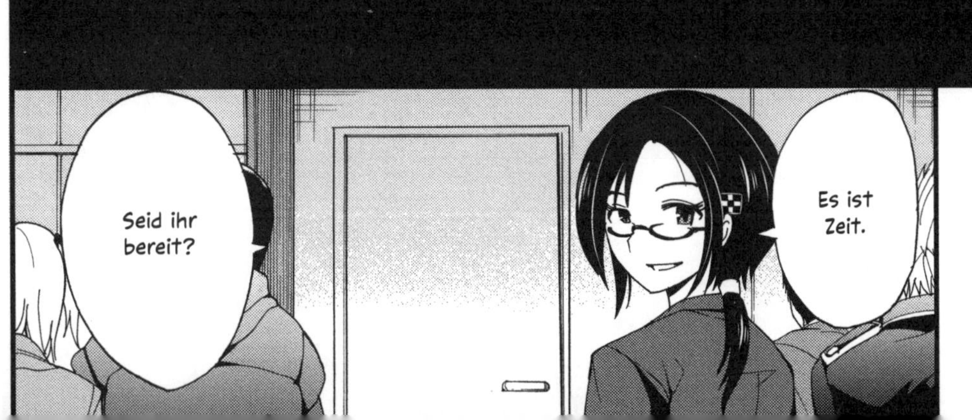

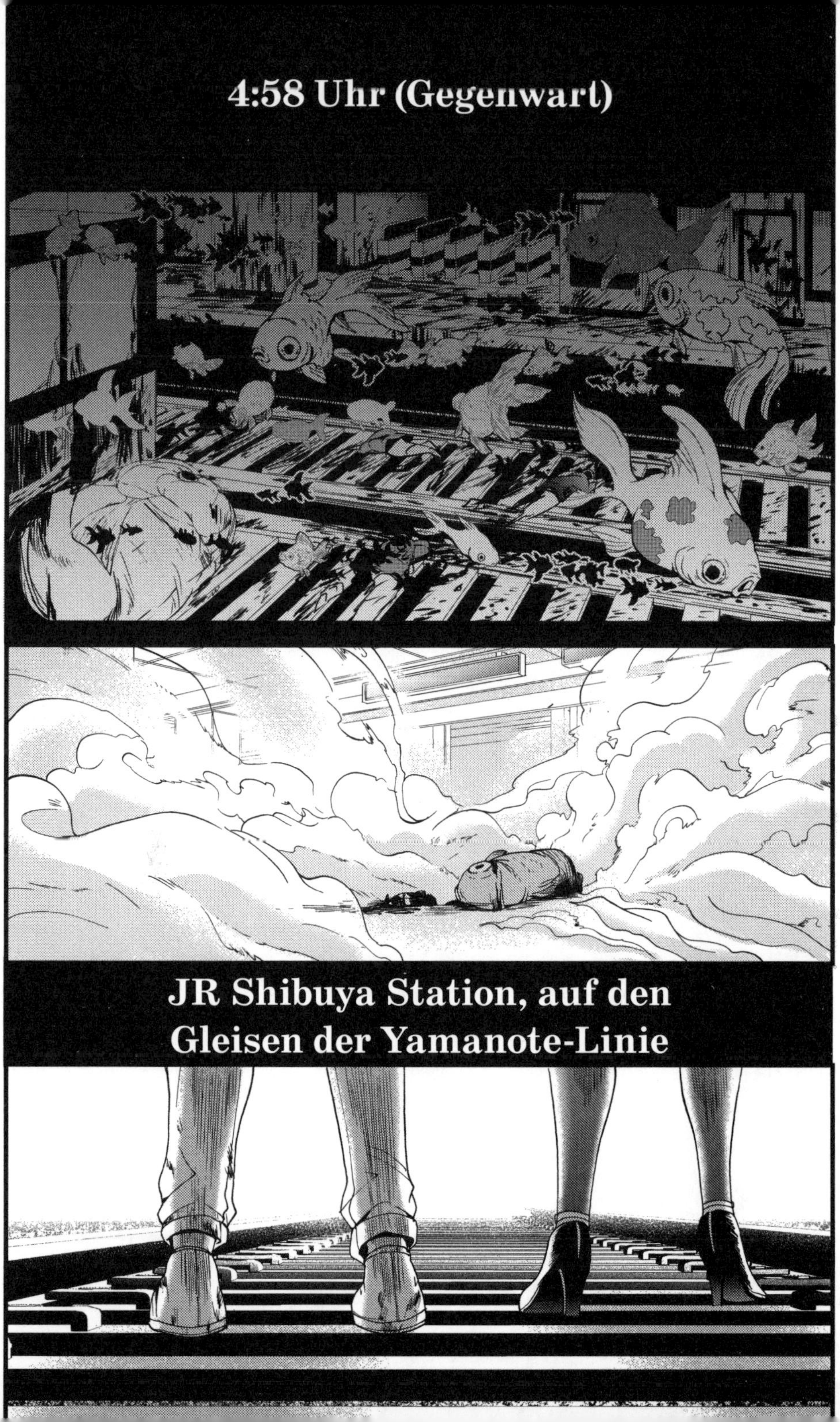

4:58 Uhr (Gegenwart)

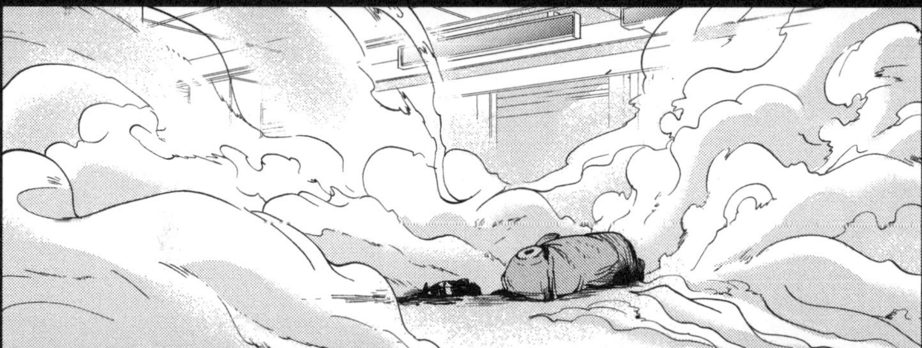

JR Shibuya Station, auf den
Gleisen der Yamanote-Linie

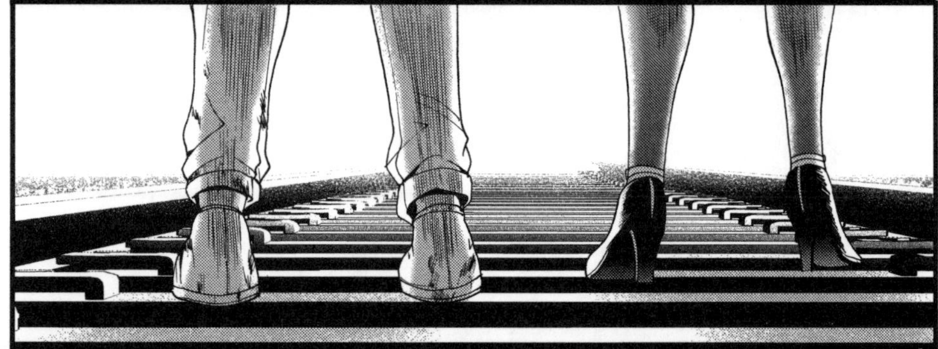

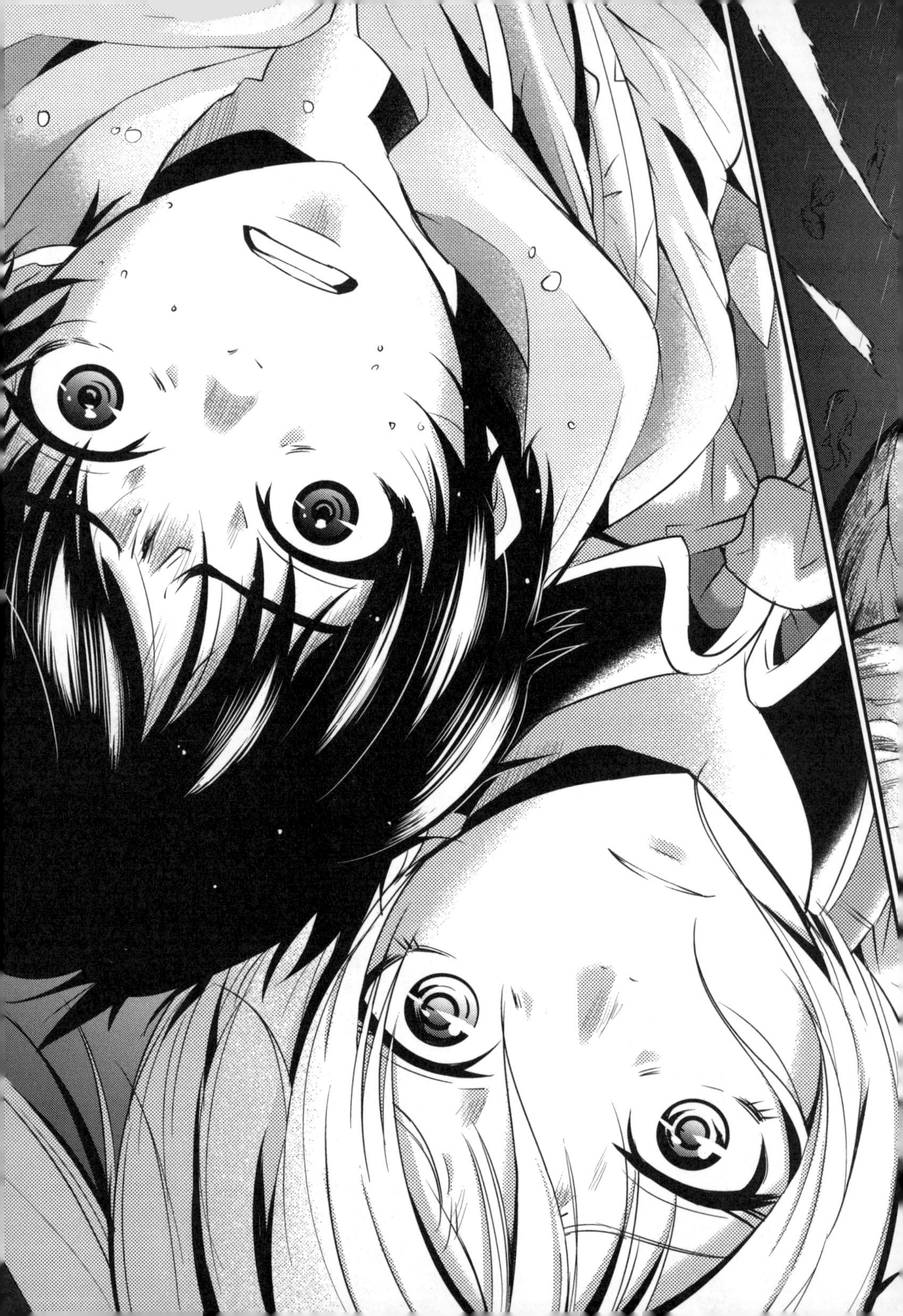

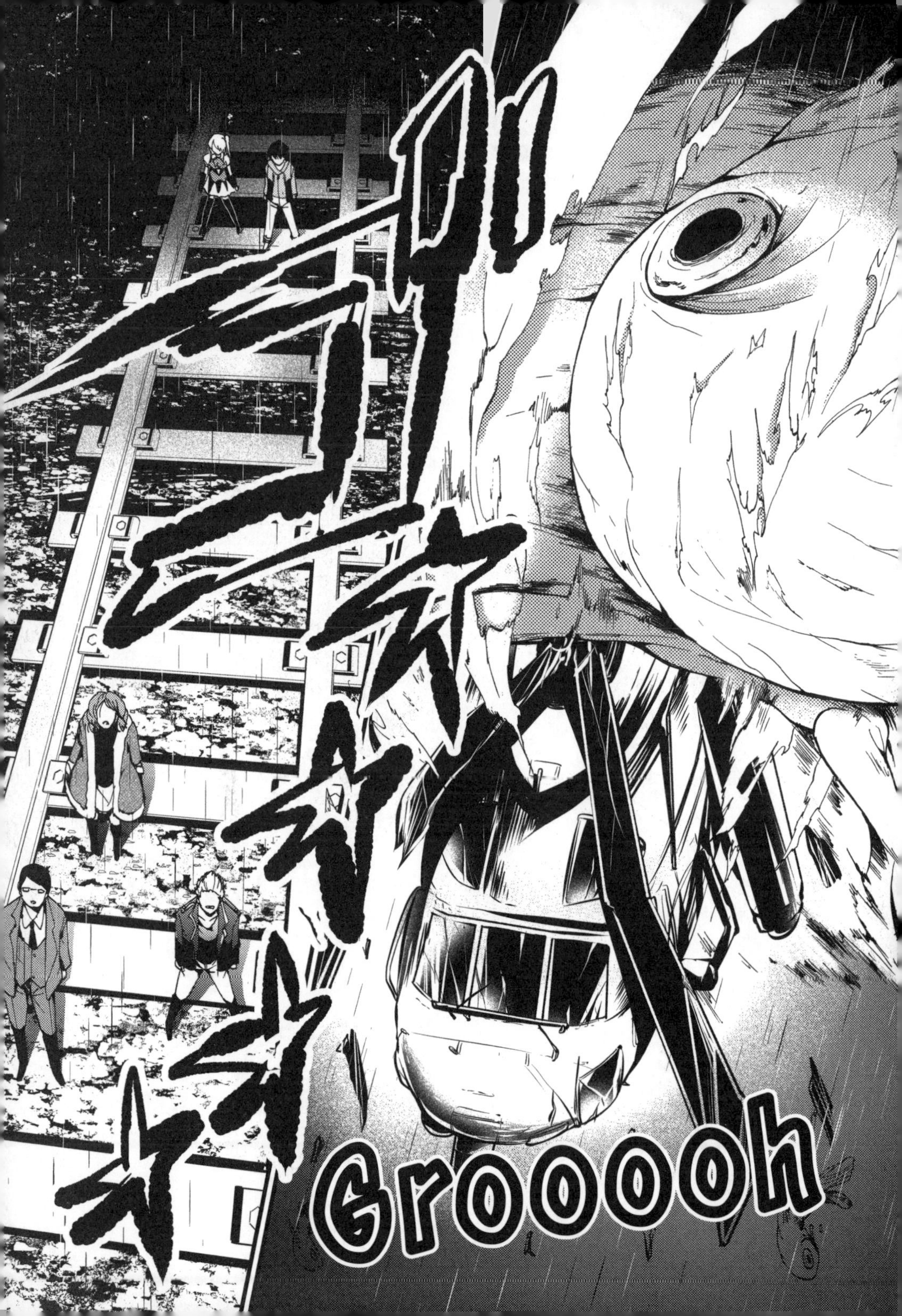
Grooooh

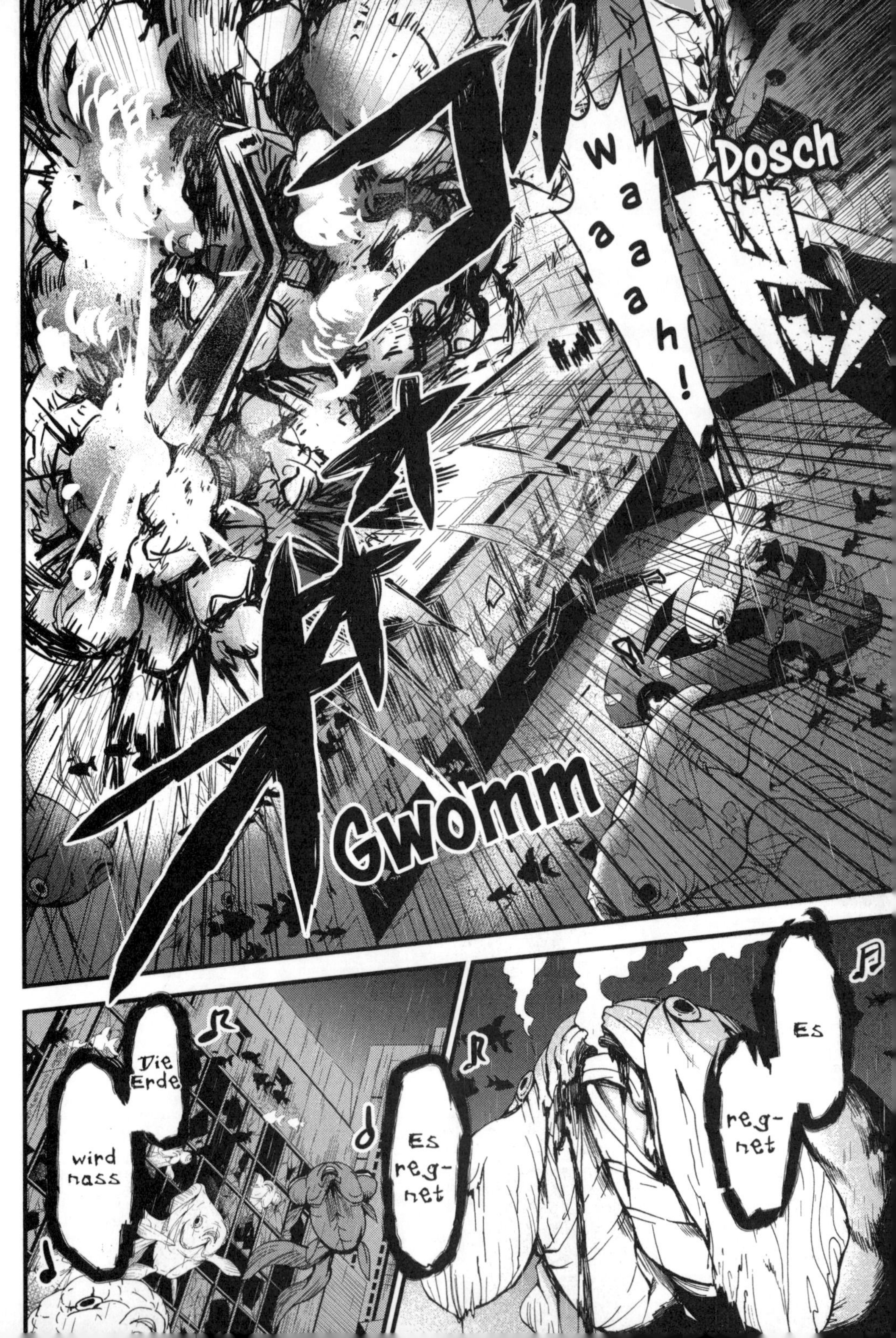
Dosch
Waaaah!
Gwomm
Es reg-net
Es reg-net
Die Erde wird nass

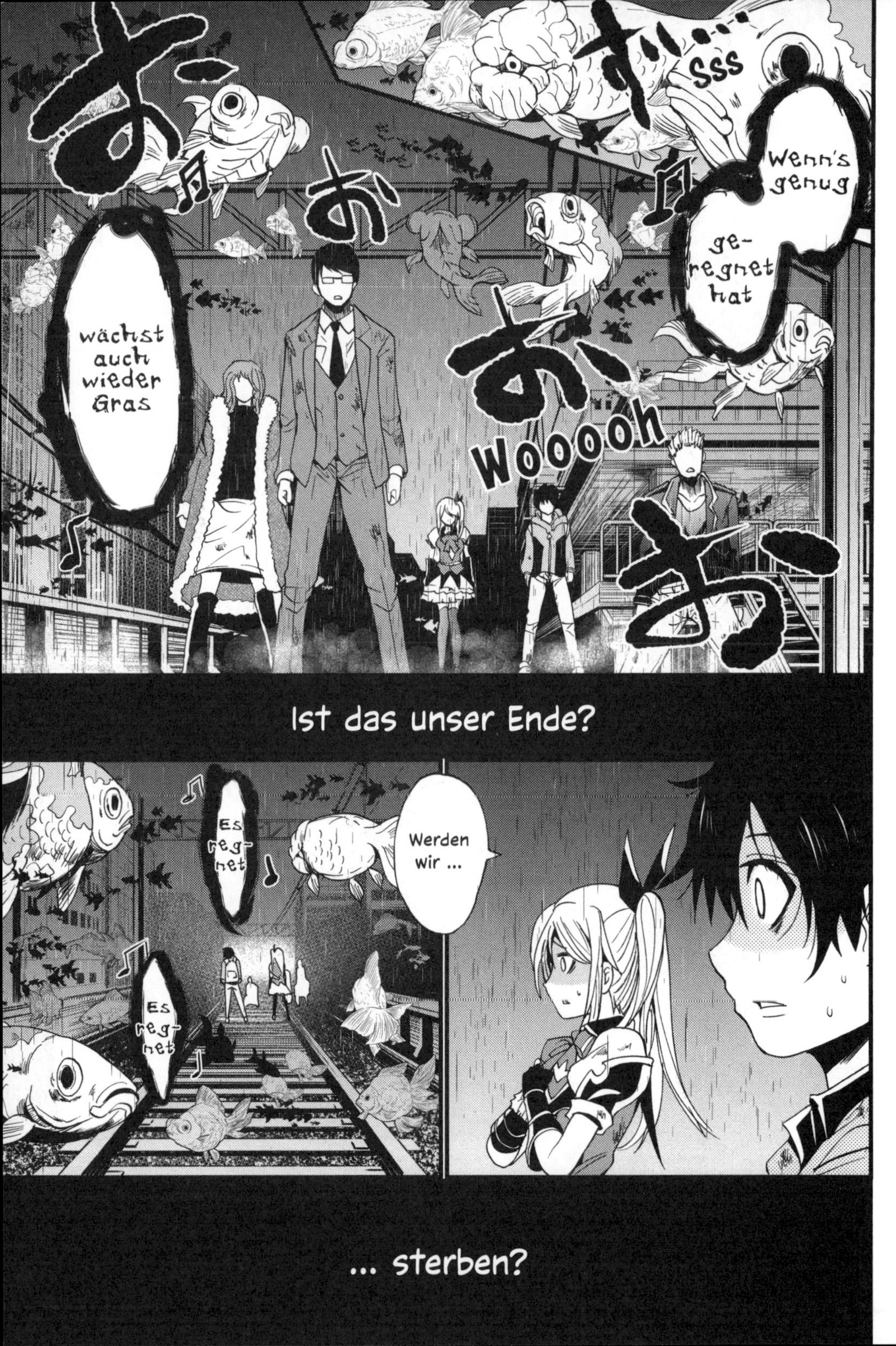

Wenn's genug ge-regnet hat

wächst auch wieder Gras

Sss

Wooooh

Ist das unser Ende?

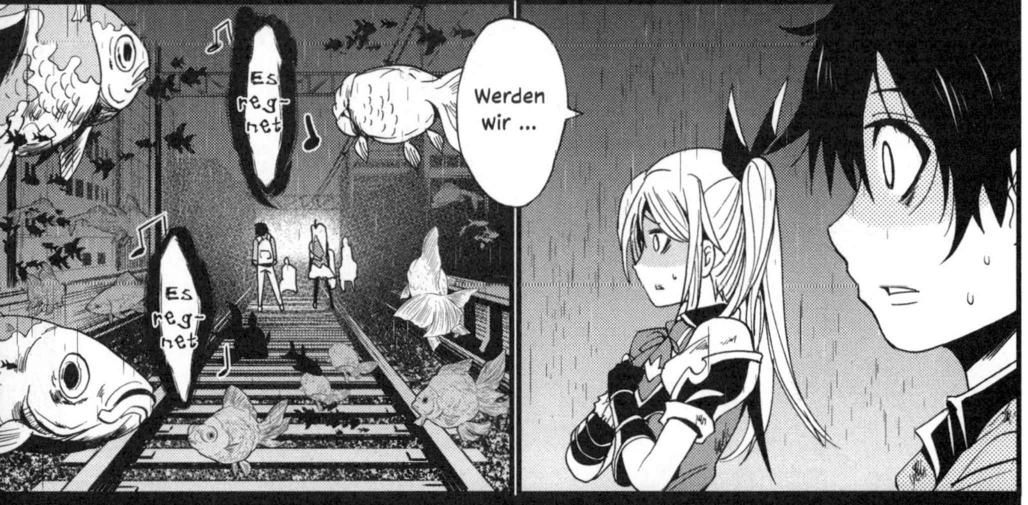

... sterben?

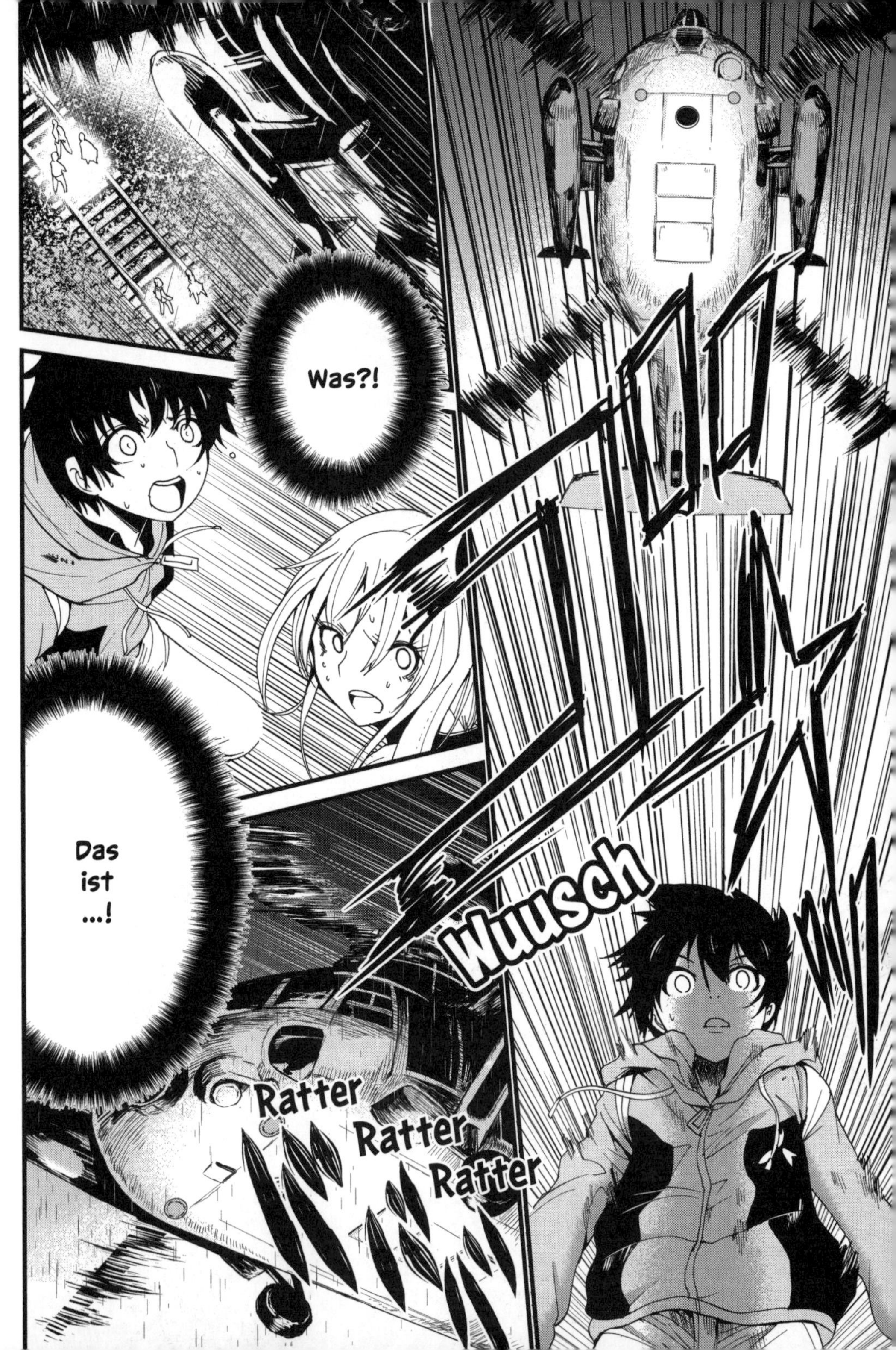
Wuusch
Was?!
Das ist ...!
Ratter
Ratter
Ratter

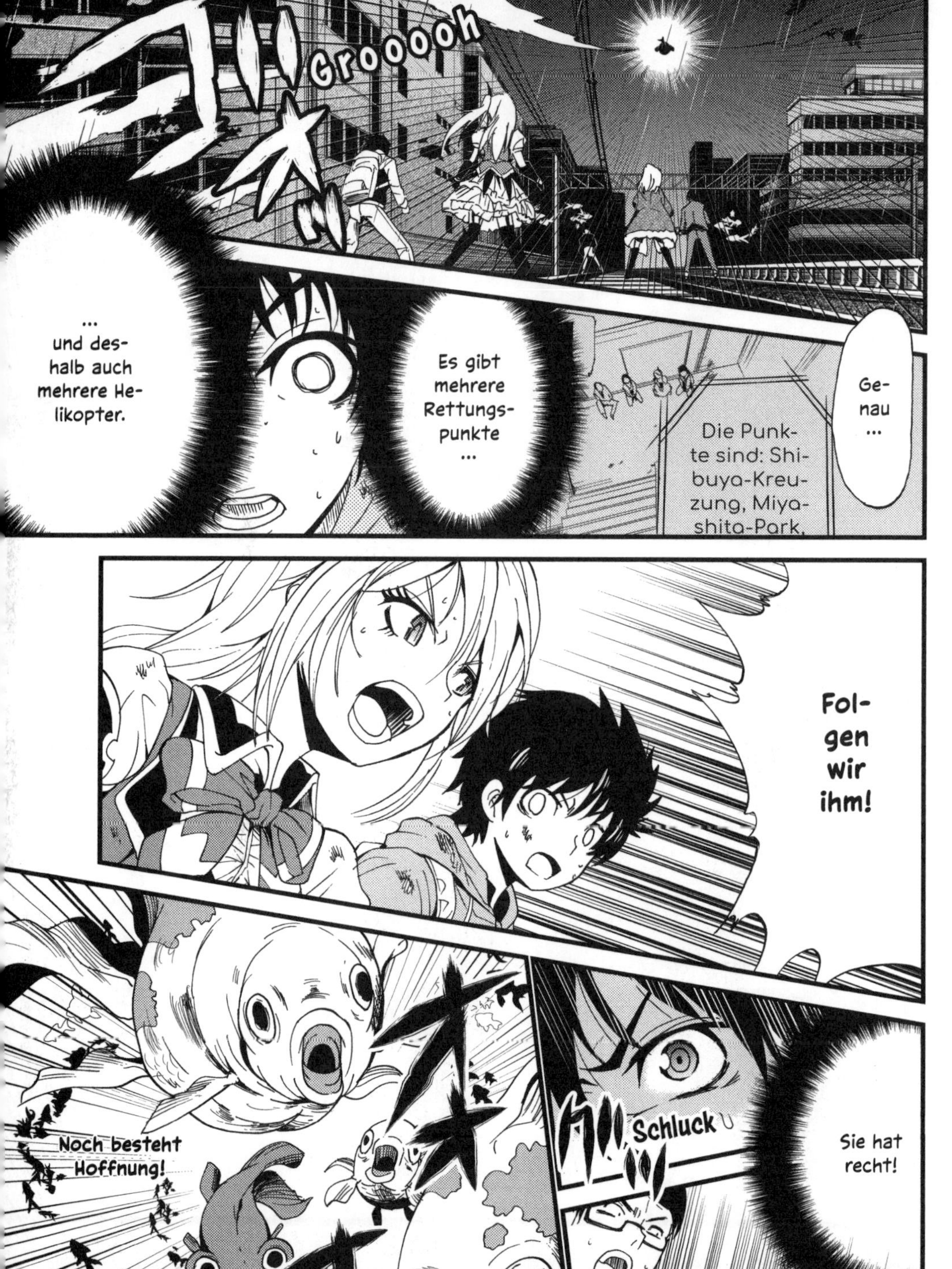
Groooh
Genau …
Die Punkte sind: Shibuya-Kreuzung, Miyashita-Park,
Es gibt mehrere Rettungspunkte …
… und deshalb auch mehrere Helikopter.
Folgen wir ihm!
Sie hat recht!
Schluck
Noch besteht Hoffnung!
Wooooh

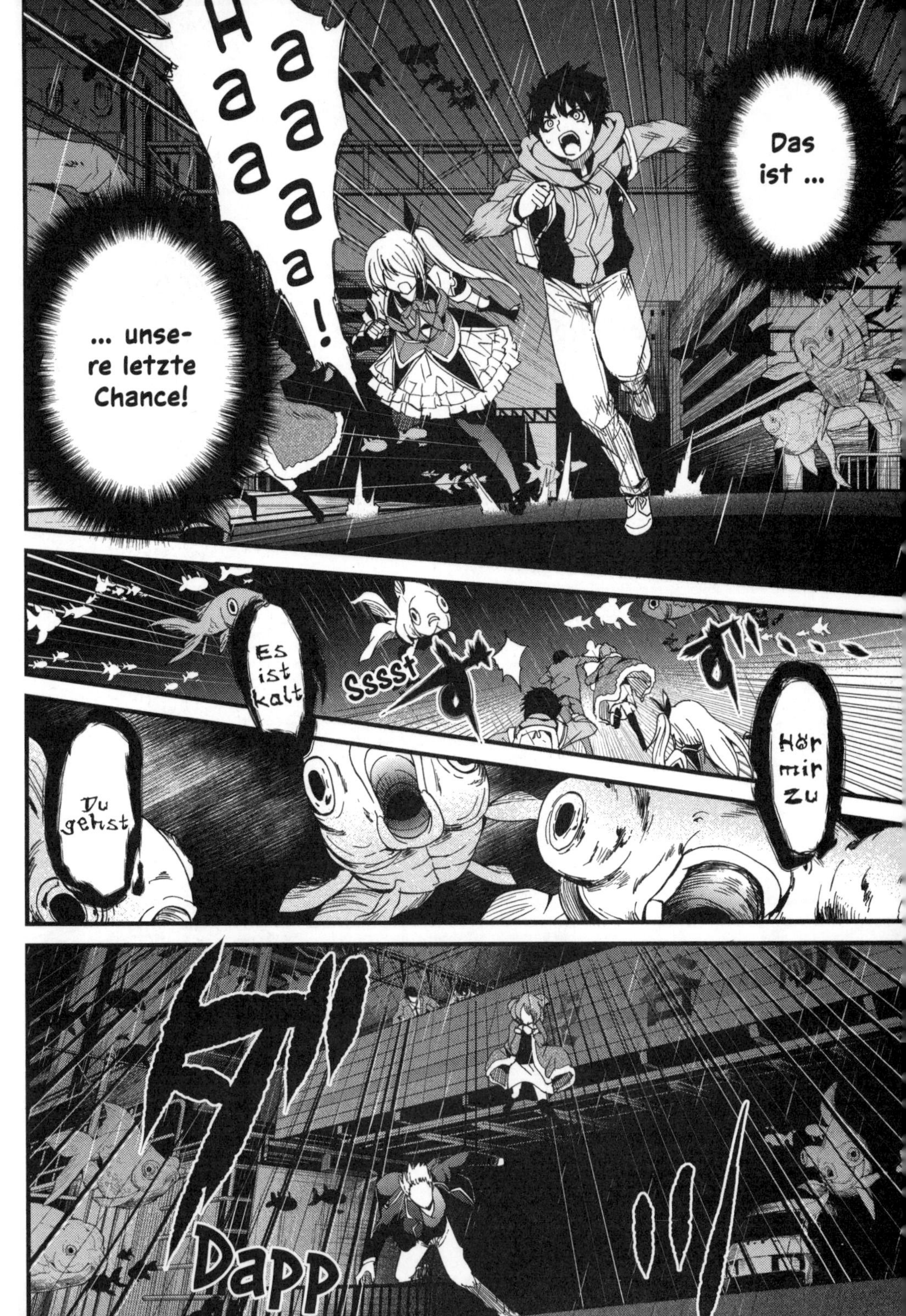
Das ist ...
Haaaaaa!
... unsere letzte Chance!
Hör mir zu
Es ist kalt
Sssst
Du gehst
Dapp

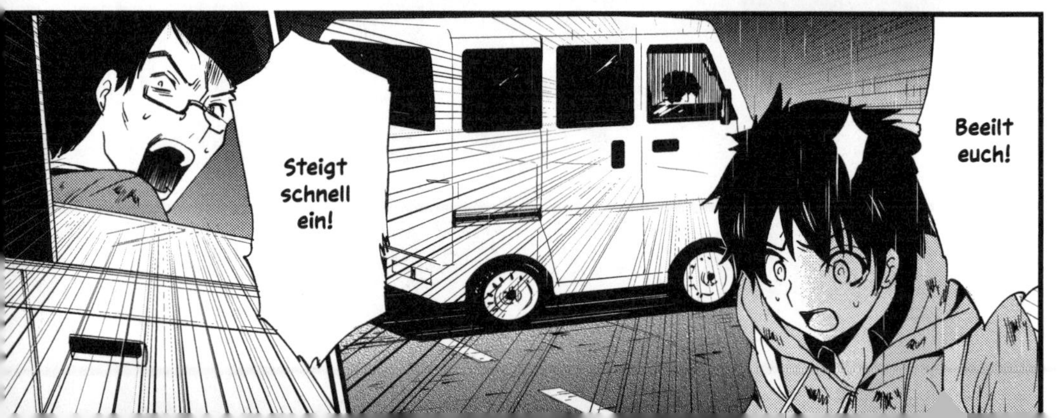
Zum Miya-shita-Park!
Der Hub-schrauber fliegt in dort...
Bwatz
Aaah!
Ssst
Sag mal
Ah ...
Ich hab Hun-ger
Beeilt euch!
Steigt schnell ein!

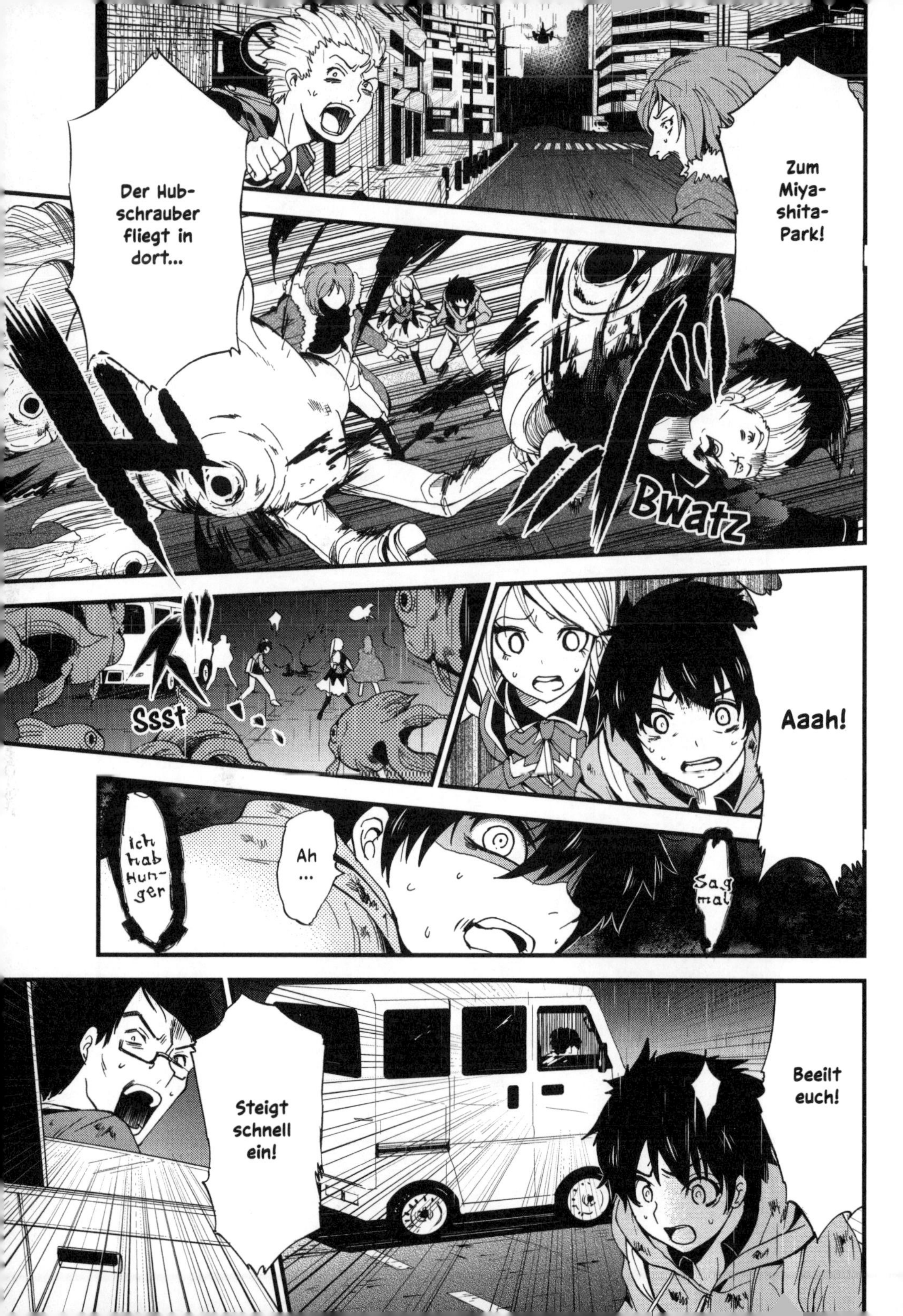

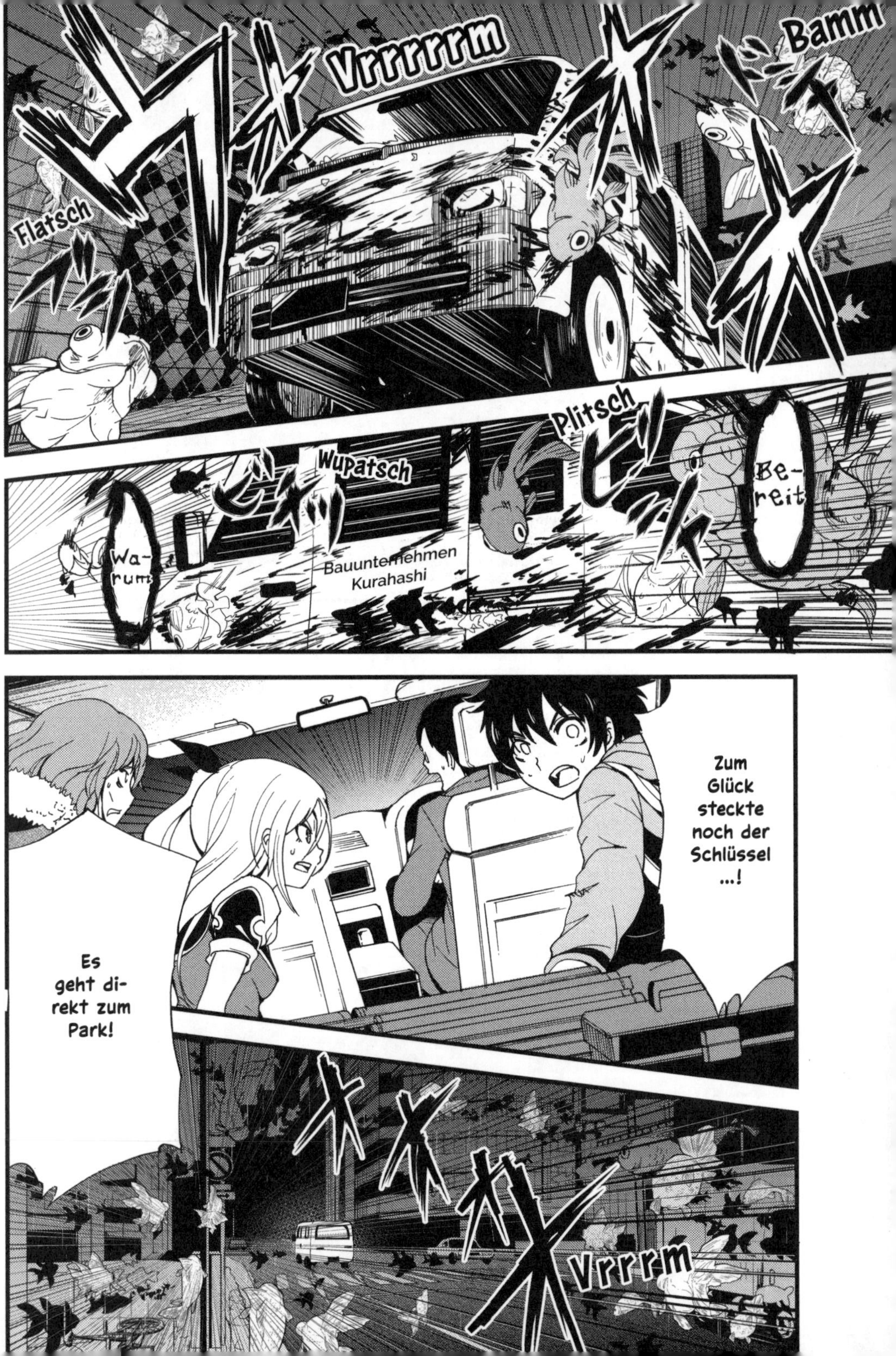

Bamm
Vrrrrrm
Flatsch
Plitsch
Be-
reit
Wupatsch
Wa-
rum
Bauunternehmen
Kurahashi
Zum Glück steckte noch der Schlüssel ...!
Es geht di-
rekt zum Park!
Vrrrm

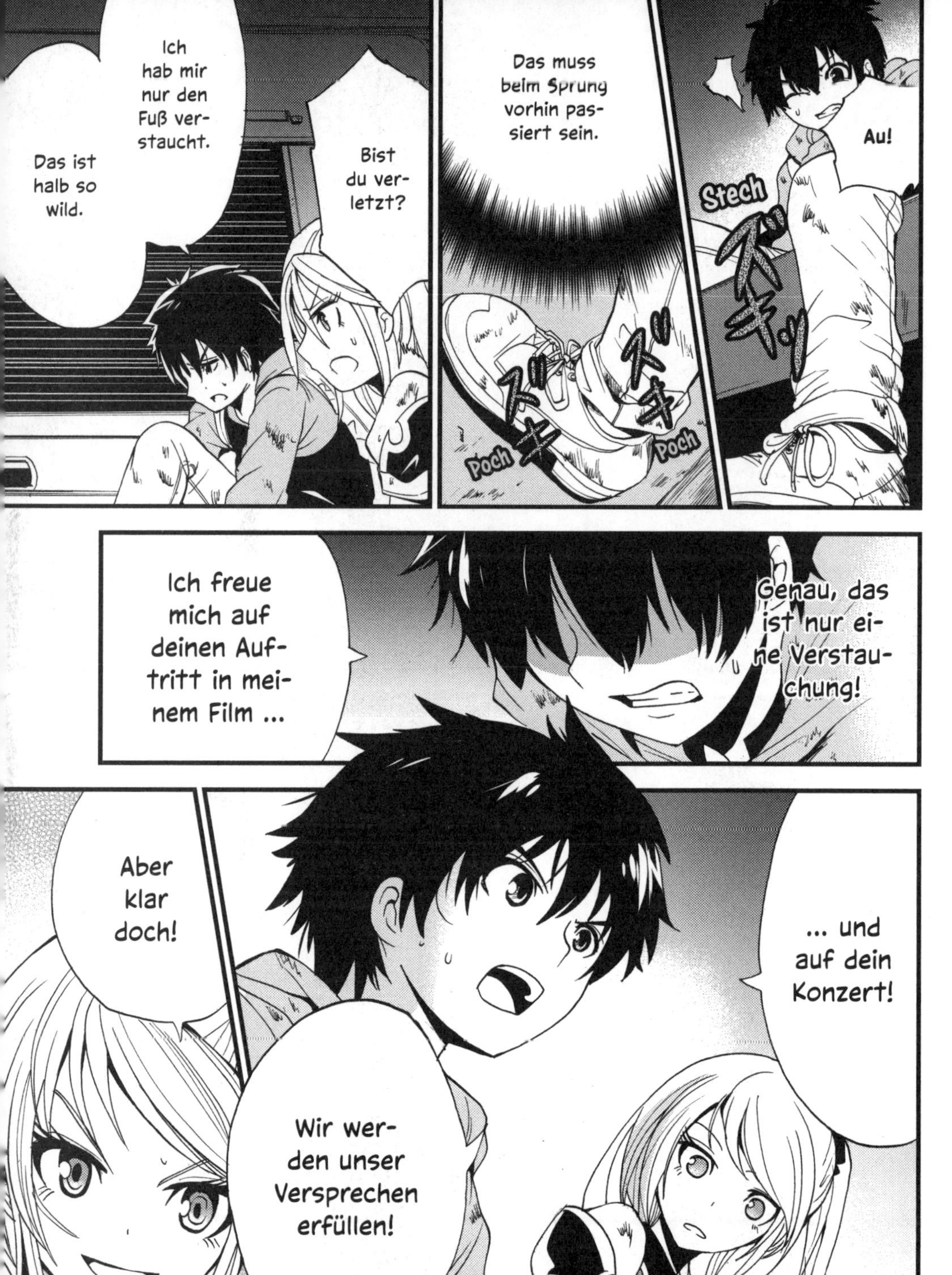
Au!
Stech
Das muss beim Sprung vorhin passiert sein.
Poch
Poch
Bist du verletzt?
Ich hab mir nur den Fuß verstaucht.
Das ist halb so wild.
Genau, das ist nur eine Verstauchung!
Ich freue mich auf deinen Auftritt in meinem Film ...
... und auf dein Konzert!
Aber klar doch!
Wir werden unser Versprechen erfüllen!

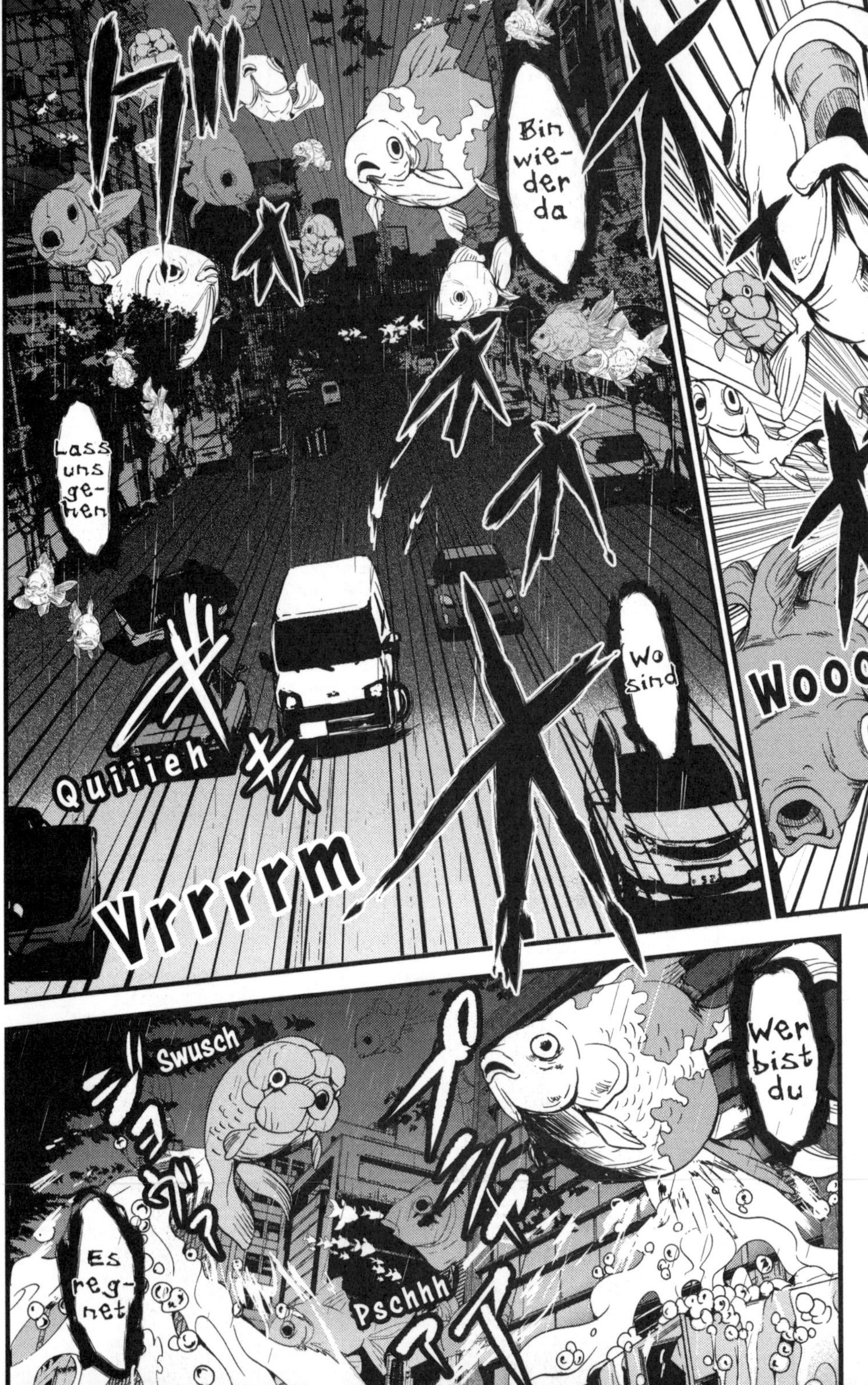
Woooh
Bin wie-der da
Wo sind
Lass uns ge-hen
Quiiieh
Vrrrrm
Wer bist du
Swusch
Pschhh
Es reg-net

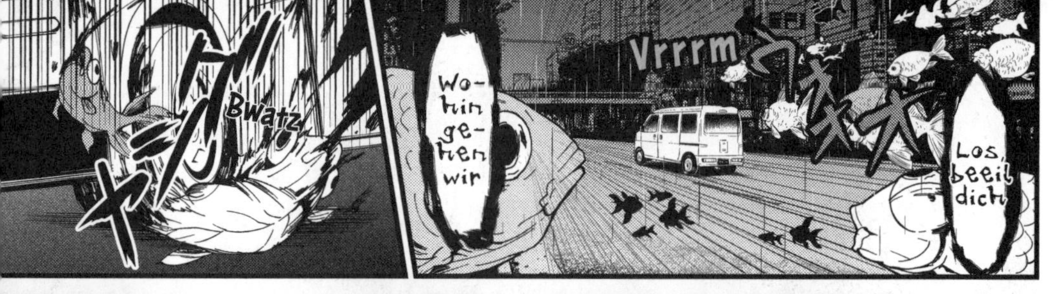
Los, beeil dich
Vrrrm
Wohin gehen wir
Bwatz
Ja! Bei ...
... diesem Tempo schaffen wir es!
Tuuut
Klack
Klack
Er landet wirklich im Miyashita-Park!
Bitte bemerkt uns!
Schaut bitte her ...
?!

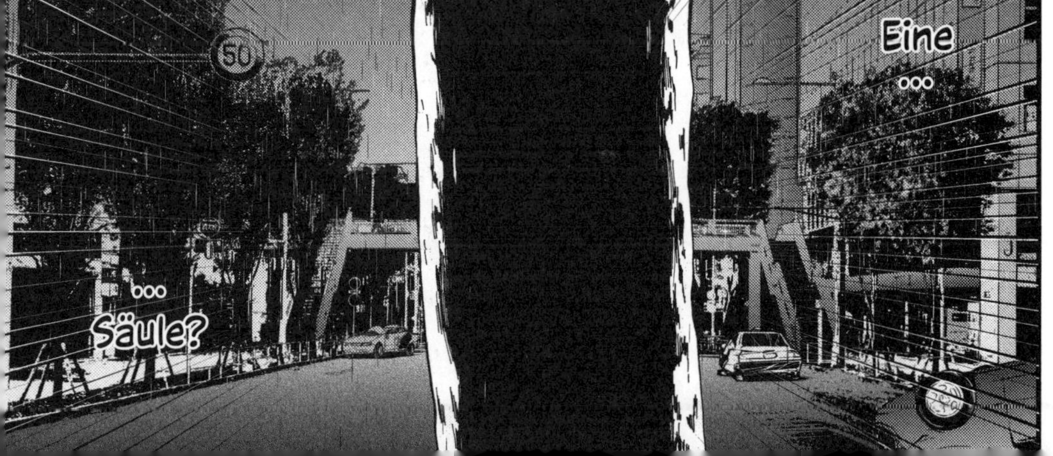
Eine ...
... Säule?

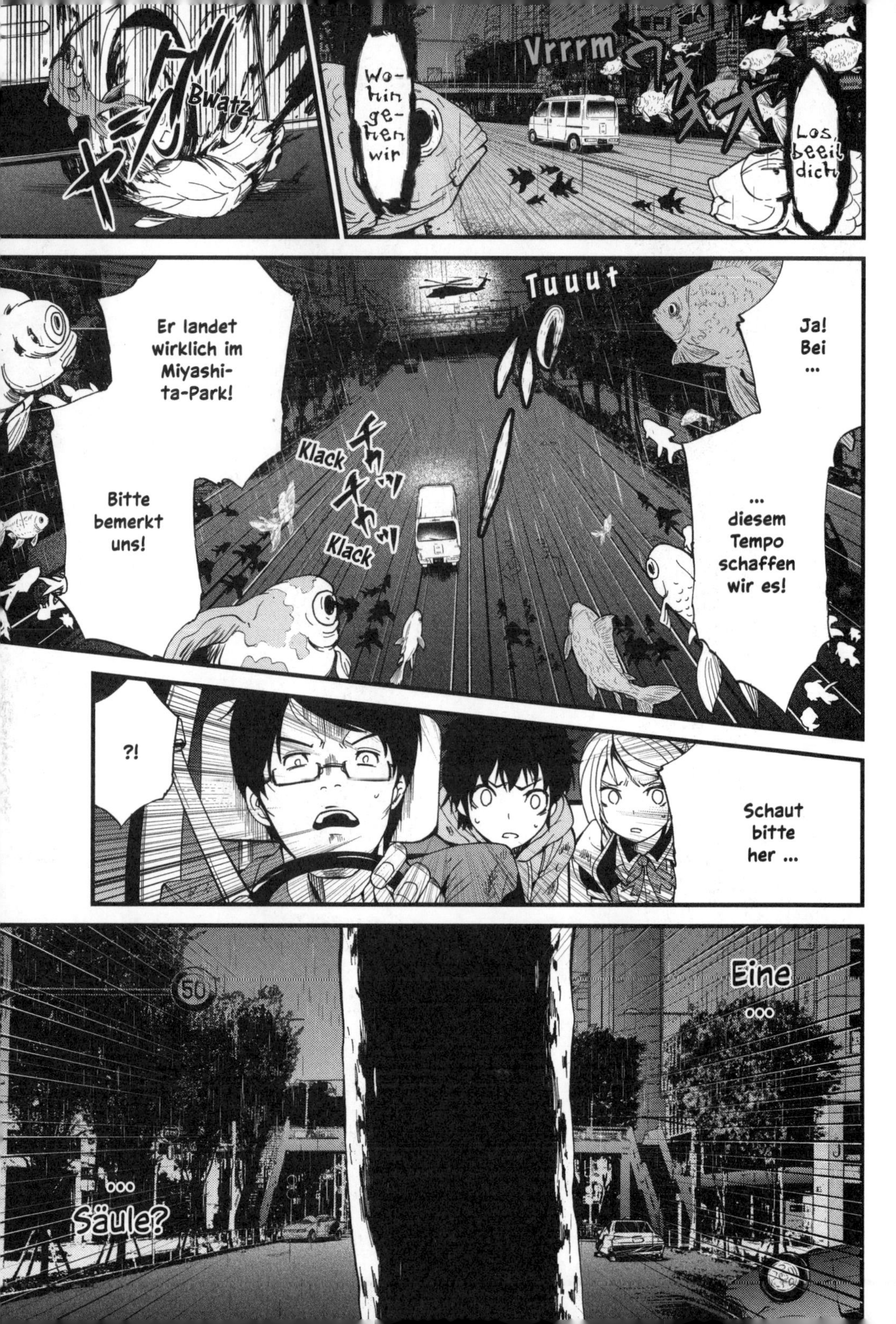

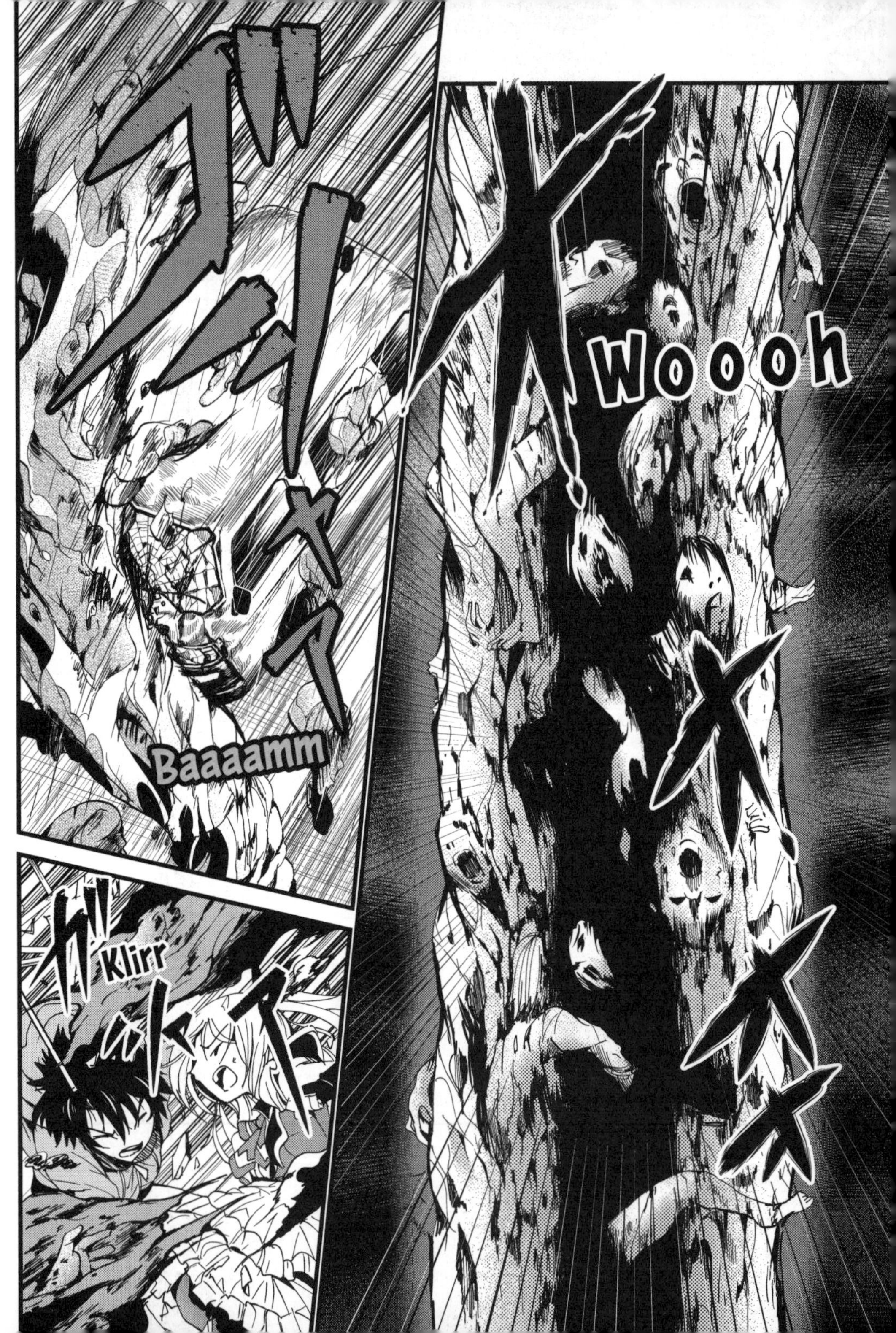
Woooh
Baaaamm
Klirr

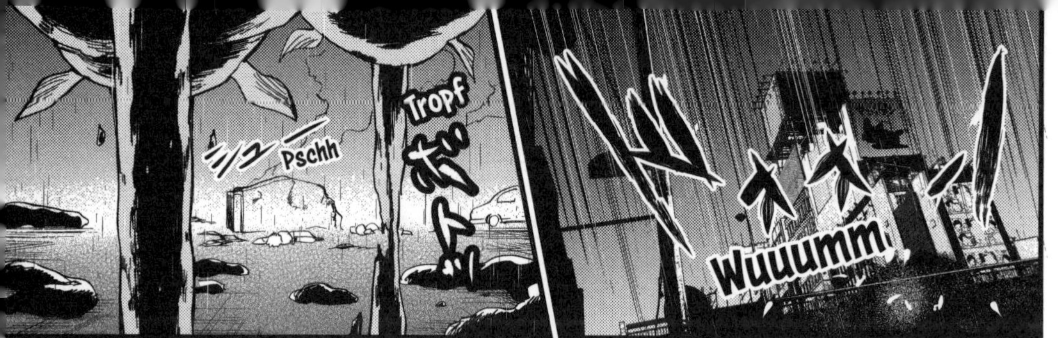
Wuuumm
Tropf
Pschh

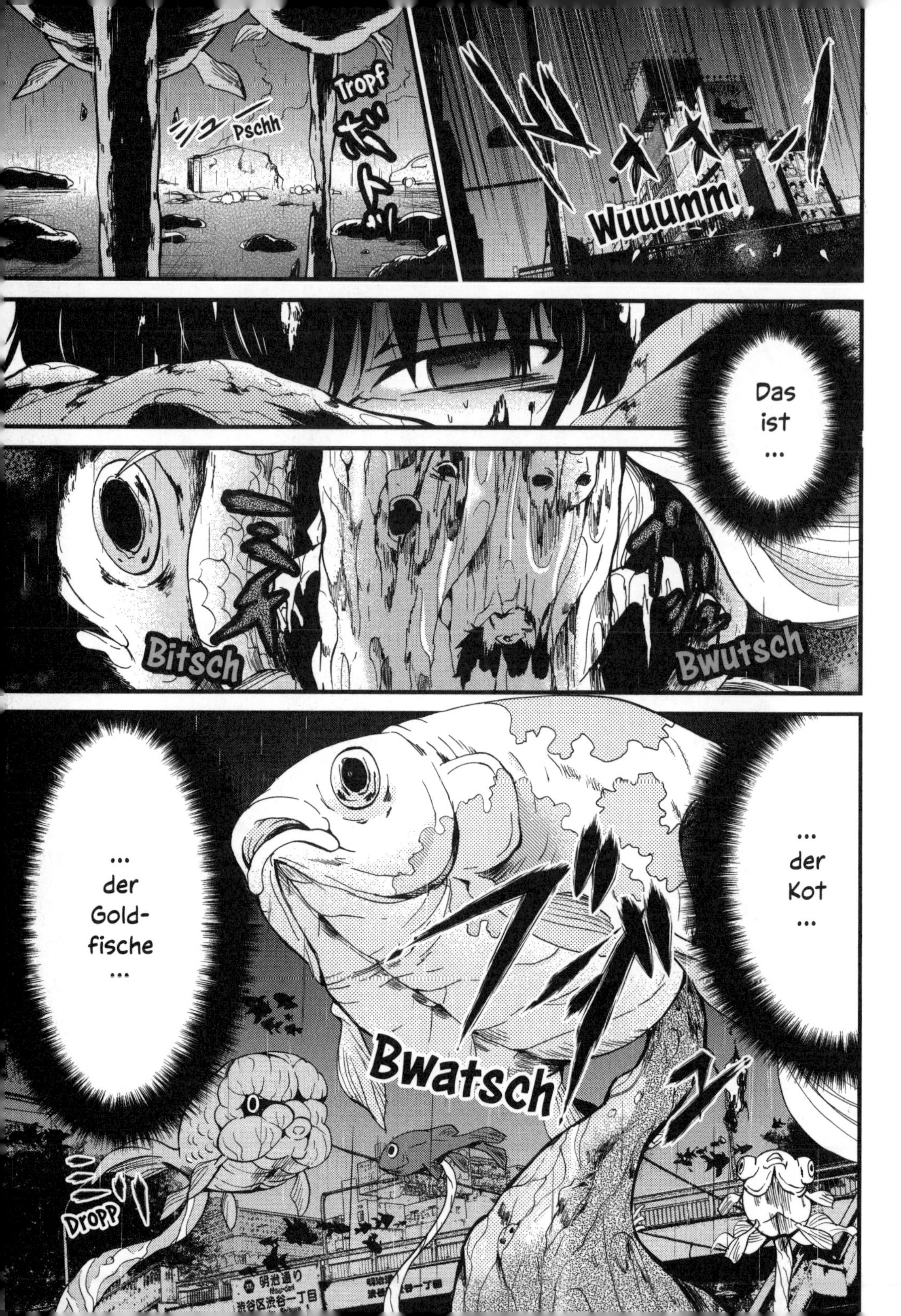

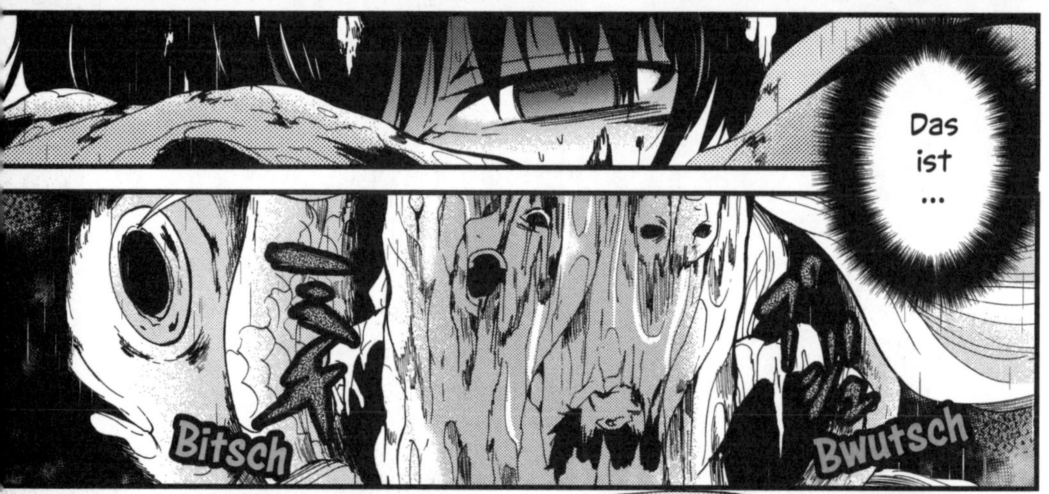
Das ist ...
Bwutsch
Bitsch

... der Kot ...
Bwatsch
... der Goldfische ...
Dropp
明治通り
渋谷区渋谷一丁目

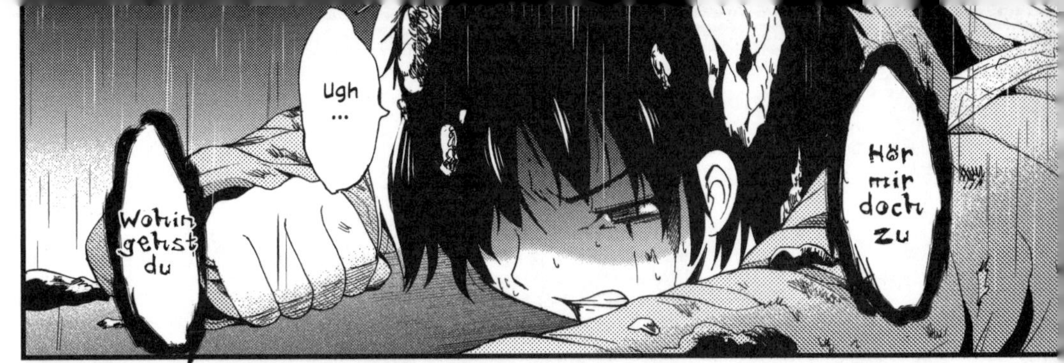

Hör mir doch zu
Ugh ...
Wohin gehst du

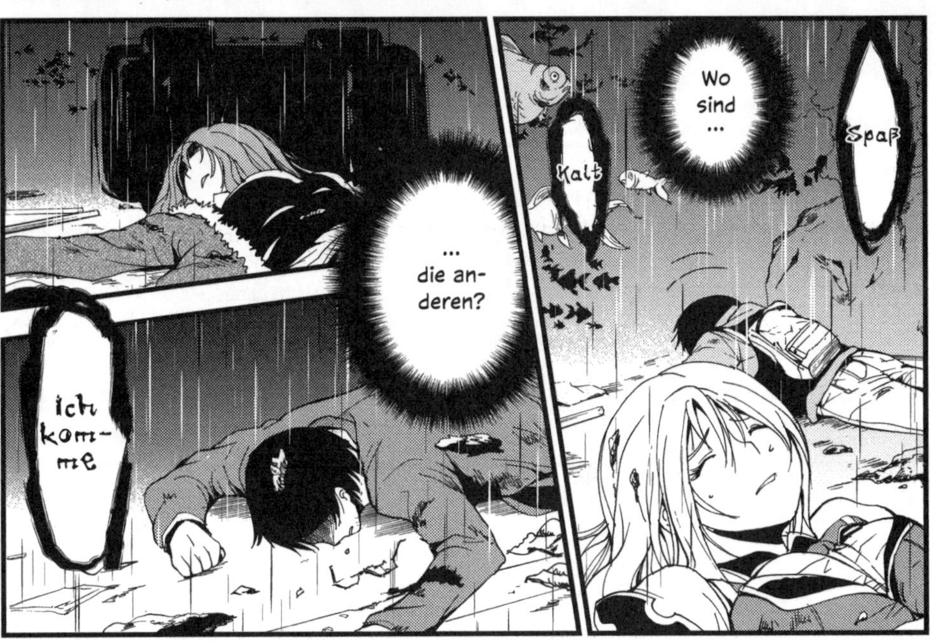

Spaß
Wo sind ...
Kalt
... die anderen?
Ich komme

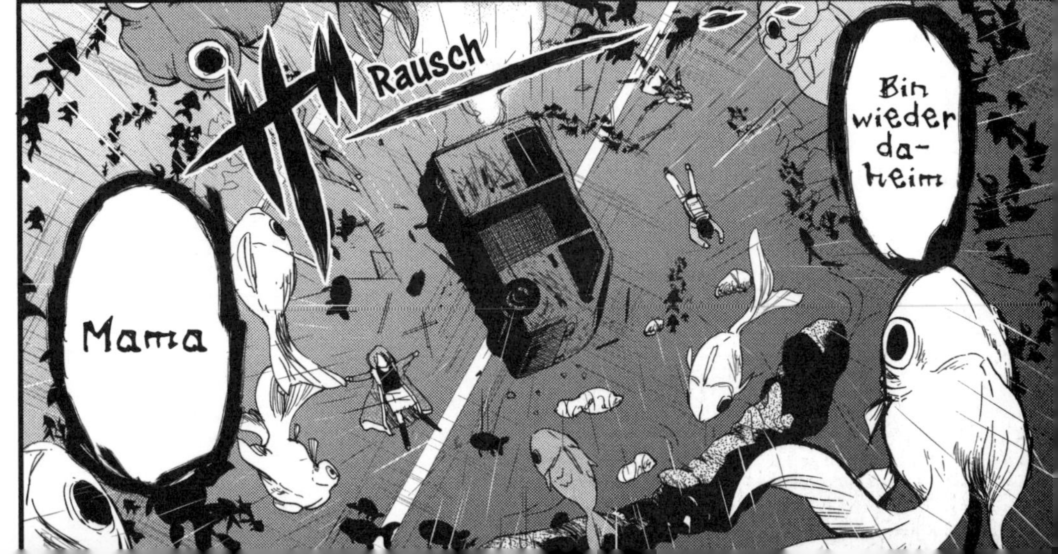

Bin wieder daheim
Rausch
Mama

Ich kann mich nicht bewegen ...

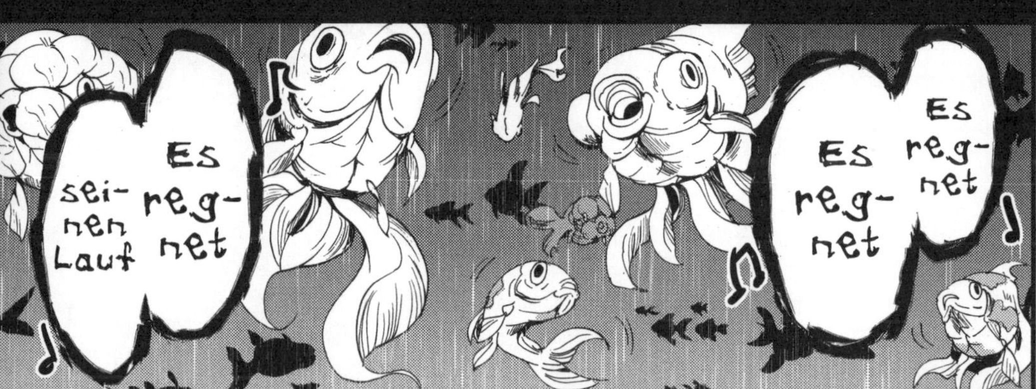

Dabei sind wir so weit gekommen ...

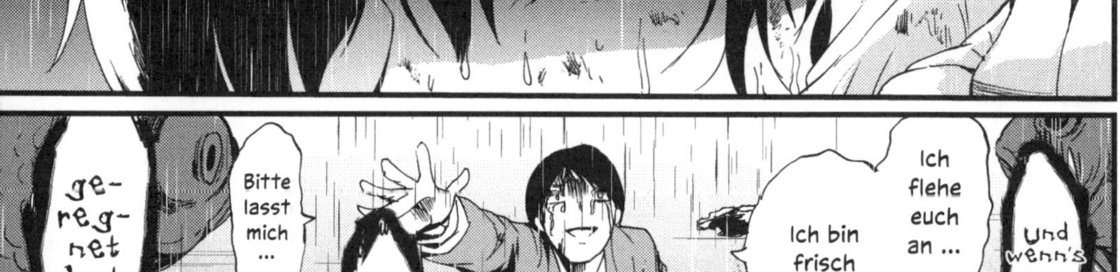

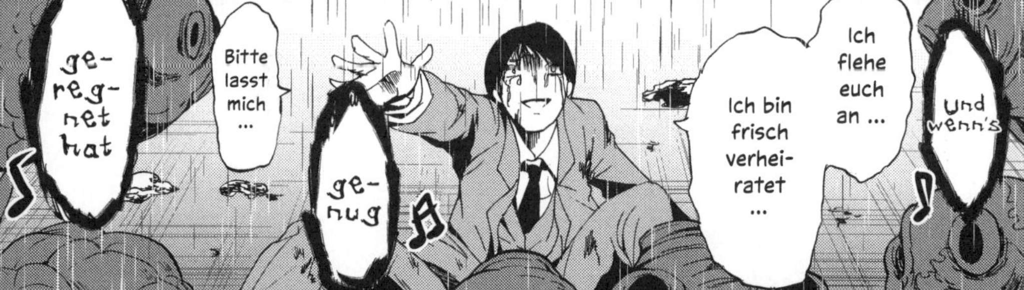

Verdammte Scheiße ...

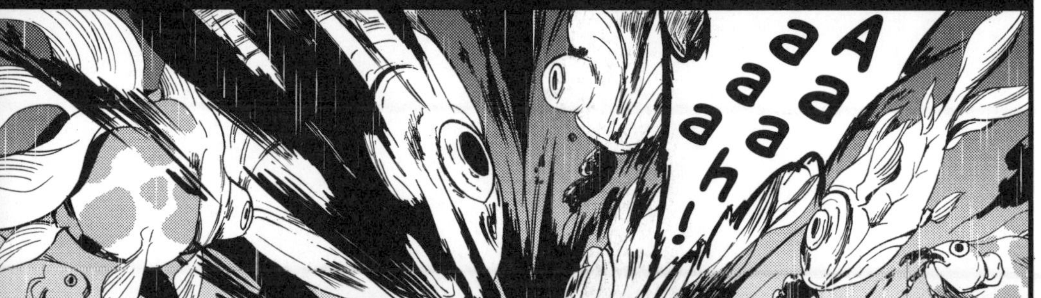

An jenem Tag ...

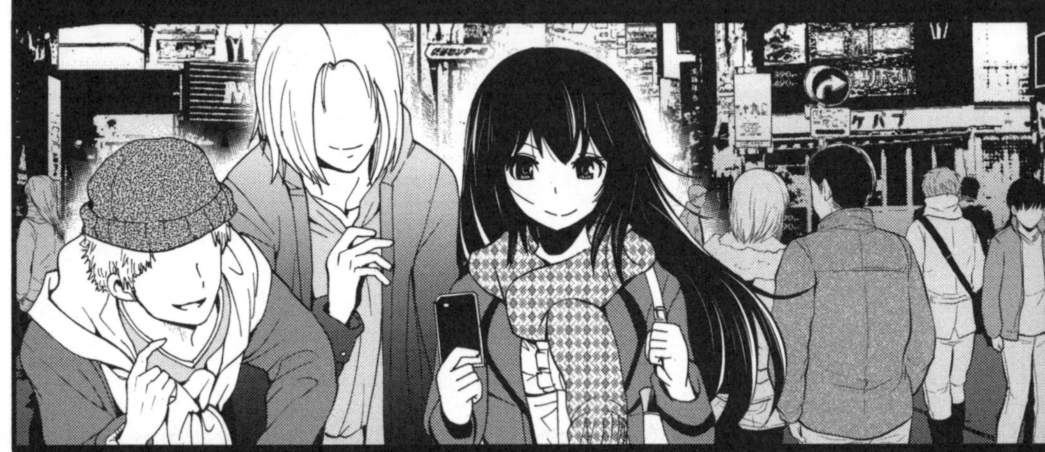

... lebten wir unser Leben ...

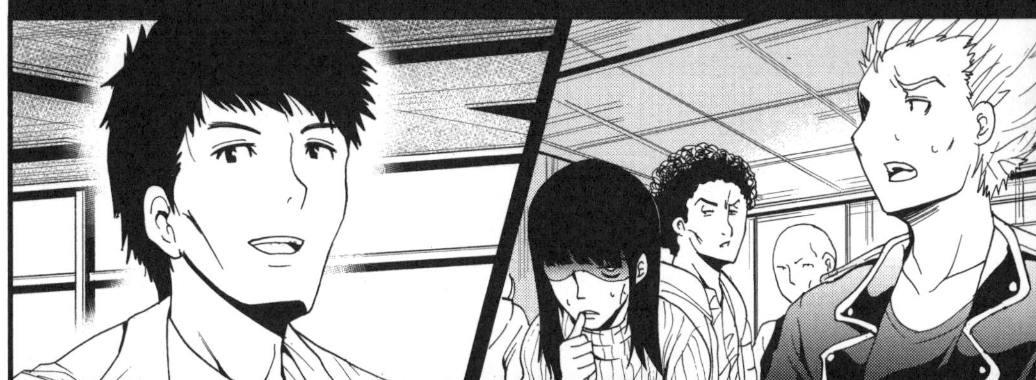

... als würde es weitergehen.

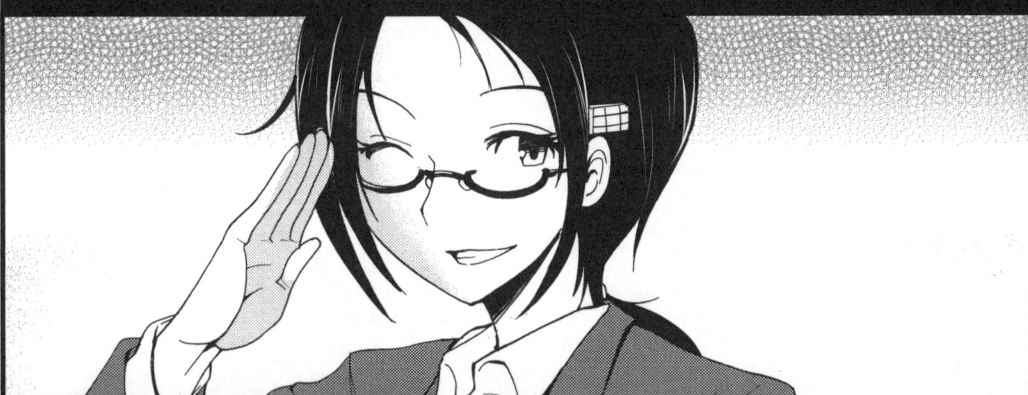

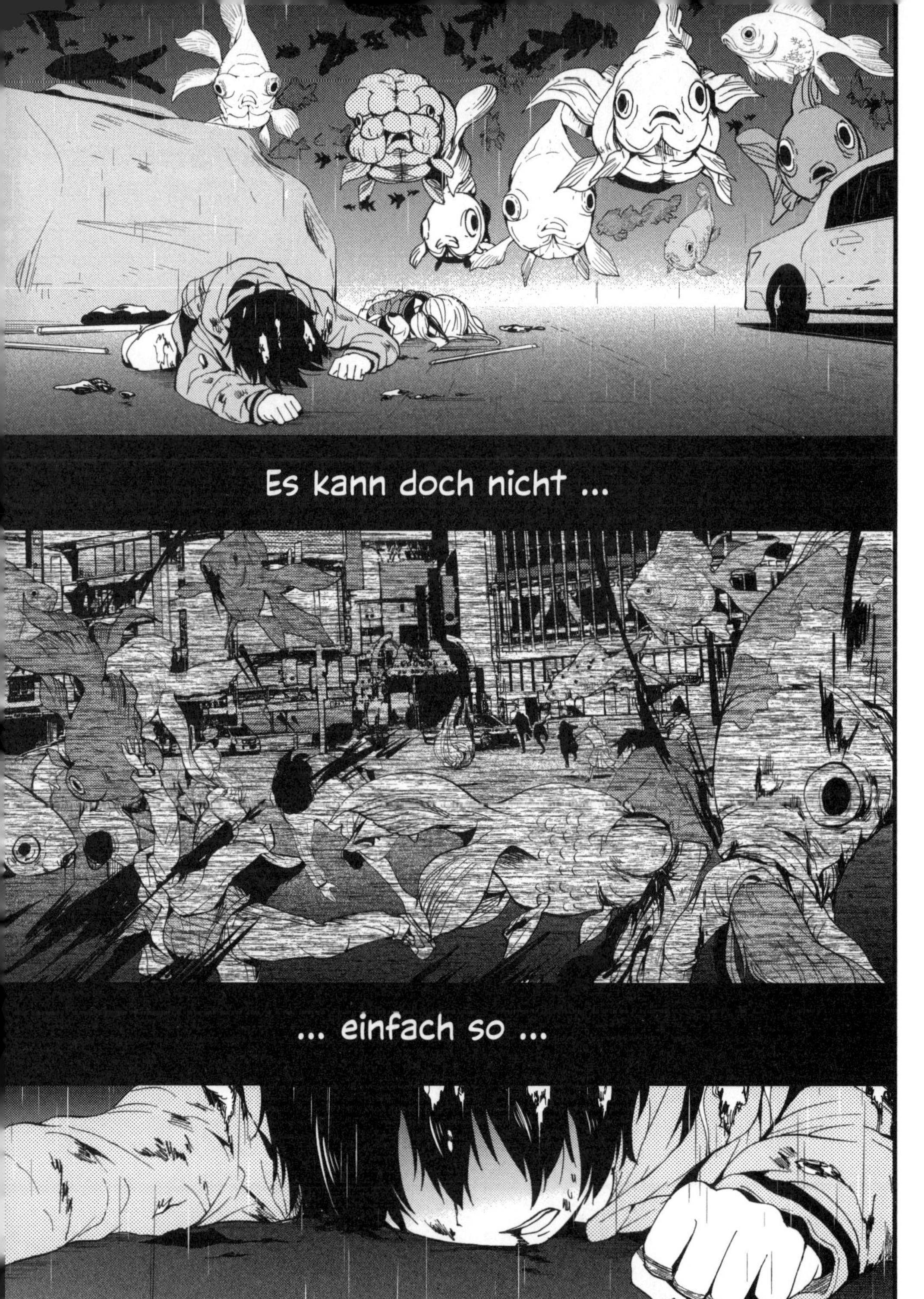
Es kann doch nicht ...
... einfach so ...

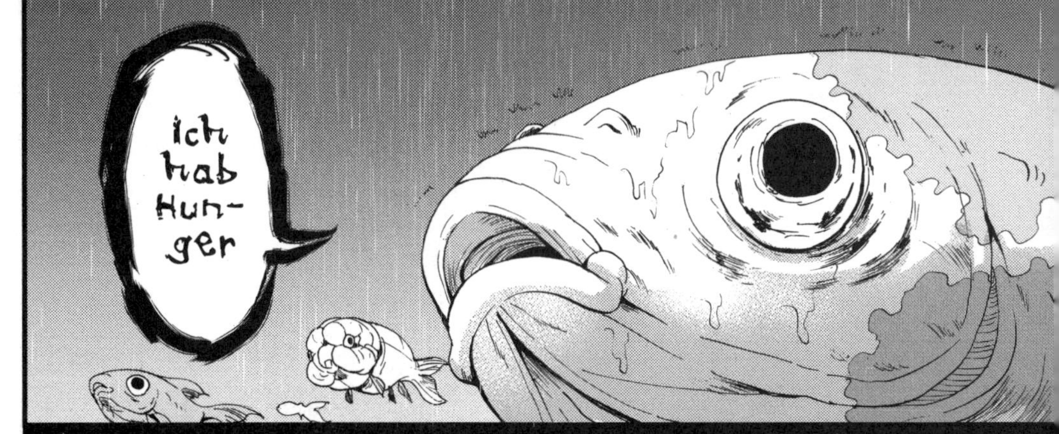

... einfach so ...

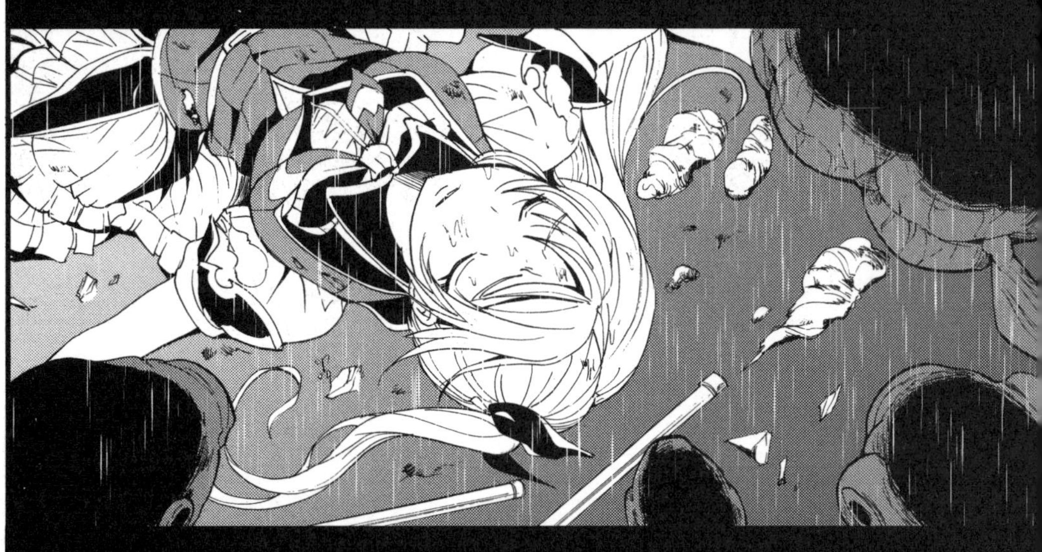

... hier aus heiterem Himmel enden.

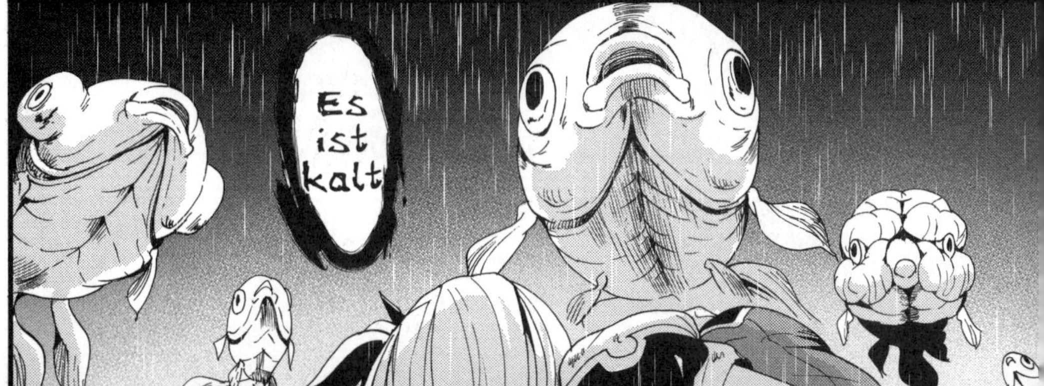

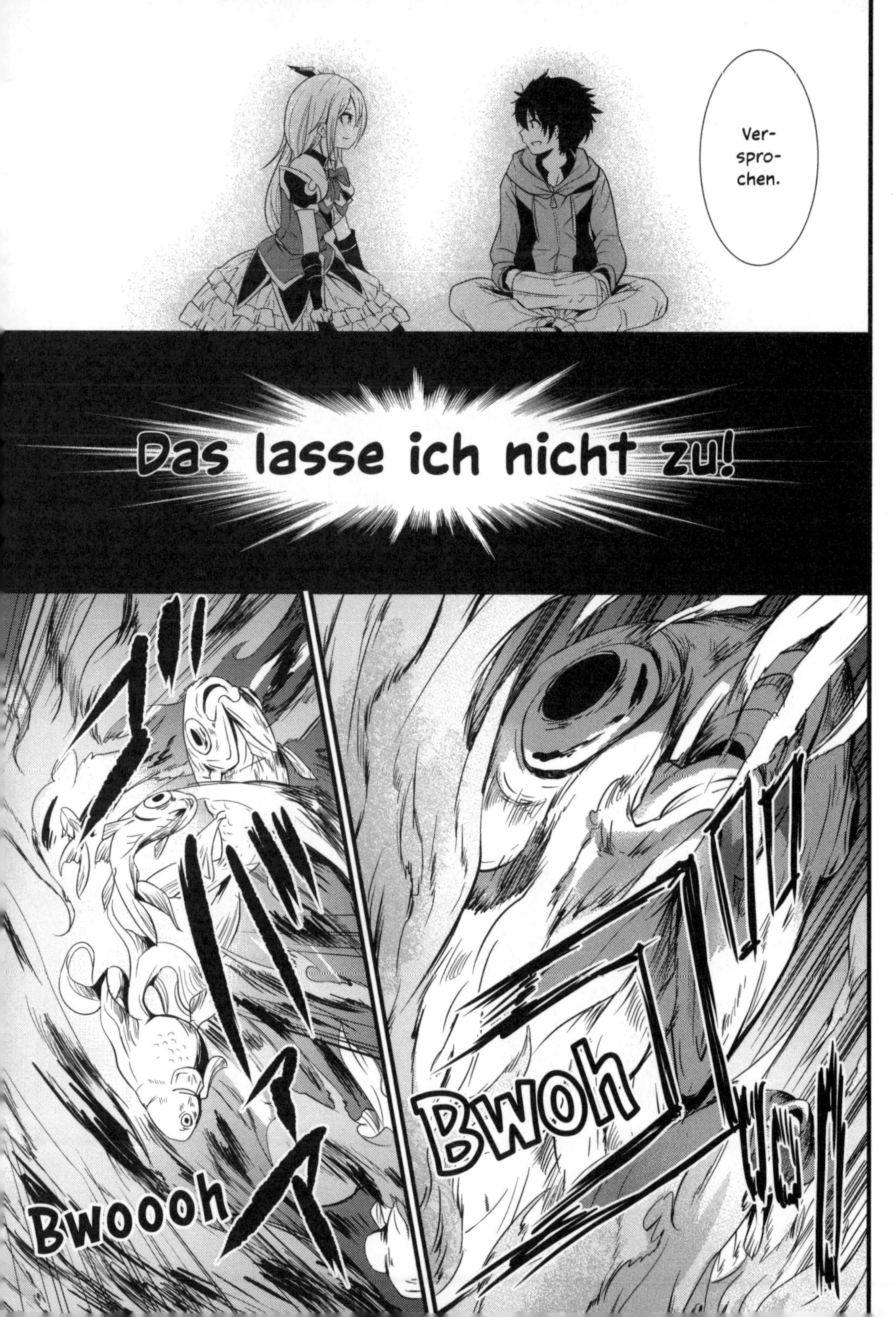
Ver-
spro-
chen.
Das lasse ich nicht zu!
Bwoh
Bwoooh

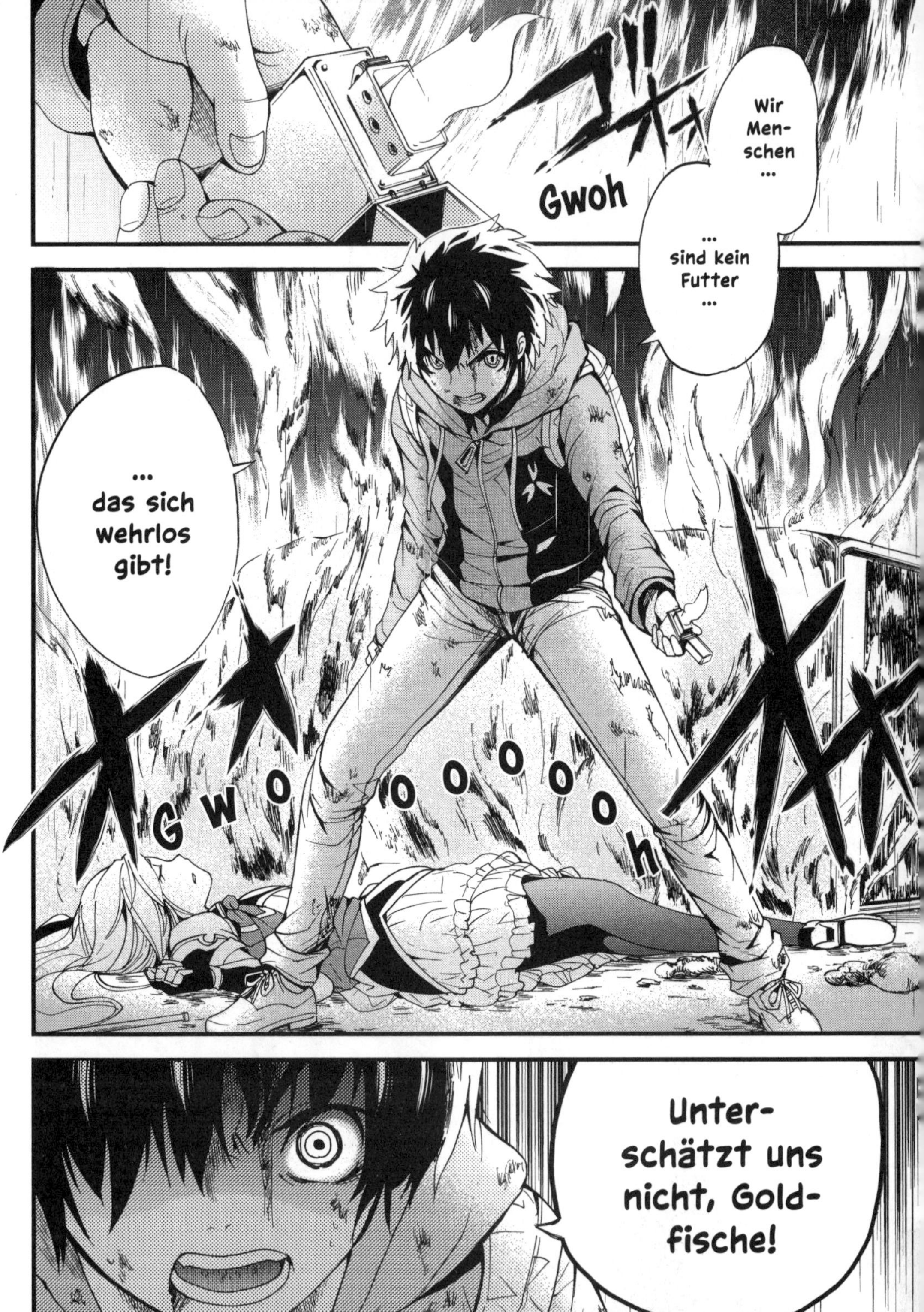
Wir Menschen ...
Gwoh
... sind kein Futter ...
... das sich wehrlos gibt!
Gwoooooooh
Unterschätzt uns nicht, Goldfische!

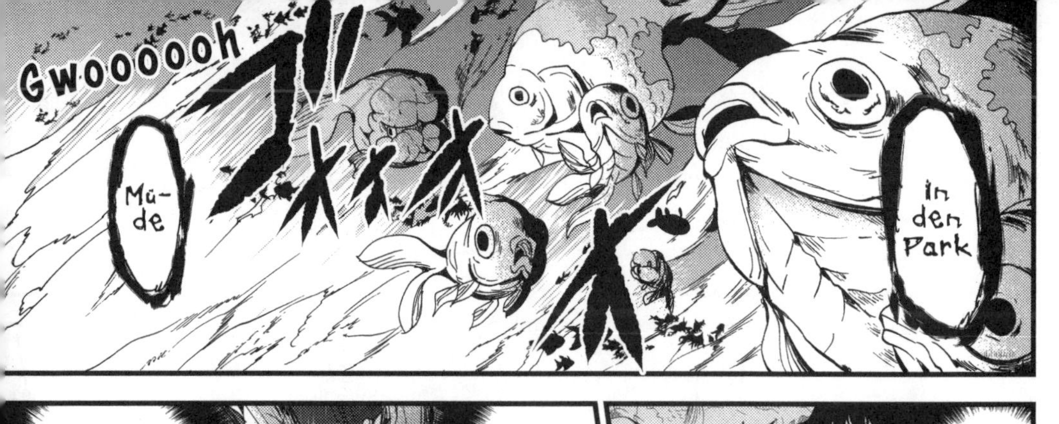

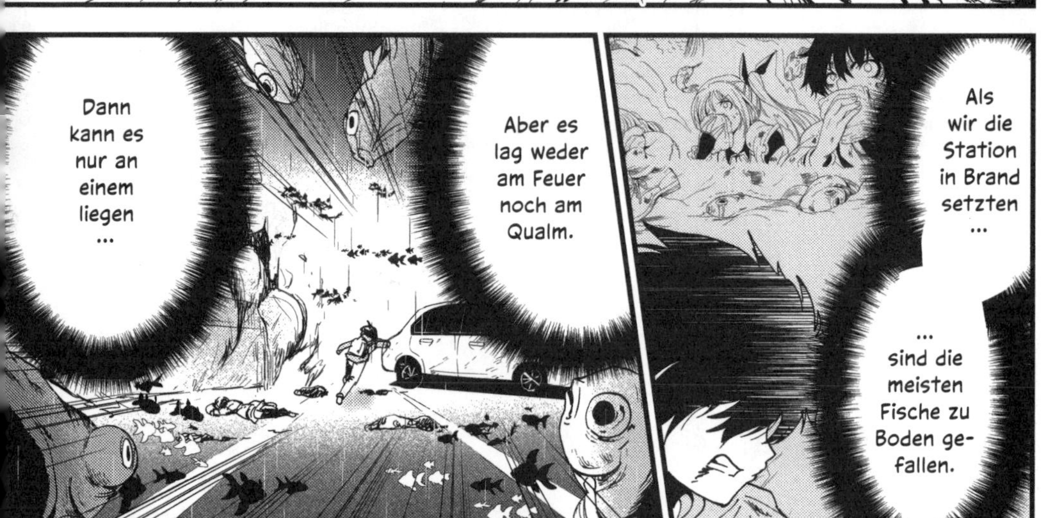

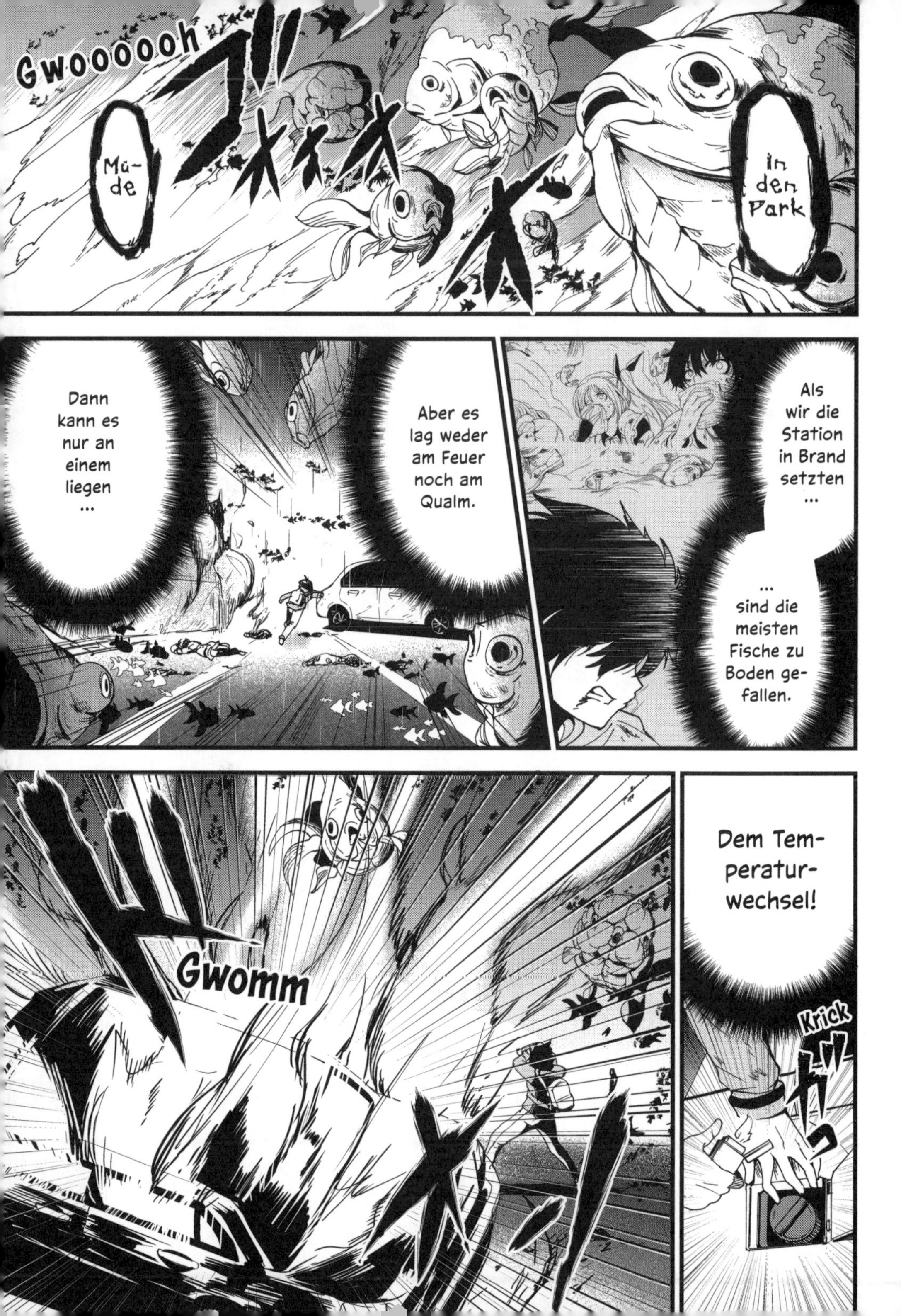

Dem Temperaturwechsel!

Krick

Gwomm

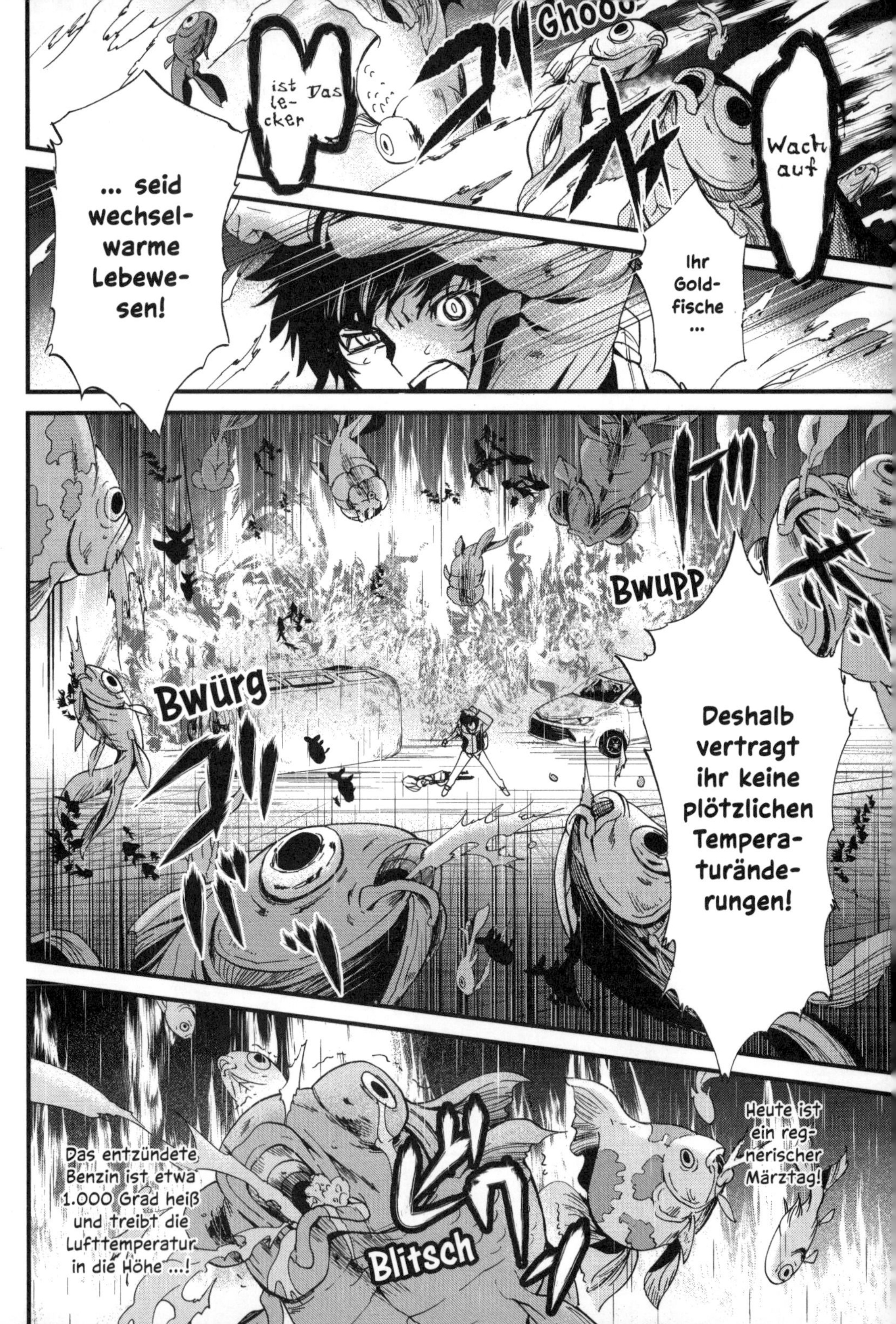
Wach auf
Ghooo
Das ist lecker
Ihr Goldfische …
… seid wechselwarme Lebewesen!
Deshalb vertragt ihr keine plötzlichen Temperaturänderungen!
Bwupp
Bwürg
Heute ist ein regnerischer Märztag!
Blitsch
Das entzündete Benzin ist etwa 1.000 Grad heiß und treibt die Lufttemperatur in die Höhe …!

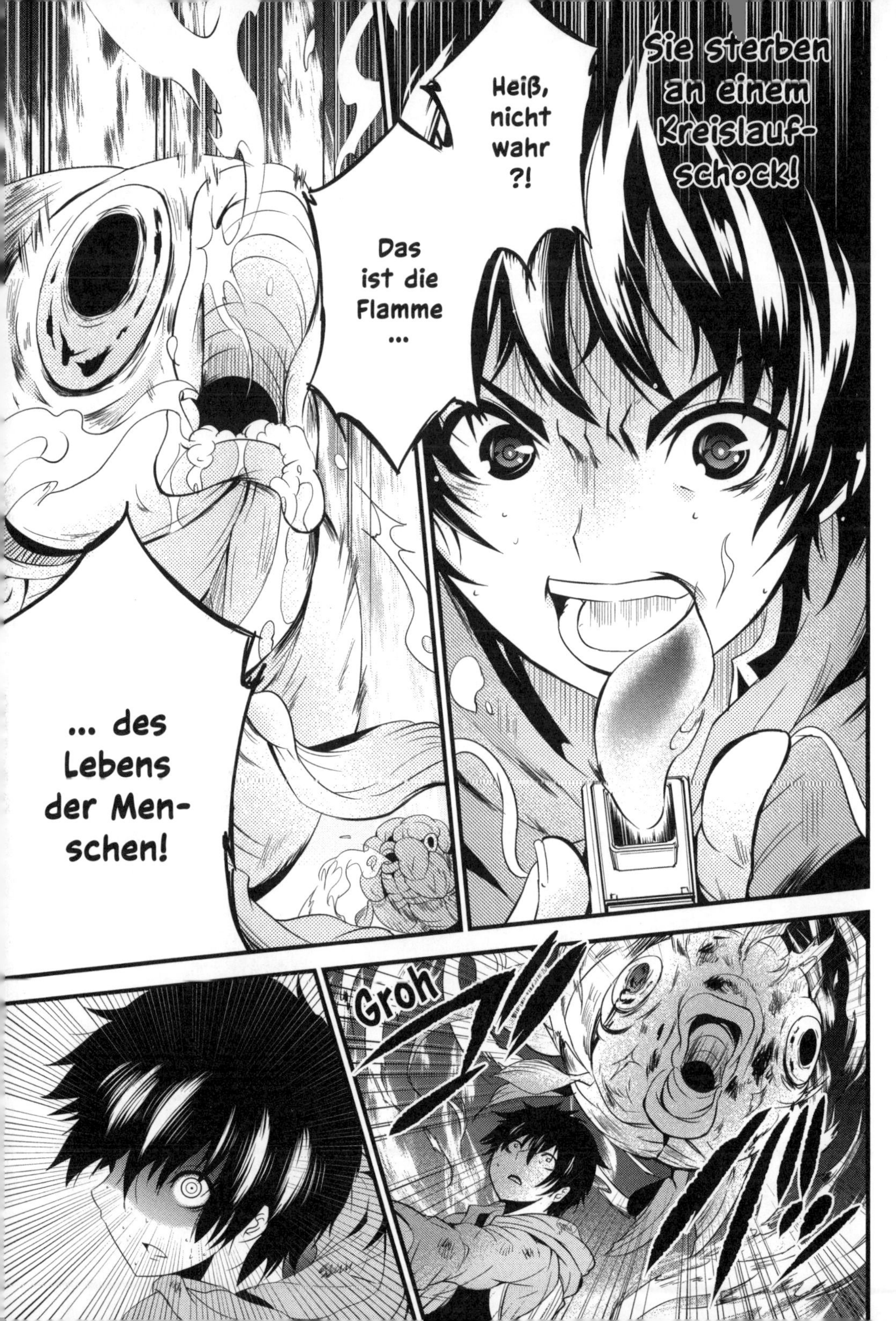
Sie sterben an einem Kreislauf-schock!
Heiß, nicht wahr ?!
Das ist die Flamme ...
... des Lebens der Men-schen!
Groh

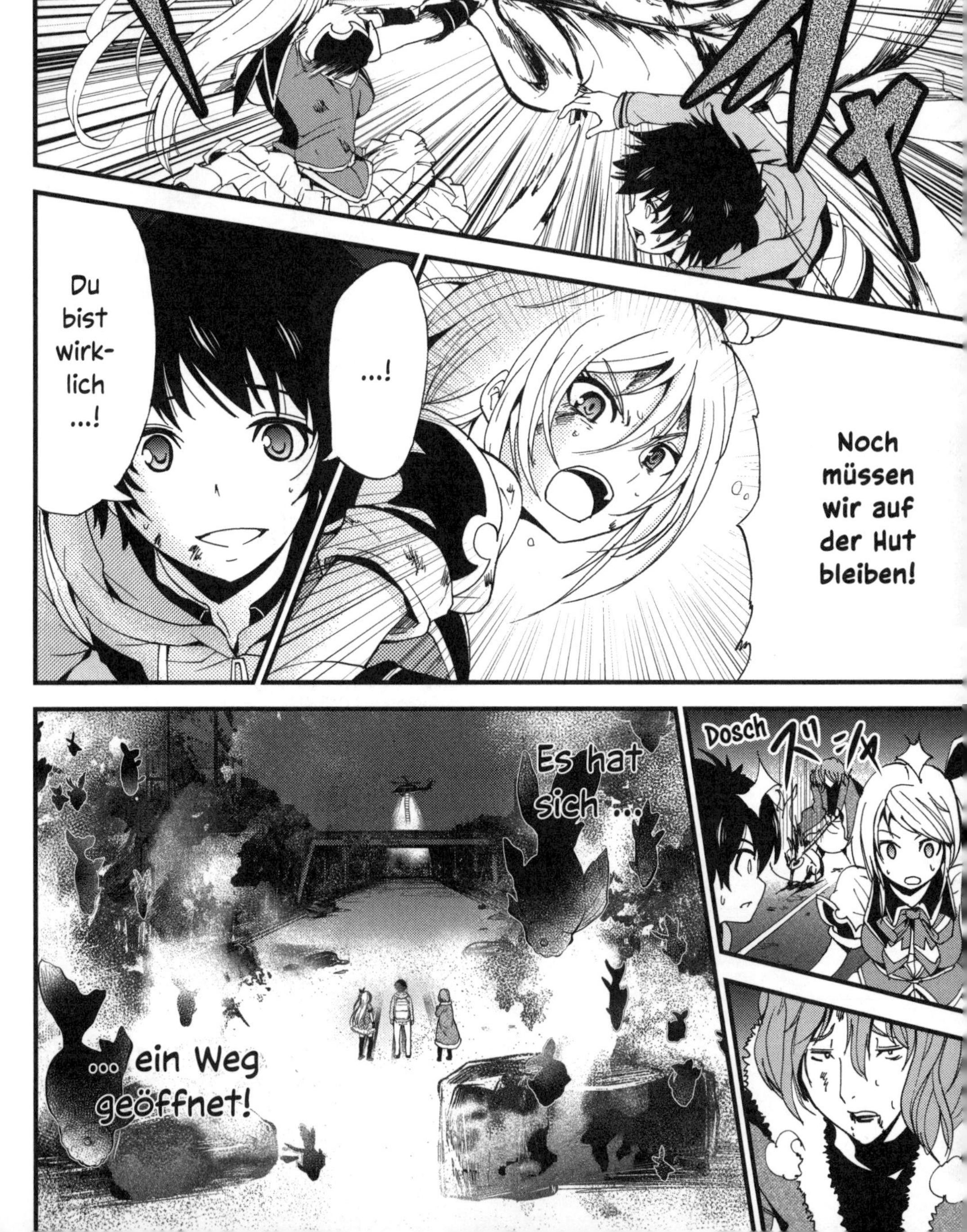
Dosch
Noch müssen wir auf der Hut bleiben!
...!
Du bist wirk-lich ...!
Dosch
Es hat sich ...
... ein Weg geöffnet!

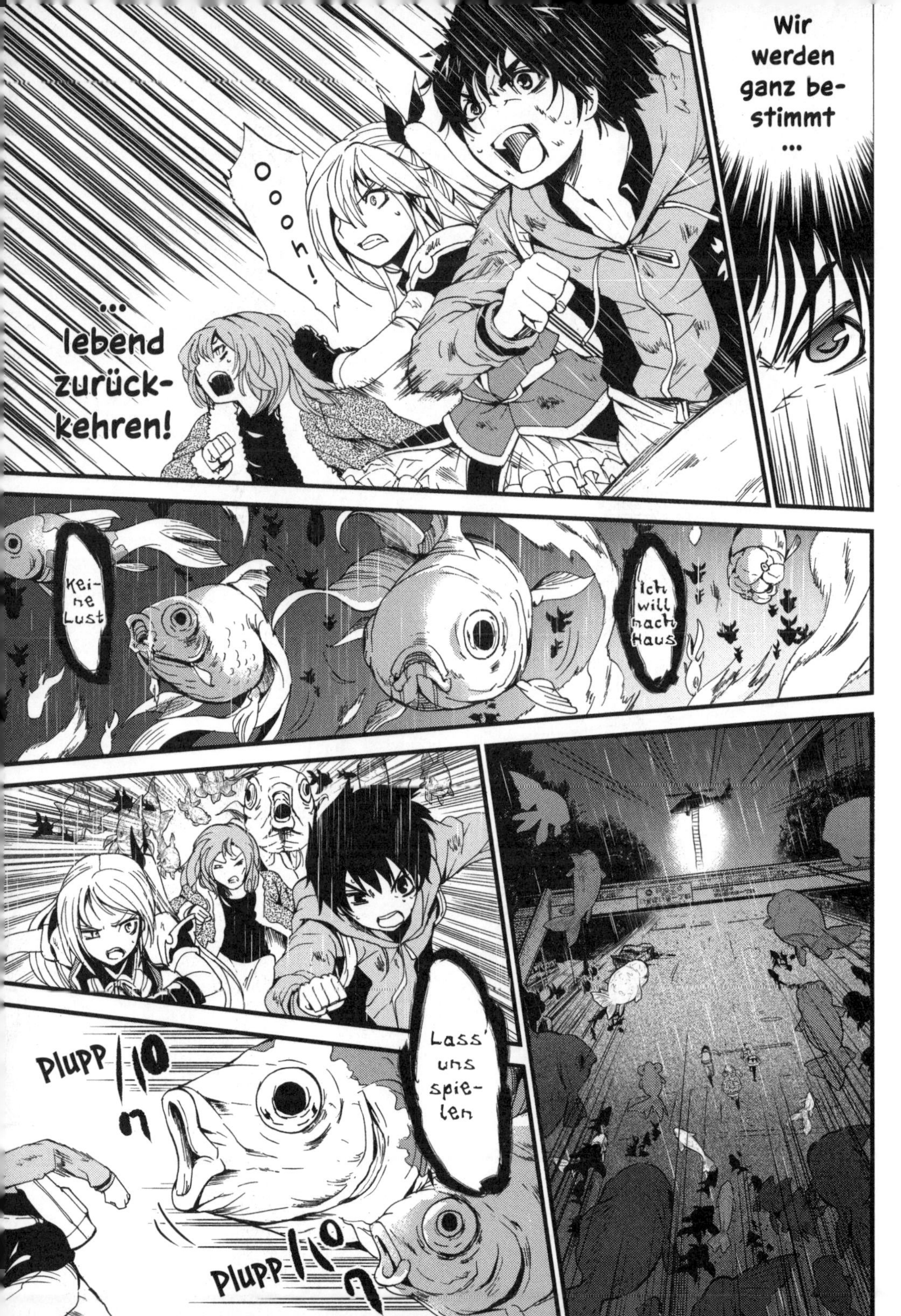
Wir werden ganz bestimmt ...
Oooh!
... lebend zurückkehren!
Ich will nach Haus
Keine Lust
Lass' uns spielen
Plupp
Plupp

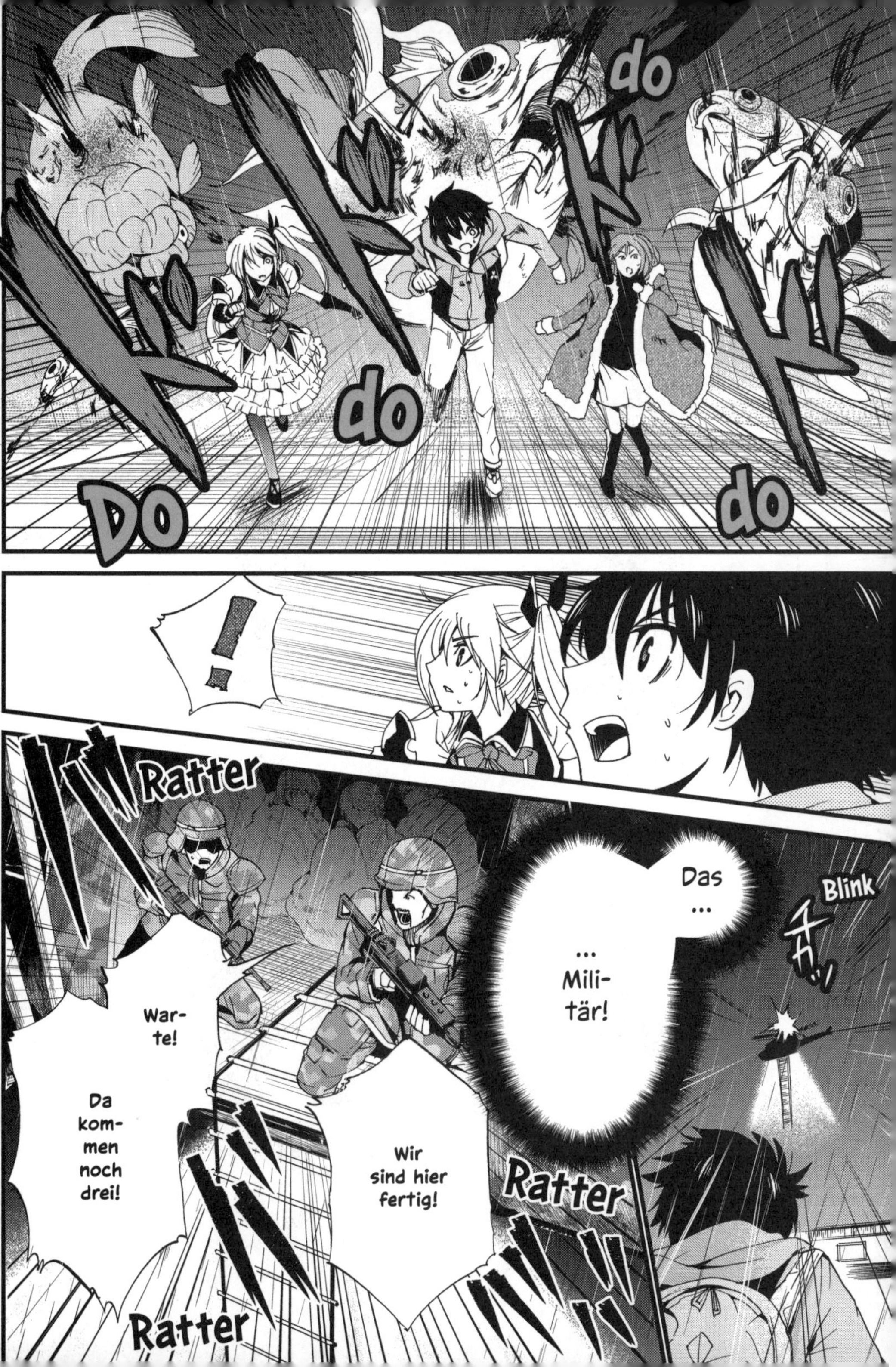

do
do
DO
do
!!
Das ...
... Militär!
Blink
Ratter
Wir sind hier fertig!
Warte!
Da kommen noch drei!
Ratter
Ratter

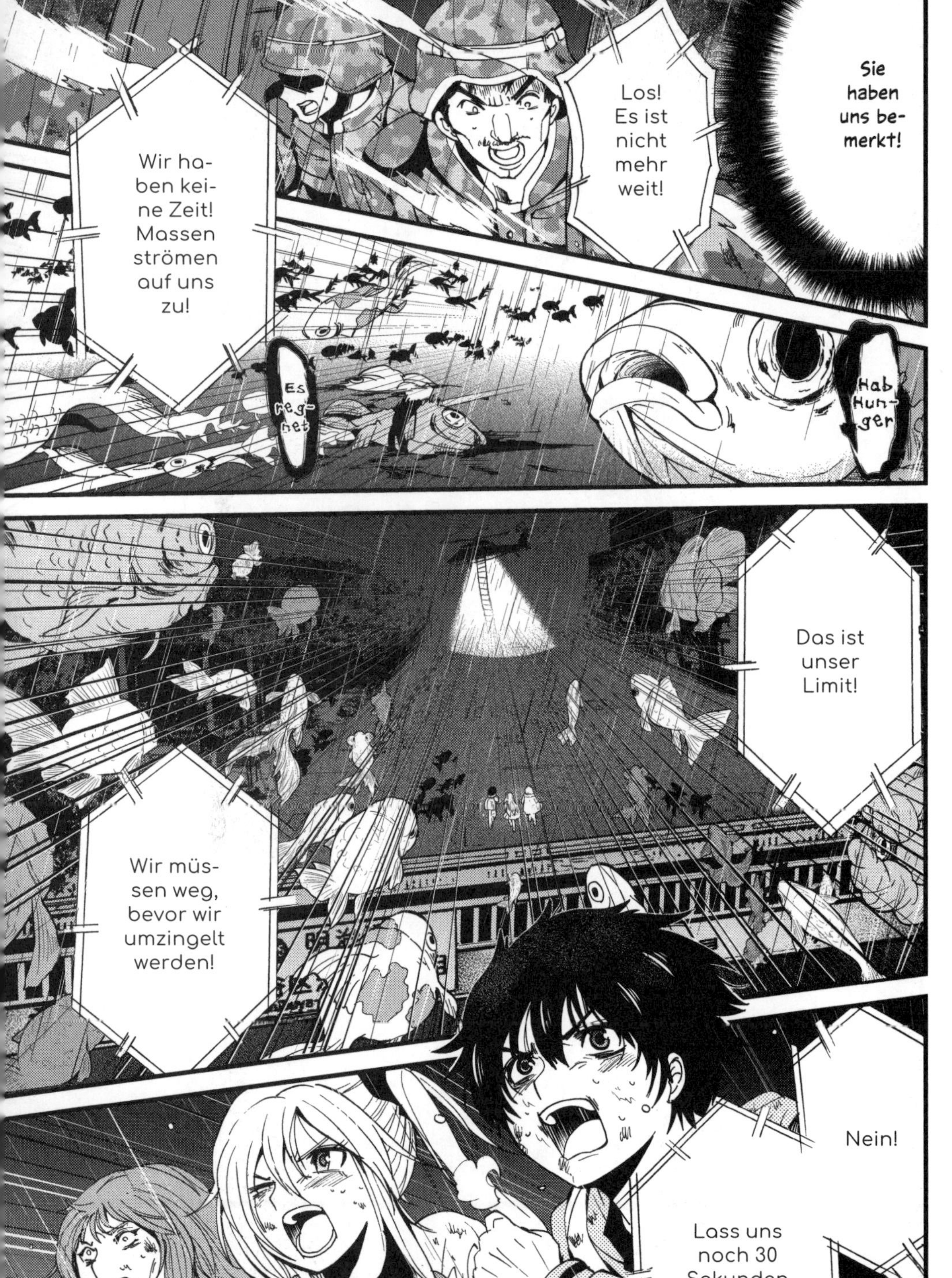
Sie haben uns bemerkt!
Los! Es ist nicht mehr weit!
Wir haben keine Zeit! Massen strömen auf uns zu!
Hab Hunger
Es regnet
Das ist unser Limit!
Wir müssen weg, bevor wir umzingelt werden!
Nein!
Lass uns noch 30 Sekunden warten!

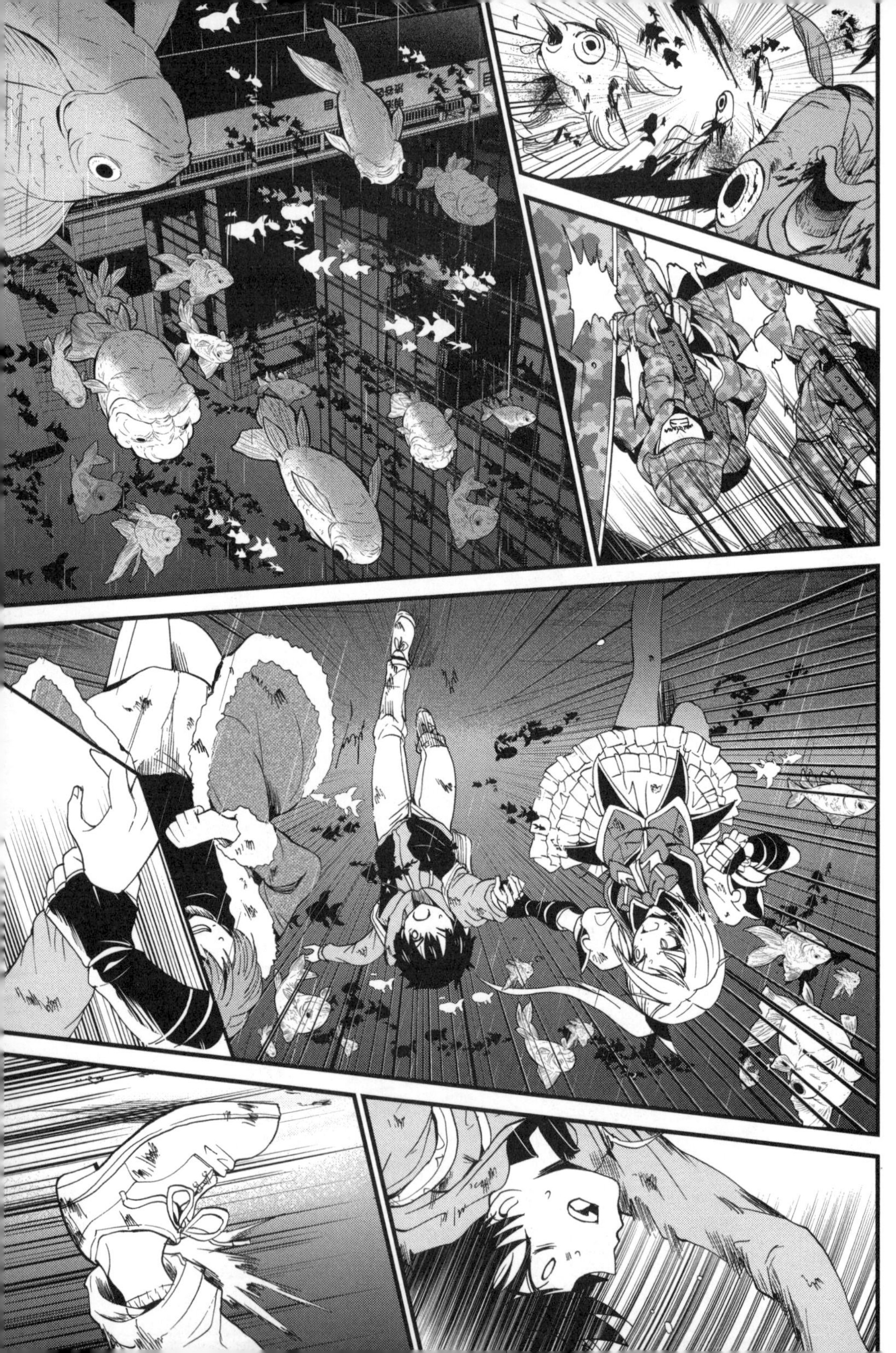

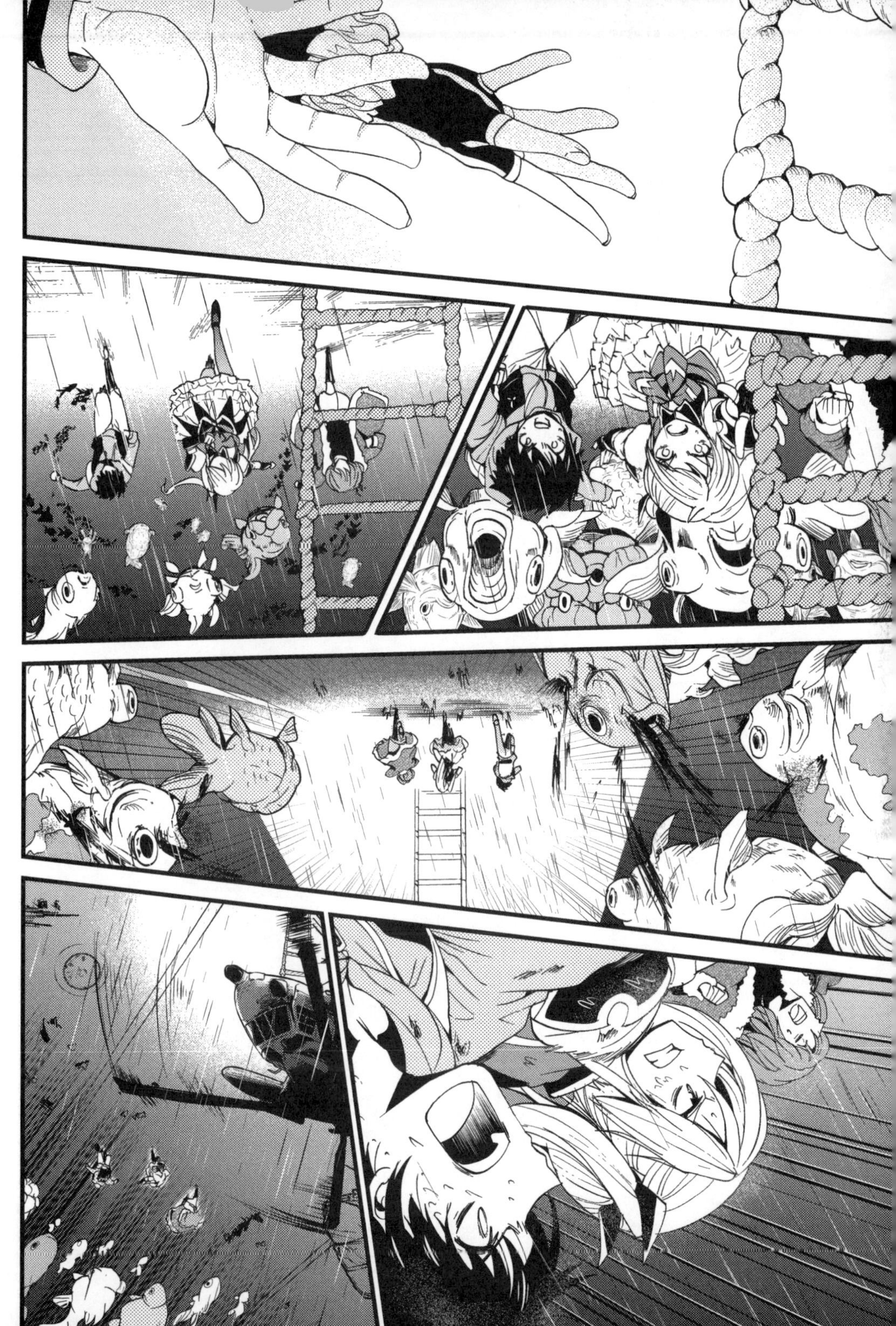

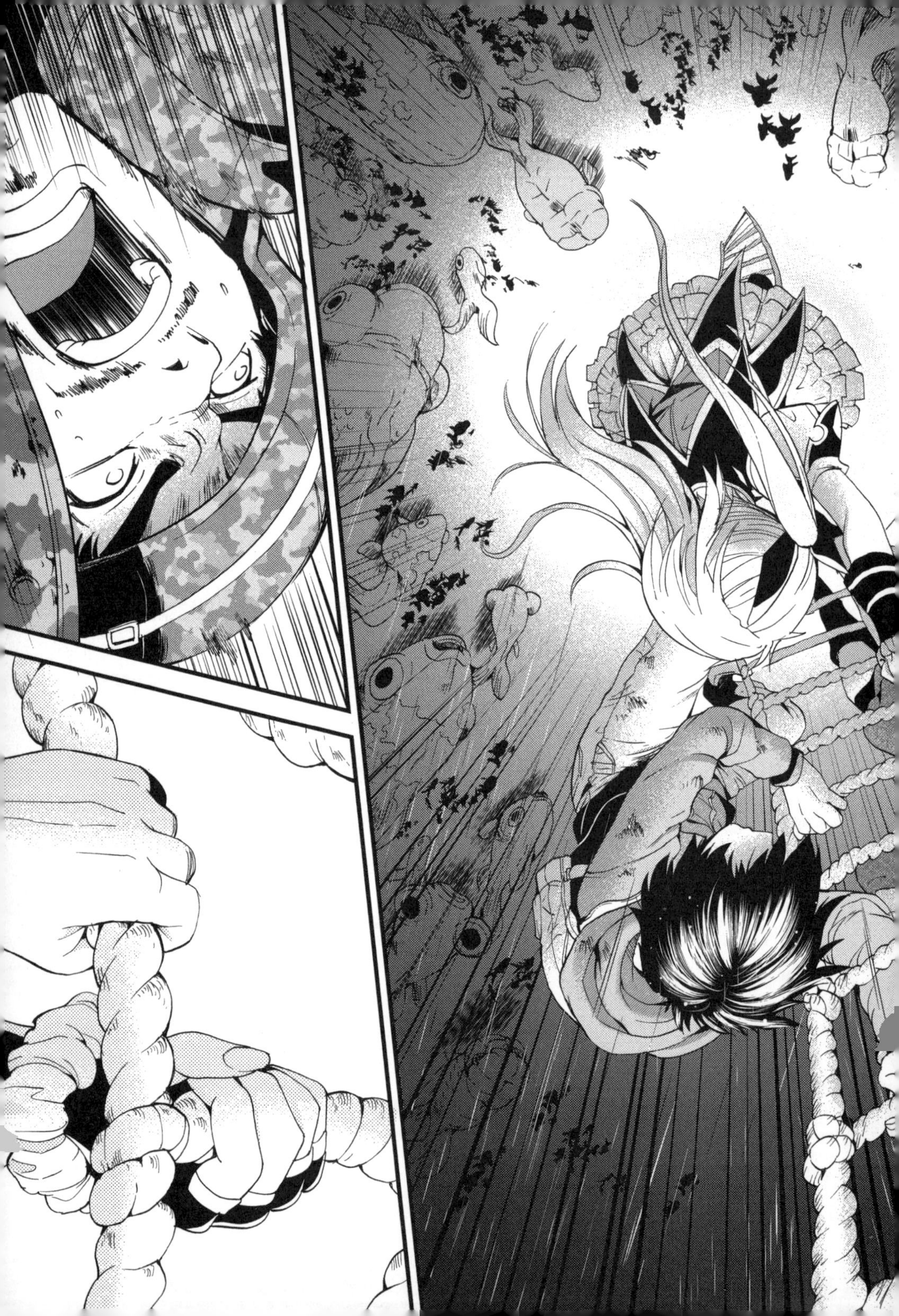

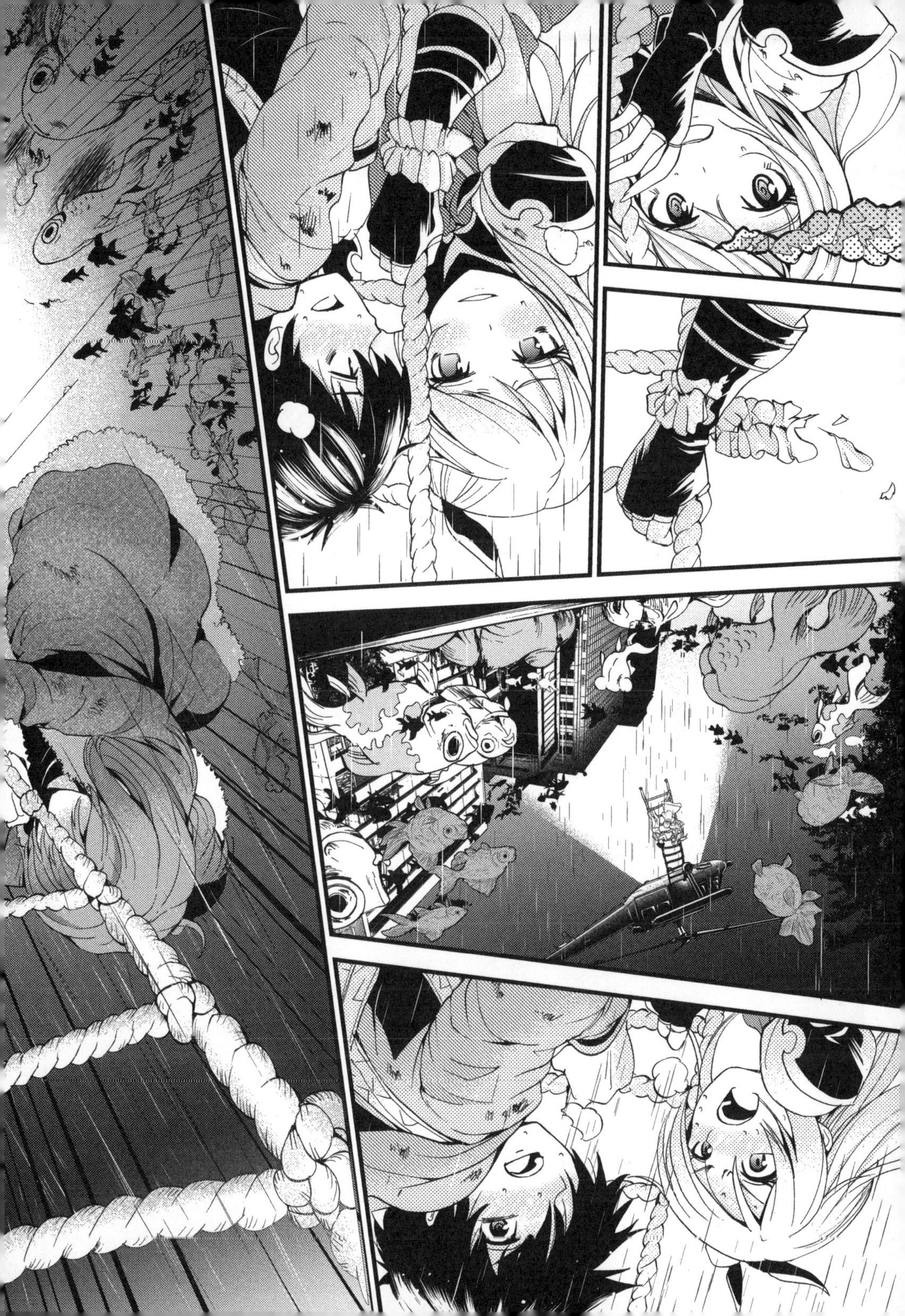

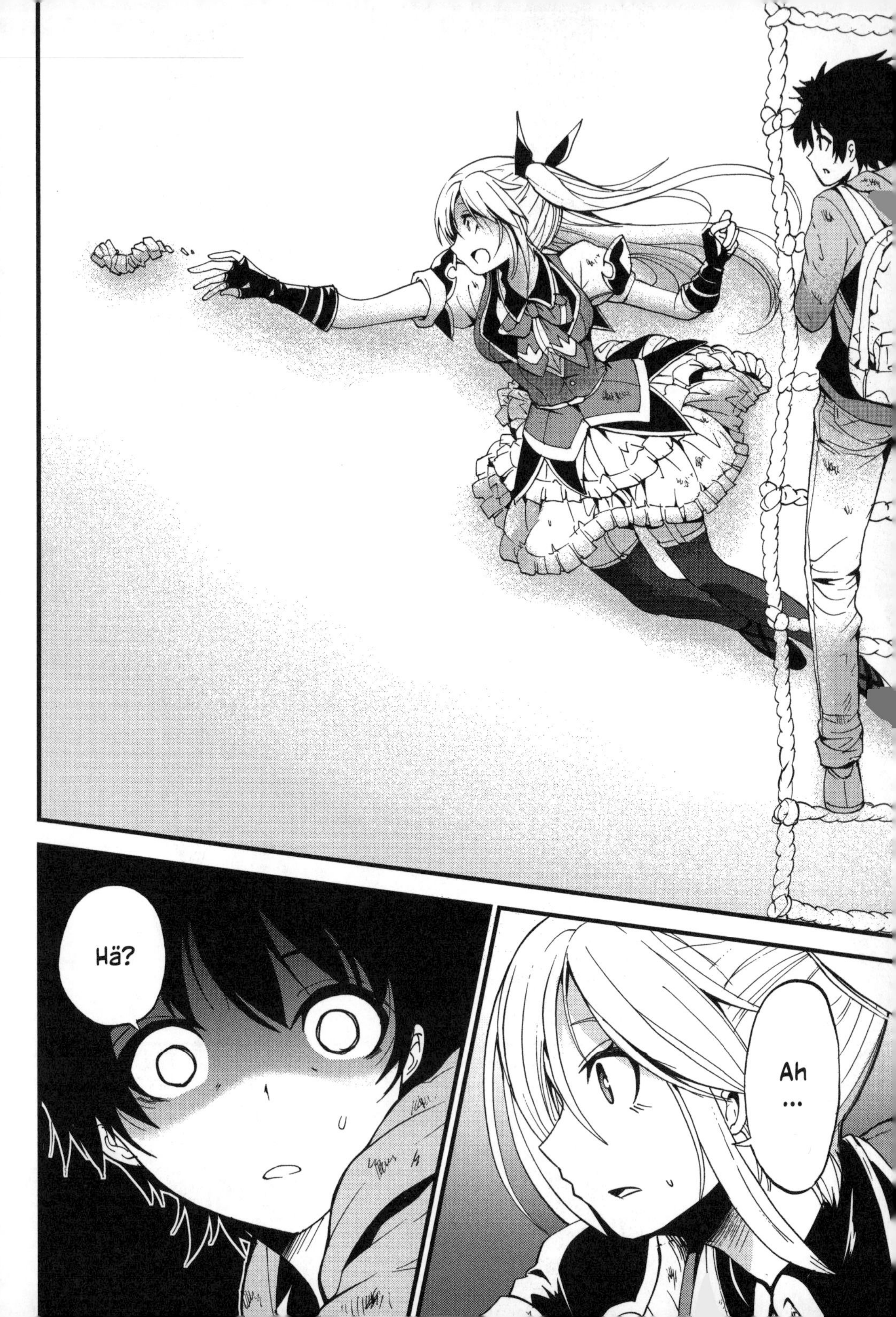
Ah ...
Hä?

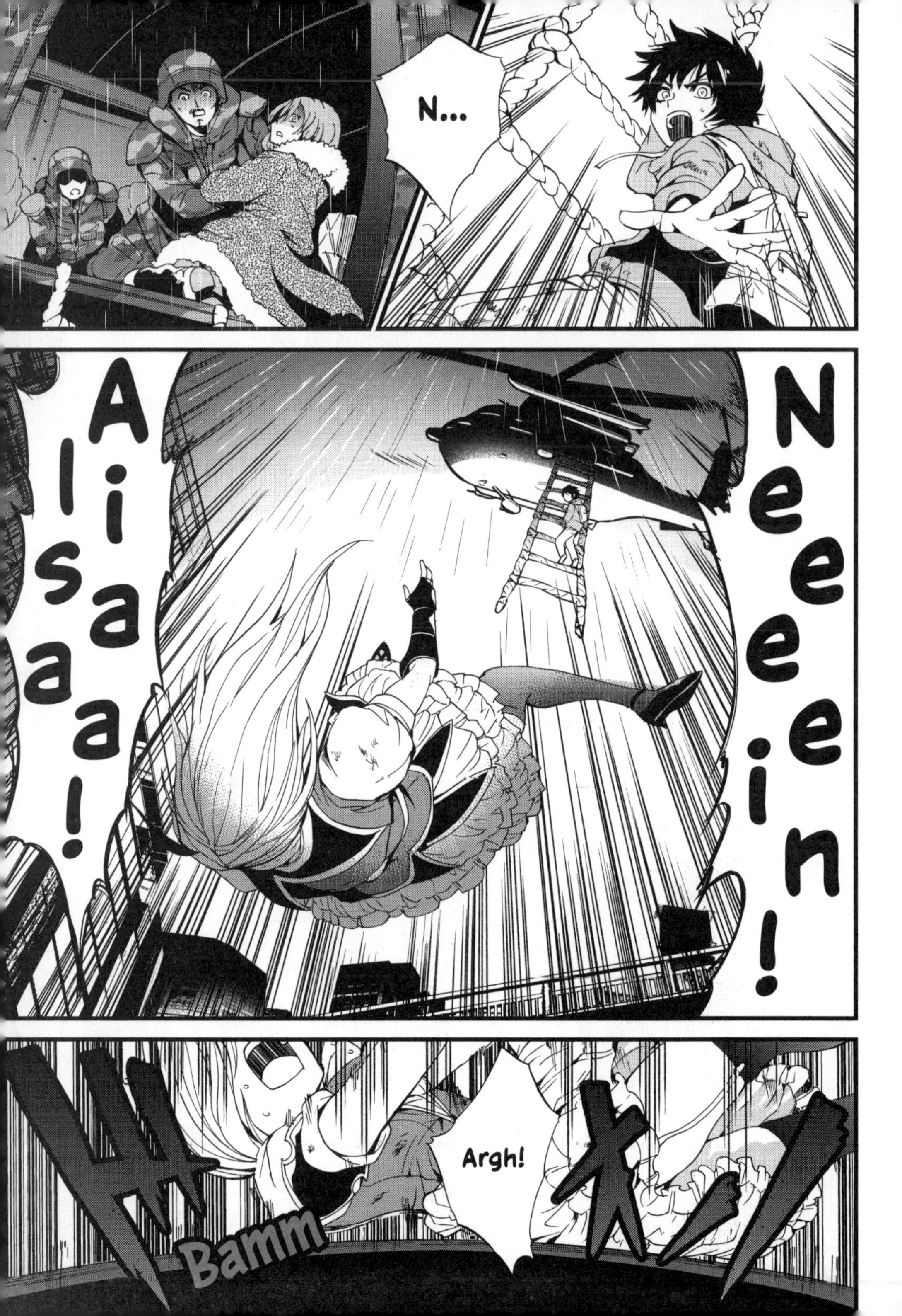

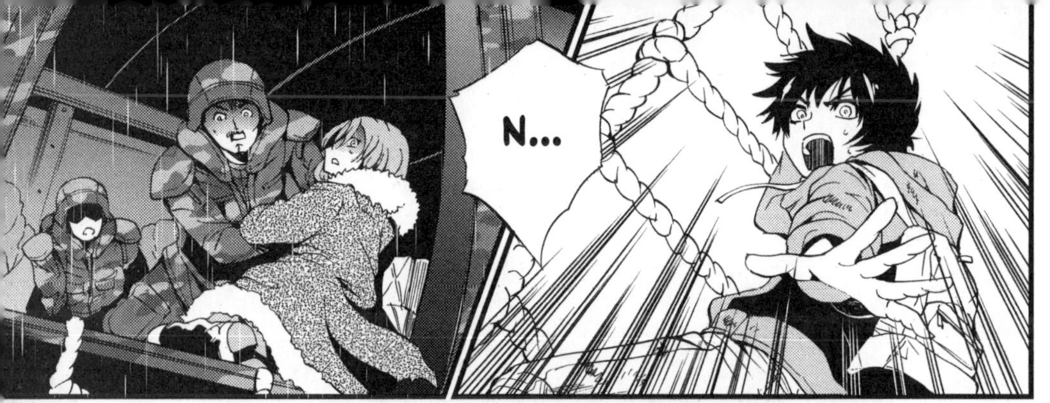
N...

Neeein!
Alisaaa!

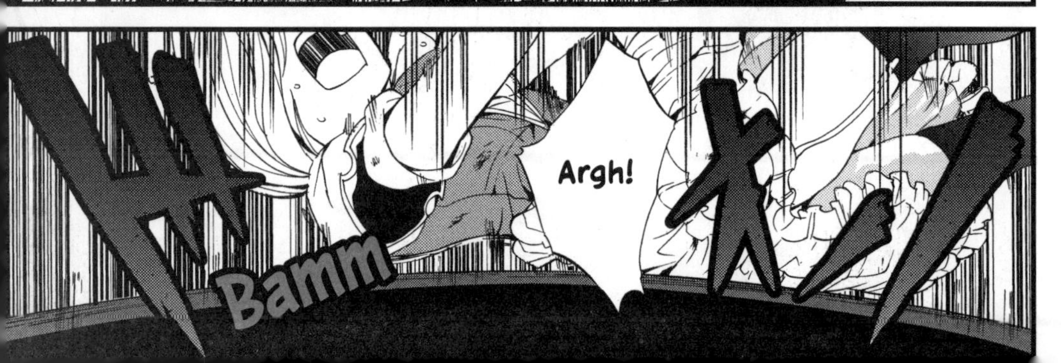
Argh!
Bamm

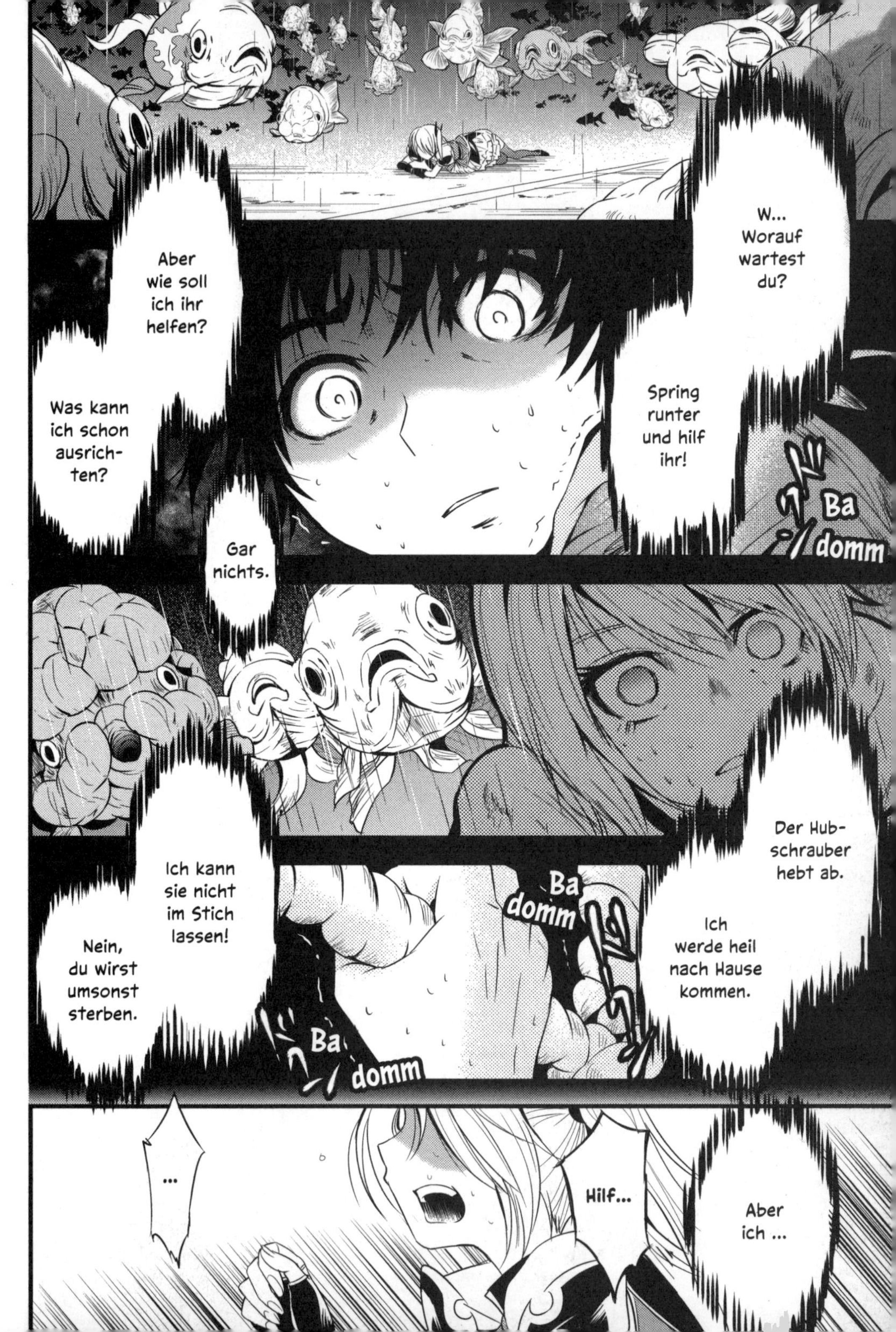
W... Worauf wartest du?
Spring runter und hilf ihr!
Aber wie soll ich ihr helfen?
Was kann ich schon ausrichten?
Ba domm
Gar nichts.
Der Hubschrauber hebt ab.
Ich werde heil nach Hause kommen.
Ba domm
Ich kann sie nicht im Stich lassen!
Nein, du wirst umsonst sterben.
Ba domm
Aber ich ...
Hilf...
...

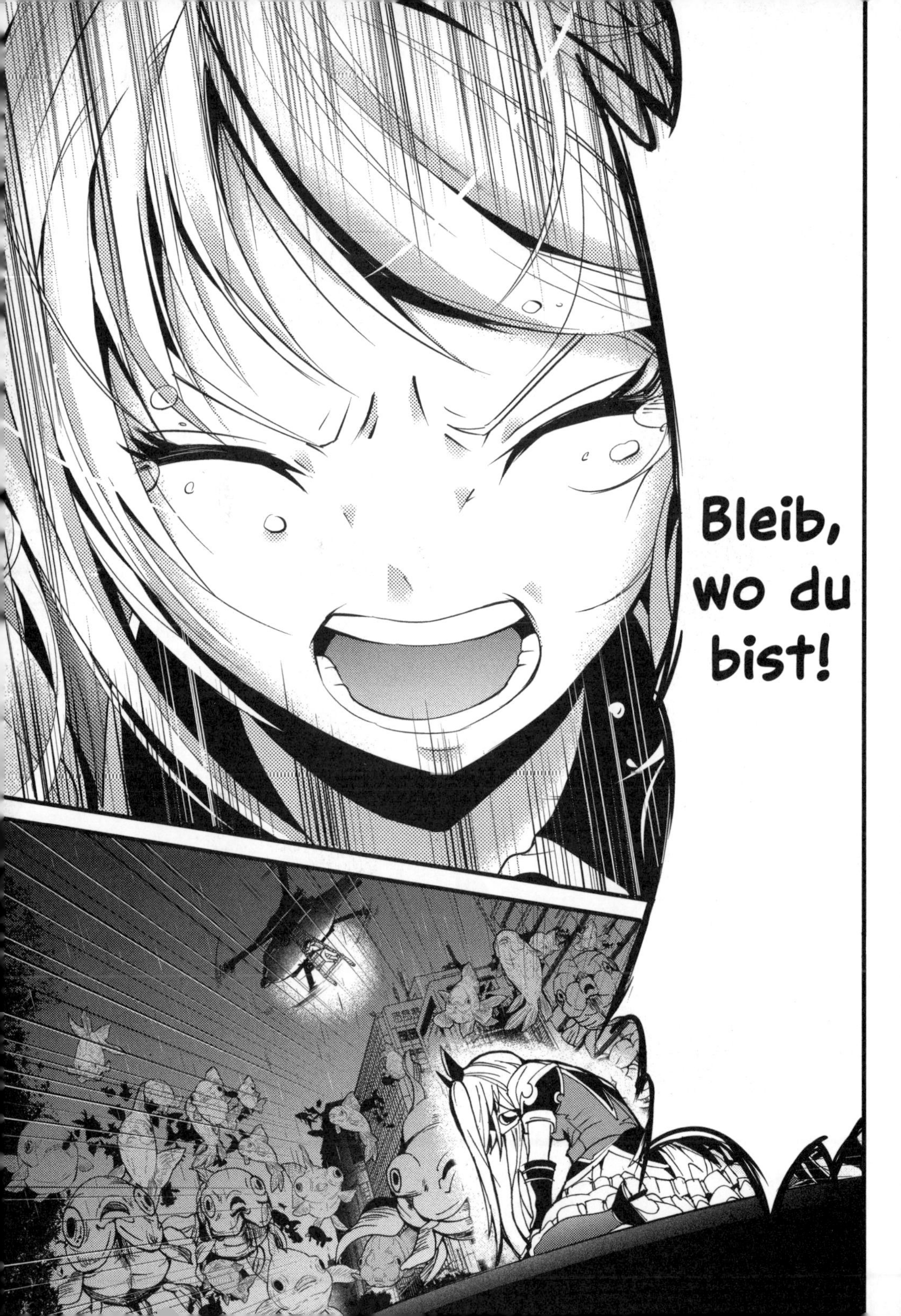
Bleib, wo du bist!

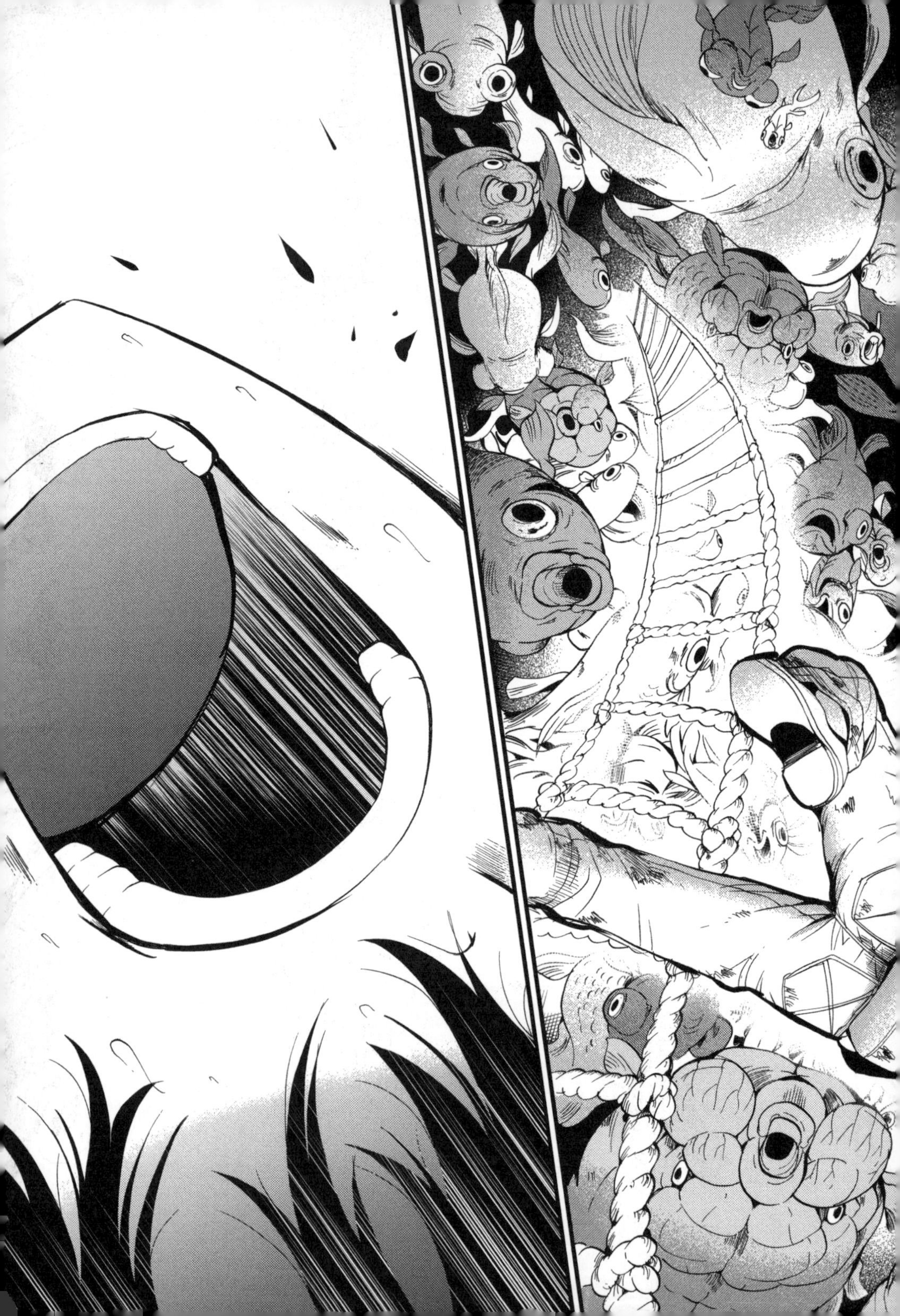

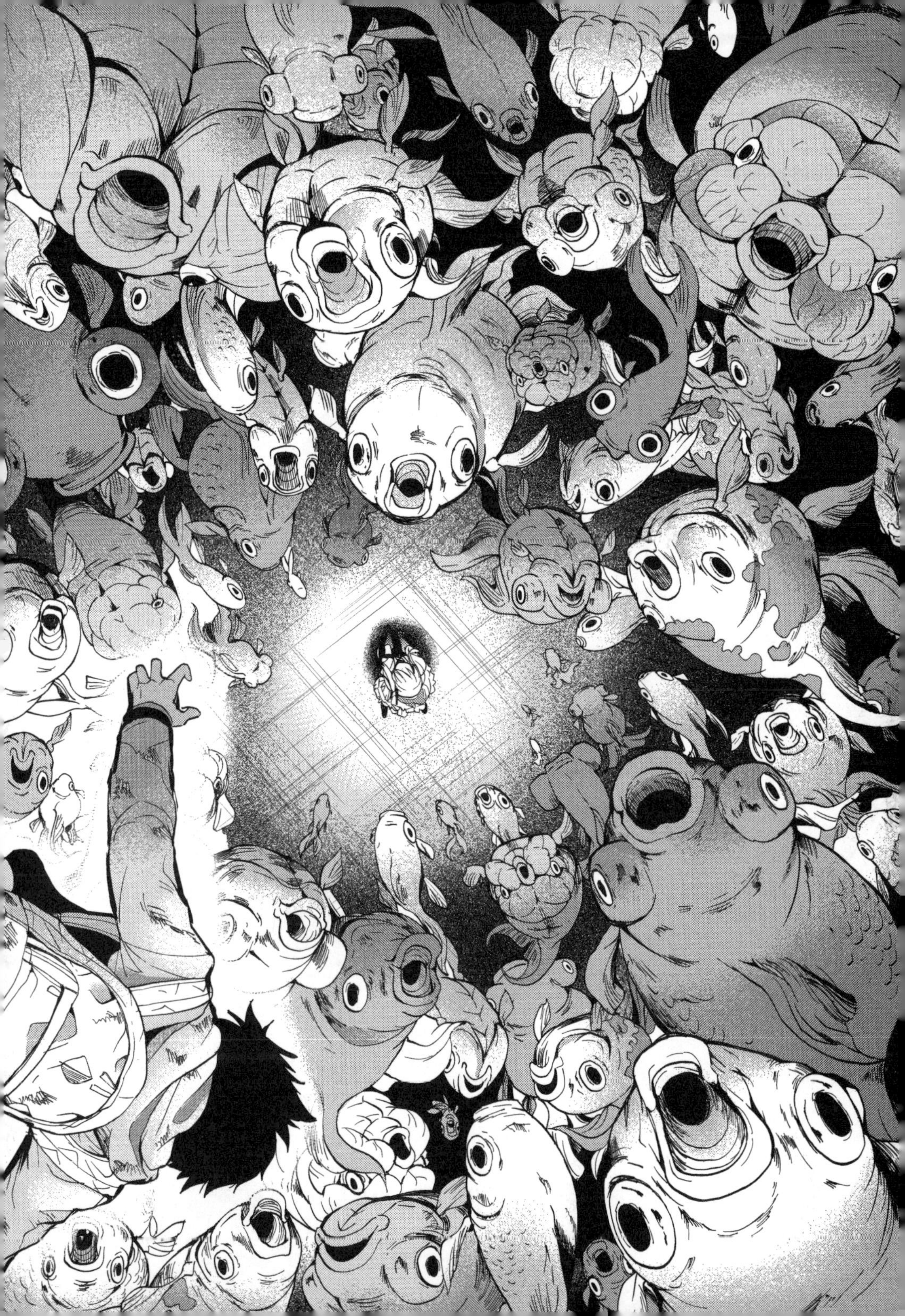

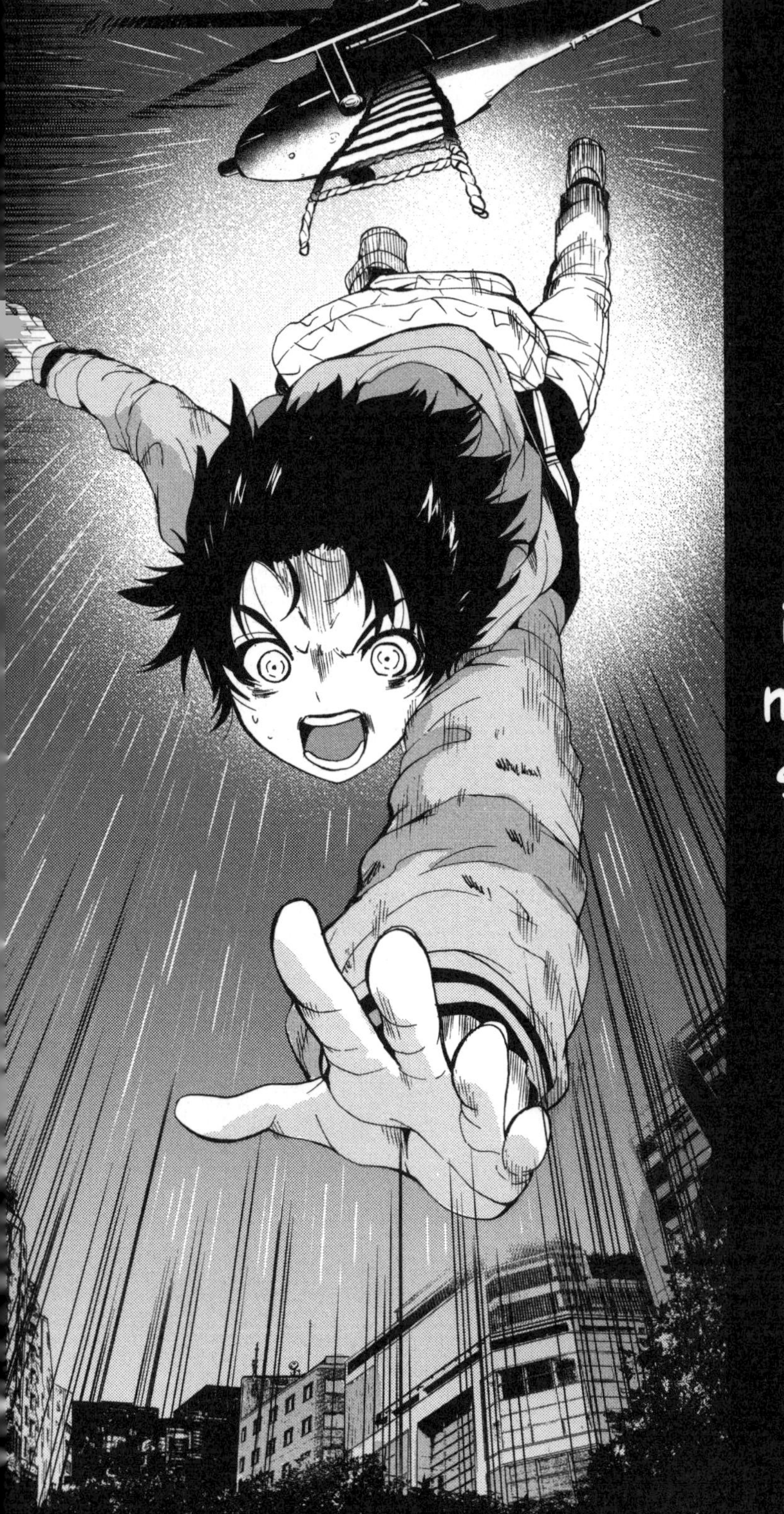

Dies
ist nicht
meine Ge-
schichte.

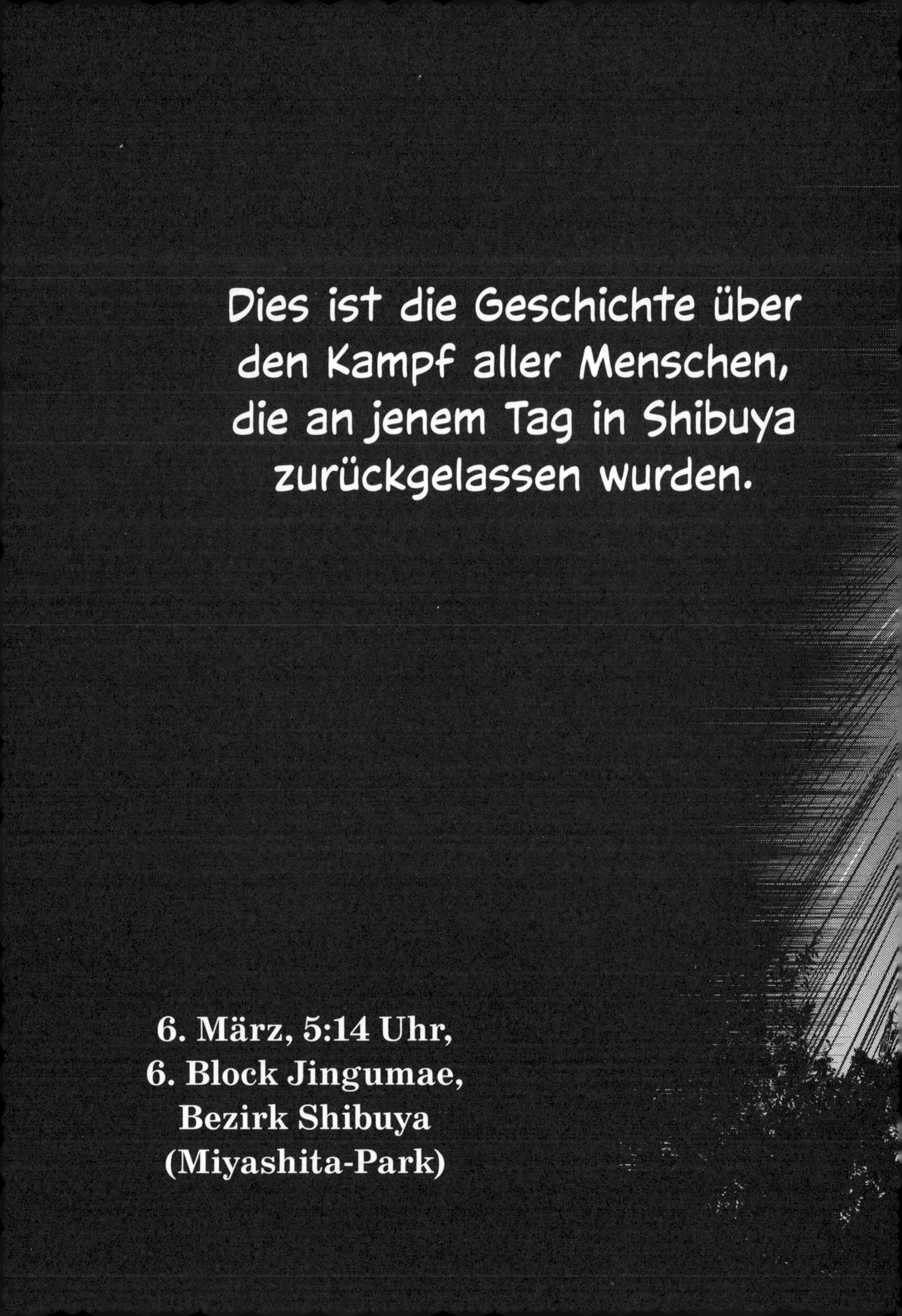

Dies ist die Geschichte über
den Kampf aller Menschen,
die an jenem Tag in Shibuya
zurückgelassen wurden.

6. März, 5:14 Uhr,
6. Block Jingumae,
Bezirk Shibuya
(Miyashita-Park)

Zur selben Zeit

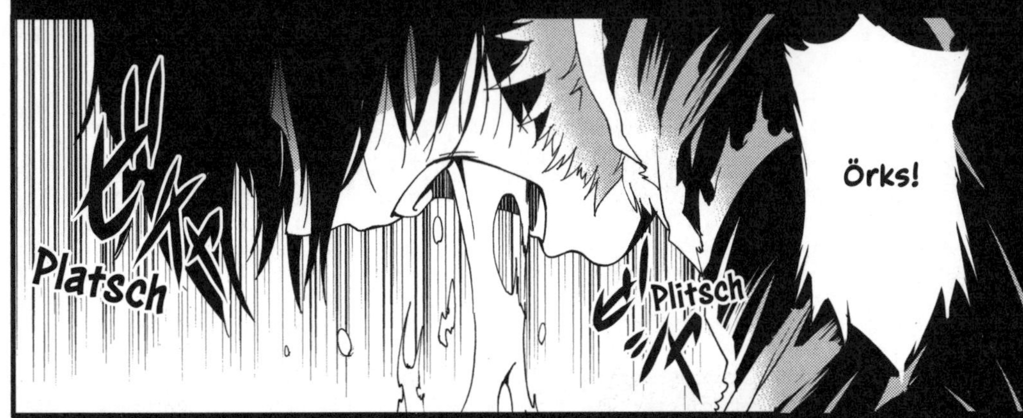

1. Block Jinnan, Bezirk Shibuya

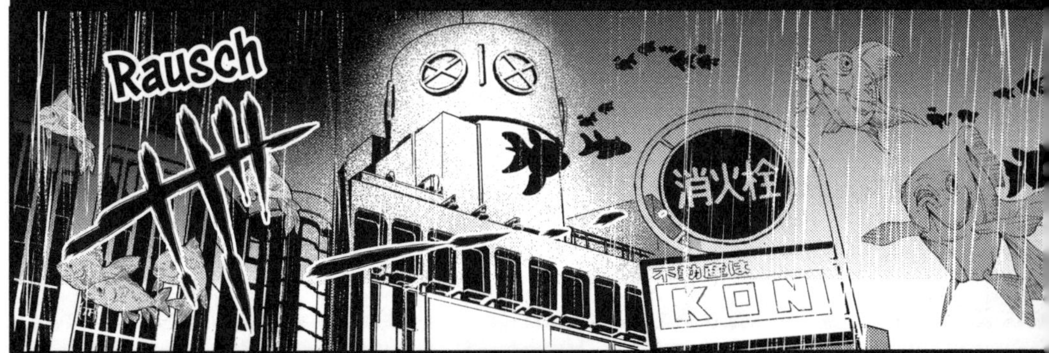

Shibuya Harui, 5. Stock

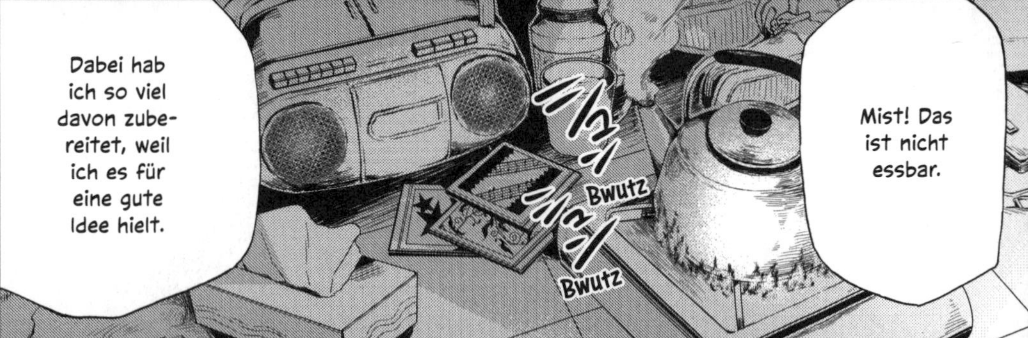

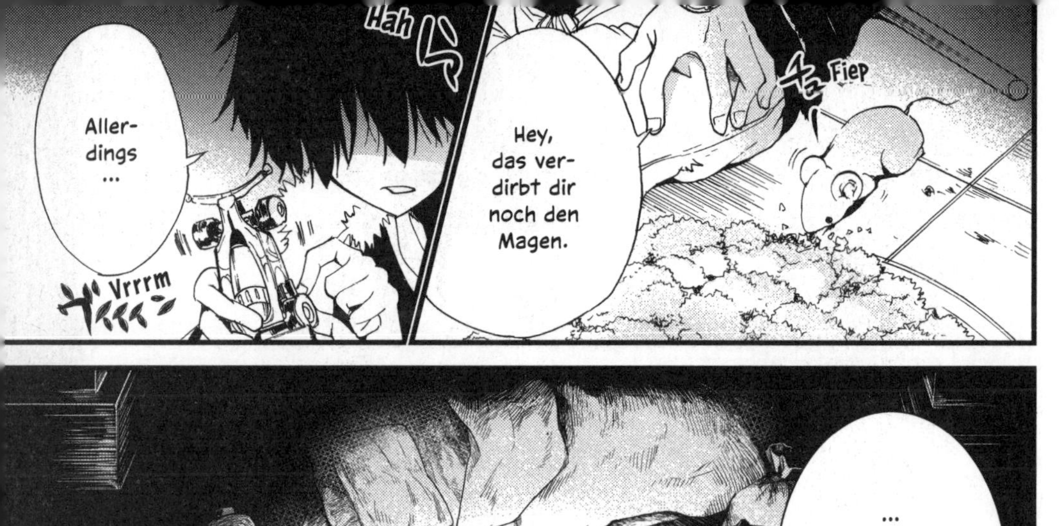
Fiep
Hah
Hey, das verdirbt dir noch den Magen.
Allerdings ...
Vrrrm
... sterbe ich fast vor Langeweile.
Wusch
Ach ja, ich könnte im Hikarie vorbeischauen!
Ich war da noch nie drinnen.
Wooooh

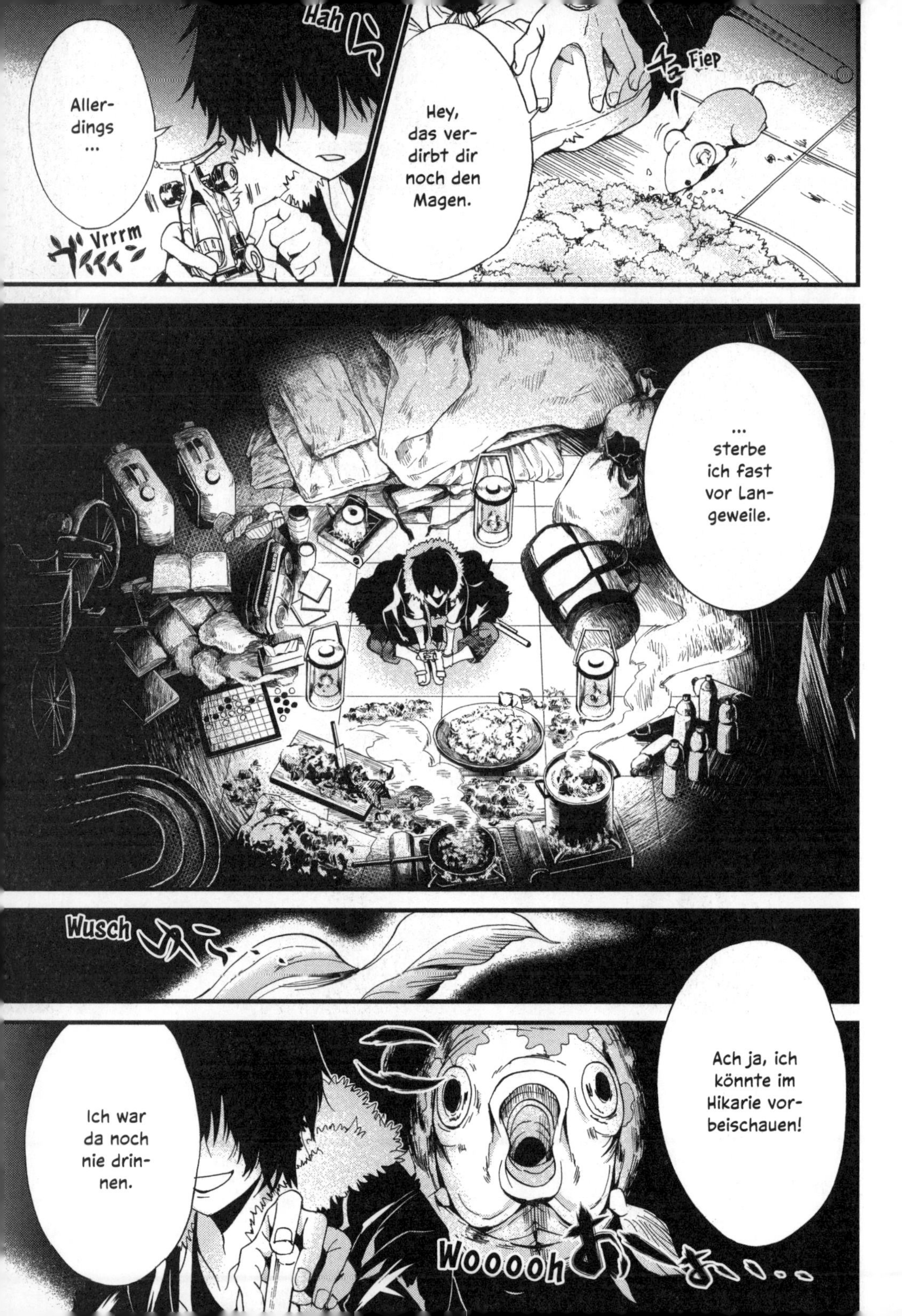

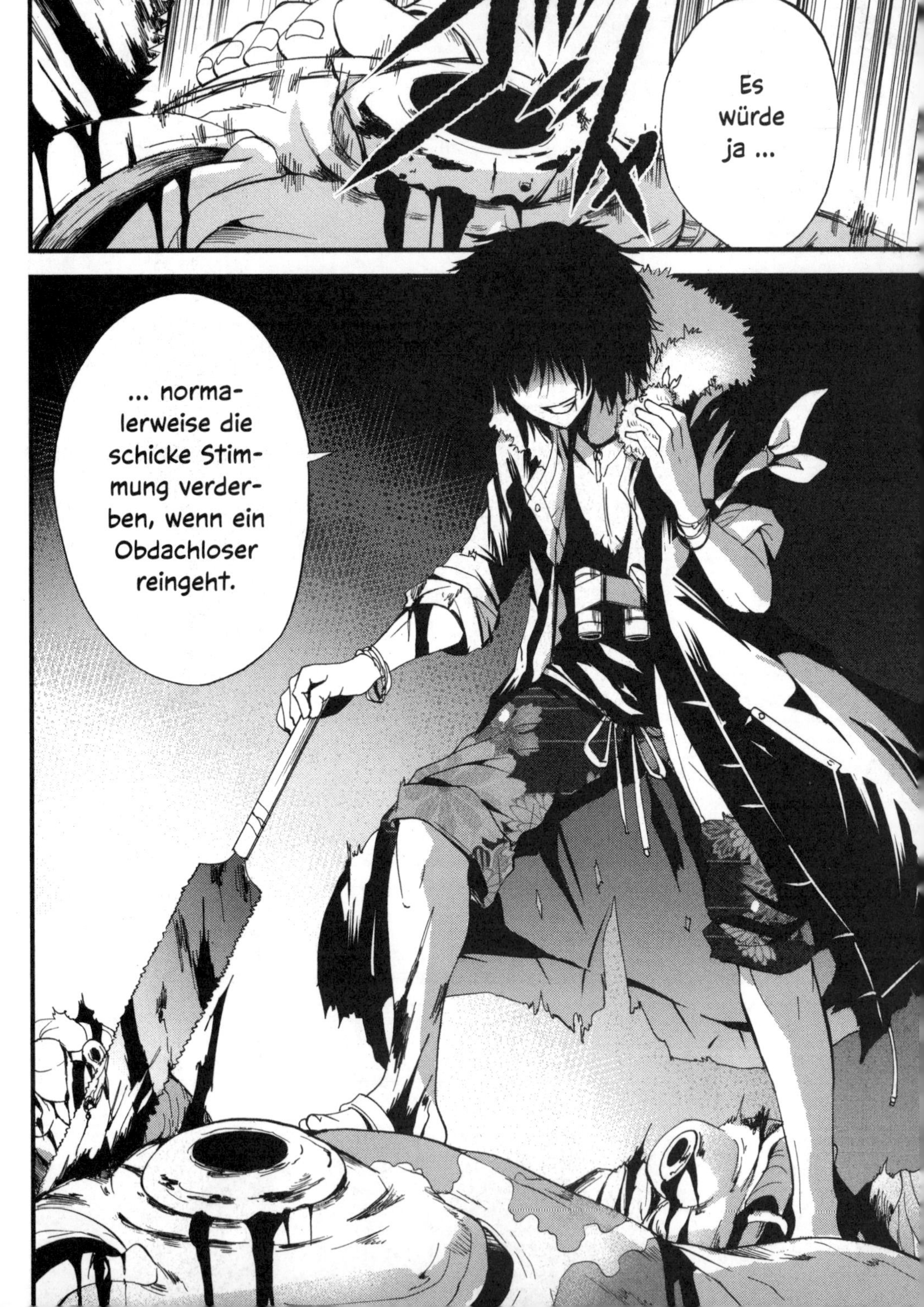
Bwatz
Es würde ja ...
... normalerweise die schicke Stimmung verderben, wenn ein Obdachloser reingeht.

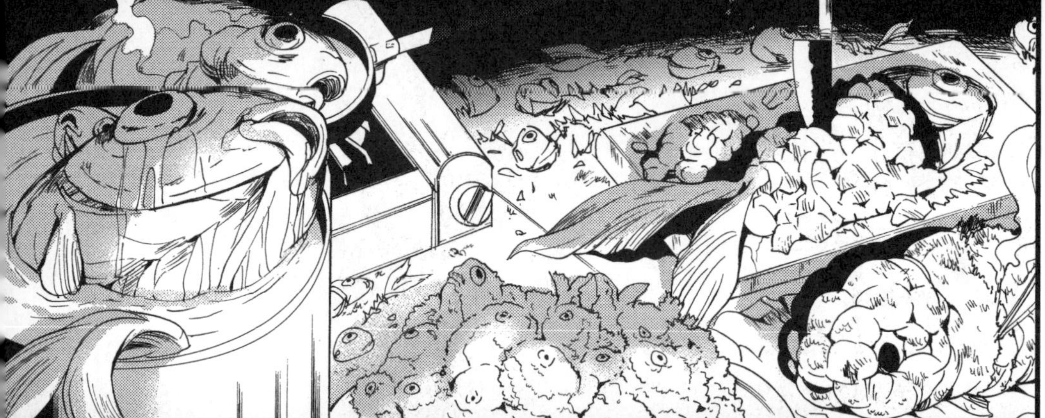

Staffel 1: Hajime Tsukiyoda – Ende

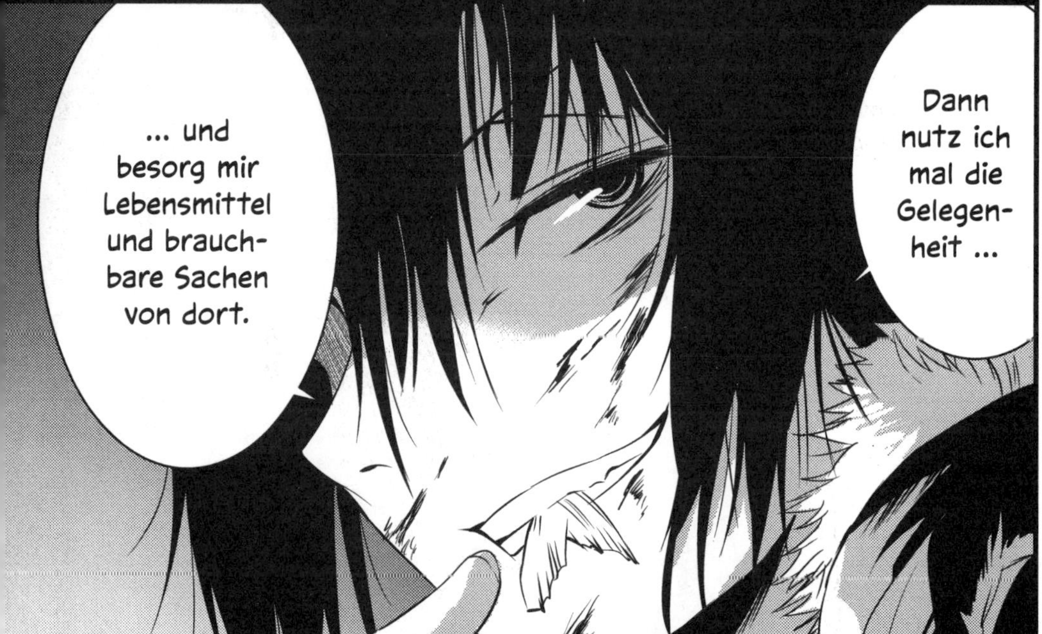

Dann nutz ich mal die Gelegenheit ...

... und besorg mir Lebensmittel und brauchbare Sachen von dort.

Staffel 2

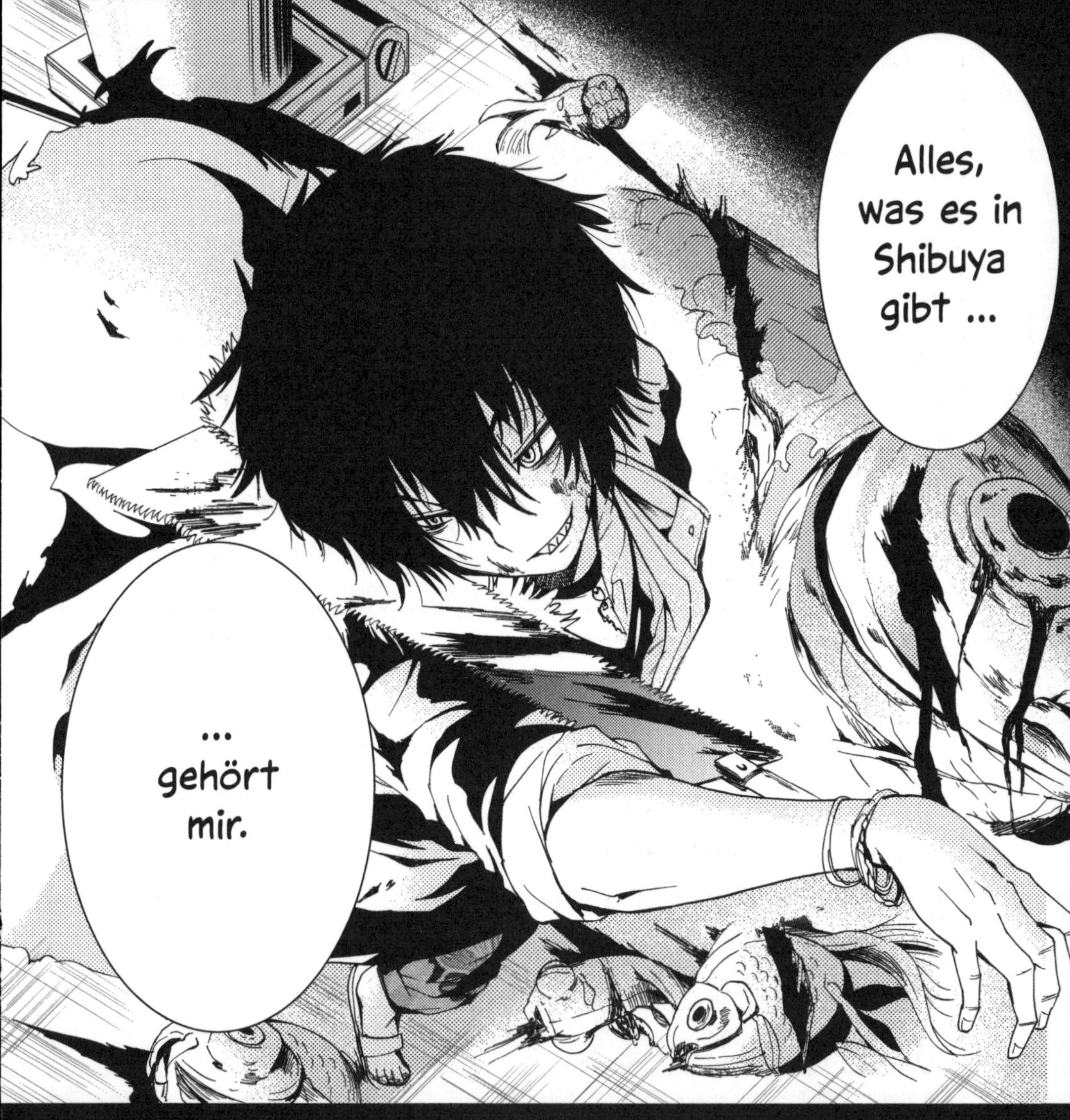

»Der Marder von Shibuya«

Shibuya Goldfish Band 1 – Ende

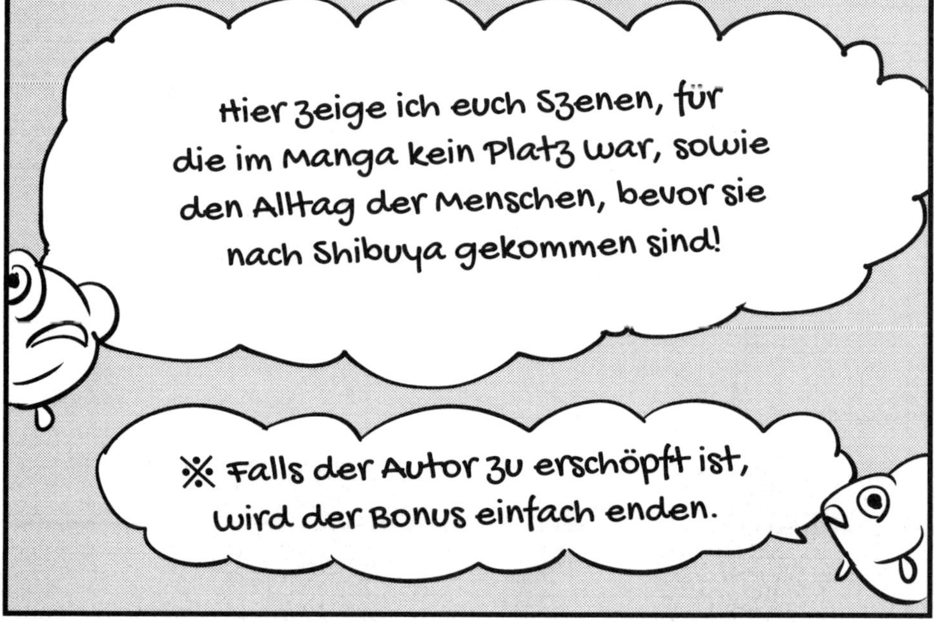
Bonusmanga
Shibuya Goldfish
Außerhalb des Goldfisch-glases
キラッ
Lins
Tadah
Hier zeige ich euch Szenen, für die im Manga kein Platz war, sowie den Alltag der Menschen, bevor sie nach Shibuya gekommen sind!
※ Falls der Autor zu erschöpft ist, wird der Bonus einfach enden.

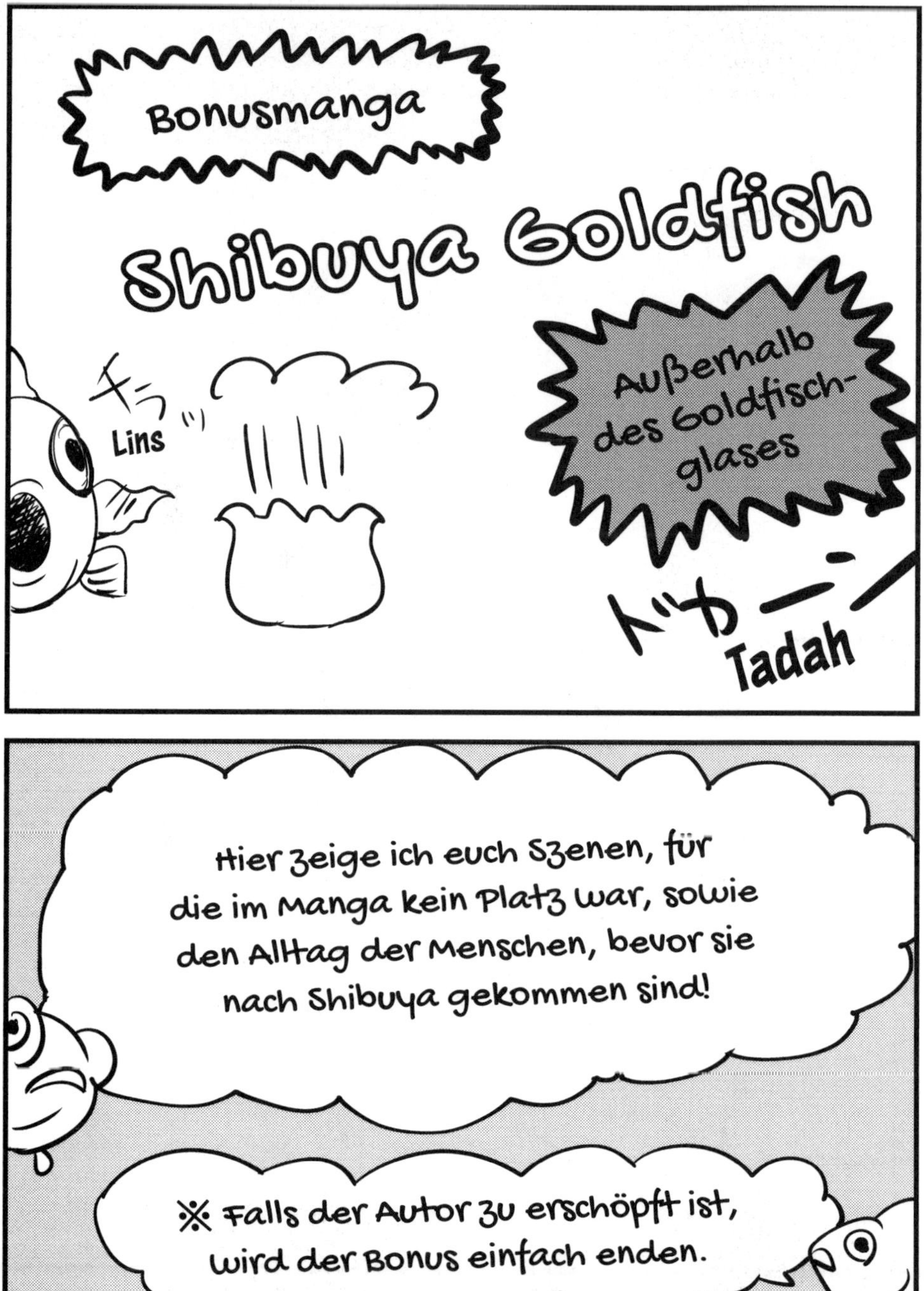

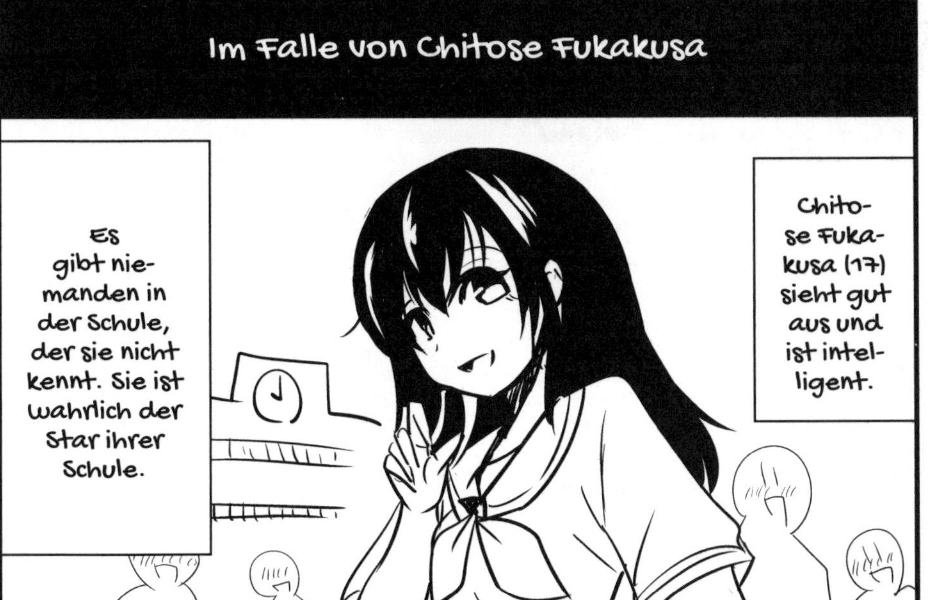

Im Falle von Chitose Fukakusa
Chitose Fukakusa (17) sieht gut aus und ist intelligent.
Es gibt niemanden in der Schule, der sie nicht kennt. Sie ist wahrlich der Star ihrer Schule.
Aber auch ihr bereiten Dinge Kummer.
Hah
Hah
Oh nein!

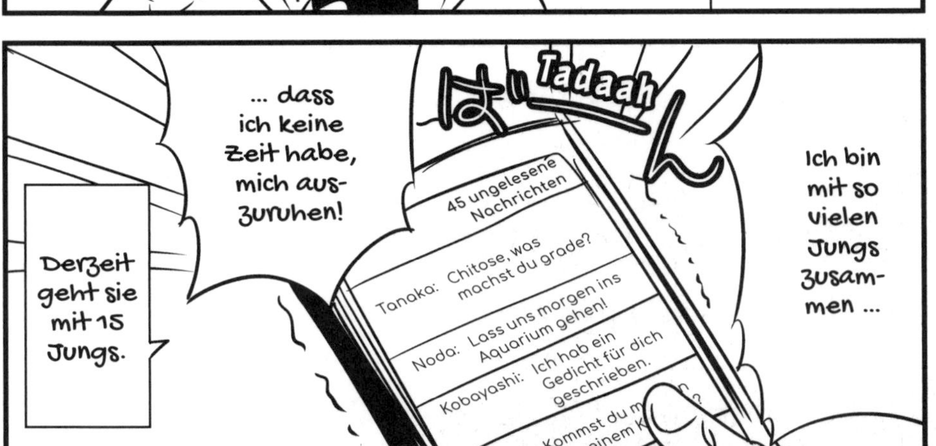

Ich bin mit so vielen Jungs zusammen …
Tadaah
… dass ich keine Zeit habe, mich auszuruhen!
Derzeit geht sie mit 15 Jungs.
45 ungelesene Nachrichten
Tanaka: Chitose, was machst du grade?
Noda: Lass uns morgen ins Aquarium gehen!
Kobayashi: Ich hab ein Gedicht für dich geschrieben.

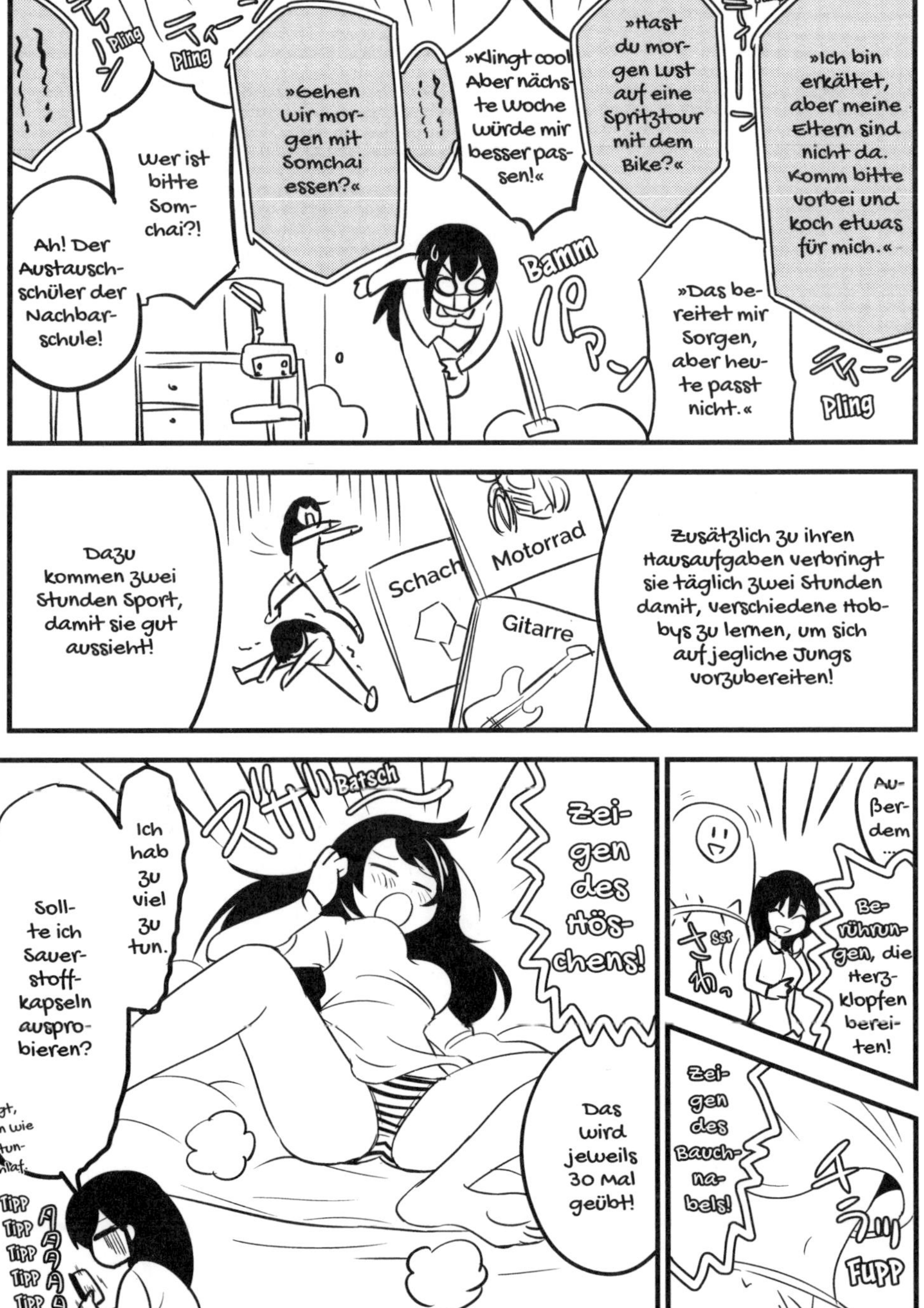
»Ich bin erkältet, aber meine Eltern sind nicht da. Komm bitte vorbei und koch etwas für mich.«
Pling
»Das bereitet mir Sorgen, aber heute passt nicht.«
Pling
»Hast du morgen Lust auf eine Spritztour mit dem Bike?«
»Klingt cool! Aber nächste Woche würde mir besser passen!«
Bamm
»Gehen wir morgen mit Somchai essen?«
Pling
Pling
Wer ist bitte Somchai?!
Ah! Der Austauschschüler der Nachbarschule!
Zusätzlich zu ihren Hausaufgaben verbringt sie täglich zwei Stunden damit, verschiedene Hobbys zu lernen, um sich auf jegliche Jungs vorzubereiten!
Motorrad
Schach
Gitarre
Dazu kommen zwei Stunden Sport, damit sie gut aussieht!
Außerdem …
Berührungen, die Herzklopfen bereiten!
Sst
Zeigen des Bauchnabels!
Fupp
Zeigen des Höschens!
Batsch
Das wird jeweils 30 Mal geübt!
Ich hab zu viel zu tun.
Sollte ich Sauerstoffkapseln ausprobieren?
Man sagt, sie wirken wie sechs Stunden Schlaf.
Tipp Tipp Tipp Tipp Tipp

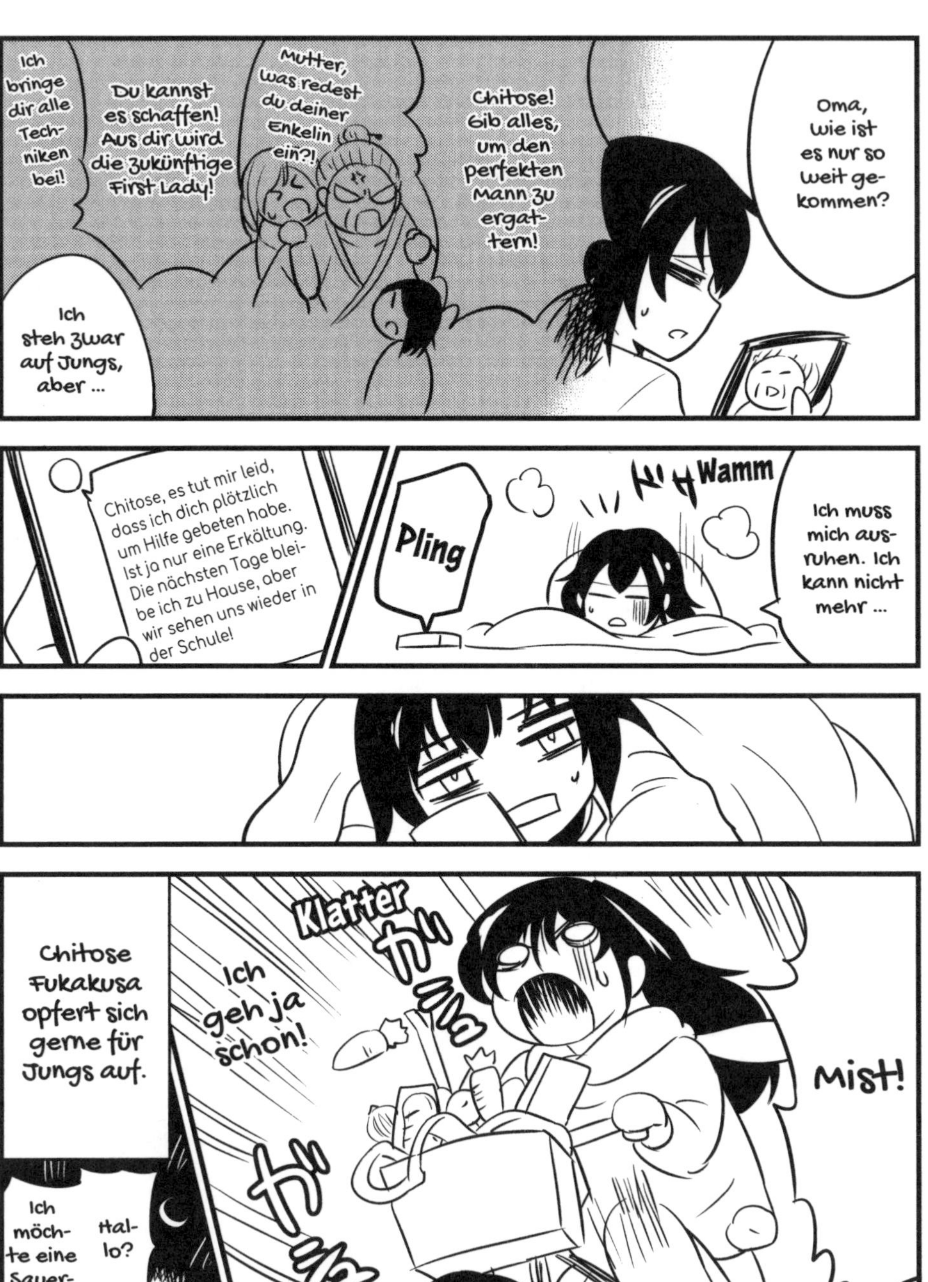

Oma, wie ist es nur so weit gekommen?
Chitose! Gib alles, um den perfekten Mann zu ergattern!
Mutter, was redest du deiner Enkelin ein?!
Du kannst es schaffen! Aus dir wird die zukünftige First Lady!
Ich bringe dir alle Techniken bei!
Ich steh zwar auf Jungs, aber ...
Ich muss mich ausruhen. Ich kann nicht mehr ...
Wamm
Pling
Chitose, es tut mir leid, dass ich dich plötzlich um Hilfe gebeten habe. Ist ja nur eine Erkältung. Die nächsten Tage bleibe ich zu Hause, aber wir sehen uns wieder in der Schule!
Mist!
Klatter
Ich geh ja schon!
Klatter
Chitose Fukakusa opfert sich gerne für Jungs auf.
Hallo?
Ich möchte eine Sauerstoffkapsel reservieren!

Im Falle von Anko Yukino

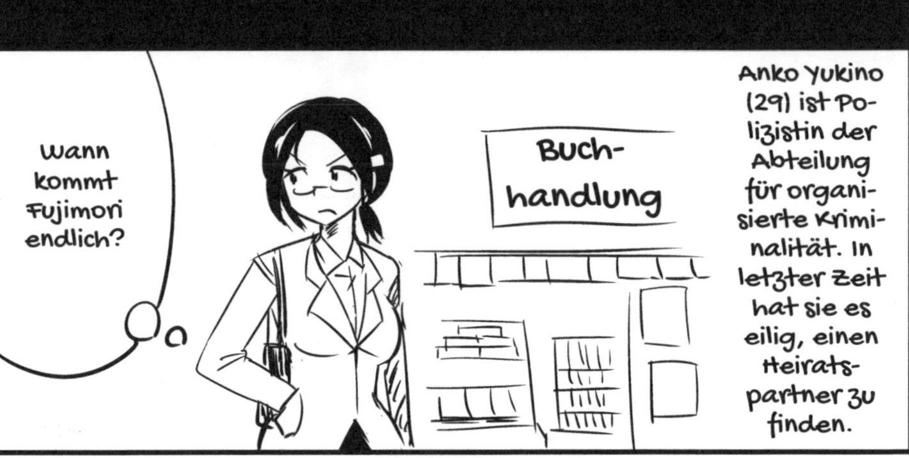

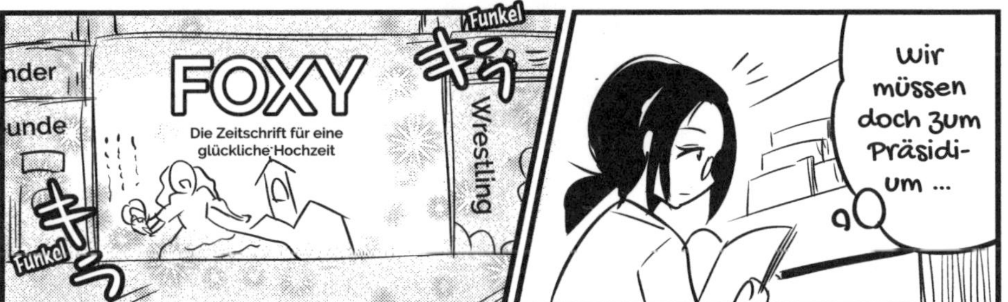

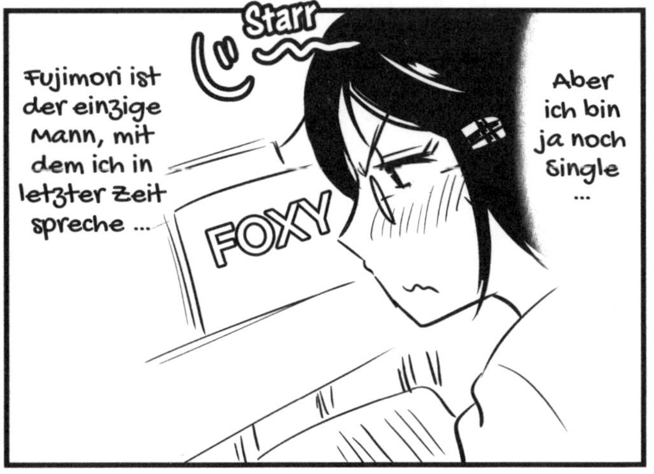

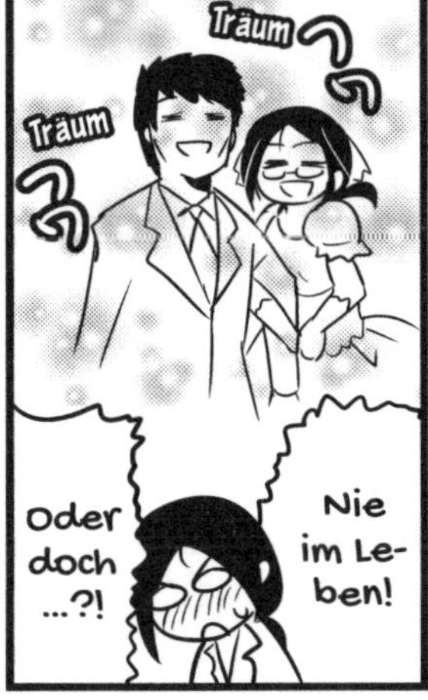

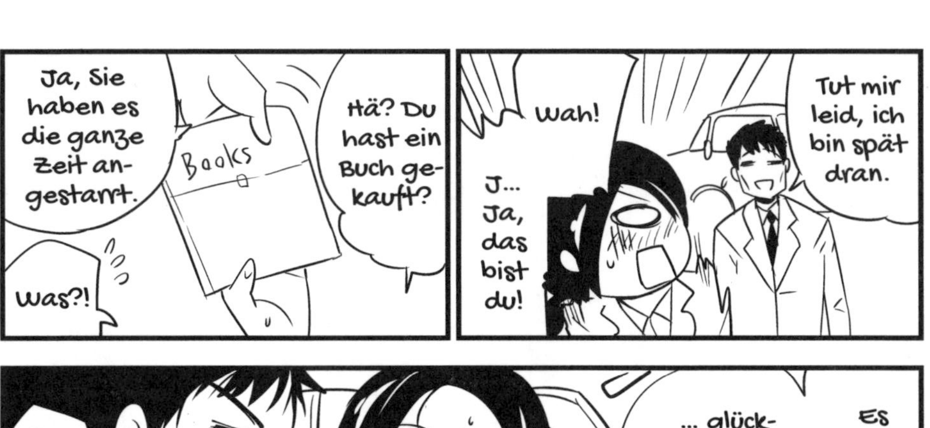

Ja, Sie haben es die ganze Zeit angestarrt.
Books
Hä? Du hast ein Buch gekauft?
Was?!
Wah!
Tut mir leid, ich bin spät dran.
J ... Ja, das bist du!
Äh, meinst du etwa ...
... glücklich, dass Sie das Gleiche dachten wie ich ...
Es macht mich ...

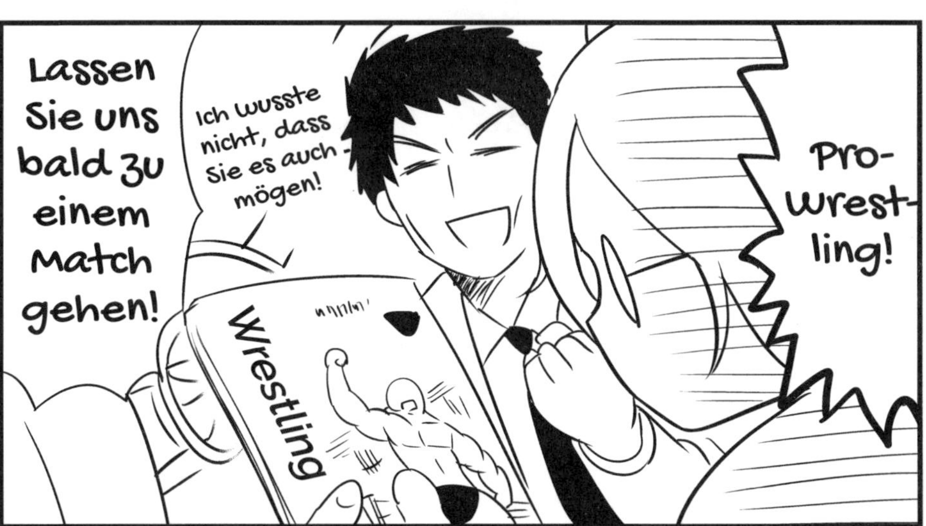

Lassen Sie uns bald zu einem Match gehen!
Ich wusste nicht, dass Sie es auch mögen!
Pro-Wrestling!
Wrestling

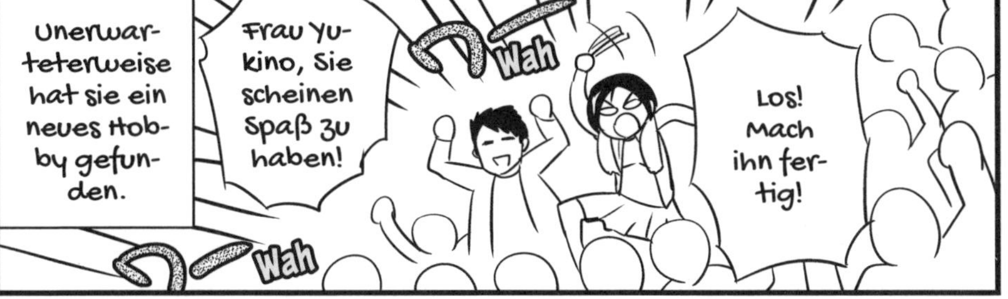

Unerwarteterweise hat sie ein neues Hobby gefunden.
Frau Yukino, Sie scheinen Spaß zu haben!
Wah
Los! Mach ihn fertig!
Wah

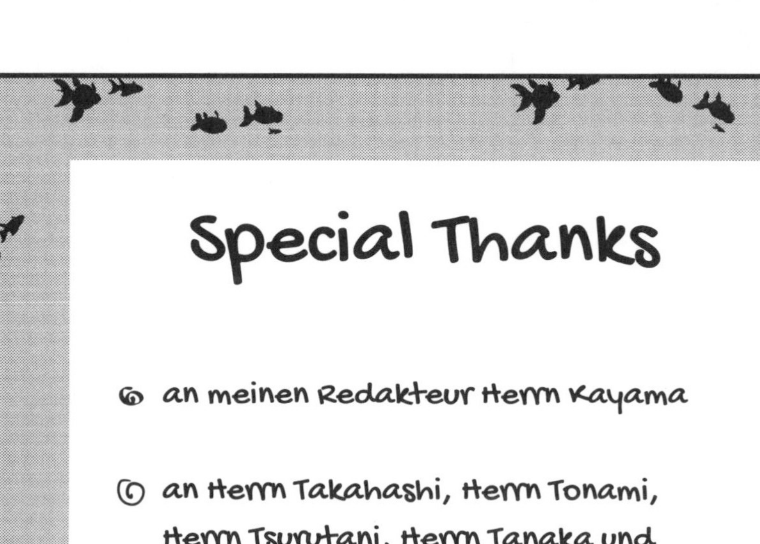

Special Thanks

- an meinen Redakteur Herrn Kayama
- an Herrn Takahashi, Herrn Tonami, Herrn Tsurutani, Herrn Tanaka und Herrn Nagami
- an all diejenigen, die mich unterstützt haben, und an alle, die dieses Buch zur Hand genommen haben!

Vielen herzlichen Dank

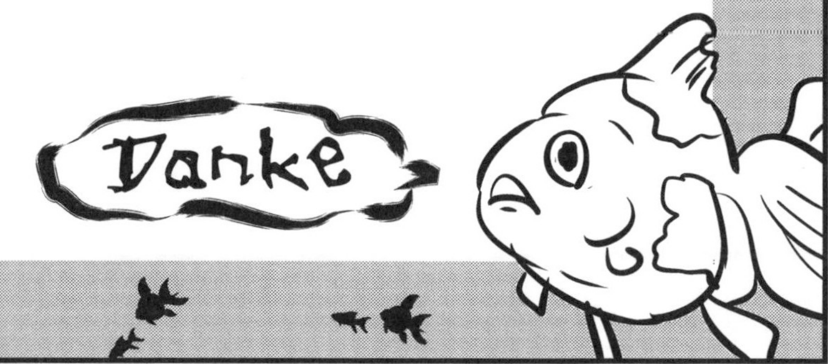

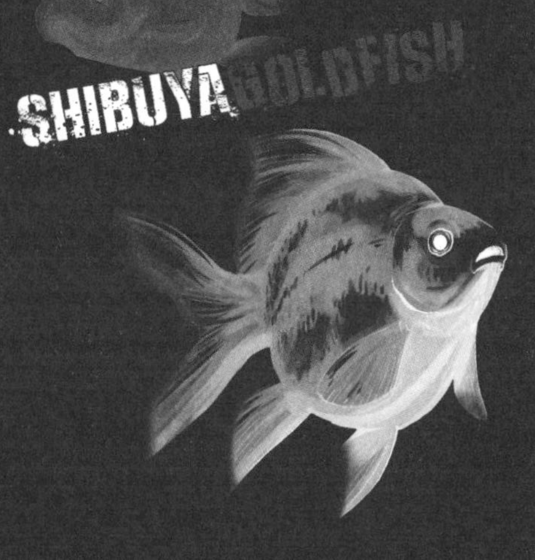
SHIBUYA GOLDFISH

Das Leben ist eine
Tragödie, wenn man es
aus der Nähe betrachtet.
Von Ferne gesehen ist es
eine Komödie.

– Charlie Chaplin,
Komiker

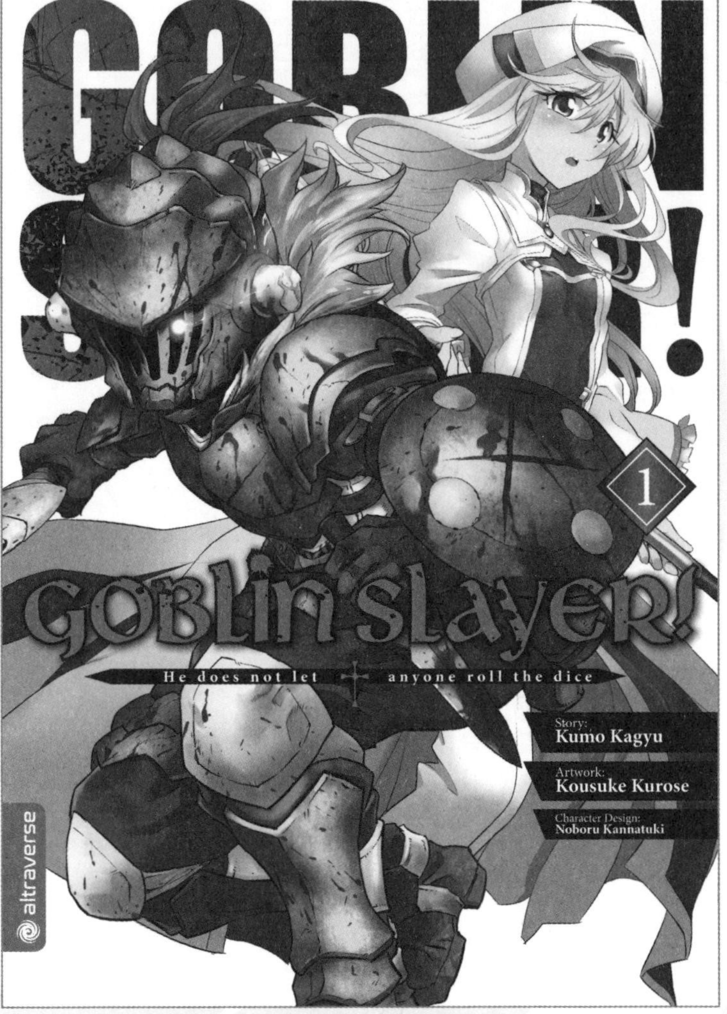

Goblin Slayer!

Kumo Kagyu | Kousuke Kurose | Noboru Kannatuki

Eine junge Priesterin schließt sich ihrer ersten Abenteurergruppe an, nur um sich kurz darauf in einem Goblin-Hinterhalt wiederzufinden. Doch sie hat Glück, denn Goblin Slayer hat sich genau diese Goblins als seine heutigen Opfer ausgesucht.

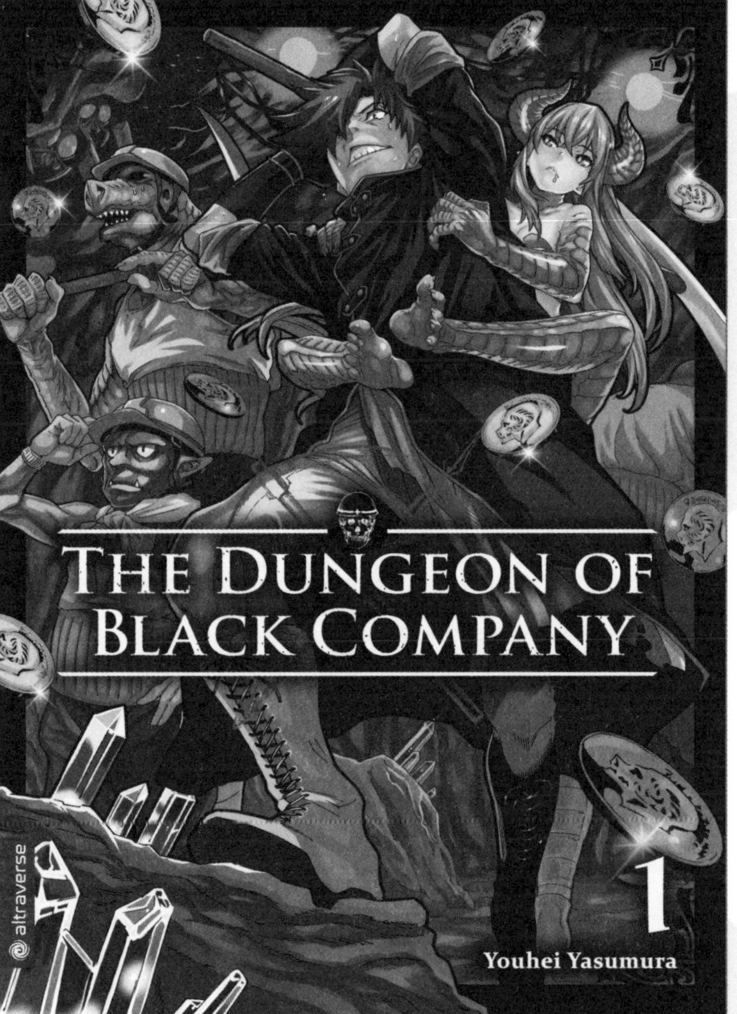

The Dungeon of Black Company

Youhei Yasumura

Kinji hat es weit gebracht: eine schicke Wohnung, ein Immobilienimperium und genug Geld, um für den Rest seines Lebens auf der faulen Haut zu liegen. Doch mit einer unvorsichtigen Bemerkung fordert er das Schicksal heraus und findet sich plötzlich in einem fantastischen Land als Arbeitssklave wieder. Nun muss er sich erneut ganz nach oben arbeiten!

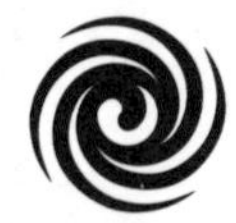

altraverse

Deutsche Ausgabe / German Edition
Altraverse GmbH – Hamburg 2021
Aus dem Japanischen von Nana Umino

SHIBUYA KINGYO vol.1

First published in Japan in 2017 by SQUARE ENIX CO., LTD.
German translation rights arranged with SQUARE ENIX CO., LTD.
and Altraverse GmbH through Tuttle-Mori Agency, Inc.

Redaktion: Anh Tu Nguyen
Herstellung: Carsten Bittner
Lettering: Vibrant Publishing Studio

Druck: CPI books GmbH, Leck
Printed in Germany

MIX
Papier
FSC FSC® C083411

ISBN 978-3-96358-862-4
2. Auflage 2021

www.altraverse.de